亚洲制造发展报告 2019

"10+3"框架下亚洲制造业与能源产业的产能合作

史丹 等 著

中国社会科学出版社

图书在版编目(CIP)数据

亚洲制造发展报告.2019:"10+3"框架下亚洲制造业与能源产业的产能合作/史丹等著.—北京:中国社会科学出版社,2021.3
ISBN 978-7-5203-7672-3

Ⅰ.①亚… Ⅱ.①史… Ⅲ.①制造工业—工业发展—研究报告—亚洲—2019 Ⅳ.①F430.64

中国版本图书馆CIP数据核字(2020)第264605号

出 版 人	赵剑英
责任编辑	车文娇
责任校对	周晓东
责任印制	王 超

出 版	中国社会科学出版社
社 址	北京鼓楼西大街甲158号
邮 编	100720
网 址	http://www.csspw.cn
发 行 部	010-84083685
门 市 部	010-84029450
经 销	新华书店及其他书店
印 刷	北京明恒达印务有限公司
装 订	廊坊市广阳区广增装订厂
版 次	2021年3月第1版
印 次	2021年3月第1次印刷
开 本	710×1000 1/16
印 张	21.75
插 页	2
字 数	323千字
定 价	118.00元

凡购买中国社会科学出版社图书,如有质量问题请与本社营销中心联系调换
电话:010-84083683
版权所有 侵权必究

序　促进亚洲制造业和能源产能的意义

史　丹

亚洲是全球经济最为活跃、发展速度最快的地区。尽管这一地区的经济结构、社会制度和宗教文化呈现多元特征，但是从全球来看，这一地区正在成为全球的制造中心和能源消费中心，在制造业发展和能源安全方面有着密切的联系和共同的诉求。亚洲国家加强在制造业和能源领域的合作，不仅有利于增加亚洲各国的政治互信、强化本地区的区域优势、降低风险隐患、实现共同发展和共同繁荣，而且有利于促进世界经济的发展。

进入21世纪以来，制造业加速从欧美工业发达国家向亚洲地区转移，2018年亚太地区制造业附加值在全球中的占比已达到50%以上。制造业的发展，使这一地区成为21世纪以来经济发展活力最为旺盛的地区。制造业带动作用强，技术含量高，发展制造业不仅是发展中国家实现经济起飞的重要途径，也是避免产业空心化、稳定经济发展的重要支撑。2008年国际金融危机之后，发达国家经济体经济增长速度下降甚至负增长，而以中国为首的亚洲国家经济增长仍然保持相对较高的增速，显示了制造业对稳定经济增长的重要作用。

亚洲制造业的发展具有较为典型的"雁行"发展模式。20世纪70年代，日本作为主要技术供应国和产业输出国，以"领头雁"的作用带动了东亚其他国家和地区的工业化进程和产业升级。韩国是发达经济体中以制造业为主导的少数国家之一。在某种程度上，与日本一样，担当了对亚洲其他国家输出制造业资本、技术和产能的功能。在日本和韩国的带动下，中国台湾、中国香港、新加坡率先开始发展制造业，它们发挥本地廉价的劳动力和土地优势，适时调整经济发展策略，吸引外部大量的资金和技术，成就了20世纪70—90年代经济的高速增长，成为继日本以后亚洲新兴的发达经济体。泰国、马来西亚、菲律宾和印度尼西亚四国紧随其后，制造业得到较快的发展，虽然亚洲金融危机对这四个国家的经济发展造成较大的冲击，但经济较快得到恢复。

1978年改革开放后，中国通过扩大开放，承接国外先进技术、资本和产业转移，加入WTO，融入世界分工体系，劳动力和市场规模的比较优势得到了发挥，中国的技术与资金缺口得到了较大弥补，经济发展进入高速增长阶段，并持续了近40年的时间。相比于亚洲其他国家，中国在承接产业转移和参与国际分工方面，在工业基础、国内市场、劳动力供给等方面更具有优势，加之政治稳定、经济安全性高，尤其是实行社会主义市场经济体制后，经济发展的活力进一步提高，很快就成为全球经济和制造业发展最快的国家，成为全球唯一的具有完整生产体系的第一制造业大国。随着中国产业规模的扩大，对外贸易规模不断增长，与亚洲国家的经贸关系日益紧密。2011年中国前十大贸易伙伴中，亚洲国家和地区占5个，贸易排名从第3位下降到第7位。2018年，中国前十大贸易伙伴中，东盟成员上升到第2位，略低于欧盟。与日本、韩国、中国台湾地区的贸易额上升到前五位。中国、日本、韩国既是这一地区制造业产能、技术和资本转移的源头，又具有较大的需求市场。中国是日本第二大贸易伙伴。中国与日本的产品贸易主要以制造业产品为主，其中机电产品在40%左右。日本对华直接投资最主要的行业是制造业，但近年来非制造业投资占比不断上升。中国是韩国最大的贸易伙伴、最大的出口市场、最大的进口来源国、最大的海外投资对象国。中韩双边贸易额超过了韩美、韩日、韩欧贸易额的总和。中国和其他国家、地区的贸易大多顺差，而和韩国的贸易是逆差。中韩贸易以机电产品为主。

中日韩三国的制造业在这一亚洲地区乃至全球具有重要地位。从全球来看,"10+3"的制造业规模已超过全球的1/3。东盟各国与中日韩在贸易和投资方面都有着紧密联系,除个别国家外,中国是东盟成员的最大贸易伙伴。就亚洲地区的工业化水平来看,根据2018年世界经济论坛(WEF)公布的制造业结构和驱动因素状况评估结果,中国、以色列、日本、韩国、马来西亚、新加坡被评为制造业领先国家(或地区),印度、菲律宾、泰国、土耳其被评为制造业传统国家(或地区),中国香港、卡塔尔、阿联酋被评为制造业高潜力国家(或地区),亚美尼亚、阿塞拜疆、巴林、孟加拉国、柬埔寨、格鲁吉亚、印度尼西亚、约旦等被评为制造业初生国家(或地区)。进一步加强中日韩三国之间以及三国与其他亚洲国家的产业合作不仅有利于促进中日韩本国的经济发展,而且会进一步增强亚洲地区的制造业合作与繁荣。

制造业是资源要素密集型行业,对能源资源消耗大大超过其他行业。制造业的发展不仅带动了亚洲经济的增长,而且拉动了能源需求大幅增长。从全球来看,自第一次工业革命以来,全球能源消费中心随着制造业的转移而移动。20世纪30年代,全球能源消费中心从欧洲移向北美,21世纪初,亚太地区的能源消费在全球中的占比超过了40%,其中东亚地区能源消费增速尤为突出,油气产需缺口自1985年以来快速增大。"10+3"国家中,有石油生产的国家主要是中国、印度尼西亚、马来西亚、泰国、越南。生产天然气的国家主要有文莱、中国、印度尼西亚、马来西亚、泰国、越南。日本和韩国油气几乎100%进口。中国虽然是油气生产大国,但也不能满足本国的需要,仍需要大量进口。东盟国家随着其消费量不断增加,其能源出口正在下降。而亚洲其他地区如西亚、俄罗斯、中亚等是全球重要油气生产地,亚洲国家在构建稳定的能源供需关系方面具有较好的市场条件和资源条件。此外,亚洲重要产油国为了解决产业结构单一经济发展过度依赖油气资源问题,积极发展制造业。

本书以促进亚洲经济合作为目的,从亚洲经济发展两个最为突出的制造业和能源两大问题入手,分析亚洲国家制造业与能源合作的可能性、收益与风险。在研究过程中,课题组进行了多次现场调研,除了国内有关单位,还包括越南、老挝、泰国、缅甸、柬埔寨、日本、新加坡等。借此一隅,感谢国内外有关调研单位为本课题提供了信息和帮助,感谢中国社科院国际合作局对本项目立项和国际调研的支持,感谢课题组各位成员,齐心协力,拓展了工经所对产业问题的研究范围和视角。综合各章研究结论,本书的主要观点、研究结论与政策建议如下。

(1) 制造业驱动全球经济增长的作用会进一步强化,亚洲是驱动全球制造业增长的核心区域。在亚洲内部,随着中国、日本、韩国等东亚经济体在全球价值链上的攀升,在亚洲基础设施互联互通、进出口贸易更加畅通的条件下,劳动力资源丰富的东南亚等国家工业化水平会较快地提高,其他地区的制造业发展虽然处于起点阶段,但由于亚洲人口密集、市场需求规模较大,加之资源互补性较强,制造业发展也将进入快速轨道。从全球范围来看,东盟和中日韩共同组成全球第二大经济贸易体,全世界约一半的电子设备和纺织品家具、1/3 的机械和金属材料来自这一地区,是名副其实的全球制造中心。

(2) 中国与亚洲国家的经济往来自古有之。近年来,在"一带一路"倡议的影响下,中国与亚洲国家尤其是与东盟地区的经贸合作愈加紧切,中国的对外投资、进出口额和海外企业数量进一步向东盟国家集中,产能合作技术水平逐步由资源和劳动密集型产业向中高技术型产业转变,中高技术型产能合作占比接近 70%。就全球而言,近十多年里,驱动全球制造业增长的重点动力区域,已从东亚和太平洋地区、欧洲和中亚地区、北美地区"三分天下",演变为东亚和太平洋地区占半壁江山。这一区域格局演变的背后,是中国制造业的快速崛起。在亚洲内部,日本、新加坡属于现代化国家,韩国属于中等现代化国家,中国、马来西亚属于初等现代化国家,越南、印度、泰国、缅甸等属于欠发达国家。这些国家现代化水平的差异,形成了产业转移的梯度。目前,中国是全球工业生产体系最为完整的国家,对带动亚洲制造业发展具有重要的作用。

(3) 中日两国贸易结合度指数和综合贸易互补性指数近年来都呈下降的趋势,但是,由于地理位置接近、消费习惯相似,作为亚洲最大的两个经济体，两国间仍存在持久贸易的基础和扩大双边贸易的可能性。目前中日两国都面临产业结构转型升级，随着中国经济发展水平的提高，中日产业间贸易模式将被基于高新技术的水平型产业内贸易模式所取代。在竞争中要寻找双方合作共赢的新机遇和空间。

中韩两国的贸易环节、中韩两国产业间贸易的体量和涉及的行业比较广泛，现有的贸易结构反映出两国之间的产业结构互补性大于竞争性，中韩两国具有广泛的产业合作空间，尤其是在机电领域等制成品行业中，中韩的合作空间需求巨大。中韩两国需要寻找新的平台、利用新的形式、展开更高水平的合作，为双方未来经济发展和地区稳定谋求共赢的机遇。

中国与东盟国家合作意愿强大，从2017年12月开始，中国对东盟的诸多产品已经降低关税或者实施"零关税"政策，中国—东盟命运共同体和亚洲命运共同体进一步发展。因此，应紧抓"一带一路"倡议下的互联互通领域，以"政策沟通、设施联通、贸易畅通、资金融通、民心相通"为任务，协同推进战略互信、经贸合作、人文交流，全面推动中国—东盟合作建设。

（4）近年来，亚洲地区的能源消费增速比全球平均增速高2.8个百分点，但是人均消费量只有OECD的30%。随着经济发展，这一地区的能源需求还将进一步增长。亚洲国家能源的高度互补性成为其合作的天然优势。与欧美相对成熟的地区能源合作机制相比，亚洲地区的能源合作机制缺位，呈现"碎片化"的局面，成为困扰亚洲国家扩大能源合作、实现共同发展的制约因素。此外，亚洲能源合作还面临热点冲突、大国竞争、国际恐怖主义等无法回避的传统与非传统安全因素干扰。这不仅难以适应亚洲在全球日益上升的经济地位，也影响亚洲国家相互关系的稳定和经济的可持续发展。在全球能源供需平衡态势下，加强能源合作，推进亚洲能源合作机制建设，有助于该地区各国实现发展战略的对接，为各自实现经济结构多元化和经济增长提供助力。与近年来凸显的地缘政治分歧相比，亚洲各国在能源领域合作的愿望和需求远远大于前者。能源合作的加深将充实该地区各国的双边和多边合作内涵，促进地区安全与稳定。

（5）作为最大的发展中国家和全球第一制造业与能源消费大国，中国提出的"一带一路"倡议不同于传统的国际直接投资，它通过国家间的合作，帮助发展中国家完善基础设施、发展产业，增强经济发展的自生能力。中国推进的国际产能合作具有多样化、多层次等特点，在推进产能合作的过程中，中方一方面帮助合作国提升经济发展的能力，另一方面中方自身也在不断提高完善风险规避的能力。在合作中，中方需要坚持互利共赢的原则，依据法律和国际惯例，以企业为主体，按照市场规律选择合作方式和投资项目。

本书由我负责总体研究框架设计和最终审阅定稿。具体各章执笔人为：第一章李鹏飞，第二章王海兵，第三章、第十章、第十一章刘佳骏，第四章、第五章、第六章邓洲、黄娅娜，第七章方晓霞，第八章李雯轩，第九章和瑞芳，第十二章李晓华。本课题研究得到了外交部亚洲区域合作专项资金的支持。限于时间和能力，本书还存在很多的不足之处，诚恳欢迎读者批评指正。

是为序。

2020 年 10 月 9 日

目 录

第一篇 全球制造业和能源产业发展格局与趋势

第一章 全球制造业发展格局与趋势 ……………………（3）
一 全球制造业发展格局分析 ……………………………（3）
二 全球制造业未来发展趋势 ……………………………（15）

第二章 中国与亚洲制造业产能合作的总体情况 ……………（23）
一 中国与亚洲制造业产能合作的历史演变 ……………（23）
二 中国与亚洲制造业产能合作的主要特征 ……………（32）
三 中国与亚洲制造业产能合作的主要风险 ……………（46）
四 中国与亚洲制造业产能合作的政策建议 ……………（49）

第三章 全球和亚洲能源产业格局与发展趋势 ………………（51）
一 全球能源产业发展格局与发展趋势 …………………（51）
二 亚洲能源产业发展格局与发展趋势 …………………（66）

第二篇 东盟与中日韩制造业、能源产业产能合作

第四章 东盟与中日韩产业发展现状 …………………………（75）
一 东盟与中日韩概况 ……………………………………（75）

二　东盟与中日韩制造业发展现状及全球地位 …………………… (77)
　　三　东盟与中日韩制造业产业结构演变 ……………………………… (80)
　　四　东盟与中日韩能源产业结构演变 ………………………………… (87)
　　附表 ……………………………………………………………………… (96)

第五章　东盟与中日韩在世界制造业分工格局中的角色 …………… (99)
　　一　全球第二大经济贸易体与全球制造中心 ……………………… (99)
　　二　东盟与中日韩国际贸易总体情况 ……………………………… (102)
　　三　东盟与中日韩国际贸易产品结构 ……………………………… (105)
　　四　东盟与中日韩产业布局与分工特点 …………………………… (110)

第六章　东盟与中日韩产业关联分析 ………………………………… (115)
　　一　产业关联的相关理论 …………………………………………… (115)
　　二　东盟与中日韩国家之间的产业转移 …………………………… (117)
　　三　东盟与中日韩国家之间的贸易关系 …………………………… (120)
　　四　东盟与中日韩国家国际投资情况 ……………………………… (123)
　　附图 …………………………………………………………………… (131)

第三篇　中国在亚洲国际产能合作中的地位与作用

第七章　中国与日本的国际产能合作 ………………………………… (147)
　　一　日本社会经济发展概况 ………………………………………… (147)
　　二　中日产能合作发展演变轨迹及现状 …………………………… (153)
　　三　中日产能合作的机遇与路径选择 ……………………………… (183)

第八章　中国与韩国的国际产能合作 ………………………………… (190)
　　一　韩国社会经济发展概况 ………………………………………… (190)
　　二　中韩产能合作发展演变轨迹及现状 …………………………… (199)
　　三　中韩两国产能合作的展望 ……………………………………… (233)

第九章　中国与东盟十国的国际产能合作 (239)
一　东盟社会经济发展概况 (239)
二　中国和东盟产能合作发展演变轨迹及现状 (245)
三　中国和东盟产能合作的机遇与趋势选择 (260)
四　加快中国—东盟国际产能合作的建议 (264)

第十章　中国与亚洲国家的能源合作 (271)
一　中国与亚洲国家电力行业合作 (272)
二　中国与亚洲国家石油与天然气行业合作 (275)
三　中国与亚洲国家煤炭进口与开采行业合作 (279)
四　中国与东盟国家的能源合作 (281)
五　"一带一路"倡议背景下中国与亚洲国家能源合作新格局 (284)

第四篇　促进中国与亚洲国家产能合作的对策建议

第十一章　中国在亚洲开展产能合作的优劣势分析 (291)
一　中国在亚洲开展产能的重点优势领域 (291)
二　中国开展国际产能合作面临的风险 (296)
三　通过与亚洲国家共建产业园区推进国际产能合作 (302)

第十二章　能力建设导向的包容性产能合作 (308)
一　国际产业转移阶段和条件的变化 (309)
二　能力建设导向的包容性产能合作的内涵与特征 (320)
三　能力建设导向的包容性产能合作机制 (328)
四　能力建设导向的包容性产能合作存在的风险与建议 (332)

第一篇

全球制造业和能源产业发展格局与趋势

第一章 全球制造业发展格局与趋势

李鹏飞

一 全球制造业发展格局分析

(一) 制造业是全球经济的主导产业部门

制造业作为实体经济最重要的组成部门,在推动全球经济增长中一直发挥着重要作用。根据世界银行全球发展指数(World Development Indicators)数据库发布的数据,按2010年不变美元价格计算,1997年全球制造业增加值为77832亿美元,2016年已增长至118462亿美元,年均复合增长率为2.24%。在此期间,只有2001年、2008年和2009年出现了负增长,其他年份的全球制造业增加值的增速都为正。与同期全球服务业增加值增速和世界各经济体GDP总和增速相比,制造业增加值的波动幅度更大(见表1-1-1)。例如,2009年,全球制造业增加值增速为-9.77%,2010年其增速又大幅回升至9.09%,两年间增速的振幅达18.86%,分别是同期全球服务业增加值增速与GDP总和增速振幅的3.1倍、5.2倍。这主要是因为,制造业尤其是耐用品制造行业的需求主要由企业和家庭的中长期收入决定,而服务业的需求主要是受企业和家庭当期收入的影响。中长期的累积影响通常大于当期的即期影响,因此在经济衰退阶段,制造业产品尤其是耐用消费品需求的下降幅度会大于经济总体降幅,而服务业需求的降幅会相对较小；在经济复苏阶段，企业和家庭预期中长期收入水平或收入增速会提高，这就使制造业产品的需求增速会超过经济总体增长速度，而在此期间服务业需求增长的势头则会比较温和。从全球制造业顺周期大幅波动这个特征看，制造业是决定世界经济衰退深度和复苏势头的主要产业部门。

从全球制造业增加值占比和就业占比看，制造业仍然是主导性产业部门，但其地位有所下降。1997年，全球制造业增加值占GDP总和的比重为15.89%。此后数年，这一比重持续降低，到2003年跌至14.38%。2004年，这一比重有较大幅度提高，当年上升至17.3%。此后，又呈现逐年小幅降低的态势，到2016年，全球制造业增加值占GDP总和的比重为15.58%，与1997年相比降低了0.31个百分点。另外，在1997—2016年，全球制造业的就业岗位创造能力呈先增后降态势，制造业就业人口占全部就业人口的比重则稳步下降。1997年，全球制造业就业人数为41398万人，此后10年制造业的就业岗位创造能力基本上是稳步提升的，到2007年，全球有45417万人在制造业部门就业。也就是说，10年间全球制造业多创造了4020万个就业岗位。但从2008年开始，全球制造业的就业人数逐年减少，到2016年已降至42809万人，与2007年相比，制造业就业岗位流失了2609万个。1997—2016年，全球制造业就业人口占世界全部就业人口的比重基本呈逐年下降态势，2016年这一比重已跌至13.2%（见表1-1-1），比1997年的16.6%降低了3.4个百分点，降幅高达20.5%。

尽管从理论上讲，随着经济发展水平的提高，制造业增加值占比和就业占比都会下降，但是制造业是激发技术创新的最重要产业部门，是欠发达国家最有可能创造就业岗位的产业领域。因此，为了促进全球技术创新和应用，以及为欠发达国家劳动力创造更多的就业岗位，从而使全球经济增长更有创新性、更具包容性，需要进一步改善制造业发展环境，巩固制造业在全球经济中的主导地位。

表1-1-1　　全球制造业增加值和就业的增速、占比及其与服务业的比较

年份	制造业增加值（亿美元，2010年不变价）	制造业增加值增速（%）	GDP总和增速（%）	服务业增加值增速（%）	制造业增加值占GDP总和的比重（%）	制造业就业人口占全部就业人口的比重（%）
1997	77832	—	—	—	15.89	16.6
1998	78587	0.97	2.53	2.95	15.69	16.1
1999	80806	2.82	3.25	3.42	15.38	15.9
2000	85598	5.93	4.39	4.00	15.27	16.0
2001	84572	-1.20	1.91	2.66	14.79	15.8
2002	85415	1.00	2.16	2.60	14.48	15.7
2003	88477	3.58	2.91	2.51	14.38	15.8
2004	93485	5.66	4.45	3.67	17.30	15.7
2005	96745	3.49	3.83	4.00	17.11	15.6
2006	102020	5.45	4.31	3.93	17.07	15.6
2007	106919	4.80	4.23	4.19	16.85	15.5
2008	106309	-0.57	1.82	2.09	16.42	15.1
2009	95919	-9.77	-1.74	-0.60	15.59	14.7
2010	104641	9.09	4.31	3.02	15.85	14.5
2011	107938	3.15	3.18	2.92	15.75	14.4
2012	108734	0.74	2.51	2.61	15.60	14.4
2013	110269	1.41	2.62	2.47	15.39	14.0
2014	113437	2.87	2.86	2.57	15.42	13.7
2015	116250	2.48	2.86	2.71	15.72	13.4
2016	118462	1.90	2.51	2.60	15.58	13.2

资料来源：世界银行（World Bank）、国际劳工组织（International Labour Organization）。

（二）亚太地区在全球制造业生产格局中的地位显著上升

从生产的角度看，2004—2016年，全球制造业增加值主要由东亚和太平洋地区、欧洲和中亚地区、北美地区这三大区域贡献，拉丁美洲和加勒比地区、中东和北非地区、南亚地区、撒哈拉以南非洲地区这四大区域的制造业增加值占比较低。在此期间，东亚和太平洋地区、欧洲和中亚地区、

北美地区三大区域的制造业增加值占全球比重的和最高达89.5%（2004年），最低也有85.71%（2010年），平均值为86.96%。也就是说，过去十多年里，东亚和太平洋地区、欧洲和中亚地区、北美地区这三大区域作为一个整体，在驱动全球制造业增长方面的地位没有变化。不过，在此期间，这三大区域之间的相对地位已经发生显著的改变。其中，东亚和太平洋地区制造业增加值占全球的比重已从2004年的31.57%，逐步提高至2016年的44.27%，并且自2008年超越欧洲和中亚地区成为全球制造业增加值占比最高的地区之后，其领先优势逐年扩大；欧洲和中亚地区制造业增加值占全球的比重从2004年的33.37%，逐渐降低至2016年的23.52%，从领先东亚和太平洋地区变为仅有后者的一半多一点；而北美地区制造业增加值占全球比重的位次尽管一直保持在全球第三位，但其绝对值却从2004年的24.57%降低至2016年的19.04%。值得注意的是，与欧洲和中亚地区制造业增加值占比在2004—2016年持续下降的态势不同，北美地区制造业增加值占比在此期间呈先降低后上升的趋势，在2011年跌至17.7%的最低点后，逐步提高至2016年的19.04%。整体而言，驱动全球制造业增长的重点动力区域，已从东亚和太平洋地区、欧洲和中亚地区、北美地区"三足鼎立"演变为"一核两翼"。这一区域格局演变的背后，是中国制造业的快速崛起。如果不计入中国大陆制造业增加值占全球的比重，那么东亚和太平洋地区制造业增加值占全球的比重在2004—2016年基本呈逐步下降态势。2016年，除中国大陆之外的东亚和太平洋地区制造业增加值占全球的比重为18.07%，比2004年的22.85%降低了4.78个百分点，降幅超过20%。

在其他四个大区域中，拉丁美洲和加勒比地区制造业增加值占全球的比重在2004—2010年呈上升态势，从2004年的5.5%提高至2010年的7.18%；但在2011—2016年，这一比重又出现了持续降低的现象，到2016年已跌至5.73%，比2004年仅高出0.23个百分点。中东和北非地区制造业增加值占全球的比重，在2004—2012年有较大幅度提高，从2004年的2.09%逐年上升至2012年的3.05%，增幅接近50%；但2013—2016年也出现了占比下滑的情况，2016年已下降至2.81%。南亚地区制造业增加值占全球的比重在

2004—2016年基本呈逐年提高态势，2016年为3.55%，比2004年的2.03%提高1.52个百分点，增幅达75%。撒哈拉以南非洲地区制造业增加值占全球的比重在2004—2016年基本稳定在1.1%—1.32%这个区间（见图1-1-1）。

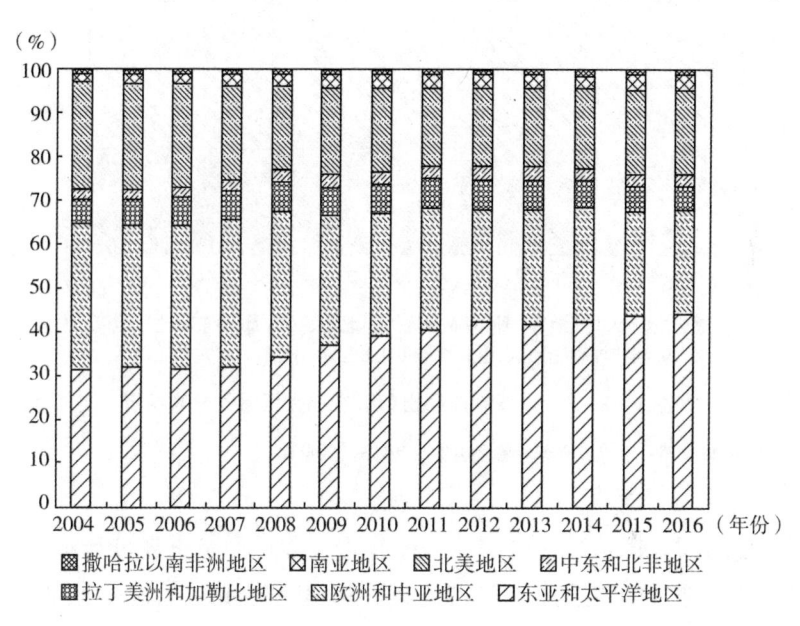

图1-1-1 全球制造业增加值在七大区域的分布情况

资料来源：世界银行（World Bank）。

（三）全球制成品贸易"三足鼎立"格局基本稳定

从出口贸易的角度看，2000—2015年，全球制成品出口主要来自欧洲和中亚地区、东亚和太平洋地区、北美地区这三大区域，拉丁美洲和加勒比地区、中东和北非地区、南亚地区、撒哈拉以南非洲地区这四大区域的制成品出口占比较低（见图1-1-2）。过去十多年里，东亚和太平洋地区、欧洲和中亚地区、北美地区三大区域的制成品出口占全球比重之和呈先下降后上升的态势。2000年，这三大地区制成品出口占全球的份额为87.74%，然后逐步降低至2011年的81.81%；但此后这一比重又开始回升，到2015年已上升至85.45%。

与全球制造业生产的区域格局发生了重大改变不同，世界制成品出口

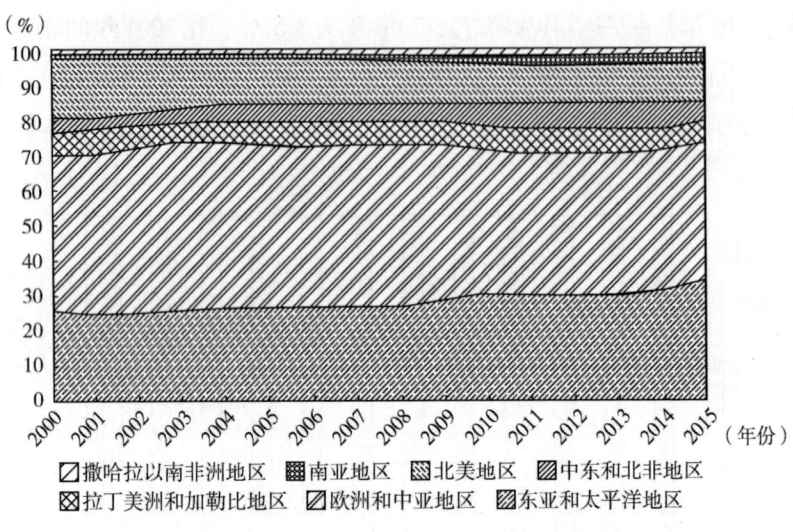

图 1-1-2 全球制成品出口额在七大区域的分布情况

资料来源：世界综合贸易解决方案（WITS）数据库。

的区域格局的变化相对较小，"三足鼎立"的格局基本保持稳定。第一，欧洲和中亚地区的制成品出口占比尽管从 2000 年的 44.24% 下降至 2015 年的 39.79%，但在七大区域中，它依然是制成品出口占比最高的区域。与其制造业增加值的全球占比下降幅度相比，欧洲和中亚地区的制成品出口占比下滑程度更低，这在一定程度上说明，这一地区的制造业更加依赖国际市场。第二，东亚和太平洋地区的制成品出口全球占比从 2000 年的 26.24%，逐步提高到 2015 年的 33.61%。与这一地区制造业增加值全球占比的大幅提高相比，其制成品出口占比提升幅度相对较小，这表明东亚和太平洋地区的制造业增长对各经济体内部市场的依赖程度更高。当然，如果不计入中国大陆地区制成品出口的全球占比，那么东亚和太平洋地区其他经济体的制成品出口占比从 2000 年的 22.18% 小幅降低至 2015 年的 19.26%。由此可见，过去十多年里，东亚和太平洋地区制成品出口的全球占比提高，主要来自中国大陆制成品出口占全球比重的提高。进一步比较中国大陆制成品出口的全球占比及其制造业增加值的全球占比变化趋势，可以发现，2004—2015 年，中国大陆制成品出口占全球的比重从 6.71% 提高至14.35%（增幅为114%），同期中国大陆制造业增加值占全球的比重则从8.71%提高至26.65%（增幅为206%）。也就是说，中国大陆的制造业增长有很大一部分是来自国内市场的拉动，与欧洲和中亚地区相比，中国大陆制造业增长对外部市场的依赖程度更低。第三，北美地区制成品出口额占全球的比重在2000—2015年经历了先降低后提高的过程，2000年这一比重为17.26%，此后逐步降低至2011年的10.94%，此为过去十多年里的最低点，然后触底反弹，到2015年已上升至12.06%。整体而言，北美地区制成品出口额占全球比重要低于其制造业增加值占全球比重，这表明其制造业增长对外需的依赖程度很低。

对于其他四大地区，2000—2015年，拉丁美洲和加勒比地区制成品出口额占全球的比重变化不大，基本在5.18%—6.25%波动，相对于其制造业增加值占全球的比重而言，其制成品出口额占比更低一些，这可能是因为其制成品的国际市场竞争力不够强；中东和北非地区，以及南亚地区制成品出口额的全球占比都有较大幅度提高，前者从2000年的4.31%提高至2015年的5.9%（2013年最高达7.63%），增幅为37%，同期后者从0.88%上升至2.08%（2013年最高达2.17%），增幅达136%。撒哈拉以南非洲地区制成品出口额的全球占比波动较大，从2000年的1.34%下降至2004年的0.98%之后，曾逐年上升至2011年的2.32%，但此后数年又持续下降，到2015年已跌至1.08%。这很可能是因为，撒哈拉以南非洲地区的制成品出口一方面依赖于农产品收成，而这具有较大不确定性；另一方面也与其持续提高制成品国际市场竞争力的基础和能力不足有关。

全球制成品进口贸易格局及其变化态势与出口贸易基本一致。2000—2015年，全球制成品进口市场主要分布在欧洲和中亚地区、东亚和太平洋地区、北美地区这三大区域，其他四大区域的制成品进口份额较低（见图1-1-3）。尽管在过去十多年里，欧洲和中亚地区、东亚和太平洋地区、北美地区这三大区域制成品进口占全球的比重略有降低，但在2015年依然高达84.14%（2000年为89.27%）。就这三大区域之间的比较而言，尽管欧洲和中亚地区制成品进口的全球占比经历了先上升后下降的过程，从2000年的42.99%

上升至2007年的46%，再逐年降低至2015年的37.74%，但依然高居榜首；东亚和太平洋地区制成品进口的全球占比基本呈逐年提升态势，从2000年的22.65%逐步提高至2015年的29.21%；北美地区制成品进口的全球占比在2000—2013年呈逐步降低态势，从2000年的23.62%下降至2013年的15.04%，降幅高达36%，但2014年和2015年又止跌回升，到2015年已升至17.19%。整体看，虽然东亚和太平洋地区的制成品进口占全球的份额在提高，但上升的速度并不快，而且与欧洲和中亚地区相比还有一定差距，而北美地区制成品进口的全球占比近年出现止跌回升势头，因此，这三大区域之间的相对地位短时间内还难以发生改变。

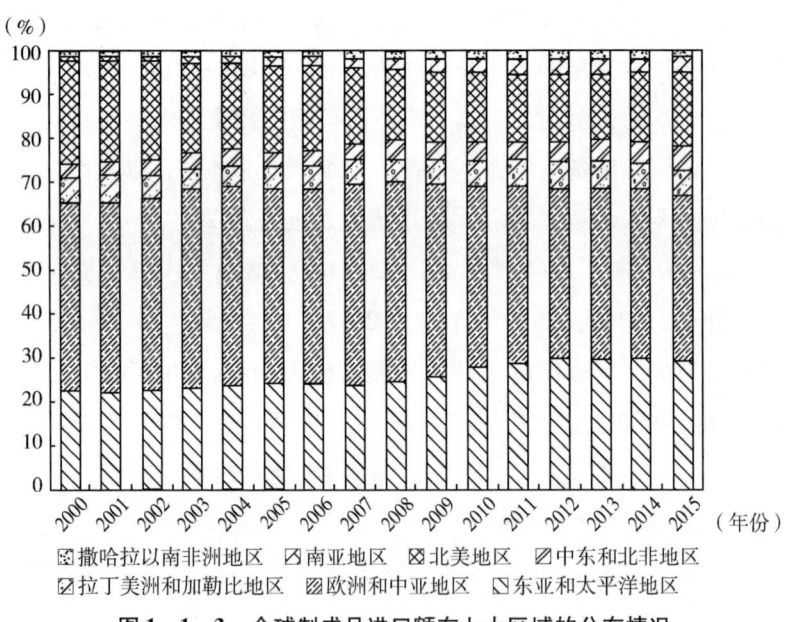

图1-1-3 全球制成品进口额在七大区域的分布情况

资料来源：世界综合贸易解决方案（WITS）数据库。

在其他四个大区域中，拉丁美洲和加勒比地区制成品进口额全球占比最高，而南亚地区制成品进口额全球占比提升速度最快。具体而言，第一，拉丁美洲和加勒比地区制成品进口额的全球占比基本保持稳定，2000—2015年在4.62%和6.09%之间波动。第二，南亚地区制成品进口额占全球比重从2000年的1.08%逐步提高至2015年的3.26%，增幅高达202%。第三，中东和北非地区制成品进口额的全球占比呈稳步提升态势，从2000年的2.87%提高至2015年的5.28%。第四，撒哈拉以南非洲地区的制成品进口额的全球占比一直在1.05%—1.92%波动。

（四）全球制造业的技术结构升级态势不明显

虽然制造业产品创新层出不穷，但从大类行业增加值之间的相对比重变化看，全球制造业的技术水平构成不但没有得到明显优化，反而有所"退化"。考虑到数据的可获得性，我们比较了2004年和2012年全球制造业前20强国家[①]的制造业增加值的五大类行业的加权比重。[②] 从图1-1-4可以看出，在2004年，食品、饮料和烟草制造业增加值占比为12.97%，纺织和服装制造业增加值占比为4.41%，机器和运输设备制造业占比为27.66%，化工行业占比为12.12%，其他制造行业占比为42.83%；2012年，这五个大类行业增加值占制造业增加值的比重分别变为13.75%、5.04%、28.85%、12.29%、40.07%。也就是说，除其他制造行业的增加值比重有所下降之外，其他四个大类行业的增加值比重都稍有上升。从四个大类行业的增幅看，纺织和服装制造业的增幅最大，达14.3%；其次是食品、饮料和烟草制造业，增幅为6%；然后是机器和运输设备制造业，增幅是4%；最后是化工行业，增幅为1.4%。

按照Lall（2000）的分类，食品、饮料和烟草制造业属于资源型制成品行业（Resource-Based Manufactures），纺织和服装制造业属于低技术制

---

① 按照以当年美元价格计算的制造业增加值排序，2004年全球制造业前20强国家是美国、日本、中国、德国、意大利、法国、英国、韩国、西班牙、墨西哥、印度、巴西、俄罗斯、荷兰、瑞士、印度尼西亚、瑞典、土耳其、澳大利亚、比利时；2012年全球制造业前20强国家是中国、美国、日本、德国、韩国、印度、意大利、法国、巴西、俄罗斯、英国、印度尼西亚、墨西哥、加拿大、西班牙、土耳其、瑞士、泰国、澳大利亚、荷兰。在2004年和2012年，前20强国家的制造业增加值之和占全球的比重都超过82%。

② 具体计算步骤是：首先，从世界银行的世界发展指数（WDI）数据库中获得每个国家的制造业增加值，以及五个大类行业占制造业增加值的比重；其次，计算出各国五个大类行业的增加值，并将其相加，得到各大类行业的增加值之和；最后，将各大类行业的增加值之和与前20强国家的制造业增加值总额相除，得到各行业的加权比重。

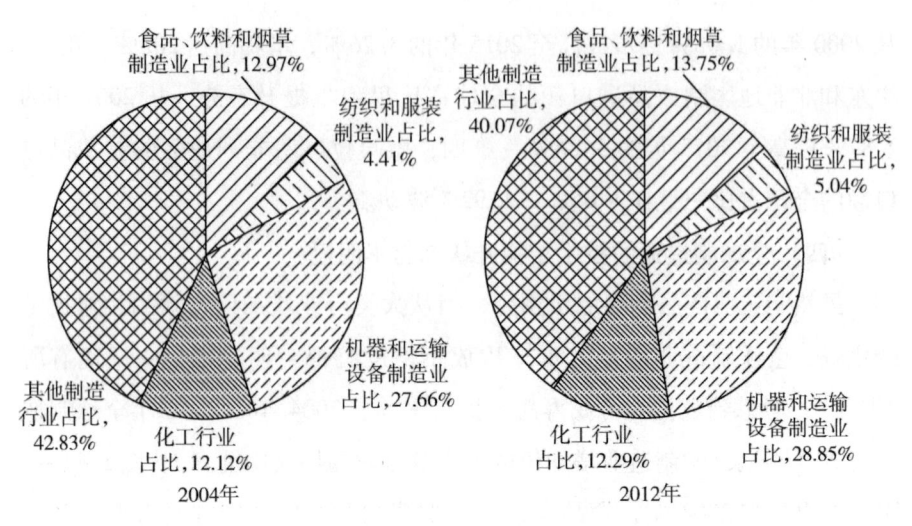

图 1-1-4 全球制造业的大类行业构成（2004年和2012年）

注：数据经四舍五入，下同。

资料来源：世界银行（World Bank）。

成品行业（Low-Technology Manufactures），机器和运输设备制造业与化工行业都是中等技术制成品行业（Medium-Technology Manufactures），其他制造行业中的办公设备、数据处理设备、通信设备、电视、晶体管、汽轮发电机、发电设备、医药品、航空航天设备、光学仪器、测量仪器、照相机等制成品行业属于高技术制造业（High-Technology Manufactures）。虽然受数据所限，我们无法判断其他制造行业中高技术制造业的比重在2004—2012年是否有所提高，但从食品、饮料和烟草制造业，以及纺织和服装制造业的占比增幅较大这一点看，可以说，全球制造业增加值的技术水平构成不是在优化，而是有所"退化"。一方面，在世界发展指数（WDI）数据库的分类中，"其他制造行业"除了包括高技术制造业，既有被 Lall (2000) 称为资源型制成品的行业（如橡胶制品、非金属矿物制品等），又有低技术制成品行业（如陶瓷制品、家具、塑料制品等），还有中等技术制成品行业（如钢铁、有色金属等），但整体上，在"其他制造行业"中，高技术制成品行业和中等技术制成品行业的增加值占主导地位，其整体的技术水平要高于食品、饮料和烟草制造业，以及纺织和服装制造业。所以，我们可以谨慎地推测，在食品、饮料和烟草制造业，以及纺织和服装制造业的增加值大幅提高的背景下，全球制造业的技术水平构成是在"退化"。当然，这里讲的"退化"，是大类行业的相对意义上的，而非绝对意义上的。毕竟，食品、饮料和烟草制造业，以及纺织和服装制造业的技术水平也是在不断提高。但是，在一般意义上，产业升级或者产业（技术）结构优化，是指从食品、饮料和烟草制造业，以及纺织和服装制造业这些资源型或劳动密集型产业转向资本和技术密集型产业。

全球制造业的技术水平出现"退化"这一现象，可以从两方面来分析：从供给侧看，在新技术革命未能取得显著突破并实现产业化的背景下，高技术制成品行业的产品创新更多是替代现有同类产品的渐进型创新（Incremental Innovation），少见挖掘并满足人类潜在需求的突变型创新（Radical Innovation），并且在高技术制成品行业，前一种技术创新的速度很快，从而使相关产品价格快速降低，导致行业增加值难以持续大幅提高。从需求侧看，在2004—2012年，美国、日本、欧盟等主要发达经济体的经济增长速度相对较慢，发展中国家的经济增长速度较快，而这些国家居民的收入水平整体上还不够高，其对全球高技术制成品的消费贡献有限，但对食品、饮料和烟草制成品，以及纺织和服装制成品的需求则会随着收入水平的提升而增加，从而推动这些行业的增加值占比提升。

（五）全球制造业创业创新环境改善速度放缓

2008年国际金融危机后，全球制造业发展环境发生了一些重要的变化。从经济合作与发展组织（OECD）发布的国别产品市场监管指数（PMR）[①]

---

① OECD的国别产品市场监管（综合）指数，由三个层级的指标合成。其中，一级指标有3个，即政府控制（State Control）、创业障碍（Barriers to Entrepreneurship）与贸易和投资壁垒（Barriers to Trade and Investment），各指标的权重都为1/3。3个一级指标下设有7个二级指标，二级指标下又设有18个三级指标。在18个三级指标下，分别设有一系列的问题，由OECD的观察员和调查专家组成员针对各问题进行评分，分值的取值范围是 [0，6]；分值越高说明监管越严格。把18个三级指标的得分按权重进行加权，得到二级指标的分值；然后再依次加权，分别得到一级指标的分值和（综合）指标的分值。具体参见Koske, I., et al., "The 2013 Update of the OECD's Database on Product Market Regulation: Policy Insights for OECD and Non-OECD Countries", OECD Economics Department Working Paper, No. 1200, 2015。

看，在全球前十大制造业国家①中，在 1998—2003 年，七个 OECD 国家的 PMR 指数值都大幅下降，这意味着在此期间这些国家的产品市场监管在逐步放松；2003—2008 年，美国、日本、英国的 PMR 指数值不降反升，这很可能是因为在国际金融危机的影响下，政府采取了更多的监管措施来干预市场；2008—2013 年，美国的 PMR 指数值没有发生变化，其他六个 OECD 国家的 PMR 指数值略有下降，但下降幅度都小于 1998—2003 年的降幅。而中国、印度、印度尼西亚这三个非 OECD 国家由于缺乏更长时间段的 PMR 数据，无法判断其变化趋势，但从 2013 年的 PMR 指数值看，均处于较高水平（见表 1－1－2）。

表 1－1－2　　全球前十大制造业国家的产品市场监管指数（PMR）

国家	1998 年	2003 年	2008 年	2013 年
中国	—	—	3.17	2.86
美国	1.63	1.44	1.59	1.59
日本	2.11	1.37	1.43	1.41
德国	2.23	1.80	1.40	1.28
韩国	2.56	1.95	1.94	1.88
印度	—	—	3.40	3.10
意大利	2.36	1.80	1.51	1.29
法国	2.38	1.77	1.52	1.47
英国	1.32	1.10	1.21	1.08
印度尼西亚	—	—	—	2.85

注：中国、印度只有 2008 年和 2013 年的数据，印度尼西亚只有 2013 年的数据。
资料来源：经济合作与发展组织（OECD）产品市场监管数据库。

Nicoletti 等（2003）、Amable 等（2010）的研究表明，产品市场监管会对制造业多要素生产率（Multifactor Productivity）产生负面影响，而放松产品市场监管会通过改善公司治理和促进竞争等途径提高制造业的多要素生产率。特别是降低进入壁垒，既有利于采用先进适用技术，又会增加竞

---

① 2016 年，按照以现价美元计价的制造业增加值排序，中国、美国、日本、德国、韩国、印度、意大利、法国、英国、印度尼西亚排在全球前十位。这十个国家的制造业增加值之和占全球的比重超过 75%。

争压力，还会促进技术溢出，从而显著提升制造业多要素生产率水平。进一步地，多要素生产率水平提升既是制造业创新能力提高的结果，又是后续创新的重要支撑，因此可以说，从现有相关研究看，持续放松的产品市场监管是2008年之前主要制造业国家产业得以快速发展的重要前提。然而，2008年之后，受国际金融危机的影响，OECD国家推进产品市场监管改革的力度有所下降，这无疑会让制造业创业创新变得更加困难。

二 全球制造业未来发展趋势

（一）制造业驱动全球经济增长的作用会进一步强化

如前所述，1997—2016年，全球制造业增加值占GDP总和的比重经历了先下降后上升的过程，但整体看这一比重未来也很难有大幅提高。原因在于，随着经济发展水平的提高，生产的迂回程度也随之上升，这会形成更多的服务环节，从而使整个经济的服务化程度变得越来越高。这体现在全球总产出的部门结构上，就是服务业增加值占比会逐步提高。但是，全球经济发展水平提高的背后，本质上是产业技术创新活动变得更加活跃，是创新特别是技术创新在经济增长中发挥更加重要的作用。而制造业是技术创新最重要的发源地和实现平台，因此，可以认为，尽管从统计数据上看，制造业增加值占总产出的比重会出现震荡下行的态势，但如果把全球视为一个整体，制造业在驱动全球经济增长中的作用却会持续增强。利用欧盟的世界投入产出数据库（World Input-Output Database）计算的全球制造业影响力系数的变化情况就说明了这一点。

参考刘起运（2002）提出的以各产业最终产品占全部最终产品的比例为权重的影响力系数计算方法[①]，我们计算了全球制造业2000—2014年的

---

① 沈利生（2010）提出的以不同行业的增加值率为权重的影响力系数计算方法更能体现影响力系数所表达的含义，但该方法要求使用非竞争型投入产出模型，这对于作为一个整体的世界投入—产出表来讲难以实现（显然，在世界投入—产出表数据库中，每个国家的投入—产出表都是非竞争型的）。具体计算方法，参见沈利生《重新审视传统的影响力系数公式——评影响力系数公式的两个缺陷》，《数量经济技术经济研究》2010年第2期。

影响力系数，其变化趋势见图 1-1-5。从该图可以看出，21 世纪以来，尽管全球制造业的影响力系数有起有伏，但其有两个突出的特征：第一，该系数值一直大于 1。这表明在全球经济中，制造业总产出每增加一单位所影响带动的其他部门的产出要大于 1。如果把全球经济划分为制造业部门和非制造业部门两大类，制造业影响力系数大于 1，也就是意味着非制造业的影响力系数小于 1。也就是说，当全球制造业影响力系数一直大于 1 时，就表明不管制造业增加值占全球总产出的比重如何变化，它始终都是驱动全球经济增长的产业部门。第二，该系数值存在一定波动。具体而言，在 2000—2014 年中，2001 年、2008 年和 2009 年这 3 个年份的系数值相对上一年是下降的，特别是 2009 年有大幅降低，这很可能是因为受国际金融危机的影响，制造业新增投资不足，导致创新活动受到抑制，从而降低了其对非制造业部门的拉动作用。从 2010 年开始，全球制造业影响力系数又恢复上升，到 2014 年已升至 1.267，比国际金融危机之前的最高值（2007 年的 1.266）还高一点。可以认为，随着新一轮工业革命的持续深入推进，制造业驱动全球经济增长的力量将变得更为强劲。

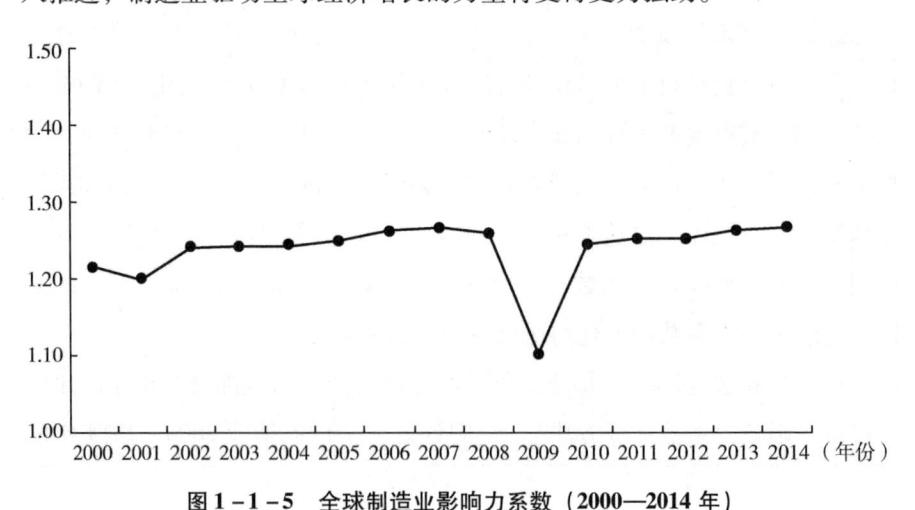

图 1-1-5 全球制造业影响力系数（2000—2014 年）

资料来源：根据欧盟世界投入产出数据库计算得出。

（二）亚洲是驱动全球制造业增长的核心区域

如前所述，2004—2016 年，在制造业生产领域，全球的地区格局已从"三足立鼎"转变为"一核两翼"，东亚和太平洋地区制造业增加值的全球占比已超过欧洲和中亚地区较大幅度。如果把视野放宽到整个亚洲，则会看到，过去十多年里，亚洲在全球制造业版图中的地位变得更加突出了。图 1-1-6 给出了亚洲制造业增加值占全球的比重在 2004—2016 年的变化趋势。从中可以看出，这一指标值除了 2013 年比上一年略有降低，其他年份都比上一年有所提高。也就是说，持续上升的态势非常明显。到 2016 年，亚洲制造业增加值占全球的比重达 47.57%，与 2004 年的 32.38% 相比，增幅高达 47%。随着劳动力资源丰富的印度等南亚国家和越南等东南亚国家融入全球产业分工体系的进程逐步深化，以及中国、日本、韩国等东亚经济体在全球价值链上的攀升，亚洲制造业的发展前景将会在基础设施互联互通、进出口贸易更加畅通的条件下变得更加光明，在未来较长一

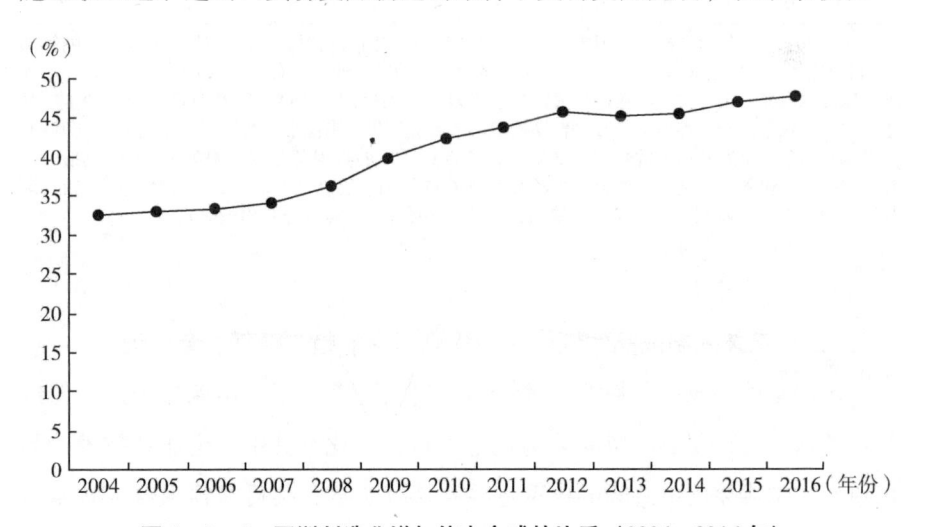

图 1-1-6　亚洲制造业增加值占全球的比重（2004—2016 年）

注：数据不包括中国台湾，以及巴勒斯坦、格鲁吉亚、亚美尼亚、阿塞拜疆、土耳其、塞浦路斯和以色列。朝鲜、乌兹别克斯坦、土库曼斯坦、叙利亚的数据全部缺失，塔吉克斯坦、巴林、科威特的数据部分年份缺失。

资料来源：世界银行。

段时期亚洲都将是驱动全球制造业增长的核心区域。当然，在亚洲国家内部，尽管南亚、东南亚的制造业增长速度较快，但其在规模上与东亚国家的差距仍然很大（见表1-1-3），所以，在未来较长一段时期内，南亚、东南亚制造业相对于东亚制造业而言都处于从属地位。而西亚和中亚的制造业不但规模较小，而且波动较大，这说明它们目前都缺乏稳定增长的基础，将来还需要创造更好的环境将其工业资源优势转变为制成品竞争优势。

表1-1-3　　　　　　亚洲制造业的内部区域构成　　　　　　单位：%

年份	2004	2005	2006	2007	2008	2009	2010	2011	2012	2013	2014	2015	2016
东亚	79.8	79.1	77.4	76.7	77.4	77.7	77.7	78.2	78.6	79.0	79.3	79.6	79.4
东南亚	9.7	9.8	10.8	10.9	10.8	10.3	10.3	10.0	9.7	9.7	9.4	9.1	9.1
南亚	6.2	6.7	7.1	7.8	6.9	7.3	7.3	7.1	6.6	6.5	6.7	7.1	7.4
中亚	0.3	0.3	0.4	0.4	0.5	0.4	0.4	0.4	0.4	0.5	0.4	0.3	0.3
西亚	3.9	4.1	4.3	4.3	4.4	4.4	4.3	4.3	4.6	4.3	4.1	3.8	3.7

注：东亚地区包括中国、中国香港、中国澳门、蒙古国、朝鲜、韩国、日本（其中，朝鲜的数据全部缺失），东南亚包括菲律宾、越南、老挝、柬埔寨、缅甸、泰国、马来西亚、文莱、新加坡、印度尼西亚、东帝汶，南亚包括尼泊尔、不丹、孟加拉国、印度、巴基斯坦、斯里兰卡、马尔代夫，中亚包括哈萨克斯坦、吉尔吉斯斯坦、塔吉克斯坦、乌兹别克斯坦、土库曼斯坦（其中，乌兹别克斯坦、土库曼斯坦的数据全部缺失，塔吉克斯坦的数据部分年份缺失），西亚包括阿富汗、伊拉克、伊朗、叙利亚、约旦、黎巴嫩、沙特阿拉伯、巴林、卡塔尔、科威特、阿联酋、阿曼、也门（其中，叙利亚的数据全部缺失，巴林、科威特的数据部分年份缺失）。

资料来源：世界银行。

（三）高技术制成品本地化生产程度提高的趋势很可能会持续

虽然全球制成品贸易的地区结构在过去十多年里基本保持稳定，但从行业的角度看，制成品贸易结构发生了重要变化。其中，全球高技术产品出口额占制成品出口总额的比重近些年持续走低，很可能预示着高技术制成品的本地化生产进程将持续推进。图1-1-7给出了1989—2016年全球高技术制成品出口额占制成品出口总额比重的变化趋势。从中可以看出，在2000年之前，这一比重基本上呈逐年上升态势。2000年，全球高技术制成品出口额占制成品出口总额的比重达24.41%，比1989年的18.5%提高了5.91个百分点，增幅超过30%。但进入21世纪之后，这一比重的振荡下行态势非常明显，2016年下降到17.88%，比1989年的值还低0.62个百分点。在一定程度上，全球高技术制成品出口额占比的下降印证了前述"全球制造业的技术结构升级态势不明显"的观点。同时，这也可能是近年来"逆全球化"暗潮涌动的经济基础之一。

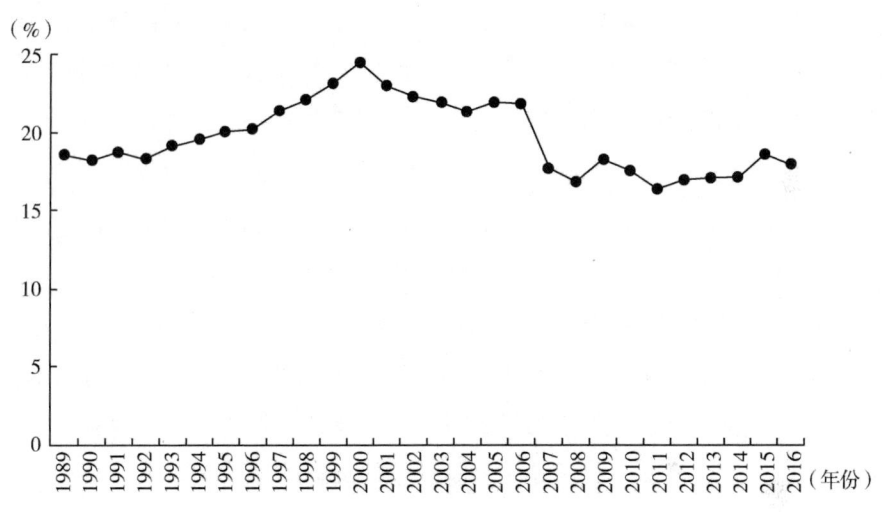

图1-1-7 全球高技术制成品出口额占制成品出口总额比重（1989—2016年）

资料来源：世界银行。

21世纪以来高技术制成品本地化生产程度不断提高的背后可能有两个方面的原因：第一，从生产的角度看，随着中国等新兴经济体要素成本的上升，高技术制成品在新兴国家生产的成本优势已经不太明显。根据小岛清（Kiyoshi Kojima）等提出的解释国际直接投资（实际上就是国际生产分工）现象的比较优势理论，这时发达国家就会逐渐选择在本国生产高技术制成品，而发达国家又是高技术制成品的主要消费市场，因此，全球高技术制成品生产体系对不同地区生产要素相对价格变化的调整和适应，导致高技术制成品本地化生产程度提高，其出口额占制成品出口总额的比重自然就会下降。进一步地，随着新工业革命的深入推进，数字化、智能化、网络化生产技术和设备的广泛应用，将会使制造业的生产活动对普通劳动力的依赖变得越来越小，从而使劳动力成本在高技术制成品生产体系中的作用弱化，这很可能会使高技术制成品的本地化生产程度持续提高。第二，从技术的角度看，按照雷蒙德·弗农（Raymond Vernon）提出的解释国际直接投资的产品生命周期理论，在产品创新阶段，跨国公司更倾向于在有利于创新活动开展的国家内部生产，而不倾向于以国际直接投资的方式到生产成本更低的国外生产。也就是说，如果 21 世纪以来高技术制成品领域（特别是非模块化复杂产品领域）出现了更多处于创新阶段的新产品，那么这些产品的本地化生产就可能会导致全球高技术制成品出口额占比的下降。因此，在这些新产品进入成熟阶段和标准化阶段之前，以及在这些产品进入成熟阶段和标准化阶段后，如果又出现了更多的创新阶段的产品，那么高技术制成品出口额占全球制成品总额的比重降低的态势就会持续。

（四）全球制造业服务化进程将会持续推进

随着全球制造业生产分工体系的不断拓展，全球生产网络变得越来越复杂。在此背景下，服务业尤其是知识密集型服务业（如金融服务、信息服务、研发及其他商务服务等）对制造业的贡献越来越大。作为经济结构服务化的一个重要表现，制造业服务化近些年已走出国际金融危机后的低谷，重新步入持续上升的通道。以 OECD - WTO 的贸易增加值数据库（OECD - WTO Trade in Value-Added Database）为基础，我们计算了全球制成品贸易出口额中的服务投入强度。[①] 图 1 -1 -8 给出了 2000—2011 年制造业服务投入强度的变化趋势。从中可以看出，2000—2007 年，全球制造业的服务投入强度逐年提高，并且与 2000 年的 20.1% 相比，2007 年的 23.1% 提高了 3 个百分点。受国际金融危机的影响，2008 年和 2009 年，全球制造业的服务强度连续两年降低，到 2009 年已跌至 21.2%。这背后最主要的一个原因就是，受国际金融危机影响，金融机构为制造业企业提供的服务急剧下降。不过，从 2010 年开始，全球制造业的服务强度止跌回升，到 2011 年已提高至 22.9%，距离国际金融危机前的最高水平仅有 0.2

---

① 服务投入强度（Service Intensity of Manufacturing），是指单位制造业出口额中，各服务业部门为其提供的中间服务的增加值。参见 Low, P., Pasadilla, G. O., *Services in Global Value Chains*: *Manufacturing-Related Services*, World Scientific, 2016。

个百分点。可以预见，在外部环境基本稳定的条件下，以下三方面的因素将促使全球制造业服务化水平在未来一段时期持续提升：首先，从生产的角度看，随着新工业革命的深入推进，数字化、智能化、网络化制造将会使得生产过程变得越来越标准化，从而不断降低分工的难度，持续提高生产的迂回性，这将孕育出新的服务活动，促使制造业的服务投入强度提高。其次，从创新的角度看，在新的技术经济范式形成过程中，会对新产品形成大量需求，这将激励各类企业加大研发投入，也会提高制造业的服务投入强度。最后，从融资的角度看，新产品的研发和产业化都面临很大的不确定性，单纯依赖企业内部资金的支持可能存在较大困难，因此，需要金融机构为其提供综合金融服务，在新产品研发和产业化初始阶段这是最主要的服务投入。

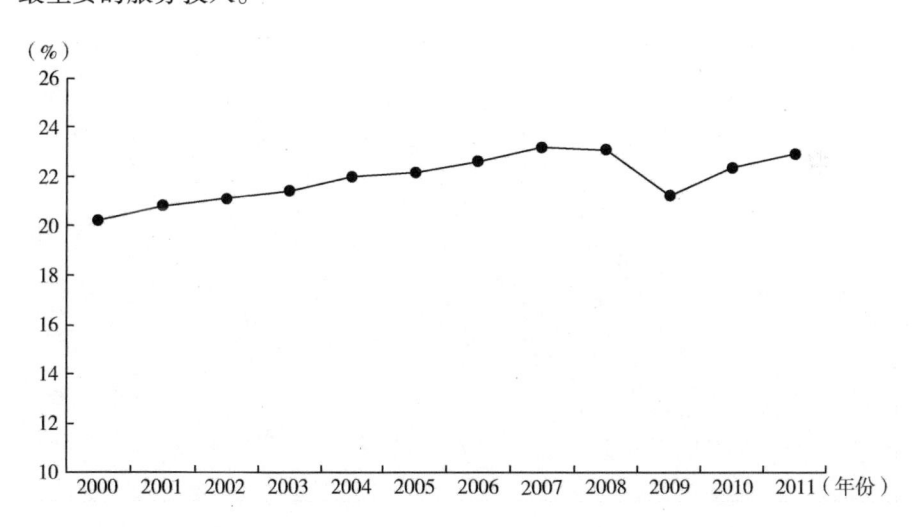

图 1-1-8 全球制成品出口中的服务投入强度（2000—2011 年）

资料来源：OECD-WTO 的贸易增加值数据库。

参考文献

刘起运：《关于投入产出系数结构分析方法的研究》，《统计研究》2002 年第 2 期。

沈利生：《重新审视传统的影响力系数公式——评影响力系数公式的两个缺陷》，《数量经济技术经济研究》2010 年第 2 期。

Amable, B., Demmou, L., Ledezma, I., "Product Market Regulation, Innovation, and Distance to Frontier", *Social Science Electronic Publishing*, 2010, 19 (1): 117–159.

Koske, I., et al., "The 2013 Update of the OECD's Database on Product Market Regulation: Policy Insights for OECD and Non-OECD Countries", OECD Economics Department Working Paper, No. 1200, 2015.

Lall, S., "The Technological Structure and Performance of Developing Country Manufactured Exports, 1985–98", *Oxford Development Studies*, 2000, 28 (3): 337–369.

Low, P., Pasadilla, G.O., *Services in Global Value Chains: Manufacturing-Related Services*, World Scientific, 2016.

Nicoletti, G., Scarpetta, S., Lane, P.R., "Regulation, Productivity and Growth: OECD Evidence", *Economic Policy*, 2003, 18 (36): 9–72.

第二章　中国与亚洲制造业产能合作的总体情况

王海兵

中国与亚洲国家（或地区）开展制造业产能合作古已有之，起源于西汉的"丝绸之路"即是最好的证明。新中国成立初期，尽管中国面临着"东西对峙"的复杂国际政治环境和经济环境，但凭借传统的友好交往历史，民间交流与合作方式下的制造业产能合作仍然存在。彼时中国与日本、老挝、中国香港等国家（或地区）的民间贸易规模较小，但始终未曾中断。之后，随着中国与周边国家（或地区）的关系不断改善，以及与其他国家建立正常外交关系，彼此间的产能合作开始逐渐步入正轨。改革开放以来，中国不断扩大对外开放水平，也积极融入国际经济分工秩序，与亚洲国家（或地区）开展制造业产能合作经历了起步期、成长期、提升期、腾飞期和转型期五个阶段，取得了非常丰硕的成果。当前，中国经济已由高速增长阶段转向高质量发展阶段，正处在转变发展方式、优化经济结构、转换增长动力的攻关期，如何利用外资实现高水平开放进而推动经济高质量发展，已被放在更加突出的位置。在此背景下，迫切需要回顾、梳理、总结过去中国与亚洲国家（或地区）开展制造业产能合作的历史演变、主要特征和面临的风险。

一　中国与亚洲制造业产能合作的历史演变

中国走向世界的起点是亚洲，焦点在于制造业。如果从改革开放后的时间点上来看,中国与亚洲国家(或地区)开展制造业产能合作起始于第四次国际产业调整与转移期间。彼时发达国家已完成了"美国→日本、德国等国家→亚洲新兴经济体→东盟等国家(或地区)"的地区转移路径和"劳动密集型→资本密集型→技术密集型"的产业转移路径,国际经济秩序已从产业间分工变为产业内分工,并逐渐向产品内分工过渡。这一期间,中国在经历了一个较为动荡的历史时期后,以巨大的政治勇气和魄力,将国家工作重心从"阶级斗争"转移到"经济建设"上来,同时大力推动改革开放,通过积极融入国际生产网络,牢牢抓住世界经济一体化不断朝着纵深方向发展的时代机遇,创造了"中国式奇迹"的发展成就。

以图1-2-1和图1-2-2为基础,可以将中国与亚洲国家(或地区)开展制造业产能合作的历史演变分为五个阶段。

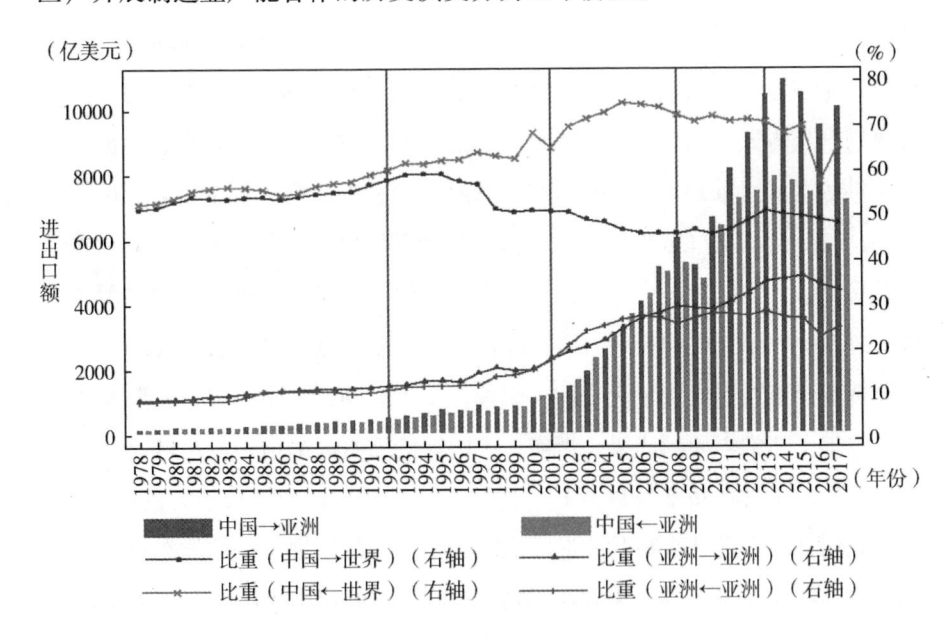

图1-2-1 1978—2017年中国与亚洲制造业贸易情况

注:制造业数据使用了国际贸易标准分类(SITC)中第五部门至第八部门(除已加工或未加工的珍珠、宝石和半宝石,有色金属外)的数据;1978—1994年数据是根据当年中国、亚洲、世界的GDP和商品贸易情况估算得到的;箭头指向表明出口方向。

资料来源:UNCTAD,由笔者整理。

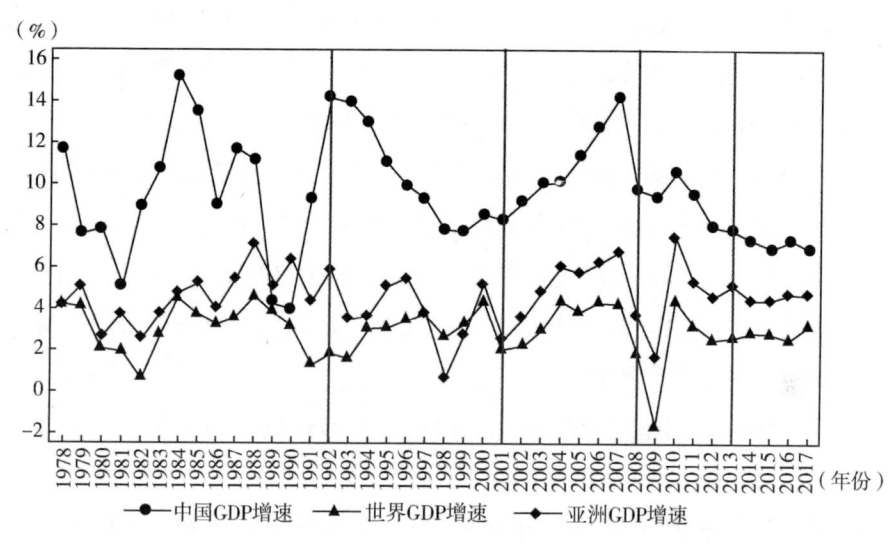

图 1-2-2　1978—2017 年中国、亚洲及世界 GDP 增速情况

资料来源：UNCTAD，由笔者整理。

（一）起步期：1978—1991 年

中国与亚洲国家（或地区）开展制造业产能合作源于国内一系列对外开放政策的出台。如 1978 年 12 月，党的十一届三中全会召开，拉开了中国改革开放之路。1979 年 7 月，党中央、国务院决定在深圳、珠海、汕头和厦门建立经济特区，作为中国对外开放的"试验田"和"窗口"。1991 年 3 月，国务院印发了《关于延长沿海开放城市和地区部分税收优惠政策的批复》，继续从税收政策上对外向型经济予以支持。这一时期，中国的外贸体制从以指令性计划管理为主向在中央财政补贴基础上的承包经营责任制转变。在推出上述一系列政策的基础上，中国开始积极融入国际生产网络，与亚洲国家（或地区）开展的制造业产能合作也逐渐起步。

在此期间，中国一方面加快与亚洲国家建立、恢复外交关系，从而在政治层面推进与亚洲国家（或地区）开展制造业产能合作。如中国分别与阿曼、阿联酋、卡塔尔、巴勒斯坦、巴林、沙特阿拉伯、新加坡在 1978 年 5 月、1984 年 11 月、1988 年 7 月、1988 年 11 月、1989 年 4 月、1990 年 7

月、1990年10月建交，与印度尼西亚在1989年12月就两国关系正常化的技术性问题进行会谈，并在1990年7月发布了《关于恢复两国外交关系的公报》。另一方面，中国也在大力推动与亚洲国家签订一系列双边协定，从而在国际协议框架内保障与亚洲国家（或地区）开展制造业产能合作的深化。如中国与印度在1984年签署了第一个政府间贸易协定，与日本签署的避免双重征税协定、双边投资保护协定分别在1985年、1989年生效，与新加坡在1985年、1986年分别签署关于促进和保护投资的协定、避免双重征税和防止偷漏税的协定。

到1991年，中国GDP增速、亚洲GDP增速分别为9.3%、4.36%，分别比世界GDP增速高出8.05个百分点、3.11个百分点，与1978年相差-2.4个百分点、0.2个百分点。当年，中国向亚洲国家（或地区）出口的制造业产品额为454.69亿美元，从亚洲国家（或地区）进口的制造业产品额为394.48亿美元，比1978年的同类出口、进口分别高出324.72亿美元、279.02亿美元。其中，中国向亚洲国家（或地区）出口的制造业产品额在中国向世界出口的制造业产品额中的比重为56.39%，在亚洲向亚洲出口的制造业产品额中的比重为10.44%，分别比1978年高出5.67个百分点、2.96个百分点；中国向亚洲国家（或地区）进口的制造业产品额在中国向世界进口的制造业产品额中的比重为58.76%，在亚洲向亚洲进口的制造业产品额中的比重为9.23%，分别比1978年高出6.84个百分点、2.26个百分点。

（二）成长期：1992—2000年

1991年年底，苏联解体，世界政治格局朝多元化方向发展。彼时，中国国内围绕市场经济和改革开放的思想冲突、意见论争和改革分歧异常激烈。在此背景下，邓小平在1992年视察武昌、深圳、珠海、上海等地时，发表了著名的南方讲话，指出"改革开放胆子要大一些，敢于试验，不能像小脚女人一样。看准了的，就大胆地试，大胆地闯"。同年，党的十四大明确提出将建立社会主义市场经济体制作为中国经济体制改革的目标，并要求"进一步扩大对外开放"，"形成多层次、多渠道、全方位开放的格局",从而拉开了中国改革开放的新征程。2000年,中国与欧盟就"入世"问题达成双边协议,为"入世"扫清了最后一个障碍。这一时期,中国的外贸体制从以取消出口财政补贴、实行自负盈亏的承包经营责任制向以取消外贸承包经营责任制、深化汇率制度改革的宏观调控体系转变。在推出上述一系列政策的基础上,中国与亚洲国家(或地区)开展的制造业产能合作开始步入成长期。

在此期间,中国进一步加快与亚洲国家建立、恢复和加深外交关系,也持续大力推动与亚洲国家签订一系列双边协定。如中国分别在1991年9月与文莱建立外交关系,在1992年1月与以色列、哈萨克斯坦、吉尔吉斯斯坦、塔吉克斯坦、土库曼斯坦、乌兹别克斯坦建立外交关系,在1992年8月与韩国建立外交关系。中国还在1996年联合国"石油换食品"的计划框架下,恢复了与伊拉克的经贸往来;在2000年4月与老挝确定发展两国长期稳定、睦邻友好、彼此信赖的全面合作关系。与此同时,中国在1992年与亚美尼亚、韩国、吉尔吉斯斯坦、土库曼斯坦、乌兹别克斯坦、越南等国家签署了鼓励和相互保护投资的协定,在1995年与伊拉克、土耳其、越南等国家签署避免双重征税和防止偷漏税的协定。值得注意的是,在"一国两制"战略方针下,中国香港和中国澳门分别在1997年和1999年回归,不仅直接加深了内地与中国香港、中国澳门的经贸联系,也间接推动了中国与亚洲其他国家(或地区)开展制造业产能合作。

到2000年,中国GDP增速、亚洲GDP增速分别为8.5%、5.13%,分别比世界GDP增速高出4.16个百分点、0.79个百分点,与1992年相差-5.7个百分点、-0.76个百分点。当年,中国向亚洲国家(或地区)出口的制造业产品额为1106.47亿美元,从亚洲国家(或地区)进口的制造业产品额为1153.45亿美元,比1992年的同类出口、进口分别高出594.94亿美元、703.2亿美元。其中,中国向亚洲国家(或地区)出口的制造业产品额在中国向世界出口的制造业产品额中的比重为50.46%,在亚洲向亚洲出口的制造业产品额中的比重为14.45%,分别比1992年高出-6.98个百分点、3.71个百分点;中国向亚洲国家(或地区)进口的制造业产品额在中国向世界进口的制造业产品额中的比重为68.21%，在亚洲向亚洲进口的制造业产品额中的比重为14.51%，分别比1992年高出8.56个百分点、4.75个百分点。

（三）提升期：2001—2007年

2001年6月，上海合作组织成员国元首理事会在中国举行，六国元首签署《上海合作组织成立宣言》，宣告上海合作组织正式成立，从而标志着中国在区域合作化道路上迈出了历史性的一步。同年12月，中国加入世界贸易组织（WTO），对外开放进入新篇章。2002年，国务院出台了《指导外商投资方向规定》，积极引导外商投资与中国国民经济和社会发展规划相适应的方向。2006年，商务部、发改委、科技部、财政部等部门出台的《科技兴贸"十一五"规划》从扩大高新技术产品出口、提高自主创新能力、培育出口主体、发展服务贸易、开拓国际市场、优化贸易环境等方面提出了相应的政策措施。在此基础上，颁布的《关于鼓励技术引进和创新，促进转变外贸增长方式的若干意见》，从加快建设企业技术引进和创新促进体系、综合运用经济手段鼓励技术引进和创新、完善技术引进与创新的各项制度等方面提出落实的意见。这一时期，中国的外贸体制从以符合国情和特点为主的行政调控体系向与国际接轨的市场调控体系转变。在市场准入、外资待遇、管理职能、贸易政策等方面颁布、修订了一系列不规范、不完善的法律法规后，中国与亚洲国家（或地区）开展的制造业产能合作开始步入提升期。

在此期间，中国不仅不断与亚洲国家加深外交关系，还在进一步推动与亚洲国家签署、修订一系列双边协定。如中国与东帝汶在2002年5月建交，与伊拉克在2004年10月互派大使，与塔吉克斯坦在2002年3月建立睦邻友好和互利合作关系，与土库曼斯坦在2002年3月建立友好合作关系，与印度尼西亚在2005年4月建立战略伙伴关系，与巴基斯坦在2005年4月建立更加紧密的战略合作伙伴关系，与斯里兰卡在2005年4月建立真诚互助、世代友好的全面合作伙伴关系。与此同时，中国在2002年分别与巴林、伊朗、吉尔吉斯斯坦、阿曼签署了避免双重征税和防止偷漏税的协定,在 2007 年与韩国修订鼓励和相互保护投资协定、避免双重征税和防止偷漏税的协定。

到 2007 年,中国 GDP 增速、亚洲 GDP 增速分别为 14.2%、6.73%,分别比世界 GDP 增速高出 9.99 个百分点、2.52 个百分点,与 2001 年相差 5.9 个百分点、4.33 个百分点。当年,中国向亚洲国家(或地区)出口的制造业产品额为 5128.87 亿美元,从亚洲国家(或地区)进口的制造业产品额为 4988.25 亿美元,比 2001 年的同类出口、进口分别高出 3944.29 亿美元、3763.52 亿美元。其中,中国向亚洲国家(或地区)出口的制造业产品额在中国向世界出口的制造业产品额中的比重为 45.23%,在亚洲向亚洲出口的制造业产品额中的比重为 27.34%,分别比 2001 年高出 -5.14 个百分点、10.42 个百分点;中国向亚洲国家(或地区)进口的制造业产品额在中国向世界进口的制造业产品额中的比重为 73.96%,在亚洲向亚洲进口的制造业产品额中的比重为 26.3%,分别比 2001 年高出 9.22 个百分点、9.66 个百分点。

(四)腾飞期:2008—2012 年

2008 年的金融危机在短时间内对全球经济造成了巨大冲击,全球 GDP 增速在 2009 年甚至下降为 -1.72%。国际市场需求萎靡、大宗商品价格波动、贸易保护主义抬头、国内生产成本上升等因素,对中国制造业发展造成了一定程度的影响。2008 年,国务院出台了《关于进一步推进长江三角洲地区改革开放和经济社会发展的指导意见》,从加快转变外贸增长方式、着力提高利用外资质量、加快企业"走出去"步伐等方面提出健全开放型经济体系和全面提升对外开放水平的政策措施。2012 年,国务院出台了《关于加强进口促进对外贸易平衡发展的指导意见》和《关于促进外贸稳定增长的若干意见》,前者从加大财税政策支持力度、加强和改善金融服务、完善管理措施、提高贸易便利化水平等方面提出了进一步优化进口商品结构、进口国别和地区结构、进口贸易结构的政策措施,后者从做好出口退税和金融服务、提高贸易便利化水平、改善贸易环境、优化贸易结构等方面提出了促进外贸稳定增长的政策措施。这一时期,中国的外贸体制从以外资的"引进来"、贸易的"奖出限进"和"宽出严进"为主向外资的"引进来"和"走出去"相结合、贸易的进口和出口并重转变。在推出上述一系列政策的基础上，中国与亚洲国家（或地区）开展制造业产能合作在经历了短时间的冲击后，开始步入腾飞期。

在此期间，中国重点在于与亚洲国家加深外交关系，也不忘进一步推动与亚洲国家签署、修订一系列双边协定。如中国与日本在2008年5月推进战略互惠关系，与沙特阿拉伯在2008年6月建立战略性友好关系，与尼泊尔在2009年12月建立世代友好的全面合作伙伴关系，与蒙古国、阿联酋、乌兹别克斯坦分别在2011年6月、2012年1月、2012年6月建立战略伙伴关系，与越南、老挝、缅甸、泰国分别在2008年6月、2009年9月、2011年5月、2012年4月建立全面战略合作伙伴关系。与此同时，中国与塔吉克斯坦、土库曼斯坦、叙利亚分别在2008年、2009年、2010年签署避免双重征税和防止偷漏税的协定。

到2012年，中国GDP增速、亚洲GDP增速分别为7.9%、4.55%，分别比世界GDP增速高出5.45个百分点、2.1个百分点，与2008年相差 -1.8个百分点、0.66个百分点。当年，中国向亚洲国家（或地区）出口的制造业产品额为9260.62亿美元，从亚洲国家（或地区）进口的制造业产品额为7471.5亿美元，比2008年的同类出口、进口分别高出3246.15亿美元、2207.74亿美元。其中，中国向亚洲国家（或地区）出口的制造业产品额在中国向世界出口的制造业产品额中的比重为48.19%，在亚洲向亚洲出口的制造业产品额中的比重为31.76%，分别比2008年高出2.94个百分点、2.96个百分点；中国向亚洲国家（或地区）进口的制造业产品额在中国向世界进口的制造业产品额中的比重为71.02%，在亚洲向亚洲进口的制造业产品额中的比重为26.55%，分别比2008年高出 -1.06个百分点、1.67个百分点。

（五）转型期：2013年至今

2013年，随着美国参众两院投票通过解决"财政悬崖危机"的妥协方案，日本推出以高通胀目标、日元贬值、政策利率调负、加强财政投资等为主要内容的"安倍经济学"政策,及"欧债危机"在以爱尔兰退出由欧盟和国际货币基金组织主导的金融援助计划为标志下告一段落,全球经济复苏态势较为平稳。然而,世界范围内的单边主义和贸易保护主义日益严重,贸易争端和摩擦加剧,给全球经济复苏和产能合作蒙上了一层阴影。2017年,国务院颁布了《关于扩大对外开放积极利用外资若干措施的通知》和《关于促进外资增长若干措施的通知》,前者从进一步扩大对外开放、进一步创造公平竞争环境、进一步加强吸引外资工作等方面提出了积极利用外资的政策措施,后者从进一步减少外资准入限制、制定财税支持政策、完善国家级开发区综合投资环境、便利人才出入境等方面提出了提高利用外资质量的政策措施。2018年,国务院颁布了《关于积极有效利用外资推动经济高质量发展若干措施的通知》,从大幅度放宽市场准入、深化"放管服"改革、加强投资促进、提升投资保护水平、优化区域开放布局、推动国家级开发区创新提升等方面提出了推动形成全面开放新格局的政策措施。这一时期,中国的外贸体制从局部型、区域型和数量型的改革向整体型、全面型、质量型的创新转变。然而,尽管推出了上述一系列政策,但在全球经济环境不确定性因素增多的背景下,中国与亚洲国家(或地区)开展制造业产能合作开始步入转型期。

在此期间,中国重点在于深化和发展与亚洲国家的外交关系。如中国与亚美尼亚、阿塞拜疆分别在2015年3月和12月深化友好合作关系,与孟加拉国在2014年6月深化全面合作伙伴关系,与巴基斯坦、缅甸、老挝分别在2013年5月、2014年11月、2017年11月深化全面战略合作伙伴关系,与以色列在2017年3月建立创新全面伙伴关系,与东帝汶、马尔代夫分别在2014年4月和9月建立全面合作伙伴关系,与新加坡在2015年11月建立全方位合作伙伴关系,与巴基斯塔在2015年4月建立全天候战略合作伙伴关系。与此同时,中国也与柬埔寨在2016年签署了避免双重征税和防止偷漏税的协定。

到2017年,中国GDP增速、亚洲GDP增速分别为6.9%、4.67%,分别比世界GDP增速高出3.73个、1.54个百分点,与2013年分别相差-0.9

个、-0.42个百分点。当年，中国向亚洲国家（或地区）出口的制造业产品额为 10068.51 亿美元，从亚洲国家（或地区）进口的制造业产品额为 7184.31 亿美元，比 2013 年的同类出口、进口分别高出 -375.65 亿美元、-744.18 亿美元。其中，中国向亚洲国家（或地区）出口的制造业产品额在中国向世界出口的制造业产品额中的比重为 47.47%，在亚洲向亚洲出口的制造业产品额中的比重为 32.47%，分别比 2013 年高出 -2.9 个、-1.96 个百分点；中国向亚洲国家（或地区）进口的制造业产品额在中国向世界进口的制造业产品额中的比重为 65.18%，在亚洲向亚洲进口的制造业产品额中的比重为 23.9%，分别比 2013 年高出 -5.33 个、-3.67 个百分点。

二 中国与亚洲制造业产能合作的主要特征

中国与亚洲国家（或地区）开展制造业的主要特征突出表现在合作规模越来越庞大、合作区域越来越全面、合作产业越来越高端、合作重点越来越集中、合作基础越来越牢靠、合作潜力越来越突出、合作形式越来越多元、合作机制越来越完善等方面。具体如下。

（一）合作规模越来越大

合作规模越来越庞大主要反映在贸易和投资两个方面。

在贸易方面（见图 1-2-3），从出口角度看，1995 年，在制造业口径上，中国对亚洲国家（或地区）出口额为 730.97 亿美元，在总出口额中的比例为 79.27%，到 2017 年，两者分别增至 10068.51 亿美元、91.44%。从进口角度看，1995 年，在制造业口径上，中国对亚洲国家（或地区）进口额为 638.3 亿美元，在总进口额中的比例为 83.65%，到 2017 年，两者分别变为 7184.31 亿美元、73.86%。值得注意的是，出口占比始终保持上升趋势，而进口占比则呈现出波动式下降的趋势。

在投资方面（见图 1-2-4），从流入角度看，1997 年，亚洲国家（或地区）对中国的直接投资额为 342.76 亿美元，在实际利用外商直接投资总额中的比例为 75.74%，到 2017 年，两者分别变为 1091.94 亿美元、

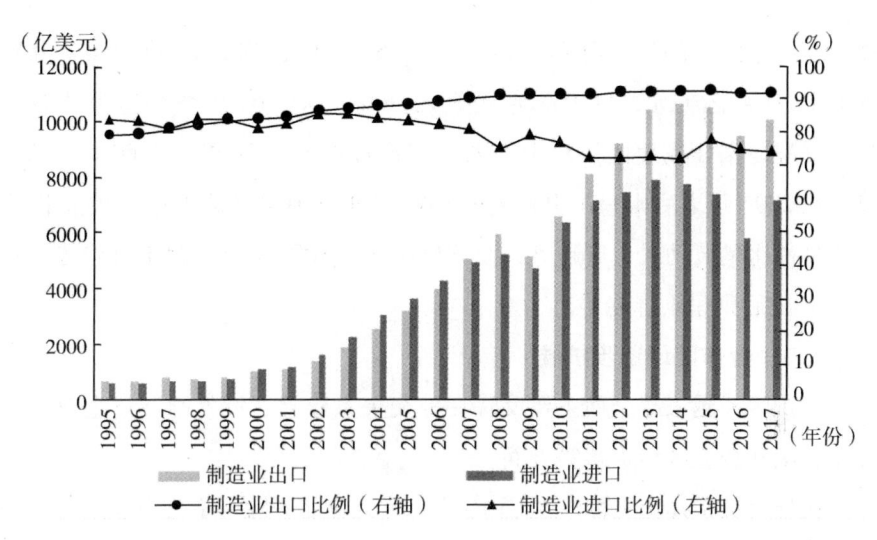

图 1-2-3　1995—2017 年中国与亚洲国家（或地区）制造业进出口情况

资料来源：UNCTAD，由笔者整理。

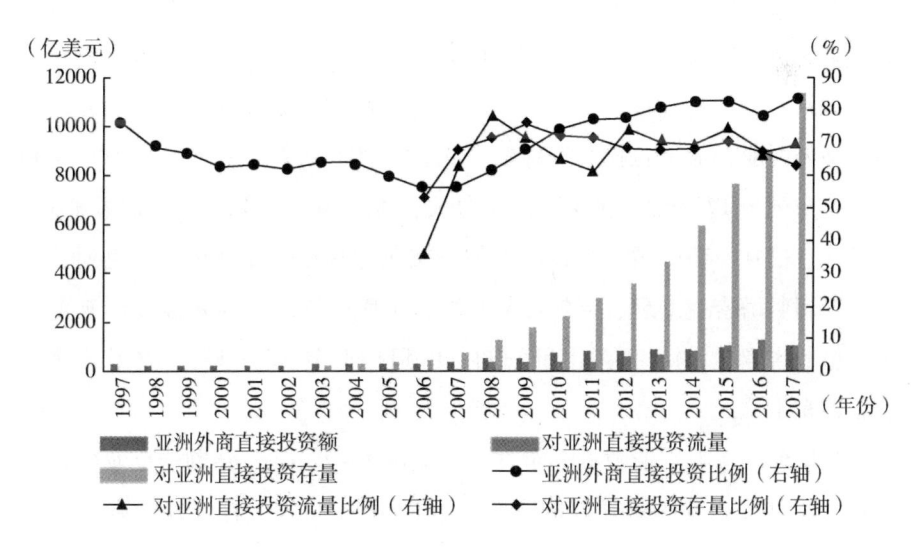

图 1-2-4　1997—2017 年中国与亚洲国家（或地区）直接投资情况

资料来源：UNCTAD，由笔者整理。

83.33%。从流出角度看，2006 年，中国对亚洲国家（或地区）的直接投资流量为 76.63 亿美元，存量为 479.78 亿美元，在对外直接投资流量总额、存量总额中的比例分别为 36.22%、52.94%，到 2017 年，四者分别变为 1100.4 亿美元、11393.24 亿美元、69.52%、62.98%。值得注意的是，亚洲国家（或地区）对中国的直接投资占比在 2006 年之前呈下降趋势，在 2006 年之后则呈上升趋势；中国对亚洲国家（或地区）的直接投资流量占比呈波动式上升趋势，而存量占比在 2009 年之前呈上升趋势，在 2009 年之后则呈下降趋势。

（二）合作区域逐步扩展

合作区域越来越全面主要反映在外交关系建立、境外制造业企业数量分布、境外企业区域覆盖等方面。

在外交关系建立方面（见图 1-2-5），目前，除与不丹未建立外交关系外，中国与其他亚洲国家都建立了外交关系。在 20 世纪 60 年代前，中国与 14 个亚洲国家建立了外交关系，分别是朝鲜、蒙古国、越南、印度、印度尼西亚、缅甸、巴基斯坦、阿富汗、尼泊尔、叙利亚、也门、斯里兰卡、柬埔寨、伊拉克；在 60 年代和 70 年代，中国与 13 个亚洲国家建立了外交关系，分别是老挝、黎巴嫩、科威特、伊朗、土耳其、马尔代夫、日本、马来西亚、孟加拉国、菲律宾、泰国、约旦、阿曼；在 80 年代和 90 年代，中国与 17 个亚洲国家建立了外交关系，分别是阿联酋、巴勒斯坦、卡塔尔、巴林、新加坡、沙特阿拉伯、文莱、乌兹别克斯坦、以色列、哈萨克斯坦、塔吉克斯坦、吉尔吉斯斯坦、土库曼斯坦、阿塞拜疆、亚美尼亚、格鲁吉亚、韩国；在 21 世纪初，中国与 1 个亚洲国家建立了外交关系，即东帝汶。

在境外制造业企业数量分布方面（见图 1-2-6），从制造企业数量角度看，2007 年，中国境外制造业企业数量为 3180 家，在境外所有企业中的比重为 31.8%，到 2017 年，两者分别变为 8056 家、20.5%。从境外企业在亚洲的数量角度看，2007 年，中国境外企业在亚洲的数量为 5000 家，占比为 50%，到 2017 年，两者分别变为 22078 家和 56.3%。值得注意的是，中国境外制造业企业占比呈现下降趋势，而中国境外企业数量在亚洲的占比则呈上升趋势。

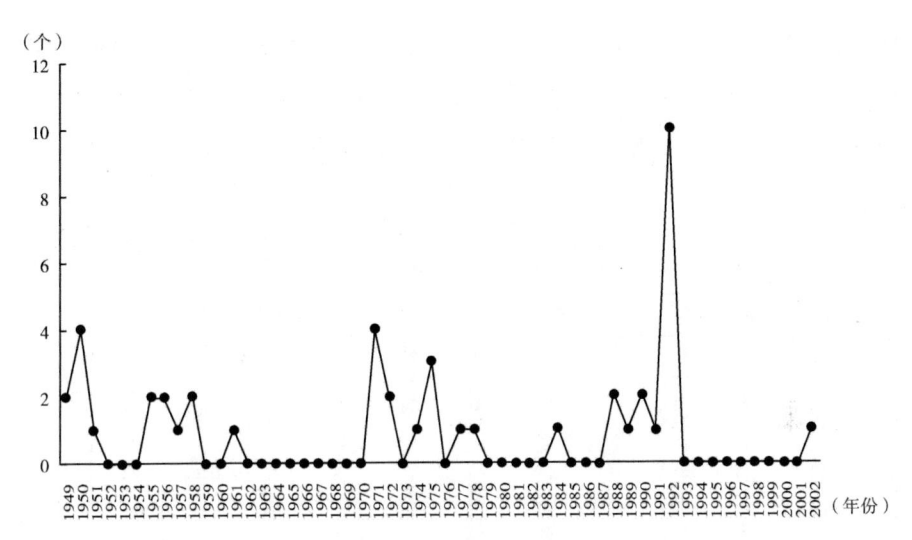

图 1-2-5　1949—2002 年中国与亚洲国家建立外交关系情况

资料来源：中华人民共和国外交部。

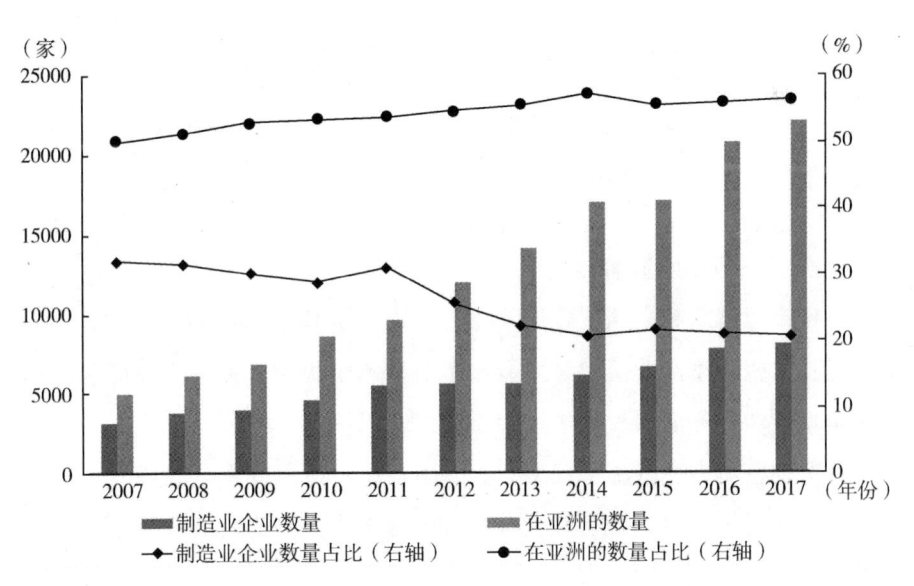

图 1-2-6　2007—2017 年中国境外制造业企业数量分布情况

资料来源：中华人民共和国商务部。

在境外企业区域覆盖方面（见图 1-2-7），从数量角度看，2010 年，中国境外企业在全世界范围内覆盖了 178 个国家，在亚洲范围内覆盖了 44

个国家,到 2017 年,两者分别增至 189 个国家、46 个国家;从投资角度看,2007 年,中国境外企业在全世界范围内的投资覆盖率为 71.5%,在亚洲范围内的投资覆盖率为 90%,到 2017 年,两者分别增至 81.1%、97.9%。

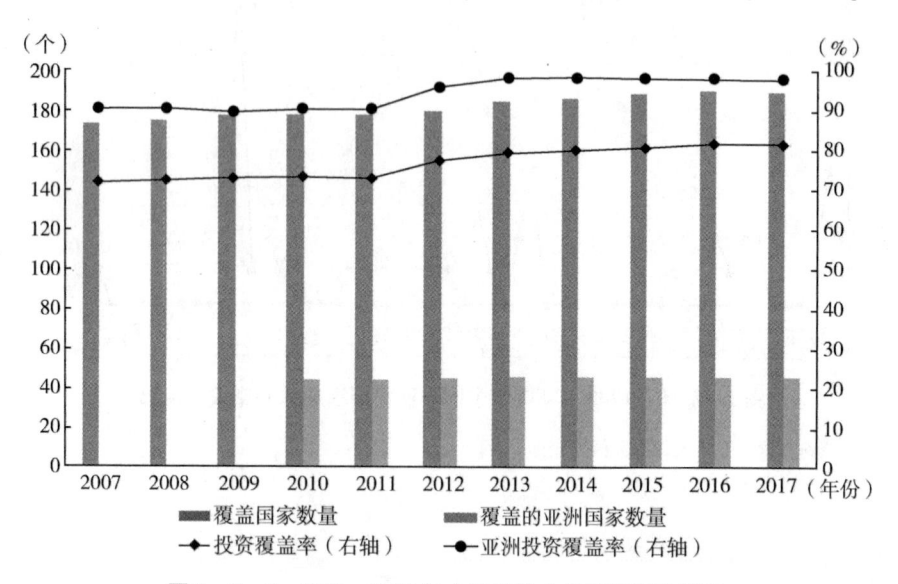

图 1-2-7　2007—2017 年中国境外企业区域覆盖情况

资料来源:中华人民共和国商务部。

(三) 合作产业趋向高端

合作产业越来越高端主要反映在劳动密集型和资源密集型产业、低技能和低技术密集型产业、中等技能和中等技术密集型产业、高技能和高技术密集型产业等方面(见图 1-2-8 和图 1-2-9)。

在劳动密集型和资源密集型产业方面,从出口角度看,1995 年,中国对亚洲国家(或地区)的劳动密集型和资源密集型制造业出口额为 333.39 亿美元,在所有产业中的比例为 45.61%,到 2017 年,两者分别变为 2121.41 亿美元、21.07%。从进口角度看,1995 年,中国对亚洲国家(或地区)的劳动密集型和资源密集型制造业进口额为 150.9 亿美元,在所有产业中的比例为 23.64%,到 2017 年,两者分别变为 387.96 亿美元、5.4%。值得注意的是,出口占比和进口占比在 2008 年之前呈下降趋势,在 2008 年

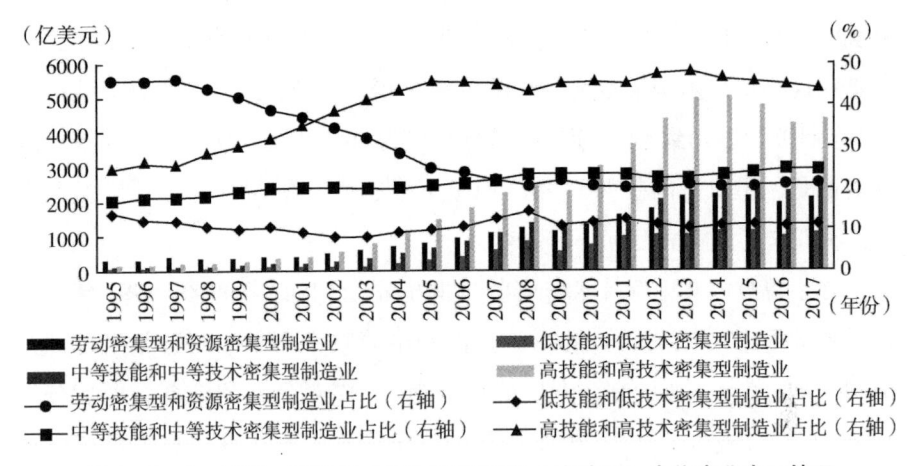

图 1-2-8　1995—2017 年中国与亚洲国家（或地区）合作产业出口情况

资料来源：UNCTAD，由笔者整理。

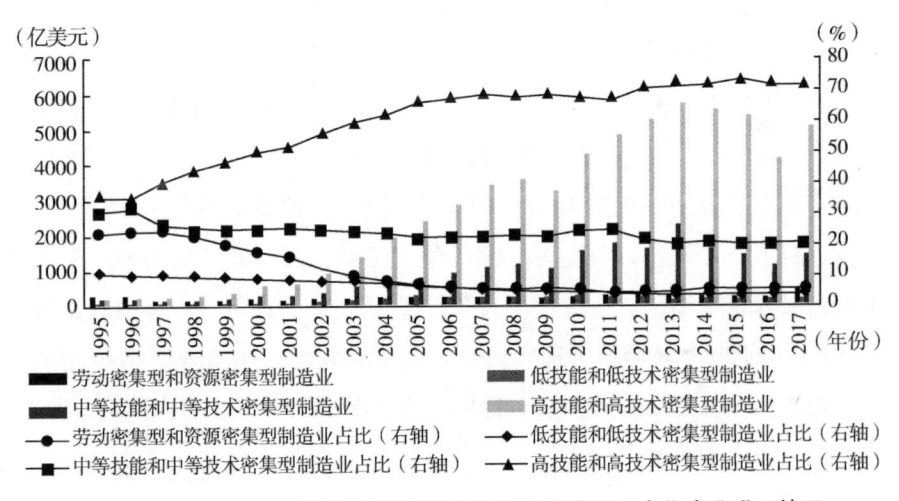

图 1-2-9　1995—2017 年中国与亚洲国家（或地区）合作产业进口情况

资料来源：UNCTAD，由笔者整理。

之后则呈小幅上升趋势。

在低技能和低技术密集型产业方面，从出口角度看，1995 年，中国对亚洲国家（或地区）的低技能和低技术密集型制造业出口额为 101.17 亿美元，在所有产业中的比例为 13.84%，到 2017 年，两者分别变为 1118.12

亿美元、11.11%。从进口角度看，1995 年，中国对亚洲国家（或地区）的低技能和低技术密集型制造业进口额为 68.71 亿美元，在所有产业中的比例为 10.77%，到 2017 年，两者分别变为 266.78 亿美元、3.71%。值得注意的是，出口占比在 2003 年之前呈下降趋势，在 2003 年之后则呈波动式上升趋势；进口占比呈下降趋势。

在中等技能和中等技术密集型产业方面，从出口角度看，1995 年，中国对亚洲国家（或地区）的中等技能和中等技术密集型制造业出口额为 2428.69 亿美元，在所有产业中的比例为 24.12%，到 2017 年，两者分别变为 2121.41 亿美元、21.07%。从进口角度看，1995 年，中国对亚洲国家（或地区）的中等技能和中等技术密集型制造业进口额为 193.25 亿美元，在所有产业中的比例为 30.28%，到 2017 年，两者分别变为 1425.67 亿美元、19.84%。值得注意的是，出口占比呈波动式上升趋势，而进口占比呈波动式下降趋势。

在高技能和高技术密集型产业方面，从出口角度看，1995 年中国对亚洲国家（或地区）的高技能和高技术密集型制造业出口额为 176.28 亿美元，在所有产业中的比例为 24.12%；到 2017 年两者分别变为 4400.29 亿美元、43.7%。从进口角度看，1995 年中国对亚洲国家（或地区）的高技能和高技术密集型制造业进口额为 225.43 亿美元，在所有产业中的比例为 35.32%；到 2017 年两者分别变为 5103.91 亿美元、71.04%。值得注意的是，出口占比在 2013 年之前呈上升趋势，在 2013 年之后则呈下降趋势；进口占比呈上升趋势。

（四）合作范围扩大

合作重心越来越集中主要反映在贸易和投资的合作对象方面。

在贸易的集中度方面（见图 1-2-10、图 1-2-11），尽管中国与亚洲国家（或地区）开展制造业产能合作的规模越来越大，但主要合作对象并未发生显著变化。从出口角度看，1992 年，在制造业口径上，中国对亚洲国家（或地区）出口额排名前十位的分别是中国香港、日本、韩国、新加坡、泰国、阿联酋、中国澳门、巴基斯坦、沙特阿拉伯、马来西亚，到

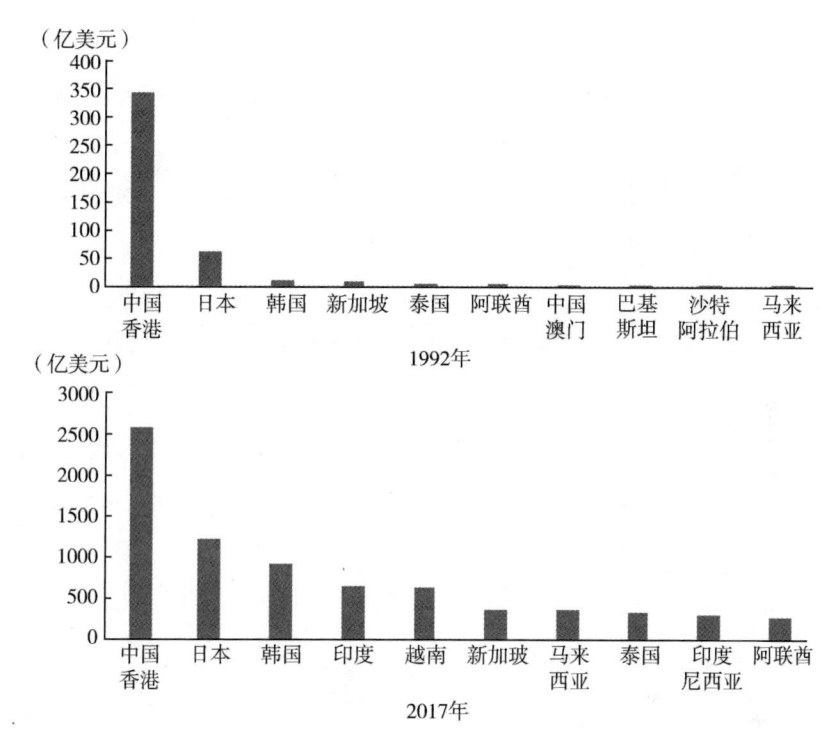

图1-2-10 1992年、2017年中国出口亚洲国家（或地区）制造业前十位

资料来源：UNCTAD，由笔者整理。

2017年，除中国澳门、巴基斯坦、沙特阿拉伯不在前十位外，其余仍然在前十位，入榜的3个国家分别为印度、越南、印度尼西亚。从进口角度看，1992年，在制造业口径上，中国对亚洲国家（或地区）进口额排名前十位的分别是中国香港、日本、韩国、印度尼西亚、新加坡、马来西亚、中国澳门、哈萨克斯坦、泰国、沙特阿拉伯，到2017年，除中国香港、中国澳门、哈萨克斯坦不在前十位外，其余仍然在前十位，入榜的3个国家分别为越南、菲律宾、印度。

在投资的集中度方面（见图1-2-12），主要合作对象也未发生显著变化。如2003年，中国对亚洲国家（或地区）直接投资流量排名前十位的分别是中国香港、韩国、泰国、中国澳门、印度尼西亚、柬埔寨、越南、巴基斯坦、阿联酋、伊朗。到2017年，除韩国、中国澳门、阿联酋、

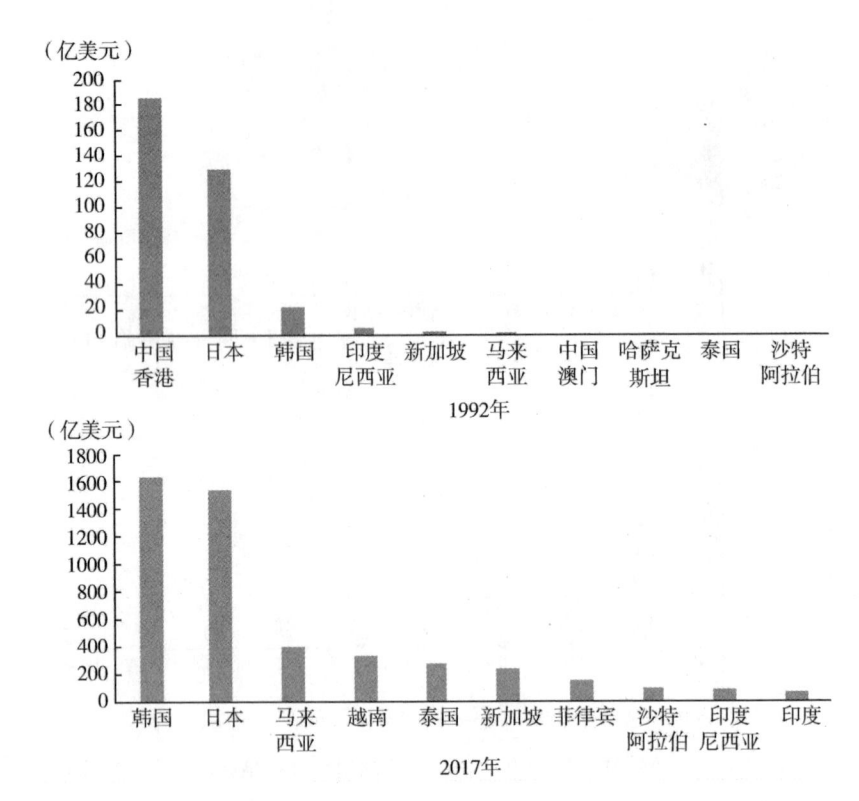

40 / 第一篇　全球制造业和能源产业发展格局与趋势

图 1-2-11　1992 年、2017 年中国进口亚洲国家（或地区）制造业前十位

资料来源：UNCTAD，由笔者整理。

伊朗不在前十位外，其余仍然在前十位，入榜的 4 个国家分别为新加坡、哈萨克斯坦、马来西亚、老挝。

（五）合作基础加强

合作基础越来越牢靠主要反映在亚洲国家（或地区）制造业增加值在 GDP 中的比重和对"制造业的未来"准备状况方面。

在制造业增加值比重方面（见表 1-2-1），由于拥有较强的制造业基础，亚洲国家（或地区）的制造业增加值比重都相对较高。如 1978 年，美国制造业增加值在 GDP 中的比重为 22.22%，而中国、中国台湾、斯里兰卡、日本、菲律宾、新加坡、韩国的制造业增加值比重均超过了美国，分别为 44.10%、36.42%、30.83%、29.56%、28.03%、24.25%、23.41%。

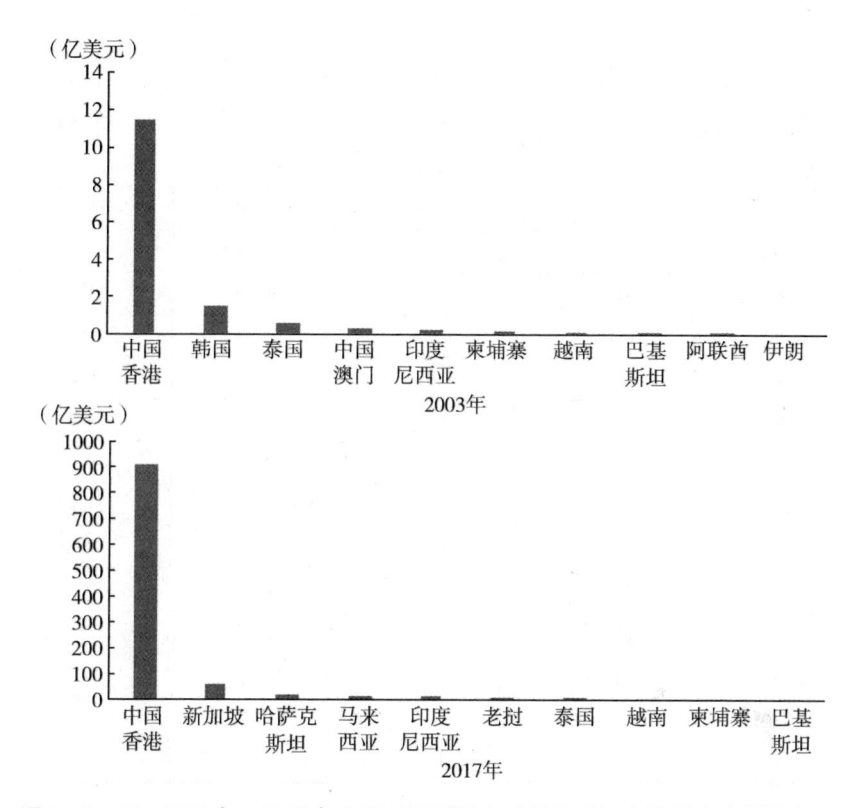

图 1-2-12　2003 年、2017 年中国对亚洲国家（或地区）直接投资流量前十位

资料来源：商务部，由笔者整理。

到 2016 年，美国制造业增加值比重降为 11.93%，而亚洲有 29 个国家（或地区）超过这一比重，排名前五位的分别为中国台湾、韩国、中国、泰国、马来西亚，比重分别为 31.10%、29.34%、27.50%、27.42%、23.13%。

表 1-2-1　部分亚洲国家（或地区）制造业增加值在 GDP 中的比重　　单位：%

年份	1978	1998	2008	2016
巴基斯坦	10.20	10.78	15.19	12.73
巴勒斯坦	17.20	13.70	13.65	13.50
巴林	7.93	11.83	15.25	18.30

续表

年份	1978	1998	2008	2016
朝鲜	26.73	19.02	22.55	20.59
菲律宾	28.03	23.46	22.81	19.65
韩国	23.41	27.41	28.60	29.34
柬埔寨	8.28	13.19	16.33	17.00
马来西亚	19.47	27.11	24.80	23.13
孟加拉国	15.47	16.24	16.93	17.91
缅甸	9.97	7.01	16.82	22.44
日本	29.56	22.88	21.46	19.99
斯里兰卡	30.83	23.32	20.33	16.94
泰国	20.00	27.41	30.71	27.42
土耳其	22.04	24.23	18.30	18.83
新加坡	24.25	23.89	21.12	19.62
以色列	19.53	17.56	16.13	13.04
印度	18.84	18.13	18.15	16.51
印度尼西亚	11.27	25.04	25.33	21.27
约旦	9.33	14.55	19.34	17.19
越南	14.50	15.49	18.58	15.86
中国	44.10	40.10	32.09	27.50

资料来源：UNCTAD 和国家统计局，由笔者整理。

在对"制造业的未来"准备状况方面（见图 1-2-13），世界经济论坛（WEF）公布的 2018 年制造业结构和驱动因素状况评估结果中，亚洲国家（或地区）表现不俗。如中国、以色列、日本、韩国、马来西亚、新加坡被评为制造业领先国家，印度、菲律宾、泰国、土耳其被评为制造业传统国家，中国香港、卡塔尔、阿联酋被评为制造业高潜力国家（或地区），而亚美尼亚、阿塞拜疆、巴林、孟加拉国、柬埔寨、格鲁吉亚、印度尼西亚、约旦等被评为制造业初生国家。

（六）合作潜力提升

合作潜力越来越突出主要反映在互补性加强、意愿性增强方面。

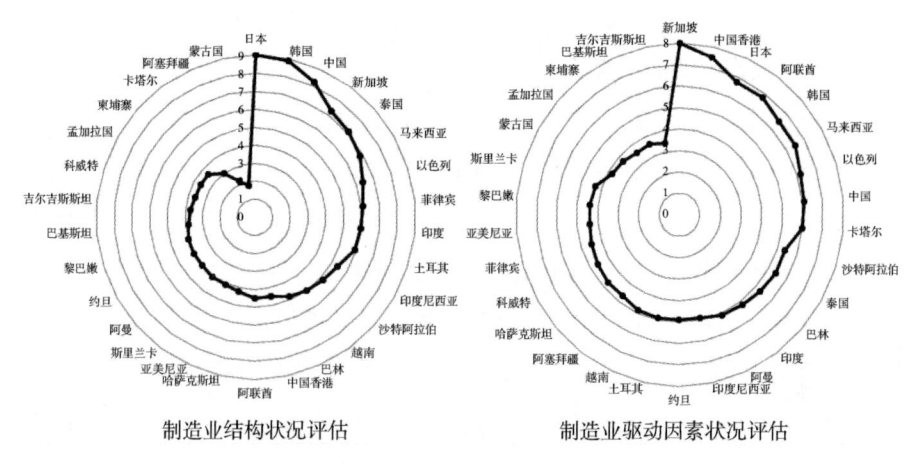

图 1-2-13 2018 年部分亚洲国家（或地区）"制造业的未来"准备状况评估

资料来源：WEF，由笔者整理。

在互补性加强方面，尽管亚洲国家（或地区）经济发展水平不平衡，开放程度存在差异，但彼此间贸易和投资的互补性正逐步加强。如阿联酋是中国在阿拉伯世界的最大出口市场和第二大贸易伙伴，2017 年中国和阿联酋的双边贸易额为 409.8 亿美元，同比上升 2.3%。其中，中国主要向阿联酋出口机电、高新技术、纺织和轻工产品，主要从阿联酋进口液化石油气、原油、成品油、铝及铝制品等。再如越南，2017 年中国与越南的双边贸易额为 1213 亿美元，同比增长 24%。其中，中国向越南出口的商品主要为机电产品、机械设备和面料、纺织纤维以及其他原辅料，从越南进口的商品主要为矿产资源和农产品等。

在意愿性增强方面，随着亚洲国家（或地区）经济发展水平不断提高，在道路、铁路、港口、能源等领域有着较大的基础设施投资需求，彼此在资金、技术、人力资源等方面合作的意愿性将显著增强。以印度尼西亚为例，2012 年起，中国在印度尼西亚逐步推进矿业、农业等领域的综合产业园区建设。中国企业还积极参与印度尼西亚第一期 1000 万千瓦电站和 3500 万千瓦电站项目建设。再以阿富汗为例，截至 2017 年，中国在阿富汗累计签订工程承包合同额 12.81 亿美元，完成总营业额约 11.02 亿美元，主要涉及通信、输变电线路、公路建设和房建等基础设施领域。

（七）合作形式趋于多元

合作形式越来越多元主要反映在彼此互相投资设立分公司、并购企业、无偿援助、无息或低息贷款等方面。

在投资设立分公司方面，中国传统行业企业和高科技行业企业都有典型案例。如传统行业中的太阳纸业，早在2008年9月就设立了全资子公司太阳纸业老挝有限公司，2009年12月又设立太阳控股老挝有限公司，共同从事"苗木培育、纸及纸制品的生产与销售、造纸用化工产品的制造"等；2010年，为更好地推进公司在老挝的"林浆纸一体化"项目，太阳纸业对两家老挝子公司进行了整合，最终保留太阳纸业控股老挝有限责任公司；2018年，在国内环保趋严、外废进口配额限制、国废成本上升的情况下，太阳纸业加速推进亚洲产能合作布局，拟投资6.37亿美元，建设一条年产量40万吨再生纤维浆板生产线和2条年产40万吨高档包装纸生产线。再如高科技行业的中国铁塔，其首个海外投资项目就选择了老挝，与老挝政府、克里克老挝市场咨询有限公司在万象签署协议，联合出资设立东南亚铁塔有限责任公司，主营老挝的通信铁塔、基站机房、电源等配套设施以及室内分布系统、传输系统的建设、维护和运营，三方持股比例分别为70%、15%、15%。

在并购企业方面，中国企业主要目的是优化海外布局、强化竞争优势和调整经营战略。如在今飞凯达收购泰国沃森全部股权的案例中，尽管后者目前尚未开展生产经营业务，但拥有总面积约6.66万平方米的工业用地，且其所在的泰中罗勇工业区拥有如企业自投资之日起4年免缴企业所得税、免缴进口机器关税等众多优惠政策。在收购完成后，今飞凯达将建设汽车轮毂以及摩托车轮毂生产线，利用自身的技术优势和产品优势，优化海外产业布局，开拓东南亚市场。在美的集团收购东芝生活电器株式会社80.1%股权的案例中，由于获得了40年的东芝品牌全球授权、超过5000项与白色家电相关的专利，以及包括日本、东南亚在内的重要市场的业务和分销渠道，美的集团的竞争优势得到加强，进一步推进了成为亚洲乃至全球白色家电领先企业的经营目标。在华铁股份收购香港通达全部股权的案例中，前者原本主营业务是生产涤纶长丝、锦纶长丝、高黏和瓶级切片等化纤业务，然而，受行业竞争激烈、产能过剩严重等因素影响，企业主营业务长期亏损，难以发生根本改善。在收购完成后，华铁股份能及时调整经营战略，通过注入盈利能力较强的优质资产，快速进入具有良好发展前景的行业。

在无偿援助、无息或低息贷款方面，中国在力所能及的范围内为亚洲国家（或地区）提供帮助。如中国积极参与阿富汗和平重建，截至2017年，共向其提供了35.9亿元的无偿援助，为其援建了帕尔旺水利修复工程、喀布尔共和国医院等一批民生工程等。中国为支持巴勒斯坦经济建设和改善人民生活水平，已援建巴卡难民小学、加沙中学、加沙海滨公路、巴外交部大楼等40多个项目。2018年7月，习近平主席在中阿合作论坛第八届部长级会议开幕式上宣布，中国将向巴勒斯坦提供紧急人道主义援助和1亿元人民币无偿援助，中国还将向联合国近东巴难民救济和工程处追加捐款。此外，中国还经常向约旦政府提供长期无息贷款，用于建设约旦儿童医院、进口中国商品和两国政府商定的经济技术合作项目等。

（八）合作机制逐步完善

合作机制越来越完善主要表现在双边和多边政治合作机制、经贸合作机制、重点领域合作机制、国际和地区事务合作机制的建立等方面。

在政治合作机制方面，以中国—东盟为例，中国于2003年作为东盟对话伙伴率先加入《东南亚友好合作条约》，与东盟建立了面向和平与繁荣的战略伙伴关系。目前，双方已建立的政治合作机制主要包括领导人会议、12个部长级会议机制和5个工作层对话合作机制。2009年，中国设立驻东盟大使。2011年11月，中国—东盟中心正式成立。2012年9月，中国驻东盟使团成立。2013年是中国—东盟建立战略伙伴关系10周年，双方举行了中国—东盟特别外长会、互联互通交通部长特别会议、中国—东盟高层论坛等一系列庆祝活动。

在经贸合作机制方面，以中国—朝鲜和中国—新加坡为例，前者双边经贸磋商机制包括中朝经贸联委会、中朝共同开发和共同管理黄金坪经济区、罗先经济贸易区联合指导委员会会议及秘书长磋商机制，其中，中朝经贸联委会第一次会议于 2005 年召开，至今已举行了七次会议，而联合指导委员会会议始于 2010 年，至今已举行了三次会议。后者双边经贸磋商机制建立于 1999 年签署的《经济合作和促进贸易与投资的谅解备忘录》，此后双方还签署了《促进和保护投资协定》《避免双重征税和防止偷漏税协定》《海运协定》《邮电和电信合作协议》《成立中新双方投资促进委员会协议》《自由贸易协定》等多项经济合作协议。中新还建有苏州工业园区、天津生态城和中新（重庆）战略性互联互通示范项目三大政府间合作项目，以及广州知识城、吉林食品区、川新创新科技园等合作项目。此外，新加坡与山东、四川、浙江、辽宁、天津、江苏、广东 7 省市分别建有经贸合作机制。

在重点领域合作机制方面，以中国—东盟为例，双方确定了农业、信息产业、人力资源开放、相互投资、湄公河流域开发、交通、能源、文化、旅游、公共卫生和环保十一大重点合作领域。中国与东盟不仅签署了农业、信息通信、非传统安全、大湄公河次区域信息高速公路、交通、文化、卫生与植物卫生、新闻媒体、知识产权、东盟东部增长区十多项合作谅解备忘录和合作框架，还设立了中国—东盟合作基金、中国—东盟公共卫生合作基金、中国—东盟海上合作基金。

在国际和地区事务合作机制方面，仍以中国—东盟为例，中国始终支持东盟在东亚合作进程中发挥主导作用，双方共同推动东盟与中日韩合作、东亚峰会、东盟地区论坛、东盟防长扩大会、亚洲合作对话、亚太经合组织、亚欧会议、东亚—拉美合作论坛等区域和跨区域合作机制的健康发展。

三　中国与亚洲制造业产能合作的主要风险

中国与亚洲国家（或地区）开展制造业的主要风险突出表现在地域政

治摩擦、文化认知差异、法规环境复杂、商业合同欺诈、外汇政策模糊、卫生防疫不佳等方面。具体如下。

（一）地域政治摩擦

亚洲国家众多，在推进区域经济合作的过程中，难免会受复杂因素影响产生地域政治摩擦，进而给彼此间的产能合作带来风险。以印度为例，不仅会蓄意营造并加深中印地缘政治摩擦，还会频繁以保护本国经济为借口，对其他外国进口产品发起贸易救济调查。据相关资料显示，印度已成为近年来 WTO 成员中对外发起反倾销调查最多的国家，也是对中国反倾销立案最多的发展中国家。

（二）文化认知差异

亚洲人口众多，目前在世界总人口中的比例超过了 60%。由于不同国家、不同地区、不同民族、不同宗教的文化差异较大，认知上的疏忽会对彼此间的产能合作带来风险。如印度尼西亚的宗教信仰和民风民俗规定：在公共场合不喝含酒精的饮料，宴请时不上酒类饮料，不食猪肉；避免用左手接受礼物或递交物品，特鄙视触摸别人的头；当地人每周五中午做祷告；社交场合中，男士遇女士一般不主动握手，若对方先伸手，可以轻握；等等。如果在开展产能合作的过程中不注意上述文化认知差异，轻则是企业遭受处罚，良好形象被毁，重则是企业被吊销营业资格，相关人员甚至会被遣送回国、驱逐出境。

（三）法规环境复杂

不同国家的法律法规差别较大，稍有不慎，产能合作就会面临较大风险而无法进行。如在投资立法方面，以以色列为例，尽管并未就外商投资专门立法，但在航空、海运、电信、广播、能源、旅游等部分领域，仍然会基于安全或者公共利益的考虑，在人员和资金等方面对外国投资设置一定程度的限制。在劳工保护方面，以印度为例，尽管劳动力众多，但涉及劳工的法律法规也很多，如《劳工争议法》《产假法》《红利法》《离职金法》《劳动补偿法》《雇佣法》《最低工资法》《工资支付法》《劳工退休基金及杂项规定法》等，最大限度地保护了当地劳工的利益。在政府采购方面，以泰国为例，由于不是 WTO《政府采购协定》的签署国，政府在招标文件中，通常会规定非泰国产品不得参与投标，政府有权在任何时候接受或拒绝部分或所有投标，投标者对招标结论没有申诉权等条款，从而使外国企业无法投标或难以中标。

（四）商业合同欺诈

商业合同欺诈近年来成为影响中国与亚洲国家（或地区）开展制造业产能合作的重要风险因素之一。如 2014 年，国内公司向中国驻老挝使馆经商处投诉，称其与老挝 SRS 公司于 2013 年 6 月签订了一份锑矿进口合同，并已按后者要求支付了 50% 的预付款。原本按照合同规定，SRS 公司应在收到预付款后一个月内交货，但 SRS 公司至今既未发货，也未退还预付款。经多次电话联系未果后，中国驻老挝使馆经商处按地址实地查访后，仍未找到 SRS 公司办公地点。再如 2011 年，国内公司向中国驻菲律宾使馆经商处反映，菲律宾 Zephyr 金属贸易有限公司的 Tan 以出口废铜为诱饵，诱骗中国公司与其签订大额贸易合同并电汇付款，骗取中国公司汇款 242 万美元；同年，国内多家公司向中国驻伊朗使馆经商处投诉，称从伊朗进口铁矿石时遭遇诈骗，对方通过以次充好、收款后拒不发货或仅发部分货物等方式损害中国企业利益，甚至有国内公司赴伊协商时遭遇人身威胁和暴力攻击。

（五）外汇政策模糊

中国与亚洲国家（或地区）开展制造业产能合作过程中主要以外币计价，当外币发生大幅贬值时，不仅不利于中国企业所投资的资产价值，更会在受制于其他国（或地区）的外汇管理政策的影响下，使企业遭受换汇风险。以印度尼西亚为例，2015 年以来，受世界经济不景气的影响，印度尼西亚出口额不断下降，而国内需求旺盛，进口大幅上升，导致经常项目逆差扩大，一些年份中印尼盾最高就贬值了 25%，降低了中国企业与印度尼西亚开展产能合作的信心。再以缅甸为例，尽管《缅甸投资法》第 56 条规定，符合缅甸中央银行关于资本账户规范的资本金，因投资或征收所获的补偿和金钱补偿，在境内依法雇用的外籍人士所得的酬劳、薪资和报酬等与投资相关的资金可以汇出境外，但是并未对利润汇出是否缴税等内容进行规定。此外，缅甸的外汇管理法第 26 条甚至规定，为使外资企业的资本、利润、利息等企业收入资金顺利汇至国外，缅甸中央银行有责任审核外资项目的资金来源，外资要向缅甸中央银行提交资金来源证明与金额。当证据不充分时，缅甸中央银行可以拒绝办理企业资金汇至国外。

（六）卫生防疫不佳

对外投资或开展进出口贸易可能会要求相关人员在境外常驻一段时间，因此，除了政治、文化、法规等因素，卫生防疫状况也是重要影响之一。如刚果热经常出现在巴基斯坦，其主要宿主为牛、羊、鸟类等动物，传播途径为蜱虫叮咬，而一旦被蜱虫叮咬，可能会出现剧烈头痛、眼红、发烧、周身酸痛和呕吐等症状。登革热则经常出现在泰国、越南、缅甸等国家，主要发生在天气湿热、蚊虫滋生的季节，传播途径是伊蚊叮咬，一旦被伊蚊叮咬，可能会出现畏寒、发热、疲乏、恶心、呕吐等症状。越南常见疾病有消化道、伤寒、甲肝及寄生虫感染等疾病。2016 年，越南全国有 4.75 万例手足口病患、10.63 万例登革热病患、962 例病毒性脑炎病患、469 例伤寒病患、152 例感染寨卡病毒病患，当年共发生 129 起严重的食物中毒事件，有 4139 人食物中毒。

四　中国与亚洲制造业产能合作的政策建议

本章主要研究中国与亚洲制造业产能合作的总体情况。为此，首先回顾了 1978 年至今中国与亚洲国家（或地区）开展制造业产能合作的历史演变，然后分析了中国与亚洲国家（或地区）开展制造业产能合作的主要特性，最后讨论了中国与亚洲国家（或地区）开展制造业产能合作面临的主要风险，相关结论如下：第一，改革开放以来，中国与亚洲国家（或地区）开展制造业产能合作的历史演变可以分为五个阶段，分别是 1978—1991 年的起步期、1992—2000 年的成长期、2001—2007 年的提升期、2008—2012 年的腾飞期、2013 年至今的转型期。不同阶段的国内贸易政策、对外贸易体制各有异同，制造业产能合作的状况也在波动中前进。第二，中国与亚洲国家（或地区）开展制造业产能合作的主要特征表现在八个方面，即合作规模越来越庞大、合作区域越来越全面、合作产业越来越高端、合作重点越来越集中、合作基础越来越牢靠、合作潜力越来越突出、合作形式越来越多元、合作机制越来越完善。第三，中国与亚洲国家（或地区）开展制造业产能合作的主要风险表现在六个方面，即地域政治摩擦、文化认知差异、法规环境复杂、商业合同欺诈、外汇政策模糊、卫生防疫不佳。

　　基于上述研究内容和结论，本章提出以下政策建议：第一，进一步推动改革开放，继续深化简政放权、放管结合、优化服务改革，增强对外贸易体制的竞争力，加大经开区、高新区、自贸区的开放力度，通过深入有效的改革降低制度性交易成本、促进提升对外开放水平。第二，进一步完善与国际产能合作相关的政策体系和法律法规，如关税政策、退税政策、技术标准政策、金融支持政策、税收政策、补贴政策、知识产权保护政策、市场准入政策等，使可能直接影响对外投资、进出口贸易的政策体系和法律法规在适应中国国情的基础上，更加精准化、国际化。第三，进一步研究亚洲国家（或地区）的政治、经济、文化、法律环境，及时跟踪区域形势发展变化，形成系列的、动态的、公开的数据和报告资料，供国内投资者参考。第四，进一步实施"互联网＋"战略，通过在跨境电子商务综合实验区开展综合配套改革试点，帮助"走出去"的外贸企业建立国内营销渠道、物流及售后服务网络，推动内外贸融合发展新局面。第五，进一步提升与"一带一路"沿线国家经贸合作水平，通过加强与相关国家的高层往来，增进政治互信，并在此基础上，完善多边贸易体制，签订贸易和投资协议，提升相关国家经济发展水平。

第三章 全球和亚洲能源产业格局与发展趋势

刘佳骏

近年来，技术进步带来全球能源产能提升，全球能源供给大于实际需求，油气市场从卖方市场转向买方市场。亚洲是全球最大、最具活力的能源市场，预计到2035年，亚洲依然是世界能源消费增长的中心，但该地区总体上面临着消费结构不合理、油气定价权缺失、基础设施薄弱且不平衡、投资安全问题凸显、地缘关系复杂、供应安全不确定等因素的困扰。

一 全球能源产业发展格局与发展趋势

（一）全球能源产业发展格局

从全球能源消费需求来看，全球化石能源消费仍占据主体地位，能源需求呈现多元化持续发展趋势，并且地区差异显著，能源利用效率显著提升，发达经济体经济发展对能源依赖程度日趋降低，新兴经济体引领能源消费增长。从全球能源供给状况来看，主要化石能源储量和产量持续增长，非常规油气快速发展推动北美能源高地崛起，全球可再生能源革命持续推进。

1. 全球能源消费需求现状

2008年国际金融危机以来，世界能源消费一直处于相对低迷状态。受全球经济增长放缓和能源使用效率持续提升的影响，一次能源消费增速继续放缓，同比仅增长1.8%，显著低于过去10年2.6%的平均增速。经合组织对未来能源消费作出的预测显示，到2035年能源消费90%的增量将来自亚洲，其中印度和中国加起来将达到一半以上。具体来看，当前全球能源需求格局呈现以下特点。

（1）化石能源消费仍占据主体地位，能源需求呈现多元化持续发展。

以石油、天然气、煤炭为代表的化石能源仍将占据主体地位（见图1-3-1）。根据BP数据，2017年，化石能源占全球一次能源消费总量的80%，石油占比仍达到31.1%，已连续13年呈下降趋势；煤炭和天然气的占比分别为24.9%和23.9%，水力和其他可再生能源的占比分别提升到6.7%和1.9%。过去10年全球一次能源消费年均增速达到2.6%，共计消费一次能源12476.6百万吨石油当量。其中，原油、天然气和煤炭消费的同比增长分别为0.9%、1.9%和2.5%，均低于过去10年的平均增速。

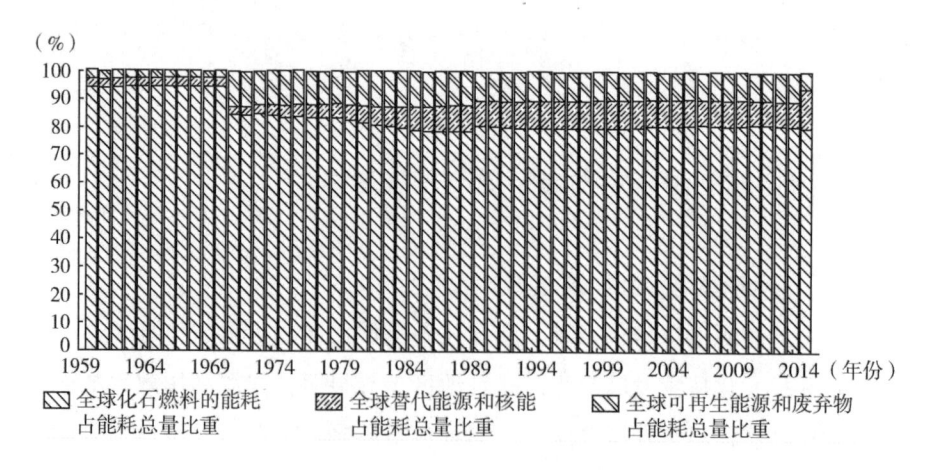

图1-3-1 全球主要一次能源消费情况

资料来源：Wind数据库，由笔者整理。

（2）能源需求存在显著地区差异，新兴经济体引领能源消费增长。

2018年，全球能源消费的净增长全部发生在新兴经济体，中国和印度能源消费量占据了净增长的近90%。非OECD成员能源消费增长了4.2%，低于5.3%的2000年以来的平均增速，而OECD成员的能源消费总量则下降了1.2%。其中，美国的降幅最大，达到2.8%。分地区来看，亚洲、中东、中南美洲和欧洲地区的一次能源消费在全球的占比分别是38.8%、6.1%、5.3%和23.5%，较2009年分别增加1.8个、1.1个、1.3个和0.5个百分点。全球主要国家与地区的一次能源消费情况具体见表1-3-1。

表1-3-1　　全球主要国家与地区的一次能源消费情况

单位：百万吨原油当量

年份	美国	中国	印度	日本	经合组织	非经合组织	亚太地区	世界
1980	1774.18	416.83	103.19	358.91	4146.72	2488.81	1168.06	6635.53
1981	1721.83	411.13	114.32	353.13	4048.19	2550.20	1175.03	6598.39
1982	1649.02	429.22	113.45	341.26	3935.91	2634.53	1186.80	6570.45
1983	1641.20	456.70	119.41	344.81	3944.18	2730.28	1240.60	6674.45
1984	1728.57	490.09	127.48	372.94	4125.36	2864.45	1326.66	6989.81
1985	1724.02	530.09	134.69	377.08	4207.71	2946.43	1395.85	7154.14
1986	1733.99	555.59	144.23	377.52	4255.20	3056.29	1455.66	7311.49
1987	1792.92	599.18	153.55	384.77	4374.56	3193.59	1537.67	7568.15
1988	1874.84	643.58	167.09	409.40	4522.18	3330.11	1649.77	7852.29
1989	1919.02	675.27	182.46	423.32	4604.70	3403.51	1739.66	8008.21
1990	1922.42	683.92	195.81	441.28	4634.95	3480.56	1811.58	8115.51
1991	1919.26	718.62	206.46	452.11	4670.30	3498.09	1895.98	8168.40
1992	1948.53	756.76	217.21	457.70	4719.53	3504.33	1983.73	8223.87
1993	1989.19	814.68	222.65	463.76	4787.62	3498.70	2088.33	8286.32
1994	2026.31	864.53	234.44	481.94	4871.22	3524.45	2203.77	8395.67
1995	2069.08	890.86	252.18	500.57	4991.47	3574.36	2305.72	8565.83
1996	2138.50	937.43	262.52	510.06	5159.39	3661.96	2413.01	8821.34
1997	2155.34	942.78	277.14	519.09	5211.62	3700.68	2487.20	8912.30
1998	2169.43	944.05	293.72	507.53	5231.24	3734.44	2480.98	8965.67
1999	2207.39	977.25	301.68	516.55	5311.47	3817.11	2581.26	9128.58
2000	2258.03	1010.93	317.54	522.34	5419.63	3937.38	2675.31	9357.01

续表

年份	美国	中国	印度	日本	经合组织	非经合组织	亚太地区	世界
2001	2206.69	1067.75	319.35	517.84	5385.71	4076.78	2763.29	9462.49
2002	2239.83	1163.63	334.31	516.79	5436.88	4239.67	2906.01	9676.54
2003	2248.70	1355.68	347.33	515.74	5489.87	4541.70	3149.89	10031.56
2004	2294.75	1586.31	367.77	522.17	5593.62	4930.52	3450.62	10524.14
2005	2297.45	1802.83	395.12	530.90	5638.43	5249.51	3729.13	10887.94
2006	2280.44	1977.11	415.44	529.92	5653.96	5551.83	3949.88	11205.79
2007	2314.17	2149.64	451.89	525.26	5692.62	5869.31	4200.31	11561.93
2008	2258.63	2230.42	477.86	517.76	5636.30	6068.81	4316.20	11705.10
2009	2148.68	2330.15	514.28	473.13	5365.08	6175.22	4418.65	11540.31
2010	2223.28	2491.64	539.15	504.71	5570.85	6529.09	4701.55	12099.94
2011	2204.15	2690.51	571.37	479.12	5517.48	6886.23	4954.50	12403.71
2012	2148.45	2799.50	601.04	475.68	5463.84	7111.65	5121.64	12575.49
2013	2208.03	2907.51	624.52	472.31	5522.66	7296.76	5274.38	12819.43
2014	2232.93	2974.69	667.52	460.32	5483.49	7456.27	5389.63	12939.77
2015	2213.21	3009.63	689.78	453.33	5495.72	7549.85	5475.67	13045.58
2016	2212.66	3047.11	719.25	450.79	5530.63	7697.95	5586.96	13228.58
2017	2222.48	3139.03	750.09	455.21	5586.87	7887.74	5748.04	13474.60
2018	2300.64	3273.47	809.15	454.14	5669.03	8195.85	5985.84	13864.88

资料来源：世界银行统计数据。

（3）能源利用效率显著提升，发达经济体经济发展对能源依赖程度日趋降低。

能源利用效率持续提升，但所造成的环境压力也持续增加。在经历20世纪80年代后期重工业从发达经济体向发展中经济体转移所造成的全球能源强度阶段性升高后，全球能源强度自90年代一直处于缓慢下降状态。80年代以后，OECD成员能源强度每10年就下降约14%，在保持很高人均能源消费水平的同时还大幅降低了经济增长对能源的依赖。具体参见表1-3-2和表1-3-3。

表1-3-2 中国、美国、日本、印度单位能耗GDP产出和人均能耗

单位：美元/千克石油当量、千克石油当量/年

年份	美国 单位能耗GDP产出	美国 人均能耗	日本 单位能耗GDP产出	日本 人均能耗	中国 单位能耗GDP产出	中国 人均能耗	印度 单位能耗GDP产出	印度 人均能耗
1990	4.80	7672	8.61	3551	1.98	767	5.44	350
1991	4.75	7631	8.82	3575	2.23	737	5.28	357
1992	4.83	7677	8.69	3650	2.46	753	5.37	363
1993	4.87	7709	8.59	3665	2.64	788	5.50	365
1994	4.98	7758	8.23	3851	2.85	816	5.65	371
1995	5.05	7764	8.24	3936	2.95	867	5.74	385
1996	5.12	7844	8.32	4008	3.15	882	5.99	389
1997	5.30	7829	8.32	4041	3.45	872	6.00	397
1998	5.49	7804	8.38	3956	3.69	869	6.22	399
1999	5.60	7923	8.23	4011	3.90	879	6.40	415
2000	5.67	8057	8.29	4084	4.10	899	6.49	417
2001	5.83	7828	8.46	4008	4.27	929	6.71	416
2002	5.87	7843	8.49	3992	4.37	985	6.77	421
2003	6.02	7794	8.68	3953	4.21	1118	7.13	424
2004	6.13	7882	8.60	4078	4.06	1268	7.30	440
2005	6.31	7846	8.78	4063	4.09	1394	7.58	450
2006	6.55	7698	8.92	4054	4.22	1515	7.79	466
2007	6.56	7758	9.15	4013	4.46	1630	7.93	485
2008	6.72	7488	9.40	3858	4.74	1673	7.80	502
2009	6.89	7057	9.33	3679	4.85	1778	7.64	545
2010	6.91	7161	9.18	3893	4.86	1955	7.93	562
2011	7.10	7030	9.91	3611	4.96	2086	8.00	578
2012	7.37	6872	10.28	3537	5.16	2155	8.04	599
2013	7.42	6906	10.41	3568	5.38	2214	8.36	606
2014	7.48	6961	10.76	3471	5.69	2237	8.45	637

注：单位能耗GDP产出：以购买力平价法2011年不变价计。
资料来源：世界银行统计数据。

表 1-3-3　不同收入类型国家人均能耗与单位GDP能耗

单位：千克石油当量/年、千克石油当量/千美元

指标 年份	全球 人均能耗	全球 单位GDP能耗	低收入国家 人均能耗	低收入国家 单位GDP能耗	中等收入国家 人均能耗	中等收入国家 单位GDP能耗	高收入国家 人均能耗	高收入国家 单位GDP能耗	经合组织成员 人均能耗	经合组织成员 单位GDP能耗
1980	1454	239	383	362	579	277	4426	225	4149	228
1981	1414	233	380	376	578	277	4286	216	4011	218
1982	1383	230	380	378	588	281	4156	211	3883	211
1983	1374	226	380	378	589	280	4147	206	3858	206
1984	1405	226	380	376	604	282	4278	205	3983	205
1985	1415	223	383	383	612	278	4342	202	4041	202
1986	1417	220	380	380	621	277	4363	198	4049	197
1987	1444	220	372	369	635	277	4481	198	4150	196
1988	1469	219	372	383	647	275	4602	196	4243	194
1989	1475	216	369	385	654	274	4652	193	4285	190
1990	1663	179	386	388	979	214	4575	157	4248	157
1991	1649	179	375	384	962	212	4600	157	4259	157
1992	1621	176	354	391	931	207	4621	156	4258	155
1993	1612	175	337	384	920	203	4658	156	4284	156
1994	1598	171	325	381	896	197	4712	154	4322	154
1995	1615	170	323	380	908	196	4787	153	4381	153
1996	1633	168	317	372	911	189	4900	153	4479	153
1997	1626	163	313	365	906	183	4912	149	4490	149
1998	1611	160	311	364	895	179	4908	146	4473	145
1999	1623	157	315	355	903	177	4968	144	4520	143
2000	1637	154	321	354	912	171	5048	141	4589	140
2001	1636	152	324	347	922	169	5024	140	4545	138
2002	1649	151	325	344	942	167	5035	139	4543	137
2003	1688	151	330	340	991	168	5067	137	4570	136
2004	1739	149	333	327	1047	167	5140	135	4624	134
2005	1766	146	345	318	1090	164	5125	132	4619	131

续表

指标 年份	全球 人均能耗	全球 单位GDP能耗	低收入国家 人均能耗	低收入国家 单位GDP能耗	中等收入国家 人均能耗	中等收入国家 单位GDP能耗	高收入国家 人均能耗	高收入国家 单位GDP能耗	经合组织成员 人均能耗	经合组织成员 单位GDP能耗
2006	1796	143	349	305	1137	160	5107	128	4590	127
2007	1823	139	346	308	1177	155	5104	125	4579	124
2008	1829	137	352	299	1203	152	5029	124	4487	122
2009	1795	137	354	291	1218	151	4789	123	4261	121
2010	1874	138	356		1290	151	4943	123	4375	121
2011	1881	134	359		1333	149	4821	118	4273	116
2012	1893	132	424		1366	147	4781	117	4219	114
2013	1896	130			1377	142	4768	115	4210	113
2014	1922	126			1398	138	4733	113	4154	110
2015							4605	109	4130	107

注：每1000美元GDP能耗量：以购买力平价法2005年不变价计。
资料来源：世界银行统计数据。

2. 当前全球能源供给现状

由于世界油气资源的分布极不平衡，而全球目前的能源消费结构仍然以石油和天然气为主，因此，全球油气资源富集的地区就在全球能源供应中起着十分重要的作用。随着世界经济社会对能源需求的持续增长和全社会对低碳环保的重视，能源消费日益从以常规油气为主向常规与非常规并重的阶段过渡，油气供给日益多元化，非常规油气资源将成为能源供应的重要来源。近年来，能源生产中心加速向西半球转移，打破了原来中东和石油输出国组织欧佩克（OPEC）"一家独大"的供给格局，美国成为全球油气资源供应中心之一，同时加上俄罗斯中亚的油气，油气供给方面形成了三足鼎立的格局。

（1）主要化石能源储量和产量持续增长。

过去30年，石油、煤炭、天然气三大化石能源产量整体呈上升趋势，但煤炭产量波动较大（见图1-3-2、图1-3-3和图1-3-4）。石油产量一直处于首位，但其年均增速显著慢于后两者，只有1.1%；而煤炭和天然气产量的年均增速则达到2.4%和2.7%。2008年前,由能源价格上涨带动的主要能源供给国和各大能源开发公司加大勘探、开采规模,加之新技术的应用,全球主要能源已证实储量和产量均持续增长。以2017年的全球产能为基准,石油和天然气的已证实储量可分别满足52.9年和55.7年的开采需求,其储采比是化石能源中最高的,足以满足未来109年的开采需求,化石能源储量有望持续一定时期的增长。

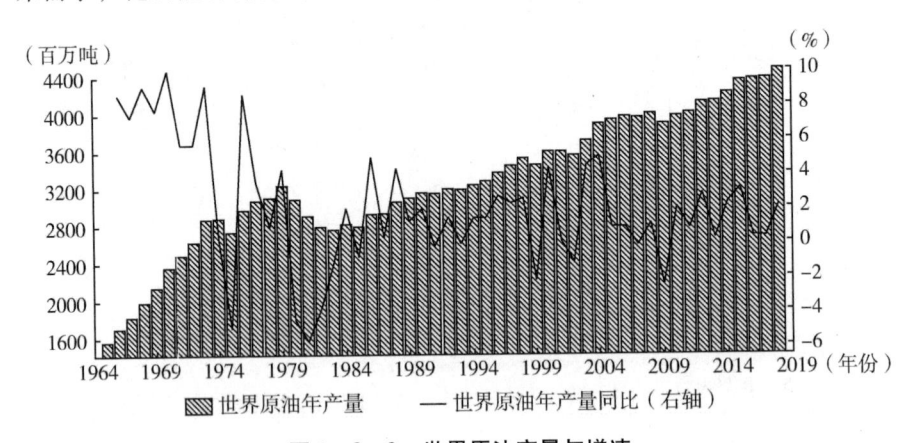

图1-3-2 世界原油产量与增速

资料来源:Wind数据库。

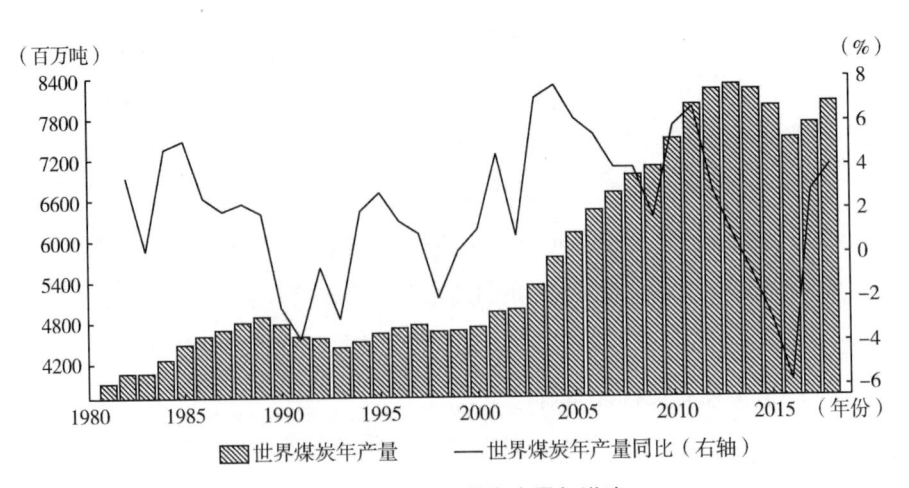

图1-3-3 世界煤炭产量与增速

资料来源:Wind数据库。

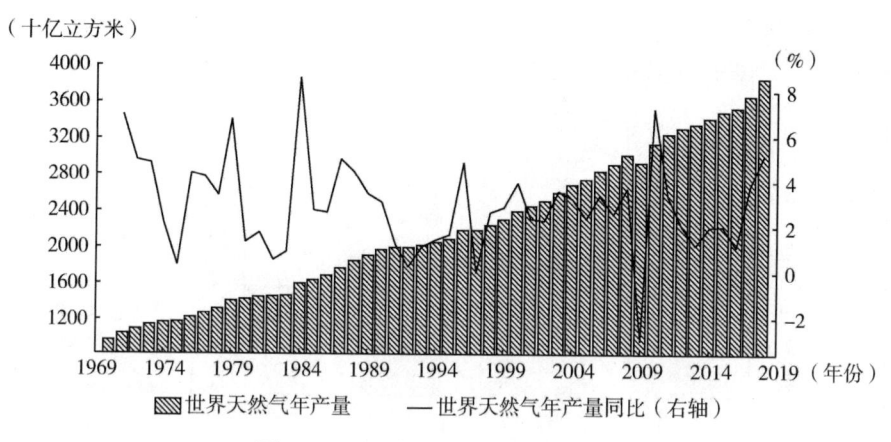

图 1-3-4 世界天然气产量与增速

资料来源：Wind 数据库，由笔者整理。

（2）非常规油气快速发展推动北美能源高地崛起。

自 2006 年以来，页岩油、页岩气、油砂等非常规油气的大规模开发使得北美地区快速成长（见图 1-3-5）。2012 年，美国的石油和天然气产量增长迅速，成为当年油气全球最高增产国家，石油产量达 890.5 万桶/天。当年北美地区的能源自给率（仅包含石油、煤炭和天然气）已经接近 91%，美国的石油进口依存度更是降到了 42%，由于页岩其技术应用于经济开采，2011 年，美国的天然气产量超过俄罗斯跃居世界首位，同年还成为世界成品油净出口国。

（3）全球可再生能源革命持续推进。

受化石能源价格上涨和环境问题影响，全球新能源产业发展快速（见表 1-3-4、图 1-3-6 和图 1-3-7）。2010 年核能和可再生能源在全球能源结构中的占比仅为 1.2%，而在发电能源中的占比则达到 33.8%。截至 2016 年年底，全球前十大国家光伏发电市场占全球需求的 83%，中国已超过德国成为最大的太阳光电消费国。风电正逐步成为全球主流发电产业，已经占全球非水电可再生能源发电装机容量的 40%，目前，累计并网装机容量居前三的国家分别是中国、美国和德国。全球水电装机容量超过 10 亿千瓦，年发电量超过 3.6 万亿千瓦时，亚洲和非洲是水电建设重点地区。

（万亿立方米）

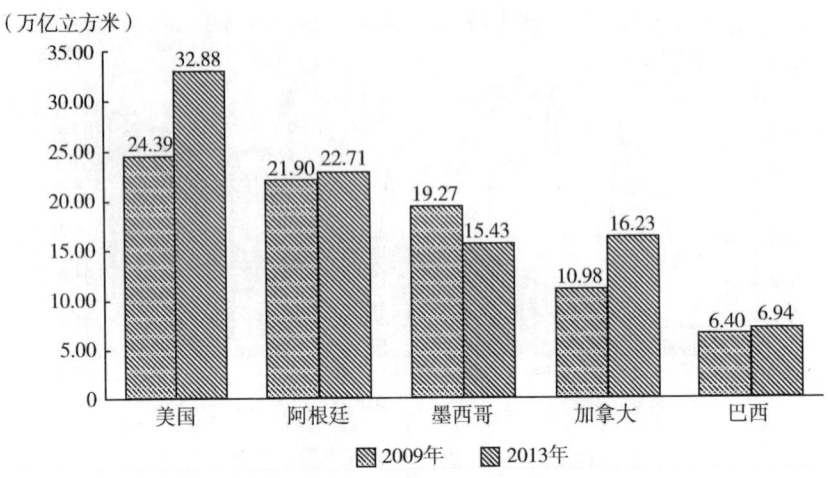

图 1-3-5　美洲主要国家页岩气技术可采量

资料来源：IEA 数据。

全球水力发电量最多的5个国家分别是中国、巴西、加拿大、美国和俄罗斯，共计占全球水力发电的55.8%。据 IEA 预测，到2040年，太阳能将成为最大的单一低碳发电能源，届时，所有可再生能源在总发电量中的占比会达到40%。欧盟可再生能源会占到新建发电产能的80%，由于陆上风电和海上风电增长强劲，在2030年之后不久，风电将会成为主要电力能源。

表 1-3-4　　　　　世界主要国家可再生能源总量产能　　　　单位：兆瓦

年份	全世界	中国	日本	德国	法国	美国
2009	1135599	205232	34130	47235	29293	127418
2010	1223355	233260	36028	56546	31717	137724
2011	1329388	267903	37396	67424	34903	146570
2012	1441958	302108	38794	78164	37126	163940
2013	1563498	359519	44592	83766	38773	170812
2014	1692498	414653	52098	90320	40424	180202
2015	1845621	479106	61951	98013	42759	194900
2016	2007256	540999	72617	104746	44921	215087
2017	2181577	620839	78918	112719	47972	229677

续表

年份	全世界	中国	日本	德国	法国	美国
2018	2356346	695831	90387	119388	50504	244740

资料来源：IEA 数据。

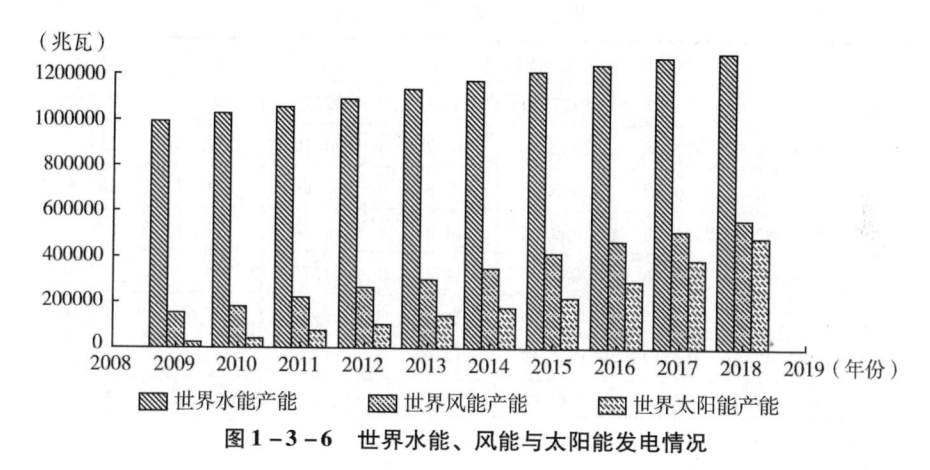

图 1-3-6　世界水能、风能与太阳能发电情况

资料来源：Wind 数据库。

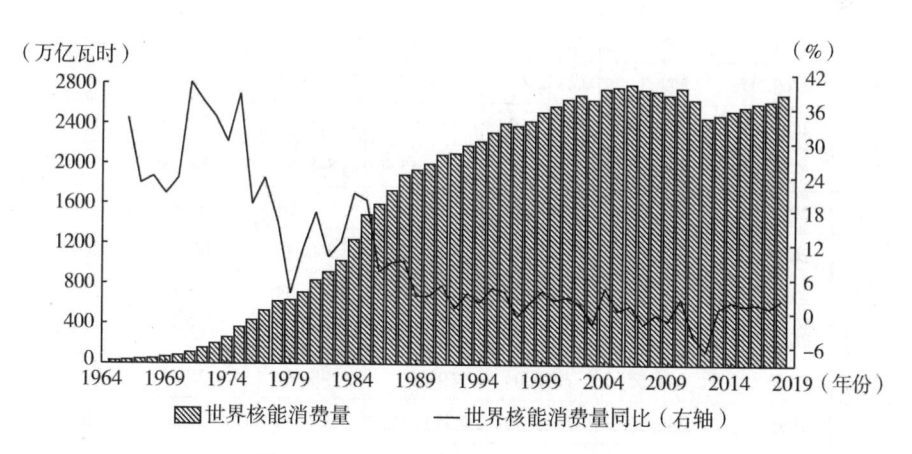

图 1-3-7　世界核能发电与增速情况

资料来源：Wind 数据库。

受 2011 年福岛核事故影响，全球核能发电已连续多年减少，2016 年降幅为 6.9%。其中，日本核电产出大幅减少 89%，德国也永久性关闭大量核电站。分国别看，目前美国、法国、俄罗斯、韩国、加拿大和中国是

核电发电量最多的国家，合计占世界核电总量的70%，其中美国的占比已接近1/3（见表1-3-5）。

表1-3-5　　世界主要国家核能发电情况　　单位：万亿瓦时

年份	世界	亚太地区	经合组织	中国	美国	法国	日本
1993	2184.85	348.43	1905.70	1.60	642.41	368.19	247.70
1994	2225.88	372.06	1962.63	14.76	674.15	359.98	258.25
1995	2322.42	410.20	2045.73	12.83	708.84	377.23	286.89
1996	2406.82	431.28	2099.88	14.34	710.24	397.34	296.50
1997	2390.30	459.46	2080.30	14.42	661.73	395.48	321.16
1998	2431.39	478.35	2127.98	14.10	709.16	387.99	325.97
1999	2524.37	486.47	2207.38	14.95	766.58	394.24	317.23
2000	2580.91	500.04	2241.61	16.74	793.57	415.16	319.12
2001	2653.77	506.61	2296.33	17.47	809.29	421.08	320.54
2002	2696.17	519.30	2316.82	25.13	821.12	436.76	314.26
2003	2641.58	462.04	2234.29	43.35	803.93	441.07	230.08
2004	2757.13	525.72	2343.74	50.47	830.03	448.24	285.87
2005	2769.05	553.33	2352.06	53.09	823.14	451.53	293.04
2006	2803.58	568.13	2373.91	54.84	828.65	450.19	304.29
2007	2746.44	544.96	2305.16	62.13	848.87	439.73	279.01
2008	2737.86	529.05	2284.87	68.39	848.64	439.45	251.74
2009	2699.25	553.66	2247.20	70.13	840.90	409.74	274.65
2010	2767.51	581.95	2302.32	73.88	849.44	428.52	292.35
2011	2651.77	482.22	2158.33	86.35	831.79	442.39	162.93
2012	2472.45	344.56	1962.09	97.39	809.82	425.41	17.99
2013	2491.67	345.17	1975.94	111.61	830.54	423.69	14.60
2014	2540.75	370.67	1988.51	132.54	839.12	436.48	
2015	2575.56	419.66	1974.72	170.79	839.13	437.43	4.52
2016	2615.24	468.33	1972.94	213.29	848.10	403.20	17.68
2017	2638.98	493.83	1959.60	248.10	847.32	398.36	29.07
2018	2701.43	553.58	1971.36	294.36	849.56	413.17	49.11

资料来源：IEA数据。

（二）全球能源产业发展趋势

在技术进步、气候变化、石油价格维持高位的叠加效应下，全球能源需求将出现更加多元、低碳的未来，天然气或将取代煤炭的地位，新能源将持续快速增长，多种选择间的相互平衡将更有利于全球能源安全。但是，化石能源的主导地位依然不可撼动。在供需结构上，将呈现四个趋势：一是全球能源消费增长重心将向亚洲等发展中经济体转移，全球能源需求高位区域将从大西洋盆地转向亚太地区；二是油价波动冲击整个能源市场，全球能源供需失衡问题日趋突出；三是世界能源消费结构正在加速趋向清洁、低碳、多元化和智能化方向发展；四是非石油能源价格地区差异巨大，成为影响区域经济竞争力的重要因素。这些变化将给未来的国际能源贸易和能源产业发展带来深远的影响。

1. 全球能源消费增长重心将向亚洲等发展中经济体转移

未来，国际能源消费增长重心将向亚洲等发展中经济体转移，化石能源仍将主导未来能源市场，但石油和煤炭的相对重要性将趋向降低（见表1-3-6），世界能源贸易重心将从大西洋盆地向亚太地区转移。所有这些变化说明，世界能源贸易重心将从大西洋盆地向亚太地区转移，亚洲将可能变成全球最重要的能源贸易中心。目前，亚太地区的石油贸易量已占全球的25%以上，已经超越了北美和欧洲，煤炭和天然气贸易也正向这一地区聚拢。亚洲的能源供给方也将朝着多元化方向发展，不仅来自中东（那里所有的原油出口已满足不了亚洲的进口需求），还来自俄罗斯、里海地区、非洲、拉丁美洲和加拿大。

表1-3-6　　　　全球一次能源消费占比预测　　　　单位：%

	煤炭	石油	天然气	化石能源	核能	可再生能源
1960年	37	28	11	76	0	24
1985年	25	39	19	82	5	13
2010年	26	33	22	82	5	13

续表

	煤炭	石油	天然气	化石能源	核能	可再生能源
2035 年						
IEA 当前政策	29	28	24	81	6	14
IEA 新政策	23	18	24	75	7	18
IEA450	15	26	22	63	11	26
2040 年						
埃克森美孚	19	32	27	78	8	14
EIA	27	28	23	78	7	15

资料来源：由笔者根据公开资料整理。

2. 油价波动冲击整个能源市场，供需失衡问题日趋突出

随着全球经济对能源的日趋依赖，2000 年以来，全球能源供需失衡问题日益突出，促使各国纷纷将保证能源安全上升到国家战略高度。其中，原油供需失衡问题最具代表性。石油作为一种精英能源，具有天生的分布不均衡性，不同地域的供需结构失衡主要靠贸易来解决。近些年来，在原油储备不断增长的背景下，原油供需缺口却不断扩大，金融危机之后这一现象更加突出。随之而来的是原油价格的持续上涨。2009—2013 年，原油价格累计上涨 81%。同时，中东北非地缘政治风波不断，增加了全球石油供应的不稳定性，更加剧了油价震荡（见图 1-3-8）。

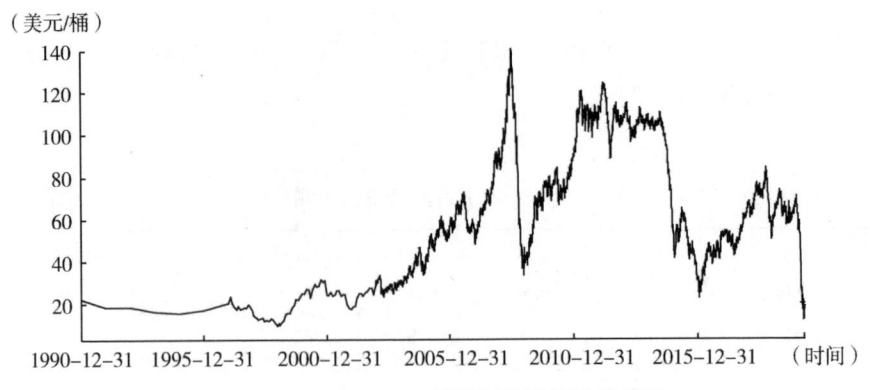

图 1-3-8 OPEC 一揽子原油价格波动情况

资料来源：Wind 数据库，由笔者整理。

回顾石油定价的历程，可以看出主要有三个阶段，分别是西方跨国石油公司垄断石油定价阶段、欧佩克掌控石油定价阶段、石油定价主体多元化阶段。世界石油价格体系依次从标价、官价、参考价，到现在的期货价。特朗普的新能源政策势必会对世界能源价格系统有一定的冲击。美国页岩气革命，帮助美国实现了由能源进口转变为能源出口的目标，加上美国退出《巴黎气候协定》的政策对美国能源产业的推动，美国能源对外出口将进一步增加，从而丰富世界能源的供应，进而对世界能源价格产生一定的影响。

3. 世界能源消费结构正在加速趋向清洁、低碳、多元化和智能化发展

EIA认为，到2040年，世界范围内，除煤炭外其他燃料消费量均呈增加态势。BP在近三年的展望里大幅上调了风电和太阳能到2035年装机的预估值，上涨达到150%。ETRI在展望中认为，清洁能源主导世界能源需求增长，到2050年，天然气、非化石能源、石油和煤炭将各占1/4，清洁能源占比将超过54%。

可再生能源一直被认为是未来增长最快的能源。BP认为，核电、水电和其他可再生能源加起来将占全部新增能源供给的一半，在一次能源中占比在2035年升至23%。其中，太阳能增长超过8倍，风能增长超过4倍，2040年，可再生能源增长将超400%，占全球发电量增长的50%以上。EIA认为，未来25年，可再生能源增幅最大，年均增速为2.3%。

在结构转变过程中，不同领域的能源消费变化同样显著。BP、ETRI、IEA都注意到，全球范围内工业部门能源消费增长在逐渐放缓，建筑是增长最快的部门。工业部门能源需求在2040年达到峰值，之后保持稳定，并且电气化率还将不断提高。BP认为，天然气和电力将满足未来工业领域能源增量，2040年成为工业部门主要能源。在全世界各种能源的终端用途中，电力是一股崛起的力量，到2040年，电力会占最终能源消费增量的40%——这是石油在过去25年能源消费增长中的占比。

从能源发展的智能化发展方向来看，近年来"分布式"能源系统逐渐被世界所重视，这助推能源向智能化方向发展。分布式能源系统是相对于

集中供能而言的。这种系统把二次能源供能点分散到用户机构附近，这样，每个系统的负荷都不是太大，而且综合利用风能、太阳能等多种清洁能源，能源供应量的多少根据用户的具体要求而定。分布式能源系统的特点在于其能源清洁、就地取材，提供的能源材料利用率高、浪费少；这进一步提高了能源供应的安全性、经济性，减少了碳排放。能源技术的革新和能源利用系统的发展，使能源向清洁和智能的方向发展。

4. 非石油能源价格地区差异巨大，成为影响区域经济竞争力的重要因素

与全球相对统一的原油价格不同，其他燃料价格一直存在较大的地区差异。美国能源价格一直存在优势，美国的天然气价格仅为欧洲天然气进口价格的1/3左右、日本天然气进口价格的1/5左右。电价的差异也同样明显：日本或欧洲企业平均支付的电价是其美国同行的3倍，中国企业也需要支付几乎相当于美国2倍的电价。如此巨大的能源价格差异，将直接影响不同地区的工业竞争力，特别是高能耗产业。

二 亚洲能源产业发展格局与发展趋势

从全球看，亚洲主要经济体日本、韩国化石能源消费几乎全部依赖进口，中国和印度的石油、天然气对外依存度分别达到63%、80%，并且短时间无法根本改变。但是，亚洲在全球能源格局的地位在逐渐变化，亚洲能源净出口国家减少，能源进口国消费量快速增长，未来将成为全球最重要的能源消费市场和全球最大电力投资市场。

（一）亚洲在全球能源格局的地位变化

近年来，全球能源供需市场格局发生了重大变化。东盟国家与中日韩（以下简称东亚）等在过去十年中始终保持5%—6%的经济增速，是全球经济增长的重心，也日益成为世界能源的消费中心。未来，亚洲能源净出口国家减少，能源进口国消费量快速增长；亚洲新兴经济体能源需求增长迅速，将成为未来全球最大电力投资市场；美国等新兴油气出口国兴起将导致亚洲能源消费与生产国之间的关系调整。

1. 亚洲能源净出口国家减少，能源进口国消费量快速增长

在生产方面，东亚既是世界能源储量较为丰富的地区，也是重要的能源生产和出口基地。东盟的马来西亚、越南、印度尼西亚、文莱等国则是石油、天然气的重要出口国家。煤炭占据了东盟能源产量的40%，2016年年底储量达到310亿吨，产量则达到4亿吨标准煤。可再生能源方面，东盟生物能源储量也非常丰富，在部分国家（如柬埔寨）甚至是主要的能源供应来源。

当前，东盟仍处于能源净出口的状态，但随着其消费量的不断增加，东盟能源出口正在下降，对能源进口的依赖度不断提高。根据国际能源署（IEA）的数据，东盟的石油产量已从2003年的290万桶/天降至2016年的250万桶/天，2016年的石油净进口量达到130万桶/天。印度尼西亚是东盟最大的石油生产国，但其产量自2000年以来已下降了40%，并从2004年起转变为石油的净进口国，2016年进口量达到70万桶/天。目前，马来西亚和文莱是当前东盟仅有的两个石油净出口国。东盟从能源净出口地区向净进口地区的转变将会给全球能源供应格局带来重要挑战。

在消费方面，中国已成为世界第一大原油进口国、第二大石油消费国、第一大煤炭消费国。日本是世界第四大原油进口国、世界第一大液化天然气和煤炭进口国。韩国是第五大石油进口国和第二大煤炭与液化天然气进口国。东盟能源需求在过去15年内增加了60%，达到6.4亿吨油当量。根据BP估计，2035年左右，亚洲的一次能源消费将达到58亿吨油当量，超过OECD，成为第一大能源消费地区，全球最大、最具活力的能源市场。随着中国以及东盟国家经济的快速增长，东亚地区的能源消费大幅增加。

2. 亚洲新兴经济体能源需求增长迅速，将成为未来全球最大电力投资市场

一些亚洲新兴经济体国家是需求增长最快的能源消费国。到2030年，印度的石油、天然气和煤炭的需求量将分别以每年约4%、6%和4%的速度增长，而在全球范围内石油和天然气需求年均增长率预计为0.7%和

1.6%，煤炭则近乎零增长。东南亚地区的能源需求同样会大幅增长，预计到 2030 年石油和天然气需求每年增长 2.3%，煤炭需求年均增长 3.9%。中亚国家的能源需求总体稳定，预计同期仅略有增长（IEA，2018a）。

但是亚洲地区仍需努力才能获得稳定的能源供应。能源行业的发展有赖于更多的资金与技术投入。在一些国家，电力的短缺限制了工业和服务行业的发展。在 2000—2017 年，在亚洲发展中经济体中总共有超过 9 亿的人口获得了电力供应，该地区的电气化率从 2000 年的 67% 提升至 2017 年的 91%。得益于新增家庭接入电网户数的快速增长，这一成就的近 60% 是在印度一国取得的，此外，孟加拉国和印度尼西亚等国也取得了引人注目的成就。然而，该地区仍有超过 3.5 亿人无法获得电力，其中印度有 1.68 亿人，东盟成员有 5800 万人。国际能源署预计，该地区每年需要投入 200 亿美元才能到 2030 年时实现人人获得电力的目标（IEA，2018a）。

3. 美国等新兴油气出口国兴起将导致亚洲能源消费与生产国之间的关系调整

随着以美国为代表的新的油气生产中心的兴起，各大消费中心与能源生产国之间的关系将会进行一定的调整。传统油气生产国会更加积极地对接主要能源消费区。亚洲地区，特别是东亚的中国、日本、韩国等和南亚的印度，会因自身巨大的经济体量和本地有限的油气产能制约，成为世界能源消费的中心。中国、日本、韩国、印度等对中东的石油依赖程度较高。而中东方面也将更加依赖亚洲的能源消费需求。总体来看，随着北美外部能源需求的缓解以及北美未来可能对欧洲的能源支持，亚洲在未来将成为世界能源需求的核心区域。而亚洲的能源格局未来是发展成为自由主义特征更强的市场模式还是现实主义特征更强的竞争博弈模式则取决于主要区域内国家对于能源秩序的建构。

（二）亚洲能源产业发展趋势

当前全球天然气供给宽松，亚洲正成为需求新的增长点，亚洲国家天然气生产、输配和消费之间的分工协作将日趋密切；亚洲部分国家汽油短缺，面临自建炼厂还是选择进口成品油的困境；基于亚洲国家能源产业发展具有高度互补性，构建亚洲能源合作机制已是大势所趋。

1. 当前全球天然气供给宽松，亚洲正成为需求新的增长点

全球能源消费正在向绿色、低碳、清洁的方向转型，天然气已成为应对气候变化推动能源转型的必然选择。近年来，全球天然气产量稳步增长，市场保持宽松，亚洲地区成为全球天然气消费需求新的增长点，特别是中国天然气市场的快速发展成为亚洲天然气消费增长的重要驱动力。亚洲地区已经成为全球天然气需求新的增长点。

过去10年，亚洲地区天然气年消费量从5000亿立方米增加到超过8000亿立方米，年均增长5.1%，是全球平均增速的2倍。近年来，亚洲天然气市场需求持续旺盛，极大地促进了全球天然气贸易，特别是LNG贸易的快速发展，备受世界瞩目。2018年，亚洲天然气跨国贸易增量占全球天然气贸易增量的49%，亚洲国家进口LNG超过3200亿立方米，占全球LNG贸易量的75%，世界LNG进口量排名前三位的国家（中国、日本、韩国）均在亚洲。另外，印度、巴基斯坦、泰国等新兴市场发展潜力巨大，亚洲已经成为推动全球天然气贸易增长的重要引擎。

预计未来20年，亚洲地区天然气消费量在全球的占比将从目前的1/5增加到1/4以上。与此同时，美国、俄罗斯、中东等地区新建装置的投产为天然气消费革命带来源源不断的资源保障。在中国经济高质量发展和能源转型升级的过程中，天然气无疑将扮演更加重要的角色。在"一带一路"倡议下，加强亚洲国家天然气生产、输配和消费之间的信息共享，建立进口协调与沟通机制有利于亚洲地区天然气稳定供应和能源安全。亚洲国家可以借鉴欧美天然气交易中心经验，正视亚洲国家建设天然气交易中心过程中面临的挑战，合作建设亚洲地区的天然气交易中心。

2. 亚洲部分国家汽油短缺，面临自建炼厂还是选择进口成品油的困境

尽管电动汽车和燃油效率的提高使全球石油需求有所下降，但根据伍德麦肯兹预测，亚洲仍将面临汽油短缺。2016—2025年，亚洲石油产品中LPG、石脑油和汽油轻组分油短缺。虽然中国的电气化正在加速，但在亚洲的很多地方仍然是以汽油消费为主的市场。同期，亚洲的航空煤油和柴

油仍然过剩。印度和东南亚是未来亚洲新兴和主要的投资热点。印度的汽油需求量非常大，而且在不断地增加，从机动车每千人保有量看，中国为173辆，美国为837辆，印度则非常少。如果印度的机动车每千人保有量增加，将会带动汽油需求上升，就会出现汽油供不应求的局面。虽然东南亚和印度将出现汽油短缺，但欧洲和美国的汽油需求会达到峰值，东南亚可以通过美国和欧洲进口汽油以平衡供需，保证能源供应。美国在中期对亚洲的石油供应会越来越多，会有更多的美国轻质原油和凝析油出口到亚洲。印度和沙特阿美在印度西海岸将合资建造的炼厂也可以解决印度的汽油紧缺问题。

未来亚洲需要更多主要生产汽油的炼油厂，亚洲特别是印度和东南亚将面临这样的困境：是自己建炼油厂，还是去购买汽油产品。

3. 亚洲国家能源产业发展具有高度互补性，构建亚洲能源合作机制已是大势所趋

亚洲地区集中了西亚、俄罗斯、中亚等全球重要油气生产地，石油储量占世界的60.7%，产量占58%；天然气储量占世界的78%，产量占53%。该地区还集中了中国、印度、日本、韩国等全球重要油气消费国。亚洲主要国家在维护稳定的供需关系、亚洲溢价、运输安全、话语权构建、气候环保等方面均存在利益契合点，各方不仅具有开展互利合作的现实条件，同时也具有通过合作释放互补潜力的强烈愿望。亚洲能源合作进程可成为"一带一路"建设、推动地区振兴的重要抓手和突破口。与近年来凸显的地缘政治分歧相比，亚洲各国在能源领域合作的愿望和需求远远大于前者。能源合作的加深将充实地区各国双边和多边合作内涵，促进地区安全与稳定。

与欧美相对成熟的地区能源合作机制相比，亚洲地区能源合作机制缺位，呈现"碎片化"的局面，成为困扰亚洲国家扩大能源合作、实现共同发展的制约因素。此外，亚洲能源合作还面临热点冲突、大国竞争、国际恐怖主义等无法回避的传统与非传统安全因素干扰。这不仅难以适应亚洲在全球日益上升的经济地位，也影响亚洲国家相互关系的稳定和经济的可

持续发展。因此，亚洲能源合作需要突破既有的双边和次区域能源治理的架构与不足，亟须构建适应新形势和亚洲国家利益诉求的亚洲能源治理与合作机制。

参考文献

埃克森美孚：《2040年能源展望》（2016年版）。

曹斌、李文涛、杜国敏、吴浩筠：《2030年后世界能源将走向何方？——全球主要能源展望报告分析》，《国际石油经济》2016年第11期。

曹飞翠、苟立伟：《特朗普能源新政策对世界能源格局的影响——兼论推进中美能源合作的对策》，《对外经贸实务》2019年第6期。

范世涛、赵峥、周键聪：《专题一 世界能源格局：四大趋势》，《经济研究参考》2013年第2期。

费红彩、张玉华：《美国未来能源格局趋势与中国页岩气勘查现状》，《地球学报》2013年第3期。

华贲：《低碳发展时代的世界与中国能源格局》，《中外能源》2010年第2期。

华贲：《中国低碳能源格局中的天然气》，《天然气工业》2011年第1期。

惠春琳：《"一带一路"与变化的能源格局》，《中国电力企业管理》2015年第17期。

李向阳：《非常规资源将影响全球能源格局——〈BP2030年世界能源展望〉解读》，《国际石油经济》2013年第4期。

李昕蕾：《全球气候能源格局变迁下中国清洁能源外交的新态势》，《太平洋学报》2017年第12期。

李雪静：《世界能源格局调整与炼油工业发展动向》，《石化技术与应用》2015年第1期。

林卫斌、陈丽娜：《世界能源格局走势分析》，《开放导报》2016年第5期。

刘佳骏：《"一带一路"战略背景下中国能源合作新格局》，《国际经济合作》2015年第10期。

刘晶晶：《我国能源格局：二十年内仍将以煤炭为主》，《资源导刊》2014年第9期。

彭博新能源财经：《2016年新能源展望》。

史丹：《全球能源格局变化及对中国能源安全的挑战》，《中外能源》2013年第2期。

宋倩倩、李雪静、熊杰、周笑洋：《基于全球能源格局调整和"一带一路"战略背景下的油气合作研究》，《中外能源》2018年第3期。

王海滨：《世界能源格局变化以及中国的应对》，《紫光阁》2018年第3期。

王海运：《世界能源格局的新变化及其对中国能源安全的影响》，《上海大学学报》（社会科学版）2013年第6期。

王海运：《以新思维新举措应对世界能源格局变化》，《中国能源报》2013年10月28日第4版。

王乾坤：《三大国际研究机构能源需求展望综合分析及启示》，《能源》2014年第4期。

王彦军、张晓龙、马晓建、许军：《新形势下煤炭在中国能源格局中的地位研究》，《开发性金融研究》2015年第4期。

杨松梅、王婕：《全球能源格局发展现状及未来趋势》，《国际金融》2014年第3期。

殷晨洁：《世界经济和能源格局变化》，《中国外资》2013年第12期。

游凛峰：《世界能源格局重构博弈》，《纺织科学研究》2015年第2期。

张国宝：《2017，重塑中的世界与中国能源格局》，《新能源经贸观察》2017年第5期。

张宇燕、管清友：《世界能源格局与中国的能源安全》，《世界经济》2007年第9期。

赵宏图：《世界能源格局的变化与调整》，《国际石油经济》2006年第10期。

中国石油技术经济研究院：《2050年世界与中国能源展望》。

朱轩彤：《国际能源格局发展新趋势》，《中国能源》2011年第1期。

BP：《世界能源展望》（2015年版）。

BP：《世界能源展望》（2016年版）。

EIA：《国际能源展望2016》。

IEA：《世界能源展望2016》。

第二篇

东盟与中日韩制造业、能源产业产能合作

第四章 东盟与中日韩产业发展现状

邓 洲 黄娅娜

一 东盟与中日韩概况

东南亚国家联盟（Association of Southeast Asian Nations），简称东盟（ASEAN），是一个总面积448.67万平方千米，总人口6.4亿的十国集团。东盟最早创立于20世纪60年代，创始成员国为马来西亚、印度尼西亚、泰国、菲律宾、新加坡五个国家。80年代后，文莱（1984年）、越南（1995年）、老挝（1997年）、缅甸（1997年）和柬埔寨（1999年）五国先后加入东盟，使这一组织基本覆盖了整个东南亚地区。[①]

东盟十国大部分为传统的农业国家，受地理位置和热带气候影响，农产品与矿产资源丰富，沿海国家有着较为丰富的油气资源。从国民生产总值来看，2016年GDP超过2000亿美元的东盟国家为印度尼西亚、泰国、马来西亚、菲律宾、新加坡、越南六国，其他四国包括文莱、老挝、缅甸、柬埔寨国土面积狭小，经济体量也较小。印度尼西亚是东盟最大的经济体，国土面积191.09万平方千米，人口2.6亿，2016年GDP总量为

---

① 目前东南亚共11个国家，仅东帝汶未加入东盟，目前属于观察员国。

9323亿美元。新加坡国土面积最小，仅700平方千米，由于地处马六甲海峡南端，凭借其特殊的地理位置发展对外贸易，主导产业包括电子、石油化工、金融、航运、服务业等，2016年GDP总量2970亿美元，人均GDP达到5.3万美元，是东盟十国中唯一的发达国家。文莱是东盟人口最少的国家，总人口约42万，但凭借着丰富的油气资源，2016年人均GDP约达到2.7万美元，是东盟十国中第二富裕的国家。从产业结构来看，东盟各国的传统产业以食品和木材等农产品为主，在2000年之后，随着中国、日本、韩国的产业转移，电子设备、化工塑料、机械等产业发展较快。

中国、日本、韩国三国位于东亚地区，近年来GDP总量全球排名分别为第2位、第3位和第11位，是全世界最具发展活力和潜力的地区之一。中国、日本、韩国的产业发展各有特色。中国是快速崛起的超大经济体，国土面积约956万平方千米，总人口约13.8亿人，产业结构完整，国内市场广阔，改革开放以来GDP增长率一直保持较高水平。日本自20世纪60年代末起一直是世界公认的第二号资本主义经济强国，目前经济发展水平已经达到稳态均衡，虽然经济增速较慢，但经济发展水平高，2016年人均GDP达到3.9万美元。韩国国土面积仅约10万平方千米，人口仅约5125万，但却是世界经济大国，2016年的GDP总量高达1.41万亿美元，排名世界第11位，超过俄罗斯和西班牙，工业增加值排在世界第8位（见表2-4-1）。

表2-4-1　　　　　　　　东盟与中日韩基本国情

	国土面积 （万平方千米）	人口数 （万人）	GDP （亿美元）	人均GDP （美元）	GDP增速 （%）
马来西亚	33.08	3118.73	2965.36	9508.24	4.22
印度尼西亚	191.09	26111.55	9322.59	3570.29	5.02
泰国	51.31	6886.35	4070.26	5910.62	3.24
菲律宾	30.00	10332.02	3049.05	2951.07	6.92
新加坡	0.07	560.73	2969.76	52962.49	2.00
文莱	0.58	42.32	114.01	26939.42	-2.47

续表

	国土面积 （万平方千米）	人口数 （万人）	GDP （亿美元）	人均 GDP （美元）	GDP 增速 （%）
越南	33.10	9456.91	2052.76	2170.65	6.21
老挝	23.68	675.84	158.06	2338.69	7.02
缅甸	67.66	5288.52	632.25	1195.52	5.87
柬埔寨	18.10	1576.24	200.17	1269.91	6.95
中国	956.29	137866.50	111991.45	8123.18	6.69
日本	37.80	12699.45	49492.73	38972.34	0.94
韩国	10.03	5124.57	14112.46	27538.81	2.83

注：GDP、人均 GDP 和 GDP 增速按照 2016 年现价美元计算。
资料来源：世界银行。

整体来看，东盟与中日韩是全球人口和产业分布最为密集的地区，同时也是经济发展最活跃的地区。根据世界银行的统计，东盟与中日韩合计国土面积占全球陆地面积的 9.75%，2016 年，人口占全球的 30.26%，国内生产总值占全球的 26.59%，人均 GDP 相当于世界平均水平的 85.43%，除了日本、新加坡、文莱的 10 个国家的 GDP 增速超过世界平均水平。

二 东盟与中日韩制造业发展现状及全球地位

受数据可获得性和口径统一的限制，并且，建筑业在各国中比重均不高，与制造业、能源产业的规模有很强关系，对结论的影响较小，因此本章以 2000—2017 年东盟与中日韩第二产业增加值占全球的比重为测算对象。如图 2-4-1 所示，2000 年以来，东盟十国第二产业比重稳步增长，且在金融危机之后占全球的比重提高。2007 年，东盟十国第二产业占全球的比重为 3.22%，到 2017 年，东盟十国的比重提高到 4.40%。

分国家看，印度尼西亚是东盟十国中第二产业规模最大的国家，是唯一占全球比重超过 1% 的东盟国家，泰国、马来西亚、菲律宾、越南、新加坡的比重在 0.3%—0.6%，老挝、柬埔寨、文莱的比重低于 1%。从变化

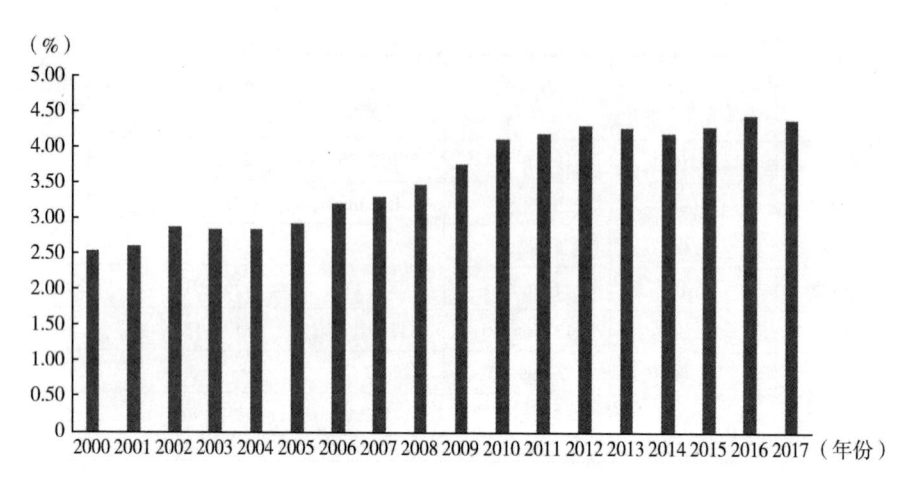

图 2-4-1　东盟第二产业产值占全球比重（按照现价美元计算）

资料来源：世界银行。

情况看，自 2000 年以来，除文莱第二产业占全球的比重有所提高外，印度尼西亚、越南、泰国和菲律宾提高的幅度都较大（见图 2-4-2）。

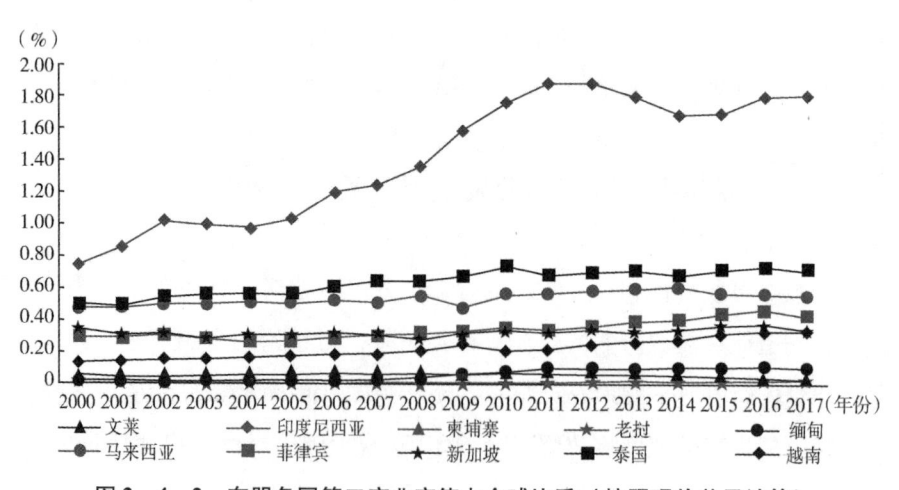

图 2-4-2　东盟各国第二产业产值占全球比重（按照现价美元计算）

资料来源：世界银行。

中国、日本、韩国三国第二产业占全球比重呈截然不同的变化趋势，韩国比重较为稳定，金融危机之后也保持低速增长。中国第二产业比重保持高速增长，金融危机之后的增速还有所提高，2017年，中国第二产业占全球比重达到22.50%，较2000年提高了16.59个百分点，较金融危机前的2007年提高了12.16个百分点。日本自2000年以来第二产业占全球比重显著下降，从2000年的17.16%下降到金融危机前2007年的8.38%，再进一步下降到2016年的7.18%（见图2-4-3）。

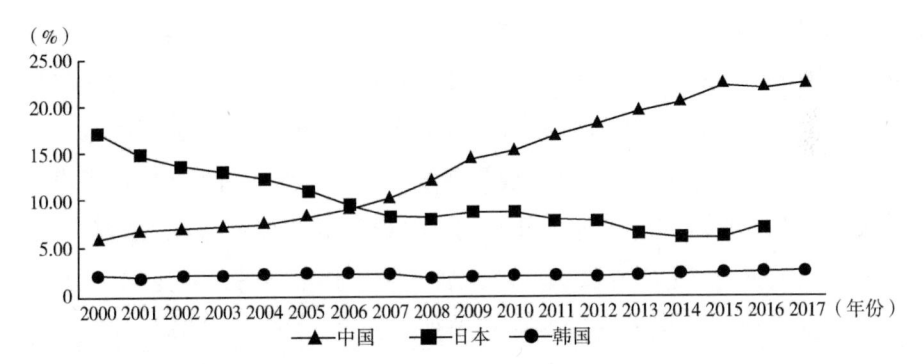

图2-4-3 中日韩第二产业产值占全球比重（按照现价美元计算）

资料来源：世界银行。

根据经济发展客观规律、全球近期经济形势的变化以及亚洲各国自身经济建设和产业发展的情况，东盟与中日韩制造业和能源产业占全球的比重将稳中有升，但内部结构将发生变化。规模增长新的动力将主要来自东盟国家，日本、韩国和中国在区域内将更多地发挥资本、技术和产能输出的功能。从具体国家看，韩国、新加坡受国土面积、人口规模、国内市场限制，增长空间有限，第二产业占全球的比重将基本保持稳定。日本占全球的比重还会有所下降但会稳定在一个比重上。中国占全球的比重还会缓慢提高，但提高的速度将放缓，随着中国产业升级步伐加快，中国未来将更加注重结构的优化而非规模比重的增长。印度尼西亚、越南、菲律宾工业基础设施逐步完善，承接制造业和能源产业转移的条件更加成熟，第二产业占全球的比重将提高。

三 东盟与中日韩制造业产业结构演变

东盟各国产业结构和演变有共性特点，也有各自相区别的特征。第一，各国产业结构中，食品木材的比重都较高，这是由这一地区的资源禀赋决定的，也反映了各国仍然处于工业化的早期或中期较早阶段，产业结构中高加工度和高技术含量产业的规模还比较小。第二，除了食品木材，各国其他支柱产业有所区别，形成了区域内产业分工格局的基本特征。例如，化工塑料产业主要分布在印度尼西亚、马来西亚、新加坡；电子设备主要分布在马来西亚、新加坡和越南；机械工业主要分布在泰国和新加坡；纺织工业主要分布在泰国；矿产加工主要分布在马来西亚和新加坡；越南是这一地区运输设备的产业集聚地。第三，新加坡、马来西亚、泰国、印度尼西亚、越南的产业规模较大。按照10个行业的分类标准，只有上述5个国家存在年产值超过300亿美元的支柱产业，其中，印度尼西亚、泰国食品和木材工业产值规模超过800亿美元。这5个国家中，新加坡属亚洲"四小龙"之一；马来西亚、印度尼西亚和菲律宾是亚洲"四小虎"国家；越南近十年的发展速度备受全球关注。第四，从2000年之后的各个产业的发展趋势来看，增速最快的是食品和木材、化工塑料、电子设备，食品和木材的发展受益于得天独厚的气候条件和物流冷冻技术的快速发展，以及房地产业的快速发展导致的对木材的需求的增加。化工塑料、电子设备的快速发展的主导因素是发达国家包括东亚的中国、日本、韩国的产业转移。中国、日本、韩国三国的产业发展各有特色，一个是快速崛起的超大经济体，另一个是进入稳态发展的发达经济体，还有一个是有着优势产业引导的亚洲"四小龙"之一。对于东盟国来说，中日韩既是产能、技术和资本转移的源头，又是广阔的产品需求市场。

马来西亚电子设备产业规模较大，2000—2008年的每年平均产值超过400亿美元，食品木材，2000—2008年每年平均产值超过300亿美元，且增长速度较快，从2000年的179亿美元增加到2008年的548亿美元，增长了近 3 倍。矿产和化工塑料行业也增长较快，基本增长了 2 倍以上，2008 年的产值均接近 400 亿美元（见图 2-4-4）。

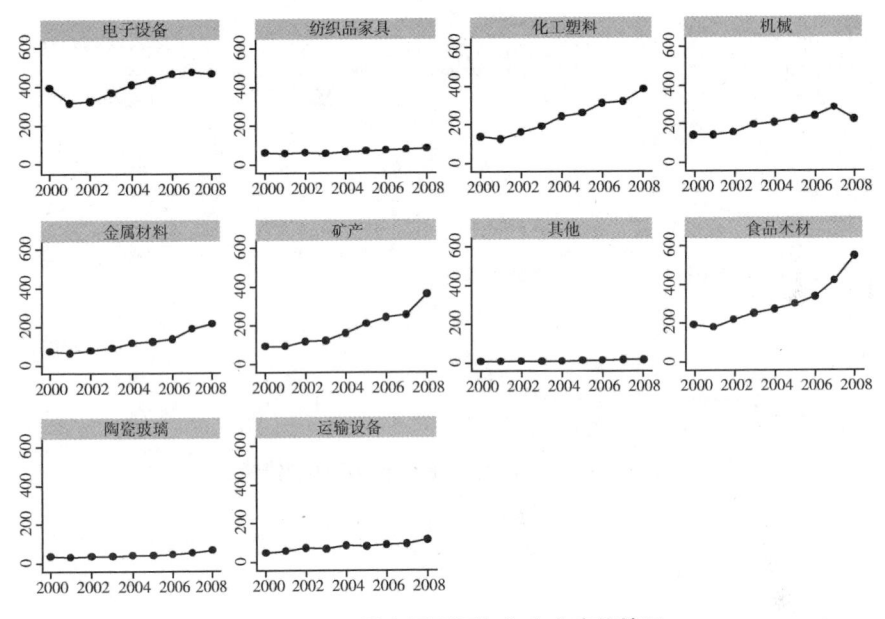

图 2-4-4　马来西亚历年各产业产值情况

注：横轴为年份，纵轴单位为亿美元。
资料来源：联合国工业发展组织。

印度尼西亚产业发展非常不均衡，表现最突出的是食品木材行业，2008 年和 2009 年该行业年产值接近 800 亿美元，且在 10 年内增长了超过 5 倍。另一个有较快增长的行业是化工塑料，从 1998 年的 82 亿美元增长到 2009 年的 440 亿美元。其他行业的产值基本都在 200 亿美元以下（见图 2-4-5）。

泰国各个产业产值从 20 世纪末均处于较低水平，但进入 2000 年之后均有较大幅度的增长，增长最为明显的是食品木材、纺织品家具，其中食品木材的产值从 1998 年的 32 亿美元增长到 2012 年的 530 亿美元，纺织品家具从 1998 年的 18 亿美元增长到 2012 年的 317 亿美元，平均每年增长速度均超过 20%。有若干个行业实现了较为平衡的增长，包括金属材料、化工塑料、运输设备；而机械和矿产在金融危机之后有较大幅度的增长（见图 2-4-6）。

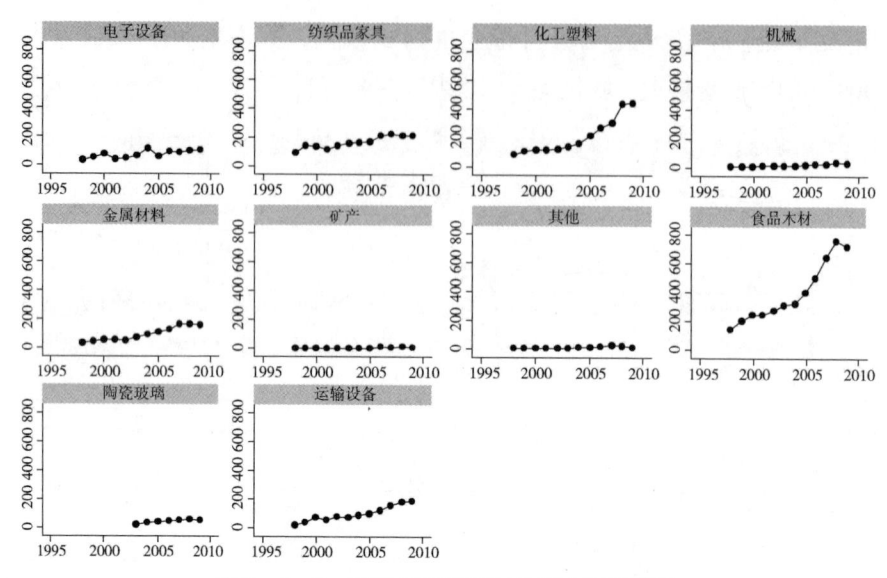

图 2-4-5　印度尼西亚历年各产业产值情况

注：横轴为年份，纵轴单位为亿美元。

资料来源：联合国工业发展组织。

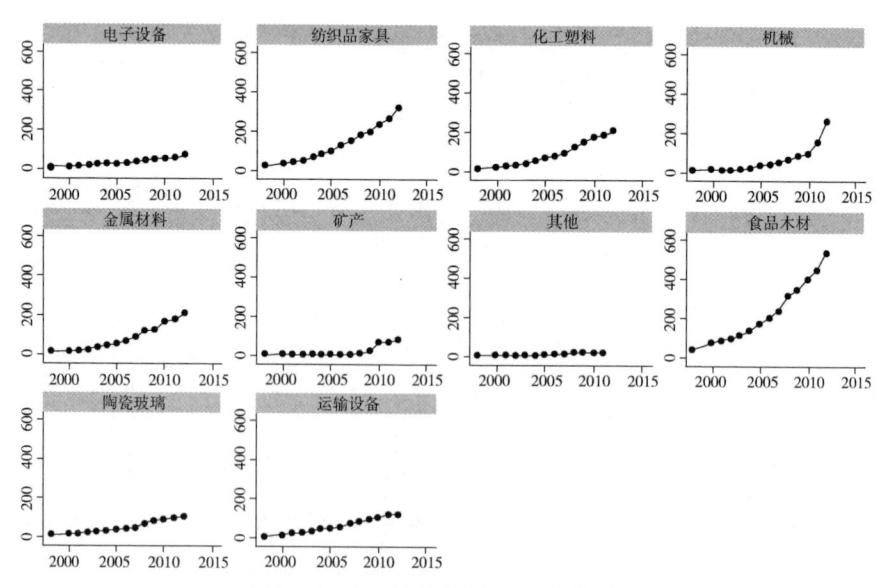

图 2-4-6　泰国历年各产业产值情况

注：横轴为年份，纵轴单位为亿美元。

资料来源：联合国工业发展组织。

菲律宾的整体产值额度比马来西亚、印度尼西亚、泰国均要小，1996—2006年，各个产业的产值情况相对平稳，国内各产业横向比较来看，产值较高的是食品木材，其中机械和电子设备在这十年间发展较快（见图2-4-7）。

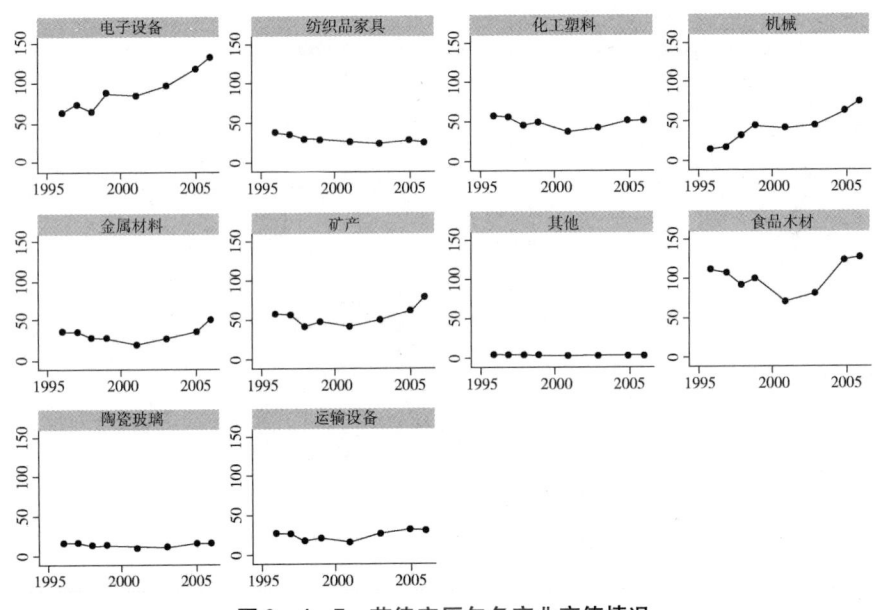

图2-4-7 菲律宾历年各产业产值情况

注：横轴为年份，纵轴单位为亿美元。

资料来源：联合国工业发展组织。

新加坡受国土面积狭小和独特的地理位置影响，有着特殊的产业结构，如纺织品家具、食品木材、陶瓷玻璃等产业基本可以忽略不计，强势产业如矿产、化工塑料、机械、电子设备，并且这几个强势产业的发展有一定的阶段性特征，矿产和化工塑料主要兴起于2000年之后，机械设备主要是在20世纪90年代有快速的发展，在90年代中后期至2005年有回落趋势。新加坡的电子设备行业在90年代前期快速发展，此后一度处于平稳波动期，直至2004年之后又经历了快速的增长，目前与矿产、化工塑料一起，共同成为产值最高的三大行业（见图2-4-8）。

越南的各个产业产值在20世纪90年代中后期有个明显的下跌，在2000年之后呈现平稳增长的态势，产值最高的是食品木材行业，其次是电

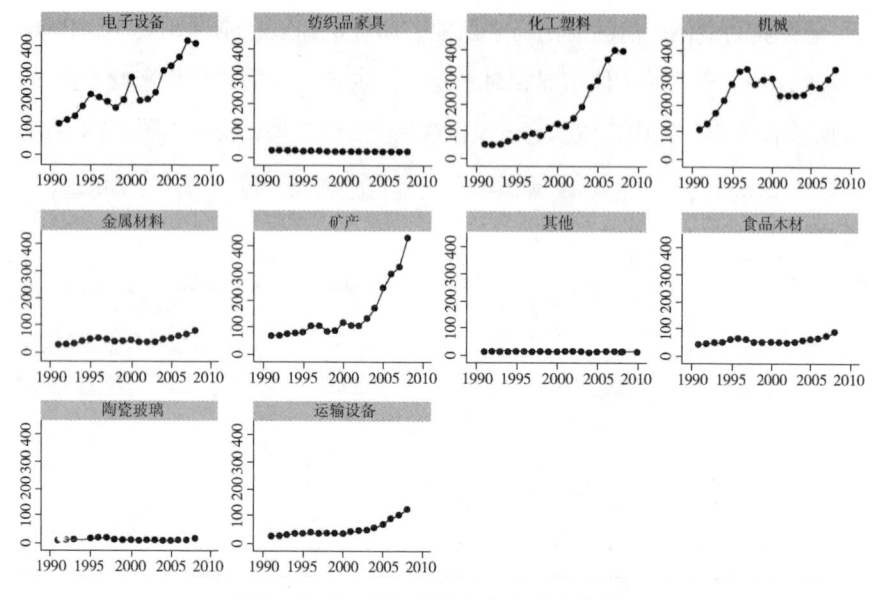

图 2-4-8 新加坡历年各产业产值情况

注：横轴为年份，纵轴单位为亿美元。

资料来源：联合国工业发展组织。

子设备、化工塑料、运输设备（见图2-4-9）。越南在近期发展加速，成为东南亚乃至全球经济增长和产业发展的一个典范。2008年越南GDP还只有910.64亿美元，到2016年已经达到2026.16亿美元，在更高的总量基础上，越南GDP增速依然强劲。2017年，越南经济交出的经济成绩单几乎和中国一样闪亮，GDP同比增长6.8%，超过了6.7%的增长目标，也高于2011—2016年的GDP增长水平，略低于中国6.9%的GDP年增长率。越南经济的活跃度还体现在股市这一"晴雨表"上，到2017年12月4日，越证指数突破970点，同比增长46%，创十年新高，电子设备、食品木材、运输设备是引领越南制造业和经济总量高速发展的动力产业。

相对于东盟国家的经济体量较小，不同产业发展较为不均衡，中国从2000年以来，基本各个产业的增长都非常平衡，且增长较快，平均产值规模大部分是千亿美元级别，2011年大部分产业的产值规模均超过了1万亿美元，其中产值规模最大的是金属材料，2011年达到21110亿美元（见图2-4-10）。

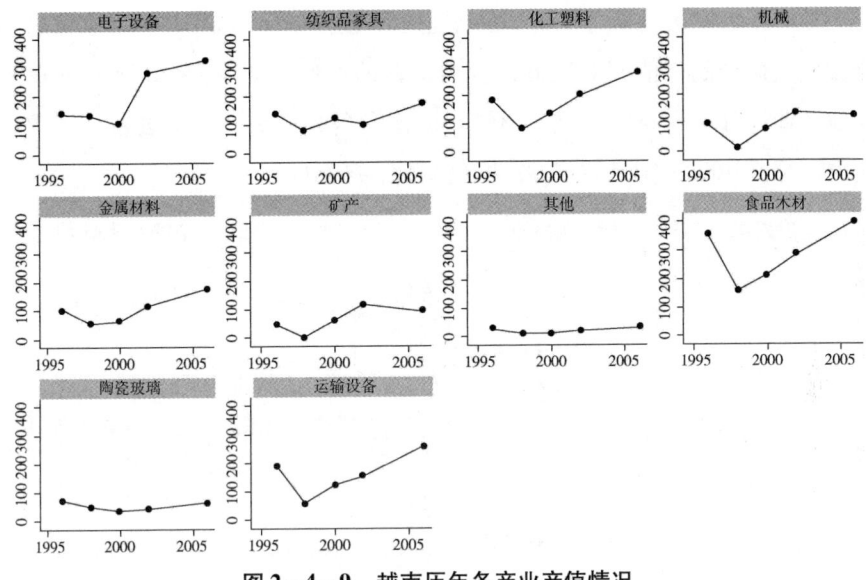

第四章　东盟与中日韩产业发展现状 / 85

图 2-4-9　越南历年各产业产值情况

注：横轴为年份，纵轴单位为亿美元。

资料来源：联合国工业发展组织。

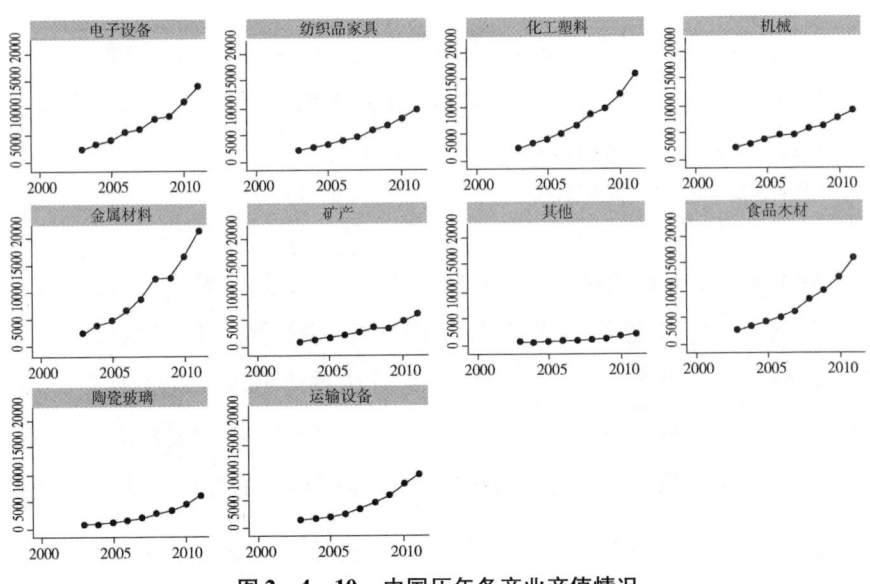

图 2-4-10　中国历年各产业产值情况

注：横轴为年份，纵轴单位为亿美元。

资料来源：联合国工业发展组织。

日本作为发达国家，产业发展已经达到稳态均衡，其中纺织品家具、陶瓷玻璃、矿产的产值相对较低，食品木材的产值近20年来下降了约1/3，其他产业，如金属材料、化工塑料、运输设备、机械、电子设备，年均产值大部分在4000亿美元左右波动（见图2-4-11）。

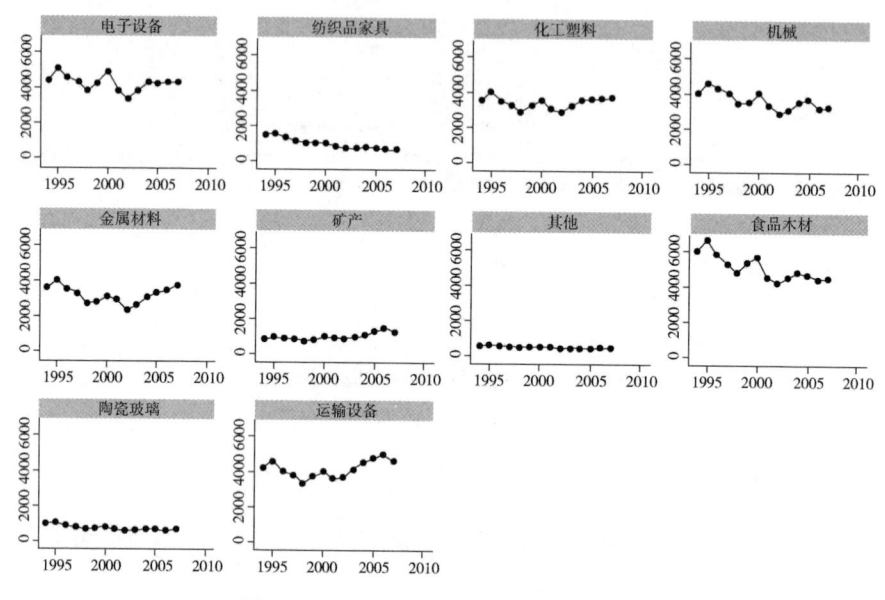

图2-4-11 日本历年各产业产值情况

注：横轴为年份，纵轴单位为亿美元。
资料来源：联合国工业发展组织。

韩国的经济体量相对于中国和日本较小，从数据来看，作为亚洲"四小龙"之一，自20世纪90年代以来矿产、金属材料、化工塑料、运输设备、机械、电子设备这些产业以较为一致的趋势上涨，从波动来看，受1998年亚洲金融危机的冲击较大，以上产业的产值均有明显跌落，但随后又进一步快速增长。在所有产业中，增长幅度最大的是电子设备（见图2-4-12）。

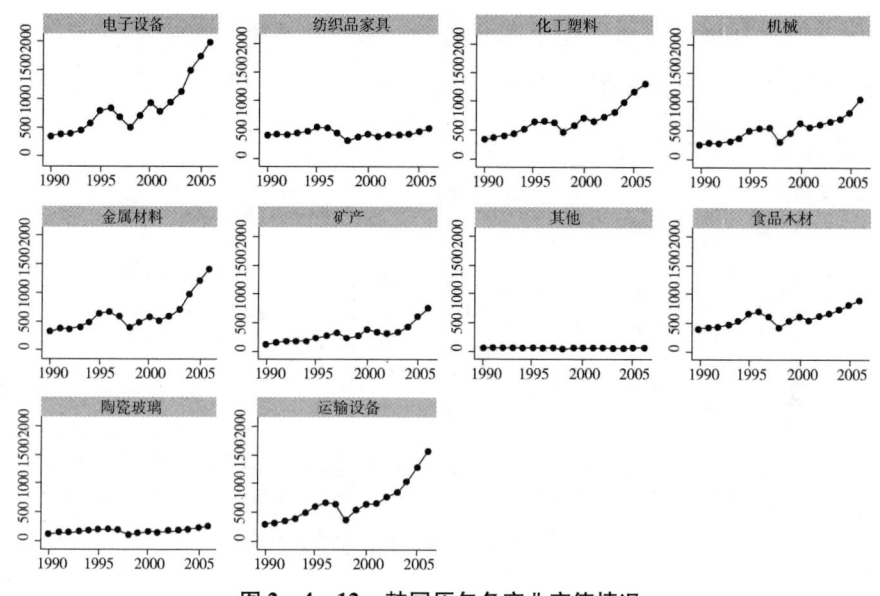

图 2-4-12　韩国历年各产业产值情况

注：横轴为年份，纵轴单位为亿美元。
资料来源：联合国工业发展组织。

四　东盟与中日韩能源产业结构演变

东盟与中日韩能源产业的规模和发展水平彼此存在较大差距。各国能源产业的发展主要与三个因素相关：一是与能源资源的禀赋相关，例如中国是这一地区能源资源最丰富的国家，印度尼西亚、马来西亚和菲律宾依靠海上石油资源，是东盟地区能源产业相对发达的国家。二是与工业化程度和经济发展水平相关，工业化程度较高、经济更发达的地区对能源的需求量更大，能源产业规模也更大。三是与产业结构相关，工业结构偏向重工业往往对能源的需求更大，对能源产业的依赖性也更高。

东盟国家中，印度尼西亚和泰国一次能源消耗规模较大，2017 年占全球的比重分别为 1.30% 和 0.96%，马来西亚、新加坡和越南一次能源消费占全球的比重在 0.5% 和 1% 之间。从变化情况看，2007—2017 年，考察东盟各国一次能源消费的比重都有提高,越南的比重提高了0.28个百分点,是东盟国家中比重提高幅度最大的(见图2-4-13)。

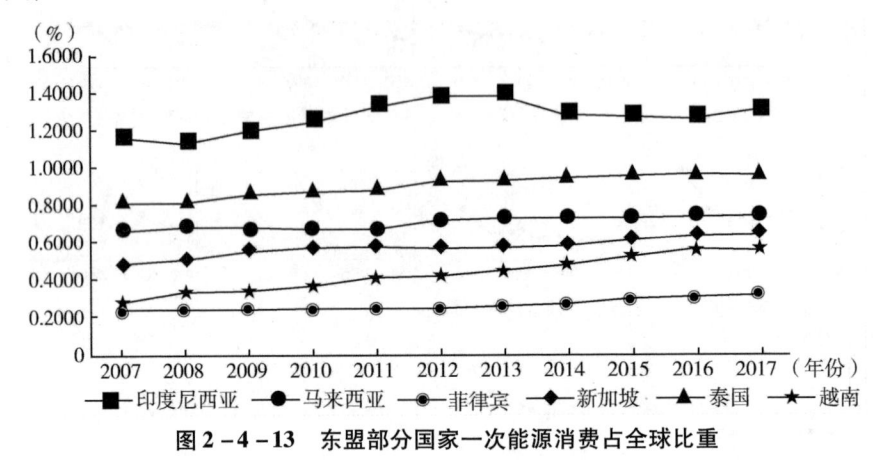

图2-4-13 东盟部分国家一次能源消费占全球比重

资料来源:BP世界能源统计。

2017年,中国一次能源消费占全球的比重为23.18%,较金融危机前的2007年提高了4.63个百分点;日本和韩国一次能源消费占全球的比重分别为3.38%和2.19%,与2007年比较,日本比重下降了1.15个百分点,韩国比重提高了0.15个百分点(见图2-4-14)。

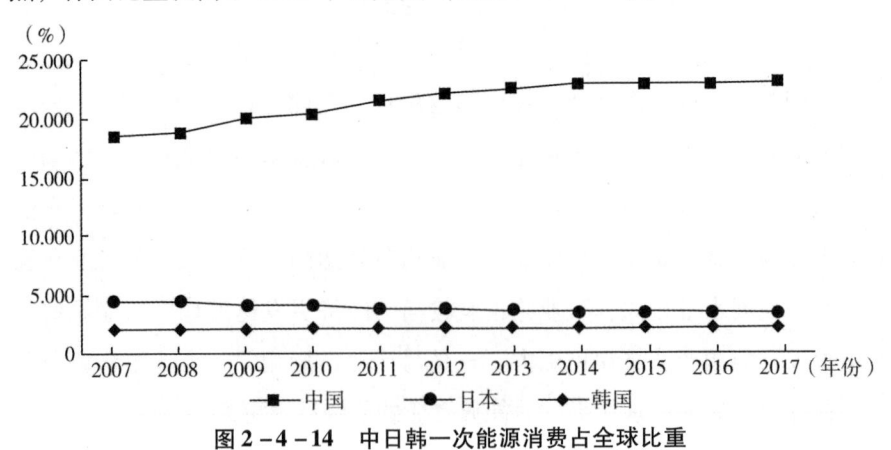

图2-4-14 中日韩一次能源消费占全球比重

资料来源:BP世界能源统计。

从2017年各国能源消费结构看,石油和煤炭是亚洲国家最重要的能源来源。在煤炭方面,首先是中国煤炭消费占一次能源消费的 60.42%,其次是菲律宾(30.25%)、韩国(29.16%)、日本(26.40%)。在石油方面,首先是新加坡 87.05% 的一次能源消费来自石油,其次是菲律宾(50.12%)、泰国(49.27%)。在水电方面,首先是越南一次能源消费中水电占 21.12%,其次是中国(8.35%)。在可再生能源方面,首先是菲律宾可再生能源的比重为 7.16%,是这一地区最高的,其次是日本(4.91%)和中国(3.41%)(见图 2-4-15)。

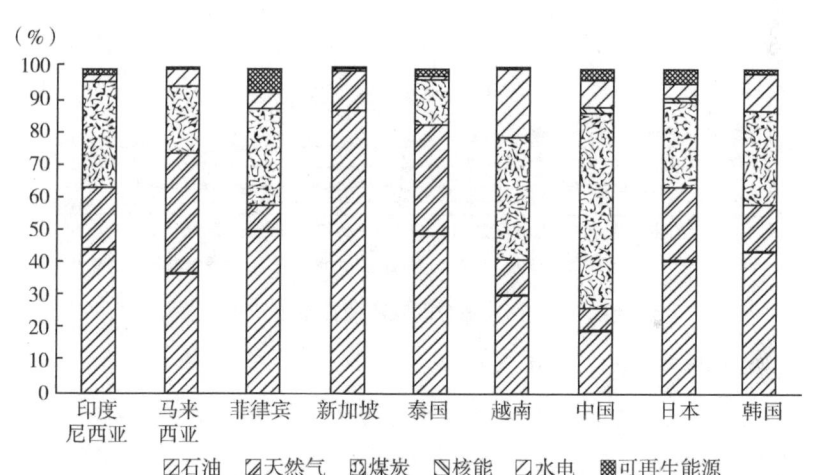

图 2-4-15 2017 年部分国家一次能源消费结构

资料来源:BP 世界能源统计。

东盟与中日韩并非世界主要的产油地,合计不足全球产油量的 8%,产业发展和生活水平提高长期依赖石油输入。中国是该地区石油产量最大的国家,2017 年石油产量占全球的 4.37%,印度尼西亚、马来西亚产油量分别占全球的 1.06% 和 0.73%。从变化情况看,几乎所有亚洲国家石油产量占全球的比重都有下降,中国、文莱、印度尼西亚和马来西亚下降的幅度较大,与 2007 年比较,中国 2017 年的比重下降了 0.35 个百分点(见图 2-4-16)。

从原油加工量的角度,中日韩三国石油化工体系完善、规模较大,2017 年原油加工量分别占全球的 14.23%、3.92% 和 3.74%。东盟国家中,泰国、印度尼西亚和新加坡占全球的比重超过 1%。从变化情况看,中国自2007年以来有显著提高，日本有较大幅度下降（见图2-4-17和图2-4-18）。

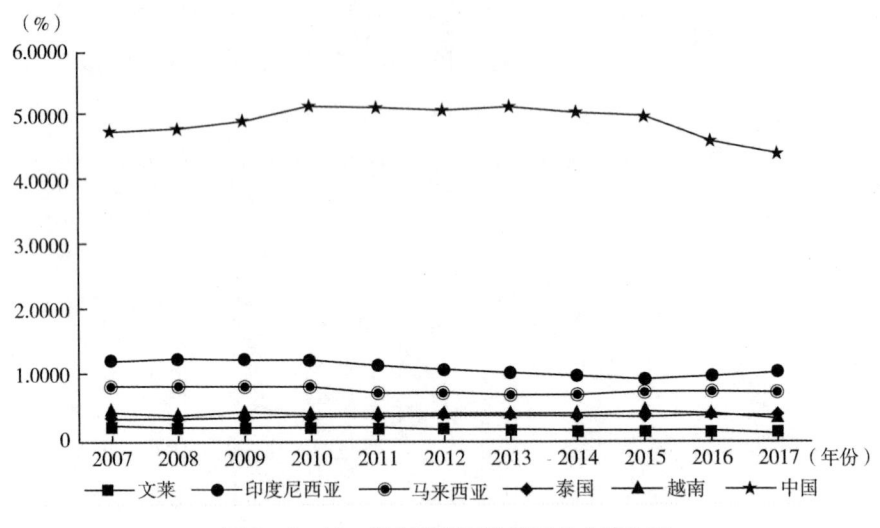

图2-4-16 部分国家石油产量占全球比重

资料来源：BP世界能源统计。

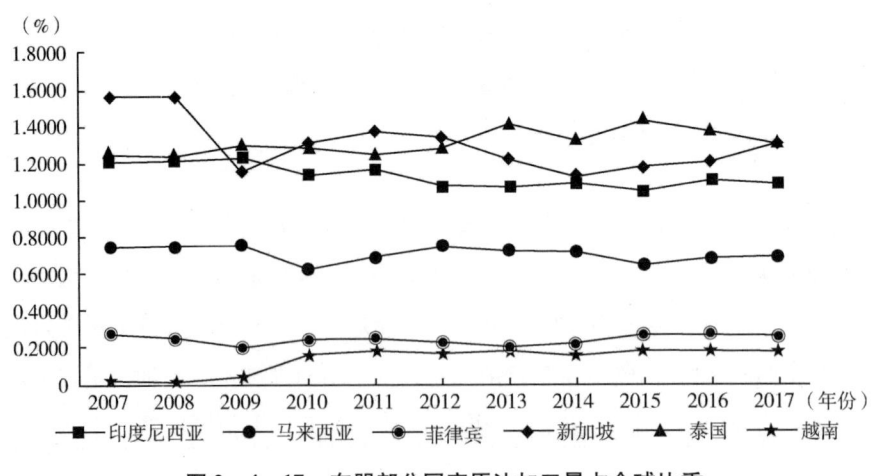

图2-4-17 东盟部分国家原油加工量占全球比重

资料来源：BP世界能源统计。

从产能角度看，中国炼厂产能占全球的14.79%，日本、韩国的产能占

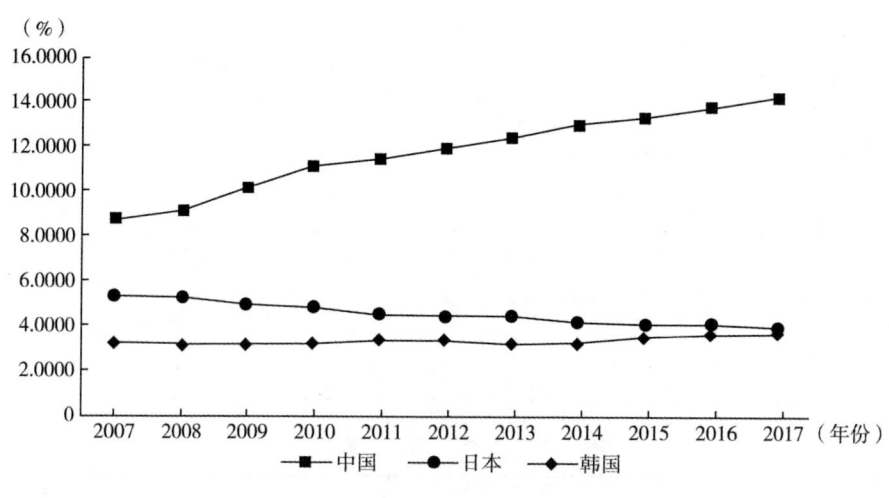

图 2-4-18 中日韩原油加工量占全球比重

资料来源：BP 世界能源统计。

全球的比重超过 3%，印度尼西亚和新加坡炼厂产能占全球的比重超过 1%。从变化情况看，2007—2017 年，中国的比重提高了 4.93 个百分点，产能高速扩充，造成严重产能过剩问题。日本炼厂产能绝对值出现下降，2017 年占全球的比重比 2007 年下降了 1.84 个百分点（见图 2-4-19 和图 2-4-20）。

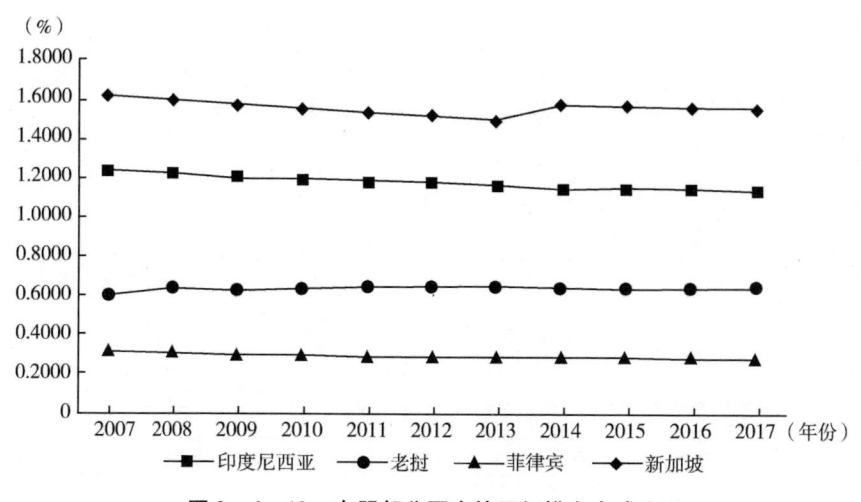

图 2-4-19 东盟部分国家炼厂规模占全球比重

资料来源：BP 世界能源统计。

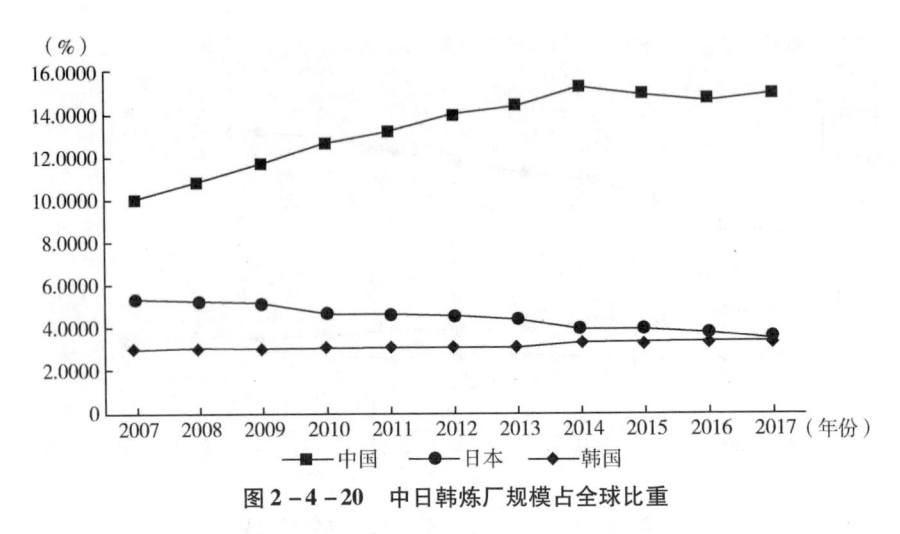

图 2-4-20 中日韩炼厂规模占全球比重

资料来源：BP 世界能源统计。

中国、马来西亚、印度尼西亚和泰国是重要的天然气产地，2017 年，这四个国家的天然气产量分别占全球的 4.05%、2.13%、1.85% 和 1.05%。从变化情况看，2007 年以来，中国天然气产量增长较快，占全球的比重显著提高，马来西亚和泰国略有提高，印度尼西亚产量绝对值减少，占全球的比重有较大幅度下降（见图 2-4-21）。

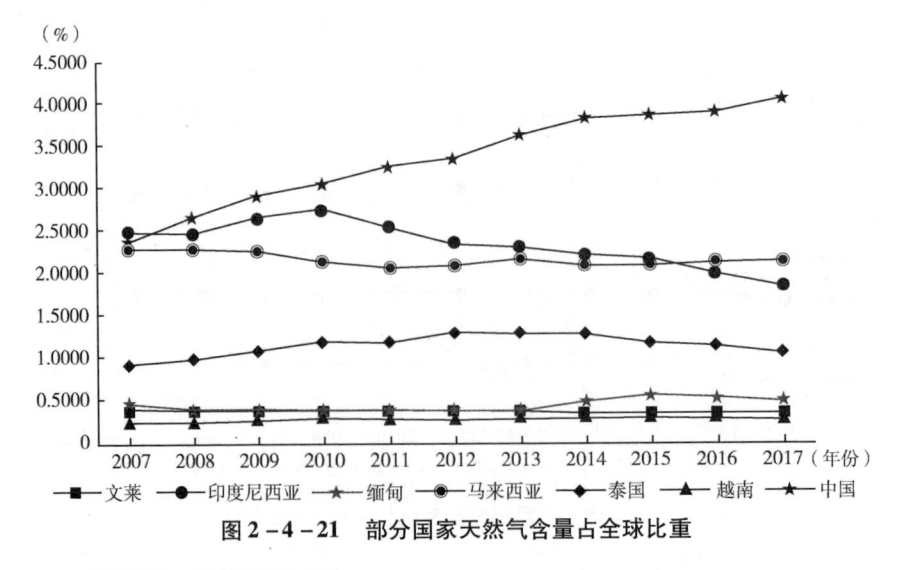

图 2-4-21 部分国家天然气含量占全球比重

资料来源：BP 世界能源统计。

中国是全球煤炭资源最丰富,也是煤炭产量最高的国家,2017年煤炭产量占全球的46.36%,2011年曾达到47.89%。除中国之外,印度尼西亚煤炭产量规模较大,2017年占全球的7.21%,较2007年提高了3.34个百分点(见图2-4-22和图2-4-23)。

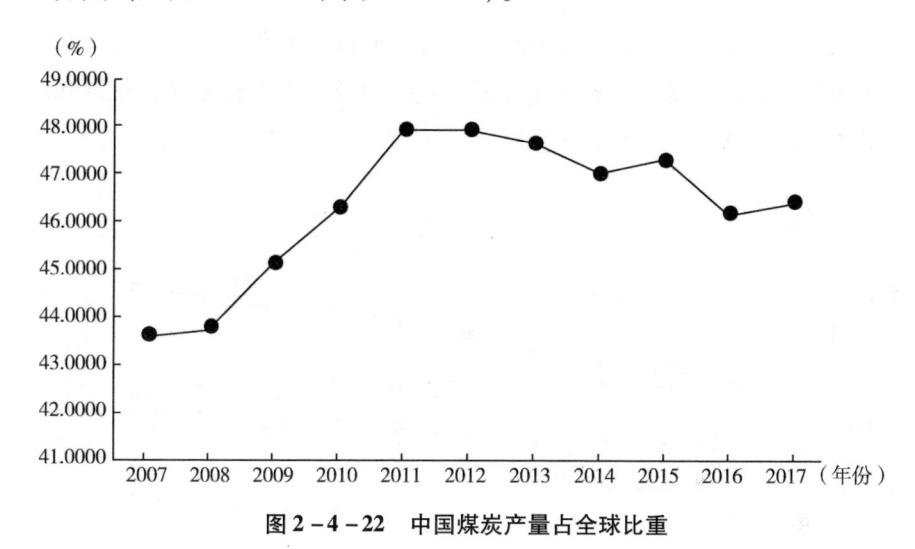

图2-4-22 中国煤炭产量占全球比重

资料来源:BP世界能源统计。

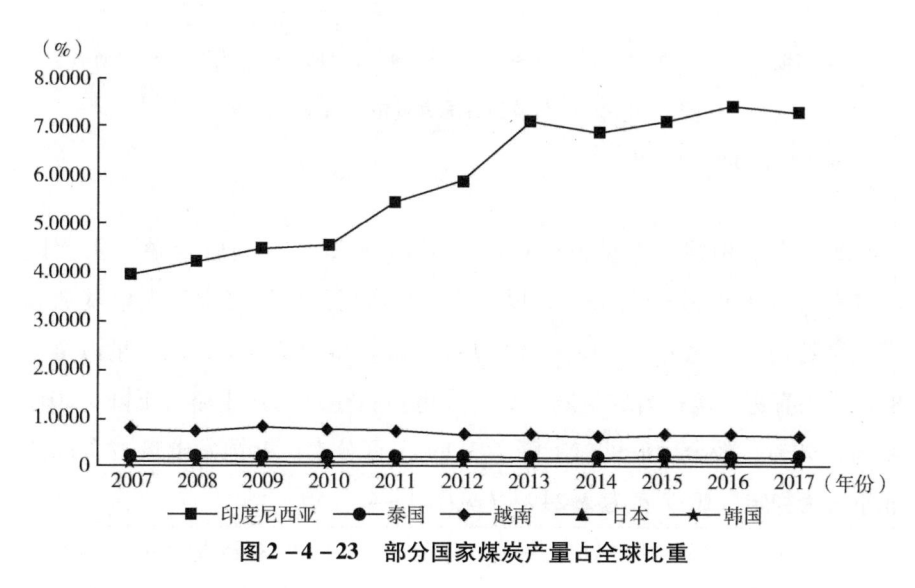

图2-4-23 部分国家煤炭产量占全球比重

资料来源:BP世界能源统计。

东盟国家中，印度尼西亚、越南、泰国、马来西亚发电量规模较大，2017年，上述4国发电量占全球的比重分别达到1.02%、0.74%、0.69%和0.64%。从变化情况看，印度尼西亚和越南发电量增长较快，2017年发电量占全球的比重较金融危机前2007年分别提高了0.31个和0.42个百分点，这反映了这两个国家在金融危机之后耗能性重工业发展的提速，以及能源消费结构的变化。马来西亚也实现了0.12个百分点的增幅，泰国和新加坡占全球的比重有所下降（见图2-4-24）。

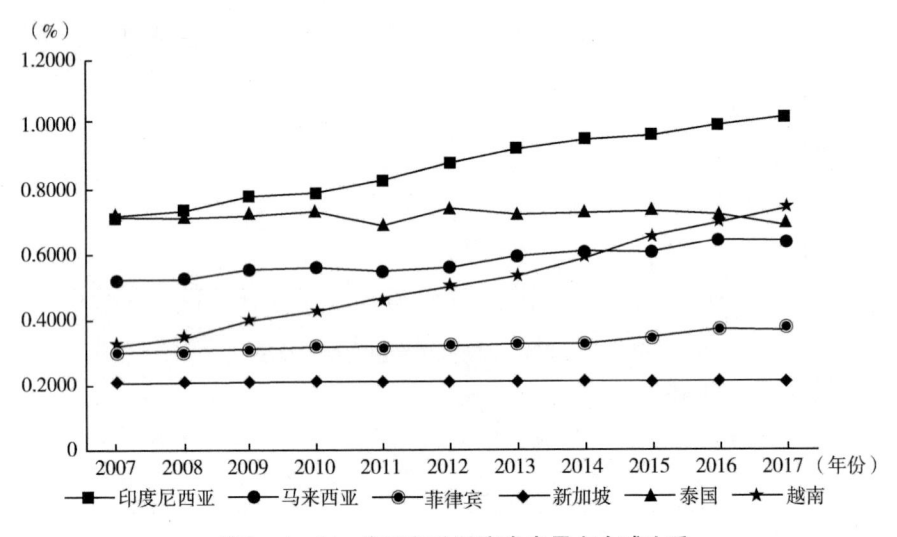

图2-4-24 东盟部分国家发电量占全球比重

资料来源：BP世界能源统计。

2017年，中国发电量占全球的比重达到25.42%，较金融危机前的2007年提高了9.05个百分点，增长明显。考虑到中国庞大的人口基数和产业（特别是重化工业）规模，即便在产业转型的情况下，发电量占全球的比重还有进一步提高的空间。日本发电量占全球的比重略有下降，2017年为3.99%，较金融危机前下降了1.89个百分点。韩国发电量占全球的比重较为稳定，2017年为2.24%（见图2-4-25）。

综上所述，东盟和中日韩共同拥有全球最完善的制造业体系，供应链完备，拥有制造业发展所需要的各种要素，包括资本、技术、品牌和各种

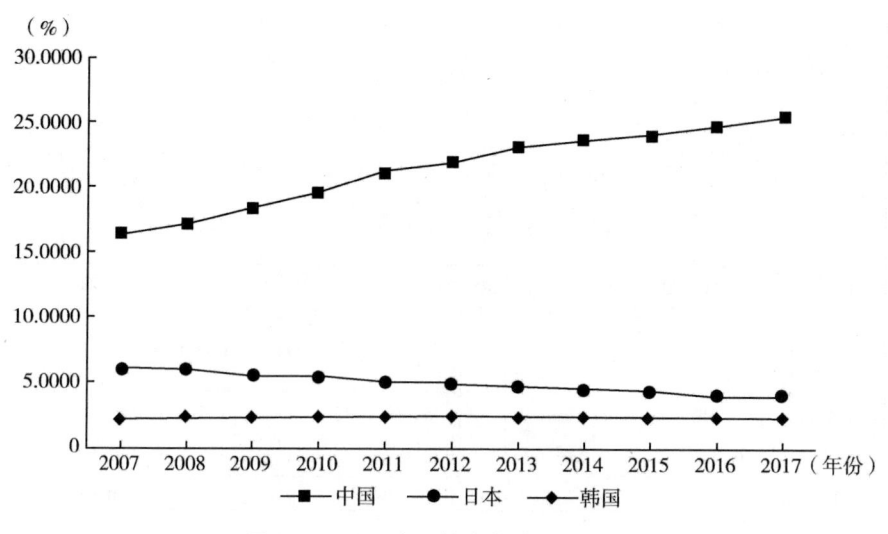

图 2-4-25 中日韩发电量占全球比重

资料来源：BP 世界能源统计。

层次的人力资源。从产业结构的角度，中日韩三国有更完善的制造业和能源产业体系，东盟国家主导产业以食品、木材等加工程度较低的产业为主，化工、机械、电子等产业在部分国家成为主导产业。金融危机之后，东盟第二产业占全球的增加值比重提高。在能源资源的禀赋上，中国煤炭储量位居全球首位，但整个地区在石油资源方面并没有太大优势，与这一地区的人口和产业规模比较，经济社会发展依赖于能源输入。东盟各国能源产业占全球的比重低于制造业的比重，反映了东盟国家产业结构偏轻的情况。分国家看，中国和日本分别是全球第二大和第三大经济体，中国是全球制造业规模最大的国家。中国、日本、韩国、新加坡承担了制造业资本、技术和产能输出的功能。除这四个国家，亚洲"四小虎"的印度尼西亚、泰国、菲律宾和马来西亚仍然是这一地区制造业基础设施更完善、产业体系更完备、主导产业更明确的国家，其中，印度尼西亚的规模更为领先。越南近 10 年发展提速明显，这在部分能源产业占全球的比重、部分主导产业占全球的比重等方面都有体现。

附 表

附表2-4-1　东盟国家与中日韩第二产业占全球比重变化
（按现价美元计算）　　　　　　　　　　单位：%

年份	2000	2001	2002	2003	2004	2005	2006	2007	2008	2009	2010	2011	2012	2013	2014	2015	2016	2017
印度尼西亚	0.74	0.86	1.02	1.00	0.98	1.03	1.20	1.26	1.37	1.59	1.77	1.89	1.89	1.80	1.69	1.70	1.81	1.82
柬埔寨	0.01	0.01	0.01	0.01	0.01	0.01	0.01	0.01	0.01	0.01	0.01	0.01	0.02	0.02	0.02	0.02	0.03	0.03
老挝	0.00	0.00	0.00	0.00	0.00	0.00	0.00	0.00	0.00	0.01	0.01	0.01	0.02	0.02	0.02	0.02	0.02	0.02
缅甸	0.01	0.01	0.01	0.01	0.01	0.02	0.02	0.03	0.04	0.06	0.07	0.09	0.09	0.09	0.10	0.10	0.11	0.10
马来西亚	0.49	0.48	0.50	0.50	0.52	0.51	0.53	0.51	0.55	0.48	0.56	0.57	0.59	0.60	0.61	0.57	0.56	0.56
菲律宾	0.30	0.29	0.31	0.28	0.26	0.27	0.29	0.31	0.32	0.33	0.36	0.34	0.37	0.39	0.40	0.45	0.46	0.43
新加坡	0.33	0.30	0.31	0.28	0.31	0.30	0.32	0.31	0.32	0.34	0.33	0.34	0.33	0.34	0.36	0.36	0.34
泰国	0.50	0.49	0.54	0.56	0.56	0.57	0.61	0.65	0.65	0.68	0.75	0.68	0.70	0.72	0.68	0.72	0.73	0.72
越南	0.12	0.14	0.15	0.15	0.16	0.17	0.18	0.19	0.21	0.25	0.20	0.21	0.25	0.26	0.28	0.32	0.33	0.34
中国	5.91	6.68	7.13	7.37	7.64	8.32	9.19	10.34	12.07	14.53	15.48	16.91	18.26	19.58	20.49	22.35	22.09	22.50
日本	17.16	14.98	13.72	13.16	12.42	11.11	9.53	8.38	8.17	8.84	8.87	7.96	7.82	6.43	6.09	6.27	7.18	
韩国	2.06	1.95	2.16	2.17	2.23	2.35	2.36	2.31	1.83	1.86	2.07	2.02	1.99	2.12	2.22	2.38	2.46	2.50
东盟十国比重	2.54	2.61	2.88	2.85	2.85	2.94	3.22	3.31	3.50	3.77	4.12	4.20	4.32	4.28	4.20	4.30	4.46	4.40

资料来源：世界银行。

附表2-4-2　"10+3"国家能源消费和能源产业占全球比重情况　　　单位：%

年份	2007	2008	2009	2010	2011	2012	2013	2014	2015	2016	2017
一次能源消费占全球比重											
印度尼西亚	1.1598	1.1305	1.1896	1.2451	1.3259	1.3758	1.3843	1.2815	1.2664	1.2626	1.2967
马来西亚	0.6662	0.6815	0.6727	0.6733	0.6678	0.7078	0.7257	0.7249	0.7282	0.7361	0.7372
菲律宾	0.2339	0.2385	0.2450	0.2418	0.2408	0.2455	0.2580	0.2694	0.2933	0.3062	0.3205
新加坡	0.4815	0.5052	0.5524	0.5660	0.5743	0.5688	0.5737	0.5852	0.6171	0.6305	0.6402

续表

年份	2007	2008	2009	2010	2011	2012	2013	2014	2015	2016	2017
泰国	0.8129	0.8136	0.8554	0.8664	0.8788	0.9270	0.9252	0.9426	0.9563	0.9571	0.9599
越南	0.2684	0.3288	0.3411	0.3680	0.4108	0.4242	0.4459	0.4840	0.5268	0.5551	0.5573
中国	18.5556	19.0075	20.1690	20.5563	21.6692	22.2345	22.6591	22.9545	23.0456	22.9830	23.1822
日本	4.5252	4.4035	4.0892	4.1570	3.8488	3.7731	3.6736	3.5256	3.4686	3.4031	3.3779
韩国	2.0426	2.0548	2.0979	2.1428	2.1991	2.1948	2.1568	2.1561	2.1814	2.2039	2.1900

石油产量占全球比重

	2007	2008	2009	2010	2011	2012	2013	2014	2015	2016	2017
文莱	0.2403	0.2151	0.2107	0.2110	0.2020	0.1893	0.1600	0.1444	0.1424	0.1348	0.1254
印度尼西亚	1.2088	1.2353	1.2434	1.2207	1.1548	1.0823	1.0351	0.9756	0.9345	0.9824	1.0576
马来西亚	0.8472	0.8427	0.8195	0.8263	0.7407	0.7304	0.6957	0.7057	0.7416	0.7448	0.7340
泰国	0.3338	0.3501	0.3725	0.3742	0.3841	0.4028	0.4000	0.3836	0.3903	0.3998	0.3829
越南	0.4122	0.3801	0.4290	0.3918	0.3941	0.4222	0.4218	0.4262	0.4477	0.4112	0.3670
中国	4.7114	4.7612	4.8682	5.0987	5.0605	5.0354	5.0905	5.0059	4.9274	4.5642	4.3651

原油加工量占全球比重

	2007	2008	2009	2010	2011	2012	2013	2014	2015	2016	2017
印度尼西亚	1.2090	1.2166	1.2304	1.1340	1.1646	1.0706	1.0670	1.0871	1.0471	1.1021	1.0828
马来西亚	0.7449	0.7487	0.7574	0.6248	0.6829	0.7507	0.7243	0.7089	0.6438	0.6762	0.6897
菲律宾	0.2755	0.2460	0.2010	0.2406	0.2514	0.2220	0.2051	0.2154	0.2655	0.2690	0.2576
新加坡	1.5554	1.5522	1.1538	1.3015	1.3697	1.3317	1.2150	1.1165	1.1737	1.2018	1.3038
泰国	1.2331	1.2394	1.2823	1.2802	1.2400	1.2769	1.3993	1.3191	1.4179	1.3649	1.2989
越南	0.0134	0.0134	0.0383	0.1609	0.1813	0.1697	0.1817	0.1551	0.1829	0.1806	0.1758
中国	8.8188	9.1287	10.1876	11.1776	11.4949	12.0102	12.4601	13.0177	13.3824	13.8034	14.2296
日本	5.3429	5.2756	4.9584	4.8111	4.5127	4.4390	4.4822	4.2162	4.0809	4.0847	3.9248
韩国	3.2325	3.1619	3.1402	3.1773	3.3521	3.3711	3.2244	3.2253	3.4871	3.6464	3.7368

炼厂规模占全球比重

	2007	2008	2009	2010	2011	2012	2013	2014	2015	2016	2017
印度尼西亚	1.2339	1.2152	1.1992	1.1879	1.1756	1.1681	1.1550	1.1384	1.1448	1.1388	1.1321
老挝	0.6023	0.6309	0.6241	0.6291	0.6429	0.6441	0.6432	0.6339	0.6306	0.6334	0.6369
菲律宾	0.3045	0.2999	0.2913	0.2854	0.2792	0.2774	0.2838	0.2807	0.2792	0.2778	0.2761
新加坡	1.6095	1.5851	1.5571	1.5425	1.5265	1.5114	1.4861	1.5683	1.5601	1.5518	1.5427
中国	9.8542	10.7415	11.5838	12.5431	13.1531	13.7772	14.2869	15.0549	14.7415	14.5313	14.7882
日本	5.2446	5.1652	5.0521	4.6383	4.5719	4.5215	4.3332	3.8764	3.8343	3.6900	3.4064
韩国	3.0216	3.0125	2.9963	2.9985	3.0636	3.0590	3.0247	3.2349	3.2181	3.3271	3.3076

天然气产量占全球比重

续表

年份	2007	2008	2009	2010	2011	2012	2013	2014	2015	2016	2017
文莱	0.4046	0.3875	0.3759	0.3786	0.3824	0.3686	0.3525	0.3365	0.3466	0.3296	0.3261
印度尼西亚	2.4683	2.4562	2.6416	2.7451	2.5298	2.3463	2.2984	2.2165	2.1651	1.9917	1.8476
缅甸	0.4522	0.4006	0.3861	0.3849	0.3854	0.3746	0.3821	0.4787	0.5455	0.5155	0.4891
马来西亚	2.2983	2.2723	2.2656	2.1330	2.0496	2.0767	2.1592	2.0888	2.0998	2.1297	2.1302
泰国	0.9146	0.9785	1.0837	1.1832	1.1716	1.2855	1.2825	1.2649	1.1707	1.1381	1.0515
越南	0.2312	0.2364	0.2608	0.2871	0.2508	0.2697	0.2784	0.2872	0.2927	0.2873	0.2581
中国	2.3731	2.6565	2.9091	3.0448	3.2487	3.3412	3.6076	3.8063	3.8558	3.8847	4.0539
煤炭产量占全球比重											
印度尼西亚	3.8699	4.1515	4.4287	4.5008	5.3846	5.8162	7.0296	6.8047	7.0428	7.3372	7.2069
泰国	0.1484	0.1437	0.1378	0.1361	0.1526	0.1228	0.1206	0.1185	0.1010	0.1174	0.1088
越南	0.7207	0.6538	0.7244	0.6969	0.6750	0.6036	0.5780	0.5799	0.6033	0.5896	0.5652
中国	43.5835	43.7375	45.1050	46.2378	47.8896	47.9181	47.6162	46.9998	47.2696	46.1690	46.3620
日本	0.0242	0.0205	0.0205	0.0139	0.0181	0.0179	0.0176	0.0176	0.0155	0.0191	0.0212
韩国	0.0394	0.0381	0.0352	0.0278	0.0259	0.0256	0.0201	0.0202	0.0207	0.0218	0.0186
发电量占全球比重											
印度尼西亚	0.7103	0.7310	0.7734	0.7869	0.8235	0.8777	0.9217	0.9557	0.9634	0.9972	1.0191
马来西亚	0.5168	0.5231	0.5490	0.5566	0.5429	0.5578	0.5896	0.6004	0.6060	0.6390	0.6352
菲律宾	0.2973	0.2975	0.3053	0.3137	0.3107	0.3195	0.3210	0.3232	0.3392	0.3642	0.3695
新加坡	0.2050	0.2040	0.2062	0.2104	0.2066	0.2055	0.2046	0.2061	0.2071	0.2070	0.2051
泰国	0.7108	0.7114	0.7197	0.7304	0.6884	0.7406	0.7187	0.7266	0.7320	0.7208	0.6912
越南	0.3198	0.3474	0.3976	0.4250	0.4558	0.5044	0.5307	0.5907	0.6501	0.7004	0.7440
中国	16.3699	17.1051	18.3231	19.4979	21.1632	21.8563	23.1550	23.6199	23.9387	24.6015	25.4198
日本	5.8868	5.7919	5.4949	5.3574	4.9583	4.8506	4.6373	4.4429	4.2409	4.0204	3.9920
韩国	2.1221	2.1657	2.2315	2.2940	2.3242	2.3278	2.2901	2.2593	2.2553	2.2503	2.2375

资料来源：BP世界能源统计。

第五章　东盟与中日韩在世界制造业分工格局中的角色

邓　洲　黄娅娜

一　全球第二大经济贸易体与全球制造中心

东盟与中日韩地区是全球最大的经济贸易区域之一，如图 2-5-1 和图 2-5-2 所示，根据 2016 年的联合国贸易数据，全世界进出口贸易额约 15.6 万亿美元，其中欧盟 28 个国家的出口 5.2 万亿美元，进口 5.1 万亿美元，占比约 1/3；东盟与中日韩共同出口 4.4 万亿美元，进口 3.7 万亿

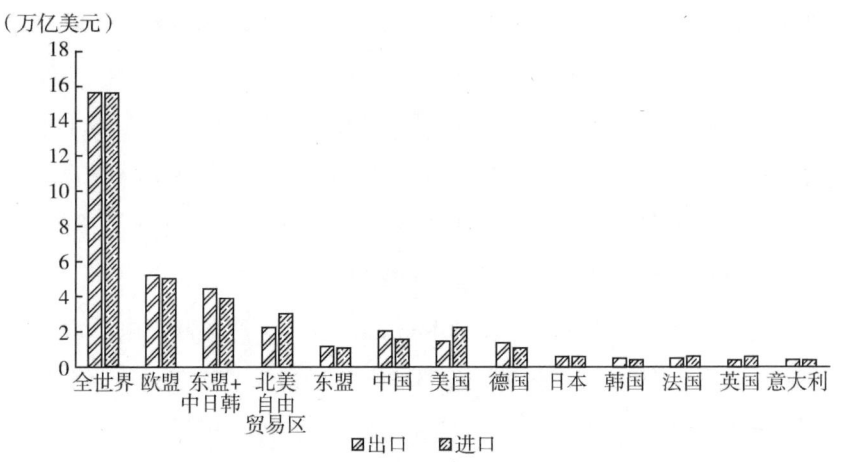

图 2-5-1　2016 年世界各经济区与主要国家进出口额

资料来源：联合国贸易数据库，由笔者绘制。

美元，占比26%，仅次于欧盟28国，超过北美自由贸易区，是全球第二大经济贸易体，而且主要是由发展中国家构成，具有较大的经济发展潜力与活力。如果排除中日韩三国，东盟十国出口1.2万亿美元，进口1.1万亿美元，贸易额位居北美自由贸易区之后。

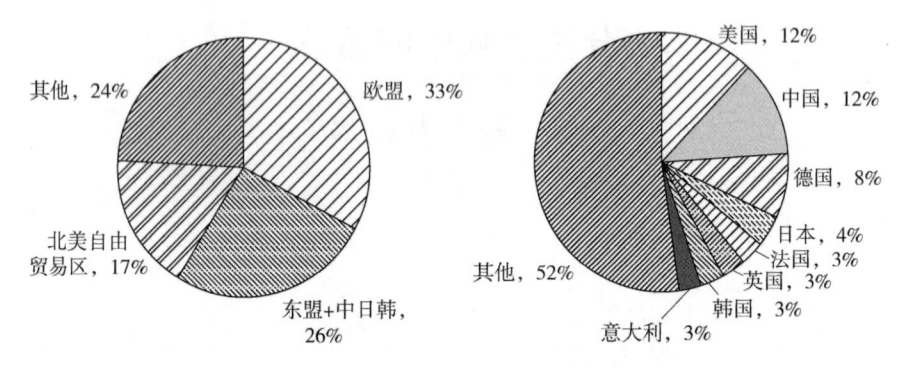

图2-5-2 2016年世界各经济区与主要国家进出口贸易总额占比

资料来源：联合国贸易数据库，由笔者绘制。

从国家层面来看，根据2016年世界各国进出口总额的排名，前八位国家分别是中国、美国、德国、日本、韩国、法国、英国、意大利。值得注意的是，在全球贸易排名前八位的国家中，中日韩三国均位列其中，可见东盟在亚洲范围内，紧邻三个国际贸易大国，对其产业引导带动发展具有重要的影响。

图2-5-3和图2-5-4分别展示了东盟与中日韩以及东盟单独进出口的细分产品的世界占比。由此可见，这几个亚洲国家在全球产业分工中的比较优势产业和角色定位。根据东盟与中日韩进出口合计占全球比重，出口占比由高到低分别是电子设备、纺织品家具、机械、金属材料、运输设备、化工塑料、陶瓷玻璃、食品木材、其他、矿产，其中电子设备和纺织品家具的出口全球占比分别高达53.3%和47.1%。也就是说，全世界约一半的电子设备和纺织品家具来自这一地区，此外全世界约1/3的机械和金属材料也来自东盟和中日韩。由此可见，东盟与中日韩地区是名副其实的全球制造中心。从进口占比来看，东盟与中日韩合计进口了全球1/3的

电子设备和矿产,电子设备的高进口和高出口体现了这一经济区域以电子设备的加工贸易为主,当然作为人口规模 22 亿,国土面积 1453 万平方千米的广阔地区,其资源和能源的消耗量也相对较大。从进出口的对比来看,除了矿产、食品木材的进口占比超过出口,其他产品均是出口占比超过进口。

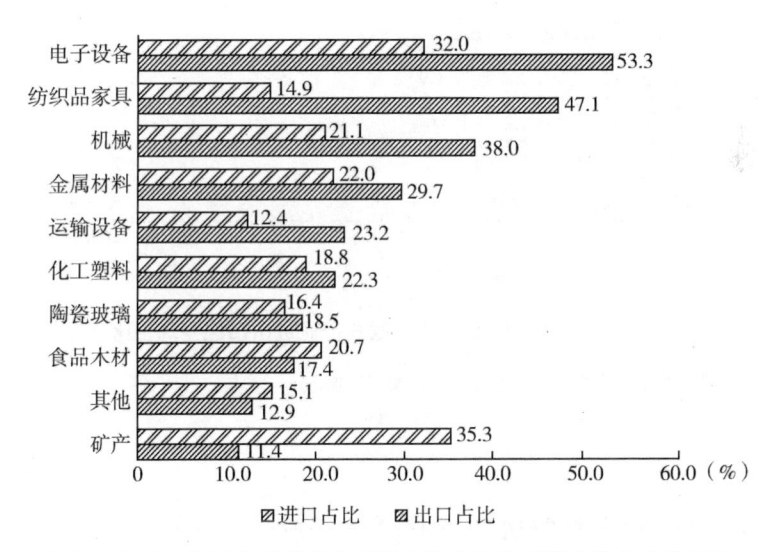

```
电子设备   32.0          53.3
纺织品家具  14.9          47.1
机械       21.1          38.0
金属材料    22.0  29.7
运输设备    12.4  23.2
化工塑料    18.8  22.3
陶瓷玻璃    16.4  18.5
食品木材    20.7  17.4
其他       15.1  12.9
矿产       11.4          35.3
```

进口占比　　出口占比

图 2-5-3　2016 年东盟与中日韩各行业进出口额合计占全球比重

资料来源:联合国贸易数据库,由笔者绘制。

在排除了中日韩三国后,东盟十国在全球贸易中的进出口占比均有大幅度的跌落,最大出口占比依然是电子设备,为 15.4%,这也是唯一占比超过 10% 的产业。与此同时,电子设备的进口占比也是最大的,为 9.9%,可见对于东盟十国来说,电子信息产业已经成为其支柱产业。从出口占比的排序来看,相比于中日韩,东盟各国的产业发展水平相对低端,因此机械、金属材料、运输设备等的出口较少,而受地处热带的地理位置影响,其食品木材的出口位列第三,占全球食品木材出口总量的 8.8%。此外,其矿产、金属材料、运输设备的进口占比超过出口。

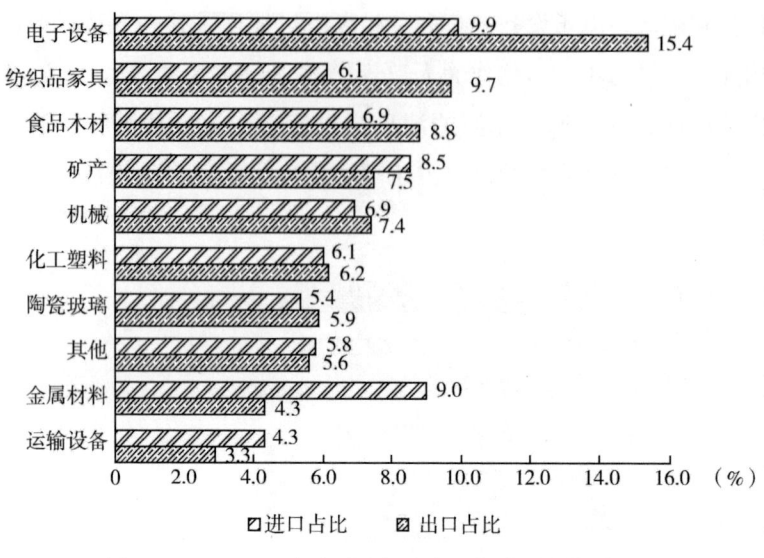

图 2-5-4　2016 年东盟十国各行业进出口额全球占比

行业	进口占比	出口占比
电子设备	9.9	15.4
纺织品家具	6.1	9.7
食品木材	6.9	8.8
矿产	8.5	7.5
机械	6.9	7.4
化工塑料	6.1	6.2
陶瓷玻璃	5.4	5.9
其他	5.8	5.6
金属材料	9.0	4.3
运输设备	4.3	3.3

资料来源：联合国贸易数据库，由笔者绘制。

二　东盟与中日韩国际贸易总体情况

进出口的总体情况是体现各个国家的国际贸易的最直观的指标，是其参与全球分工、与外界经济关联的重要体现。由图 2-5-5 可知，新加坡进出口贸易总额最高，出口 3380.82 亿美元，进口 2919.08 亿美元，其次是泰国、马来西亚、越南、印度尼西亚，进出口额度在 1000 亿—2000 亿美元，其他几个国家相对较小，尤其是文莱、老挝、缅甸、柬埔寨四国在国际贸易上的作用非常微弱。从贸易差额情况来看，新加坡、马来西亚、印度尼西亚、泰国均存在贸易顺差，其中新加坡的贸易顺差最大，达到 461 亿美元，菲律宾存在 296 亿美元的贸易逆差，越南进出口基本持平。

中日韩三国的进出口贸易额远高于东盟各国。图 2-5-6 比较了中日韩三国与东盟十国的整体贸易情况，从图中可见，2016 年东盟十国总出口 11482.14 亿美元，进口 10873.90 亿美元，中国 2016 年出口 20976.37 亿美

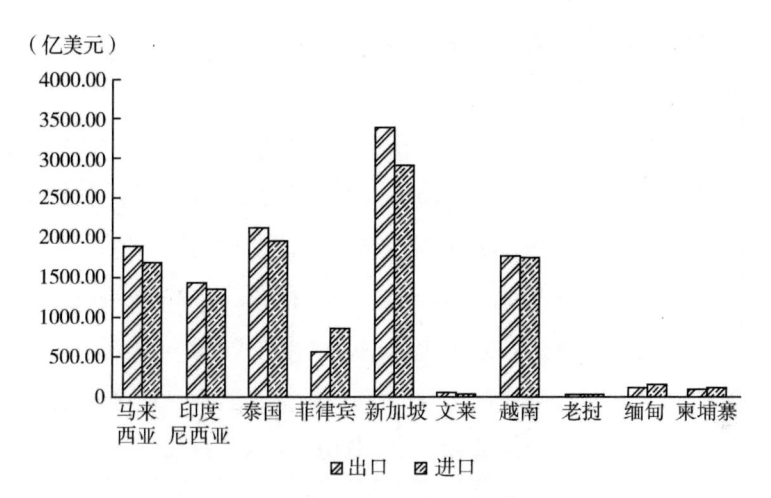

图 2-5-5　2016 年东盟各国进出口贸易额度

资料来源：联合国贸易数据库，由笔者绘制。

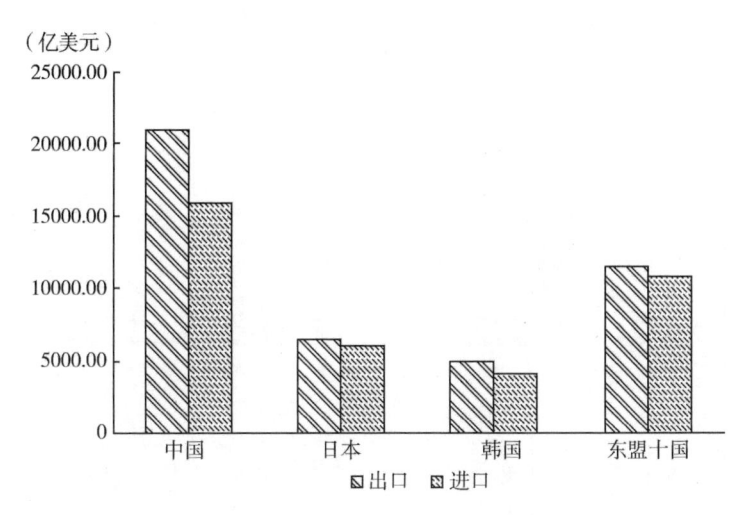

图 2-5-6　2016 年中日韩与东盟十国进出口贸易额度

资料来源：联合国贸易数据库，由笔者绘制。

元，进口 15879.21 亿美元，分别是东盟十国总和的 1.8 倍和 1.5 倍，并且国际贸易顺差高达 5097 亿美元，是东盟十国贸易顺差总额的 8.4 倍。日本的进出口贸易额为 6000 亿—6500 亿美元，约占中国的 1/3、东盟十国总和的 1/2。韩国的进出口贸易额为 4000 亿—5000 亿美元，约占中国的 1/4、东盟十国总和的 40%。

图 2-5-7 展示了东盟各国进出口额的跨期变化，在东盟国家中，新加坡的进出口总额一直处于领先地位，并且在 2003 年之后，与其他几国的差距明显拉大。接下来是马来西亚、泰国和印度尼西亚，这三个国家的进出口发展趋势类似，基本呈同步的平行上升态势，在 2008—2009 年国际金融危机中均有明显下降。在东盟十国中，越南在 2000 年之后，进出口贸易的发展势头非常猛，从垫底的国家开始一路快速增长，在金融危机中也并没有明显受影响，先后超越菲律宾、印度尼西亚，目前在东盟十国中，出口总和排名第四，进口总额排名第三。近年来，不少学者开始关注越南经济的高速增长状态，认为其经济发展状态类似于十多年前的中国，经济特征包括：大量外资涌入流向制造业和房地产业，就业市场逐步转向工业和服务业，贸易结构从农产品转向工业品，出口产品主要以手机、电子产品和服装为主，还出现不少高端工业品等。

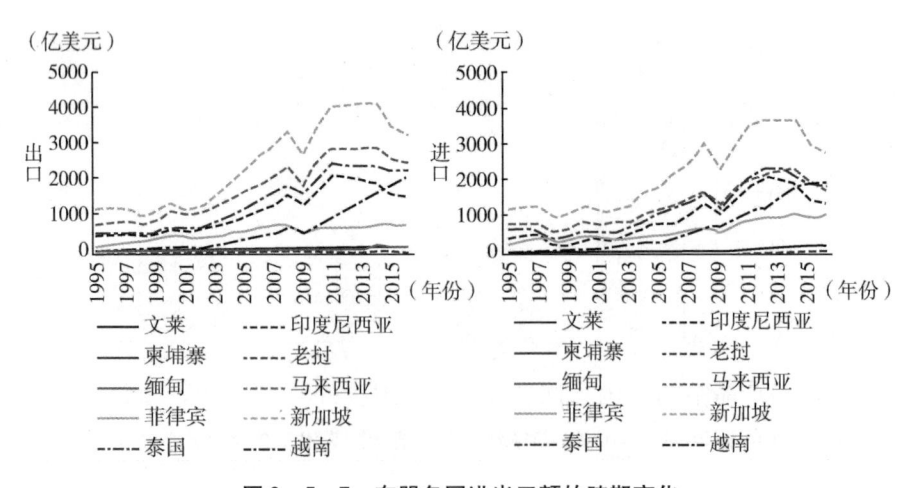

图 2-5-7 东盟各国进出口额的跨期变化

资料来源：联合国贸易数据库，由笔者绘制。

将东盟十国作为一个整体，与中日韩三国相比较，从跨期变化趋势来看，中国在 20 世纪 90 年代时还落后于日本和东盟十国，在 2001 年之后迅速崛起，虽然受2008—2009年金融危机的影响，进出口贸易均有所下降，但在2009年触底后，迅速反弹。2014年之后，随着经济进入"新常态"，增速有一定的下滑，但整体来看，依然处于第一的位置，出口贸易总额遥遥领先。日韩的进出口一直处于比较平稳的增长态势。近年来，两国的进出口贸易额的差距有所减少。东盟十国整体来看与中国相似，在2001年之后进出口贸易的增幅明显，不过增长速度上还是略逊于中国（见图2-5-8）。

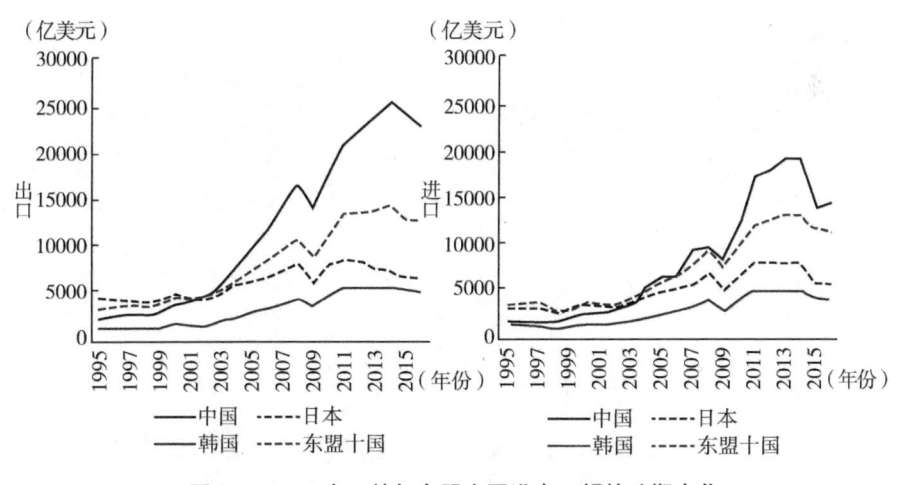

图2-5-8 中日韩与东盟十国进出口额的跨期变化

资料来源：联合国贸易数据库，由笔者绘制。

三 东盟与中日韩国际贸易产品结构

进出口产品结构是国家间产业的比较优势的集中体现，结合各国国情，通过进出口产品结构可以了解各国的产业特征及其在世界产业分工格局中的角色。图2-5-9、表2-5-1和表2-5-2从细分行业情况来看东盟与中日韩的进出口贸易情况。在东盟十国的主要出口产品中，电子设备遥遥领先，2016年电子设备出口3772.5亿美元，占出口总额的29%，其次是机械（15%）、食品木材（13%）、化工塑料（10%）、矿产（10%）。东盟十国的进口产品结构与出口产品基本完全匹配，电子设备依然领先

（21%），其次是机械（16%）、矿产（13%）、化工塑料（12%）、食品木材（11%）。从东盟十国相互对应的进出口产品结构来看，很明显的是，这些占比较大的产业为主导产业，并且从全球分工来看，主要还是利用廉价劳动力的比较优势，发展中低端的装配产业，不存在明显的竞争性优势产业。

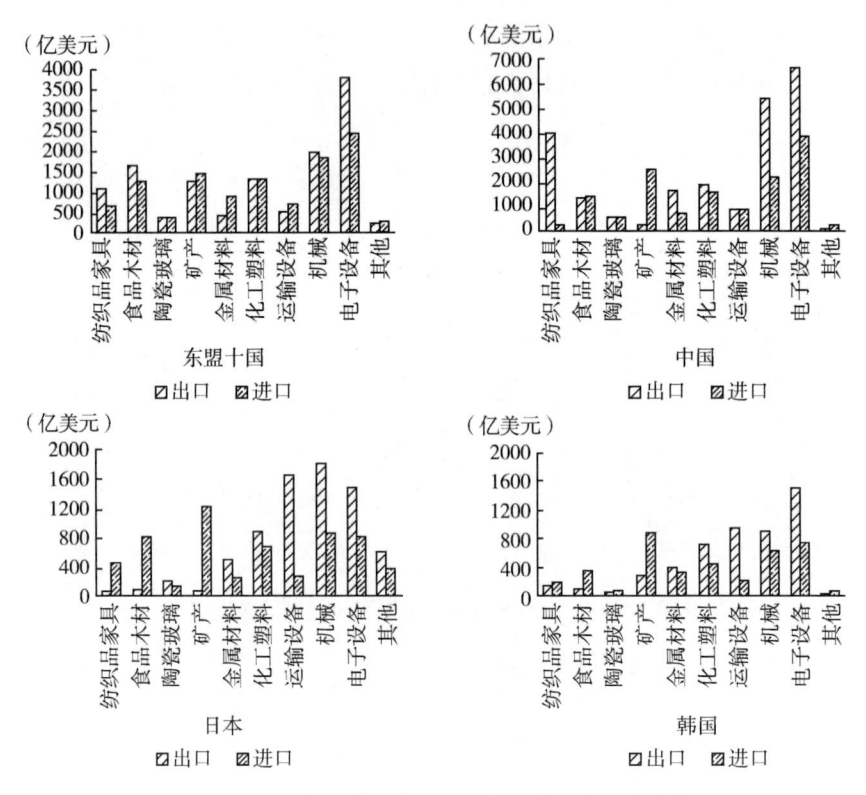

图 2-5-9 中日韩与东盟十国各行业进出口贸易额

资料来源：联合国贸易数据库，由笔者绘制。

表 2-5-1　　　　　2016 年东盟十国与中日韩进出口贸易额　　　　单位：亿美元

行业类别	东盟十国 出口	东盟十国 进口	中国 出口	中国 进口	日本 出口	日本 进口	韩国 出口	韩国 进口
纺织品家具	1108.9	700.3	4013.2	337.7	100.3	464.1	159.1	202.8
食品木材	1672.1	1303.1	1384.7	1440.4	122.2	819.9	120.6	357.2
陶瓷玻璃	435.4	396.9	640.1	585.6	217.8	146.6	71.7	83.3

续表

行业类别	东盟十国 出口	东盟十国 进口	中国 出口	中国 进口	日本 出口	日本 进口	韩国 出口	韩国 进口
矿产	1294.7	1474.7	286.9	2520.4	100.6	1221.0	285.1	880.3
金属材料	444.3	924.0	1666.5	736.1	525.4	272.6	415.1	327.9
化工塑料	1348.8	1322.9	1911.5	1653.0	890.0	684.8	728.5	450.5
运输设备	580.4	755.7	905.0	937.3	1664.5	294.8	958.7	214.2
机械	1981.5	1856.9	5422.7	2277.0	1820.4	867.0	918.9	631.2
电子设备	3772.5	2433.8	6625.2	3869.8	1169.2	818.3	1508.2	743.7
其他	299.6	309.6	127.1	285.8	245.5	119.9	19.7	94.1
总和	12938.1	11477.8	22982.8	14643.3	6855.8	5708.9	5185.5	3985.4

资料来源：联合国贸易数据库，由笔者统计。

表2-5-2　　2016年东盟十国与中日韩进出口贸易结构占比　　单位：%

行业类别	东盟十国 出口	东盟十国 进口	中国 出口	中国 进口	日本 出口	日本 进口	韩国 出口	韩国 进口
纺织品家具	9	6	17	2	1	8	3	5
食品木材	13	11	6	10	2	14	2	9
陶瓷玻璃	3	3	3	4	3	3	1	2
矿产	10	13	1	17	1	21	5	22
金属材料	3	8	7	5	8	5	8	8
化工塑料	10	12	8	11	13	12	14	11
运输设备	4	7	4	6	24	5	18	5
机械	15	16	24	16	27	15	18	16
电子设备	29	21	29	26	17	14	29	19
其他	2	3	1	2	4	2	0	2

资料来源：联合国贸易数据库，由笔者统计。

中国出口占比最高的也是电子设备，2016年电子设备出口6625.2亿美元，占本国出口总额的29%。与此同时，机械、纺织品家具也相对领先，机械设备出口5422.7亿美元，占本国出口总额的24%，纺织品家具出口4013.2亿美元，占本国出口总额的17%。中国进口产品较多的是电子设备（26%）、矿产（17%）、机械（16%）、化工塑料（11%）等。相比于东盟十国，共同点在于均以电子设备的出口为主，不同点在于中国对于矿产和化工塑料的原材料进口较多，说明产业结构更为复杂，同时存在其他技术和资本上的优势产业，产业结构上优于东盟，但相比于日韩，在产业高端化上还是比较落后。

  日本作为发达国家，产业发展相对成熟，发展水平较高，机械、运输设备、电子设备等为其主导出口产品，在本国出口总额中占比分别为27%、24%、17%，且这几类产品存在非常明显的贸易顺差，是主要的创汇来源。其中，机械、运输设备、电子设备共获取贸易顺差2674亿美元，进口的主要是工业原材料和初级加工产品，包括矿产（21%）、食品木材（14%）、机械（15%）、电子设备（14%）、化工塑料（12%）。从进出口产品结构对比来看，日本的经济安全性较高，在哈佛大学的 Atlas 国际发展中心根据各国进出口的产品贸易额构造的经济复杂指数（Economic Complexity Index）排名中，日本一直位于世界第一，可见其经济实力雄厚，经济安全性较高。

  韩国的工业发展水平也较高，出口较多的为电子设备（29%）、运输设备（18%）、机械（18%）、化工塑料（14%），进口最多的为矿产（22%）、电子设备（19%）、机械（16%）、化工塑料（11%）。从其产品的进出口结构的对比来看，韩国的产业发展水平介于中国和日本之间。

  从1995—2016年进出口产品结构的跨期变化来看，东盟十国进口和出口增长较快的产品包括电子设备、矿产、机械、食品木材、化工塑料。2008—2009年的金融危机对东盟各国的产业发展有较大冲击，但恢复也较为明显，随后经历了若干年的快速发展，但是自2014年以来，除了电子设备，其他大部分产业的国际贸易发展较为平缓，甚至出现下滑趋势，例如矿产的进出口有明显下跌，而机械、化工塑料、纺织品家具、运输设备的进出口贸易总额近年来一直没有明显的增长，甚至有下跌趋势（见图2-5-10和图2-5-11）。

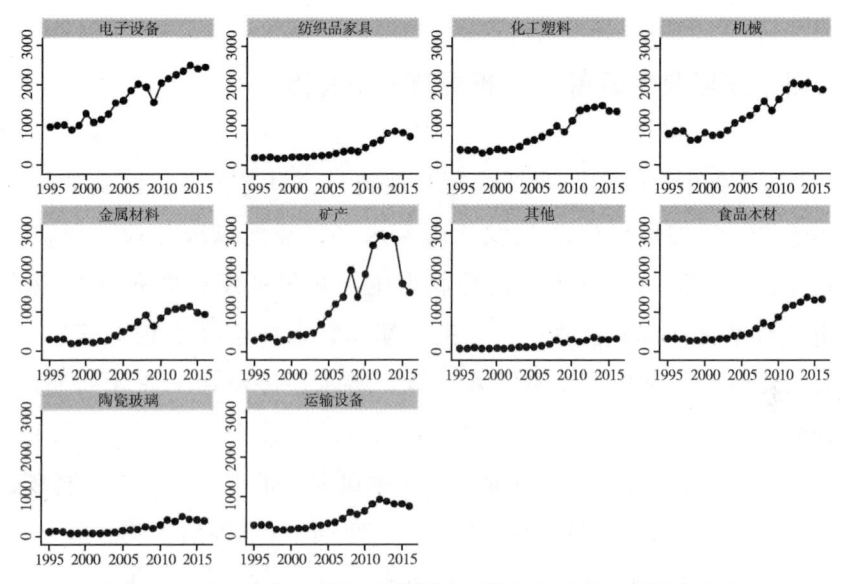

图 2-5-10　1995—2016 年东盟十国细分行业进口额跨期变化

注：横轴为年份，纵轴单位为亿美元。

资料来源：联合国贸易数据库，由笔者统计。

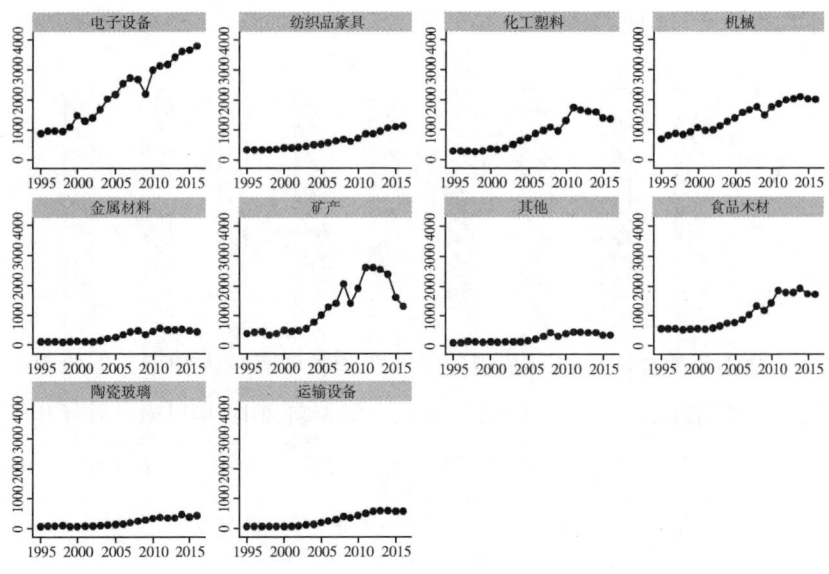

图 2-5-11　1995—2016 年东盟十国细分行业出口额跨期变化

注：横轴为年份，纵轴单位为亿美元。

资料来源：联合国贸易数据库，由笔者统计。

四 东盟与中日韩产业布局与分工特点

东盟十国中，各国产业结构有共性特点，也有各自相区别的特征。总体来说，新加坡已经达到发达国家水平，经济以服务业、金融业、科技业、航运业、物流业、旅游业为主，并积极发展高科技和教育；越南、菲律宾、印度尼西亚、老挝、缅甸、柬埔寨经济相对落后，经济偏重旅游业、基础制造业、农渔业，基本还停留在工业化初期或者中期阶段。

首先，东南亚地处热带，属于热带季风和热带雨林气候，高温多雨，适宜发展农业，因而长期以来，农业是东盟各国（除新加坡）的最大产业部门，农业人口占比较高。不过，随着东盟国家工业化的迅速发展，近十几年来农业就业人口比例明显下降，如图2-5-12所示，当前农业占比较高的越南、泰国、印度尼西亚，2017年的农业人口占比分别为40.9%、32.8%和31.2%，而早在1980年这三个国家的农业人口占比分别为51.8%、

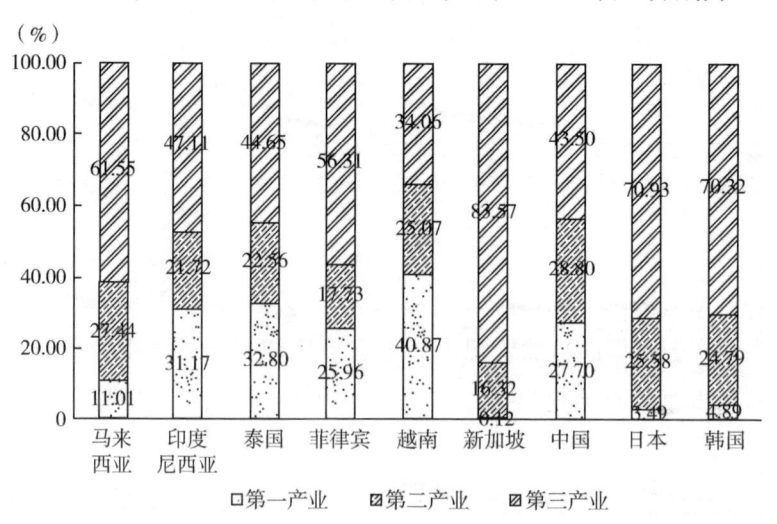

图2-5-12 2017年东盟主要国家与中日韩三次产业就业人口占比

资料来源：中国数据来自国家统计局2016年统计数据，其他数据来自世界银行2017年统计数据，由笔者整理。

70.8%、56.4%。不过，相对来说，东盟的农业依然在世界上占有重要地位，是世界粮食作物和经济作物的主要产地和出口国。泰国和越南是世界前五的大米出口国，2017年大米出口规模分别约为1148万吨和600万吨，总价值分别达到51亿美元和26.6亿美元。在经济作物生产领域，橡胶、棕榈油、玉米、甘蔗、咖啡、椰子和木薯等是各国种植的主要经济作物。泰国、印度尼西亚和马来西亚是世界上主要的天然橡胶的生产与出口国，橡胶产量约占世界总产量的1/3。同时，印度尼西亚、马来西亚、泰国是世界上主要的棕榈油生产与出口国，2008年印度尼西亚棕榈油产量首次超过马来西亚成为全球最大的棕榈油生产与出口国，三国的棕榈油产量和出口量占全球总量的80%。

其次，第二次世界大战后东盟各国相继独立，随着东亚以及其他发达国家的产业转移，逐步开始工业化，利用廉价劳动力优势大力发展劳动密集型的出口导向型加工工业，经济向着现代化的方向发展。从制造业结构来看，目前主要是电子、矿产、机械、食品、纺织、化工、汽车制造等成为东盟国家发展的主要动力。表2-5-3展示了2016年东盟十国占比最大的进出口产品，大致可分为以下几类：第一类是马来西亚、菲律宾、新加坡、越南四个国家，这些国家排名第一的出口产品和进口产品均为电子设备，出口占比均超过30%，马来西亚的占比最高，达到43%，可见这些国家的支柱产业为电子信息产业。第二类是文莱、老挝、缅甸，这三个国家出口最多的均为矿产，其中文莱的出口产品中92%为矿产，可见矿产是其占绝对地位的创汇渠道，老挝和缅甸的矿产进口占比均为34%。实际上，东盟各国的自然资源十分丰富，比如印度尼西亚的石油资源丰富，其是重要的石油出口国，马来西亚和文莱也有较多的石油；泰国、马来西亚、印度尼西亚的锡矿在世界上占有重要的地位。第三类是各具特色的印度尼西亚、泰国、柬埔寨，作为亚洲"四小虎"之一的印度尼西亚，其第一出口产品为食品木材，出口占比为28%，进口占比为机械，占比19%；泰国出口产品中22%为机械，进口产品中18%为电子设备，分别为其最大的出口和进口产品；柬埔寨出口产品中71%为纺织品家具，而进口占比最大的也是纺织品家具。

表 2 - 5 - 3　2016 年东盟十国第一出口产品和第一进口产品及其占比　　单位：%

国家	第一出口产品	占比	第一进口产品	占比
马来西亚	电子设备	43	电子设备	27
印度尼西亚	食品木材	28	机械	19
泰国	机械	22	电子设备	18
菲律宾	电子设备	48	电子设备	21
新加坡	电子设备	33	电子设备	25
文莱	矿产	92	机械	18
越南	电子设备	35	电子设备	24
老挝	矿产	34	食品木材	18
缅甸	矿产	34	食品木材	20
柬埔寨	纺织品家具	71	纺织品家具	28

资料来源：联合国贸易数据库，由笔者整理。

最后，由于全球超过一半的电子设备由东盟与中日韩（"10+3"）生产和出口，我们以电子设备的出口数据为例，了解"10+3"主要国家在产业上的分工情况。根据联合国贸易数据，2016 年，中国电子设备的出口额为 6630 亿美元，位居世界第一；韩国、日本、马来西亚均超过 1000 亿美元，越南为 740 亿美元，菲律宾为 363 亿美元。电子设备是马来西亚、越南、菲律宾的主要出口产品，在本国产品的总出口中，占比分别达到 43%、35% 和 48%。由于工业化的发展水平和相对比较优势的差异，可以发现这些国家在出口产品的细分结构上还是存在一些差别。例如，中国和韩国的手机出口占比分别达到 16% 和 11%，这也与当前的全球智能手机市场情况相对应，一是苹果手机大部分在中国组装生产，二是韩国三星手机，以及中国华为、小米、OPPO 等手机发展势头良好，在全球市场中占有较大比例。日本的电子设备虽然不是其出口最大的行业，但是其出口的电子设备的元器件相对高端，例如 1 千伏以下的电路保护器出口在电子设备出口中排名第三，占比 8%。对于东南亚几个国家，马来西亚电子设备出口中，排名前三的分别为电子集成电路（56%）、半导体器件（11%）、手机（10%）；越南电子设备出口中，排名前三的分别为无线电、电话和电视传输设备（44%）、电子集成电路（16%）、手机（13%）；菲律宾电子设备出口中，排名前三的分别为电子集成电路（58%）、半导体器件（10%）、绝缘电线（6%）。东盟三国的产品结构体现了两个特点：一是产品类别的集中度非常高，第一大产品占比约为50%，三大产品总占比约为2/3；二是产品相对技术含量较低，如菲律宾有6%的出口设备为绝缘电线（见表2-5-4）。

表2-5-4　　2016年各国电子设备行业主要出口产品及其占比

国家	行业出口额（亿美元）	产品1 名称	占比（%）	产品2 名称	占比（%）	产品3 名称	占比（%）	总占比（%）
中国	6630	无线电、电话和电视传输装置	22	手机	16	电子集成电路	10	48
韩国	1510	电子集成电路	46	手机	11	无线电、电话和电视传输装置	6	63
日本	1170	电子集成电路	27	半导体器件	9	1千伏以下电路保护器	8	44
马来西亚	1070	电子集成电路	56	半导体器件	11	手机	10	77
越南	740	无线电、电话和电视传输装置	44	电子集成电路	16	手机	13	73
菲律宾	363	电子集成电路	58	半导体器件	10	绝缘电线	6	74

资料来源：联合国贸易数据库，由笔者统计。

总的来说，东盟与中日韩制造业产业分工合作满足赤松要的"雁行形态论"，日本起到"雁行"结构的"领头雁"的角色，韩国约在"脖颈"的位置，中国可以看作处于"尾翼的上部"，而东南亚各国处于"尾翼的底部"。并且随着产业分工越来越细化和深入，产业内的分工和产品内的分工已经成为主流，由跨国公司全球采购建立起来的生产网络已经成为产业分工的主流。这也意味着，各国产业分工的专业化程度和标准化水平越来越高，但与此同时，大型的具有较高技术研发能力的跨国企业处于主导地位，作为"世界工厂"的东盟各国在技术追赶和产业升级中须越发努力。

综上所述，从全球范围来看，东盟和中日韩共同组成全球第二大经济贸易体，全世界约一半的电子设备和纺织品家具、1/3 的机械和金属材料来自这一地区，是名副其实的全球制造中心。联合国贸易数据库的各国进出口数据显示，东盟十国中新加坡的进出口贸易总额最高，其次是泰国、马来西亚、越南、印度尼西亚，中日韩三国的进出口贸易额远高于东盟各国，单就中国而言，其 2016 年的出口额是东盟十国总和的 1.8 倍，进口额是东盟十国总和的 1.5 倍。从跨期趋势来看，除了金融危机导致的波动，东盟各国的进出口贸易一直处于较为平稳的增长态势，其中越南的表现尤佳。从进出口产品结构来看，东盟十国最主要的进出口产品为电子设备，在全球制造的分工格局中主要利用廉价劳动力的比较优势，发展中低端的装配产业；中国的进出口产品结构与东盟类似，但产业结构相对齐全，有一定的优势产业；日本的机械、运输设备、电子设备等为其主导出口产品，充分体现了其产业发展水平较高、经济复杂度和安全性较高。东盟十国中，各国产业结构有共性特点，也有各自相区别的特征，除了新加坡之外，东盟各国经济相对落后，主要依赖旅游业、基础制造业、农渔业，基本还停留在工业化初期或者中期阶段。从亚洲国家区域内的产业合作来看，表现为"日本引领—中韩追随—带动东盟共同发展"的态势。

参考文献

《现在越南经济发展有多快？差不多像 10 多年前的中国》，http：//mini.eastday.com/mobile/170412112452363.html，2017 年。

第六章 东盟与中日韩产业关联分析

邓 洲 黄娅娜

东盟十国与中日韩三国有着相近的地理区位和文化传统，对于东盟十国来说，中日韩既是产业配套和技术转移的源头，又为其提供了广阔的产品需求市场，总体来看，东盟与中日韩合计拥有 22 亿消费者，其彼此间的进出口贸易总量占全球贸易超过 1/4，仅次于欧盟，是全球第二大经济贸易区，彼此间有着密切的经济联系和产业关联。

一 产业关联的相关理论

产业关联理论为现实中的产业关联分析提供了框架和思路。从产业经济学和国际贸易的研究来看，与产业关联相关的理论主要包括产业结构理论、产业关联理论、产业分工理论和国际生产网络理论，其发展脉络和主要理论大致如图 2-6-1 所示。产业结构理论启蒙于 20 世纪 30 年代，是古典经济学家对于经济结构与发展规律的最初步的观察与总结，主要探讨了产业结构的初步划分、劳动力在不同部门间的转移、国家产业发展规律、进出口的演进等。40 年代，里昂惕夫的投入产出理论对于产业关联的分析具有开创性的意义，其通过投入产出表和投入产出模型，定量地分析产业部门之间的供给与需求关系，更为直观地展现产业间的消耗关系和分配关系。亚当·斯密确立了产业分工理论在经济学中的基础地位，自此产业分工一直是经济学界广泛研究和探讨的问题之一。随着国际分工体系的不断深化，贸易自由化、全球经济一体化不断加快，产业分工从产业间分工、产业内分工，再到产品内分工，呈现不断细化和深入的特点。产业分工理论也从早期的产业间分工的绝对优势理论、比较优势理论、要素禀赋理论，发展至产业内分工的规模经济理论、产品生命周期理论、需求偏好相似理论，甚至随着产品内分工和"全球共享生产"的兴起，一系列新分工理论正在兴起，最具有代表性的是国际生产网络理论。从宏观层面来看，国际生产网络涉及全球商品链与全球价值链分工体系，从微观层面来看，"旗舰"式的跨国公司是国际生产网络的主导者。

产业结构理论	产业关联理论	产业分工理论	国际生产网络理论
·克拉克定理 ·库兹涅茨法则 ·钱纳里标准结构 ·霍夫曼经验定理 ·雁行形态理论	·魁奈一般均衡 ·里昂惕夫投入产出理论	·绝对优势理论 ·比较优势理论 ·要素禀赋理论 ·规模经济理论 ·产品生命周期理论 ·需求偏好相似理论 ·分散化生产	·全球商品链与全球价值链理论 ·"旗舰"式国际生产网络理论

图 2-6-1　产业关联相关理论

资料来源：根据相关文献，由笔者整理。

总体来说，与产业关联相关的经济学理论已经非常丰富，并且随着现实经济的发展，理论处于不断的发展、创新和完善之中。产业结构理论奠定了产业关联分析的基础，但对于现实经济的解释力已经较为久远，尤其是产业结构理论大部分产生于第二次工业革命时期，当时的工业化与国际贸易水平相对较低。产业关联的投入产出理论非常具有开拓性，随着数据可得性的提高和计算机技术的运用，世界上有近百个国家编制了投入产出表，该理论体系迅速发展并得到了广泛应用。投入产出表为研究产业结构，尤其为制定和检查国民经济计划、研究价格决策提供依据，是国家进行政策分析的重要参考。然而，投入产出分析对数据有着较高的要求，因此目前投入产出表的统计频率并不高,世界上根据国际产业关联理论定期推出的国家间投入产出表主要有《欧盟国家间投入产出表》和《亚洲国际投入产出表》,每五年为间隔。产业分工理论的发展已经非常丰富,是当前国际分工与贸易的主要依据,比较优势理论、要素禀赋理论、规模经济、产品生命周期等对于当前的国际分工格局依然具有解释力。与此同时,20世纪90年代以来的国际生产网络理论对于当前的产业分工也有一定的补充,但这一方面的理论还并不完善。

二 东盟与中日韩国家之间的产业转移

从历史层面来说,日本产业转移导致的周边国家产业结构的整体演进,是东盟与中日韩产业关联的最根本背景。东盟主要国家(马来西亚、印度尼西亚、菲律宾、新加坡、泰国)的工业化过程经历了多次进口替代战略和出口导向战略的交替,国内外形势的变化对东南亚地区的产业发展带来诸多影响。20世纪80年代以来,日本和亚洲"四小龙"的产业转移、90年代中期的亚洲金融危机、2008年国际金融危机、欧美国家的"制造业回归"战略、中国的代工制造业低成本优势日渐式微等国内外经济发展趋势对东盟各国的产业分工格局均产生较大影响。

20世纪50—60年代,东盟主要国家的工业化刚起步,以发展轻纺工业为主,建立和发展本国的日用消费品制造工业,各国实施进口替代战略,普遍实施高关税保护、进口限制和高汇率等政策,以保护国内的幼小工业。

自20世纪60年代末起,随着日本自身产业升级及工业现代化进程的推进,日本以领导者的身份影响并带动了东亚其他国家和地区的产业升级及工业化、现代化进程,东亚各国经济纷纷掀起了工业化浪潮,经济高速增长在东亚各个经济体之间传递,整个东亚呈现"雁行"发展模式,创造了举世瞩目的"东亚奇迹"。在东盟各国中,以新加坡为首,率先实施出口导向的工业化战略,利用廉价劳动力优势,以加工、装配和其他中间产品的生产为起点建立劳动密集型出口工业部门，政府采取降低保护关税、调整汇率政策、提供出口奖励、鼓励外国投资、设立出口加工区等措施。这一时期新加坡经济迅速起飞，成为世界上重要的制造业生产和出口基地，并跻身亚洲新兴工业化国家的行列。

从20世纪70年代末开始，由于初级产品出口价格下跌、外部汇率上升，官方资本流入减少，东盟主要国家面临严重的贸易收支不平衡问题，促使政府转向进口替代的工业化战略，着力发展耐用品消费工业、基础工业、重化工业。例如，1980年马来西亚设立国有重工业公司，发展部分重化工业；1983年菲律宾重点实施11项重工业建设项目；1984年印度尼西亚提出将基础工业、金属工业和机械工业列为优先发展的产业部门。然而，由于各国本身缺乏发展基础工业和重化工业的资本与技术条件，在80年代初不利的国际经济形势下，各国试图承接产业国际转移并不理想。到80年代中后期，各国经济普遍陷入严重的经济衰退中，不得不放弃或者推迟重化工业项目。

从20世纪80年代中期开始，日本和亚洲"四小龙"受本国生产成本提高的影响，逐渐将资本和技术密集型工业转移到东南亚各国，使东南亚国家工业化获得了新的机遇，各国政府也积极出台免税政策，促使东南亚地区成为发展中国家和地区中最具吸引力的投资地，并且在此次产业转移中，逐步提高出口产品的附加值和技术含量。标志性事件是1985年日本"广场协议"签订，之后日元升值使日本企业的生产成本上升，日本企业逐渐将生产工厂迁移到制造成本较低的国家，开始是韩国、中国台湾、新加坡，之后是马来西亚、泰国、印度尼西亚和菲律宾等国，依次促进了亚洲"四小龙"和亚洲"四小虎"的经济突飞猛进。在这个机遇期，越来越多的复杂的生产环节和整体供应链管理已经逐渐在东南亚国家升级，并且垂直型产业内贸易大幅增加。同时，劳动力成本相对较高的新加坡则成为地区原创设计、模具制造和总部服务中心。90年代后，东南亚原本小作坊式的企业已经成为原始设备制造商（OEM），拥有自己的研发和设计能力。此时，东盟国家的制造业已经不再是简单承接发达国家的加工贸易订单，而是成为"亚洲工厂"。

20世纪90年代中期,亚洲金融危机爆发,各国累计资本迅速抽逃,东南亚区域内分工体系出现了显著变化,由产业间分工逐步转向产业内分工和产品内分工。东盟各国的工业化进程有所减缓,各国政府开始实施经济转型和产业升级计划,加快国内重点产业和基础设施的建设,如印度尼西亚提出经济发展总体规划(MP3EI)与产业调整振兴方案,马来西亚实施经济转型计划(ETP),新加坡提出未来十年七大经济发展战略,越南出台经济振兴总蓝图。同时,各国在鼓励与支持传统产业结构调整和技术改造的同时,重视培育和扶持新兴产业的发展,如印度尼西亚的创意经济、绿色能源和再生能源,新加坡的生物医药、航天产业,泰国的汽车工业等。

进入21世纪以来,随着贸易自由化的进一步加强,产业分工逐渐形成产业链垂直与水平分工的区域生产网络下的生产工序或生产环节的转移,即形成一种全球生产网络的商品链。美国、欧洲、日本等发达国家和地区通过跨太平洋伙伴关系协议(TPP)、跨大西洋贸易和投资协议(TTIP)等跨区域自由贸易协定谈判,强力推动区域经济一体化进程,以应对新兴经济体快速崛起带来的挑战。在此基础上,东南亚各国也积极谋求区域内双边自由贸易的签署,东南亚地区的自由贸易区建设进入高速发展阶段,市场引导型区域经济一体化取得了实质性进展,区域内的产业分工格局形成新型的生产分工和贸易体系,朝着比较优势的资源分配布局方向发展。

中国与东盟各国的工业化进程基本同时起步,但相比而言,中国早期工业化时期的基础工业和重化工业的发展奠定了较好基础,建立了完整的工业体系,在改革开放以后,逐步承接外来技术和资本转移,尤其是90年代发展社会主义市场经济,2000年加入WTO,逐渐融入世界分工体系,"中国制造"风靡全球。相比于东盟各国,中国在承接产业转移和参与国际分工时更有优势,具有更为庞大的廉价劳动力、更为广阔的国内市场,政局稳定,经济安全性相对较高,并且有着更多的政府配套政策扶持。在这些得天独厚的有利条件下,中国经济自20世纪90年代以来出现了持续的高速增长,并且凭借廉价的劳动力和全套型的产业结构,快速融入东亚区域甚至全球的生产分工。应当说,中国的发展与东盟各国主要是竞争关系,因为两者存在相似的产业结构和比较优势,但与此同时,必须指出的是,中国广阔的市场又为东盟各国的经济发展提供了机遇,并且随着中国经济的逐步发展,要素成本攀升和国际产业分工调整,东部沿海地区的部分企业已开始逐渐转移至东南亚国家。例如,机电产品商会2017年的监测数据显示,27类机电商品中有23类出口均出现下降,东盟各国更为低廉的替代品不断涌现。

三 东盟与中日韩国家之间的贸易关系

贸易伙伴关系是产业关联的最直接表现,中国作为快速发展的超级大国,已经成为东盟最大贸易合作伙伴,而东盟也是中国第三大贸易合作伙伴。双方的贸易额从1990年的70.5亿美元增长至2017年的5148亿美元,27年间增长了约73倍。日本长期以来一直是"东亚奇迹"中"雁行"产业转移的"领头雁"的角色,它与东盟的产业关联更多地体现在产业转移和外商直接投资上,当然为了东盟构成了其高端产业发展相配套的中低端产品供应链。作为亚洲"四小龙"之一的韩国,目前已经是新兴的工业化国家,工业增加值居世界第八位,与东盟国家的相互贸易也主要作为网络化产业分工的环节配套。当然,东亚的中日韩作为世界上经济活力最强的地区,三国彼此间的贸易还是非常密切的。从2016年的进出口贸易额来看,中国从韩国、日本、东盟十国的进口额分别为1347.63亿美元、1260.26亿美元、1945.49亿美元;中国向韩国、日本、东盟十国的出口额分别为883.57亿美元、1380.42亿美元、2466.28亿美元。将东盟十国作为一个整体,中国对日韩的贸易额低于东盟。从东盟的角度来说,中日韩是东盟最大的贸易合作伙伴。

中日韩三国在东盟主要国家间的贸易伙伴关系也存在明显的跨期变化。图2-6-2和图2-6-3分别展示了东盟主要国家对中日韩贸易出口

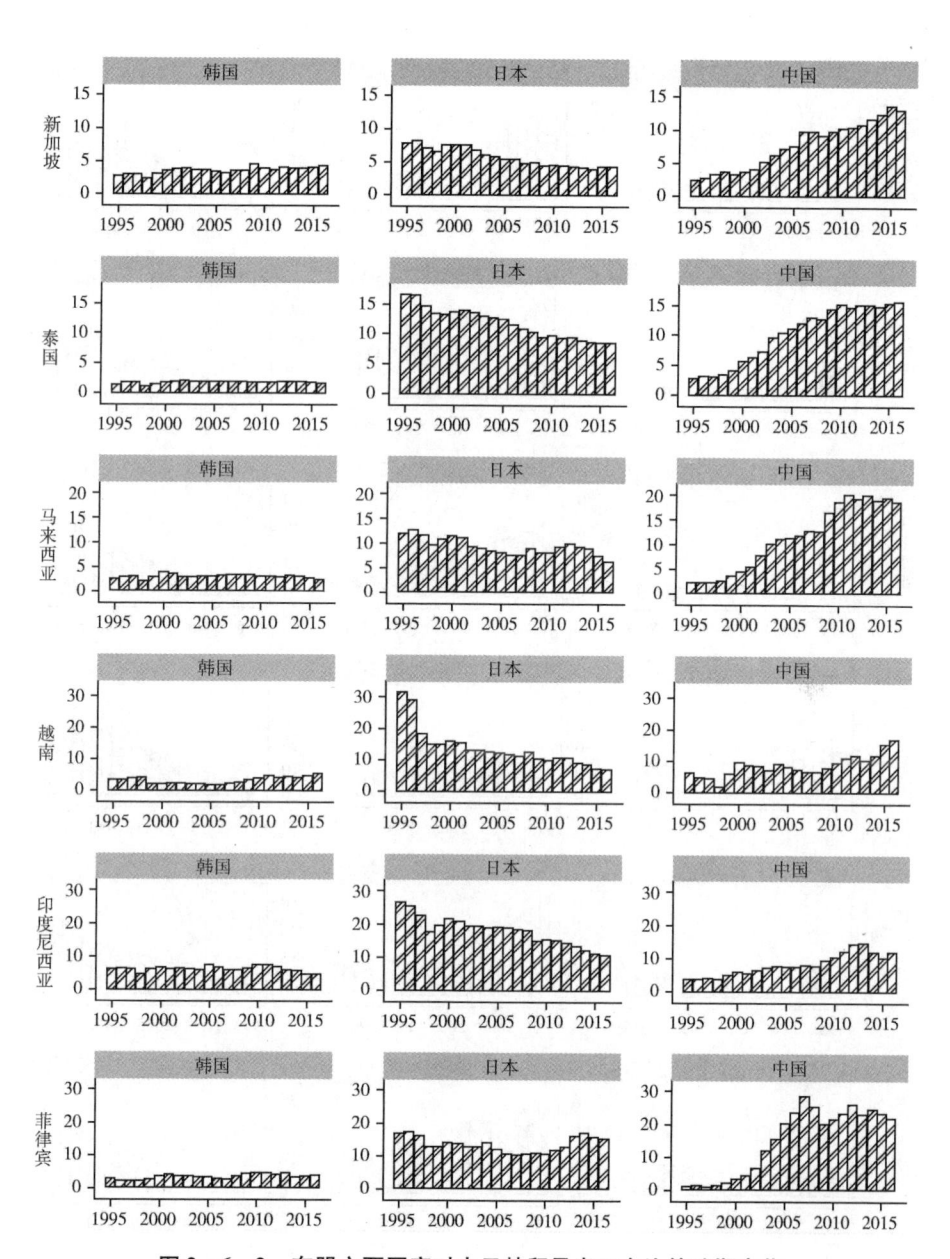

图 2-6-2 东盟主要国家对中日韩贸易出口占比的跨期变化

注：横轴为年份，纵轴单位为%。

资料来源：联合国贸易数据库，由笔者绘制。

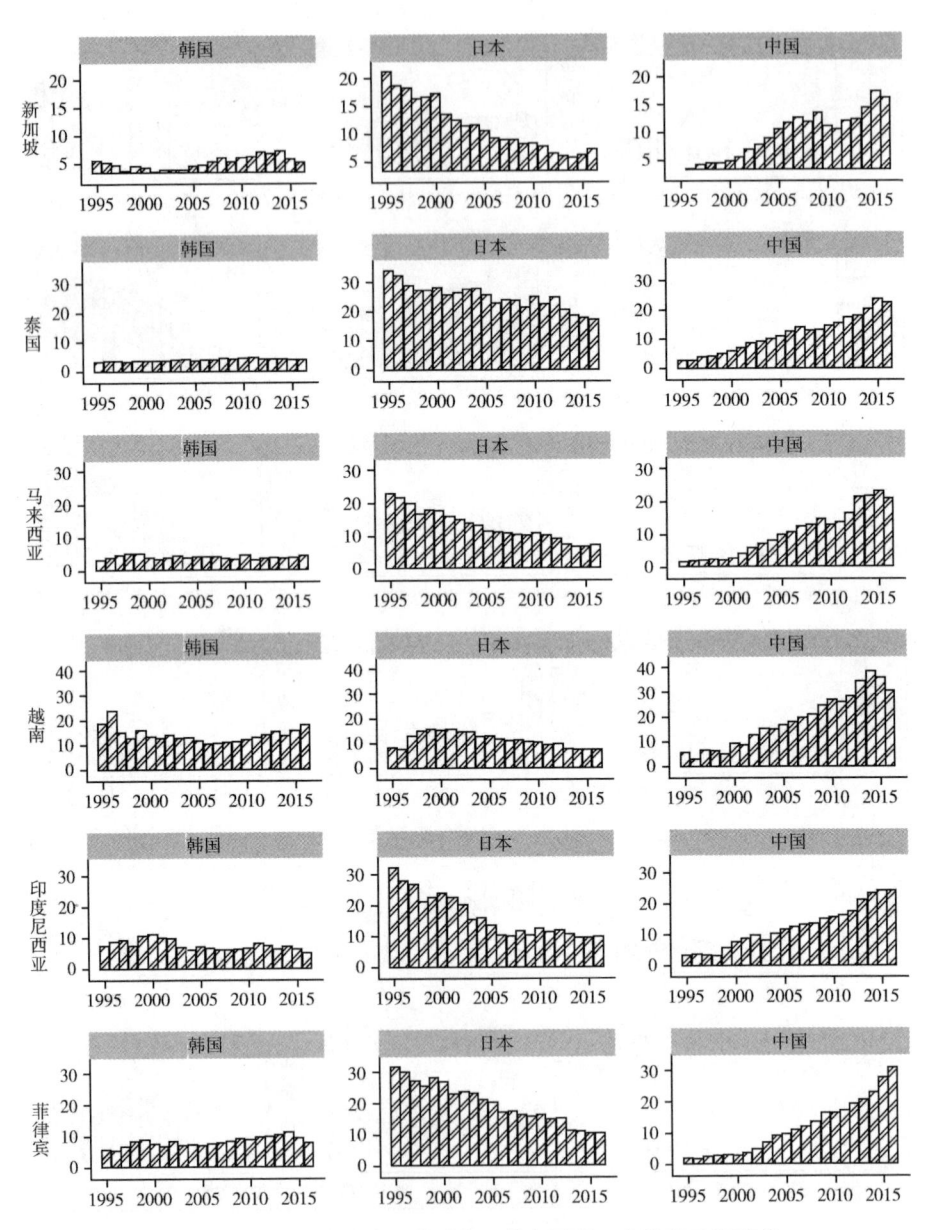

图 2-6-3 东盟主要国家对中日韩贸易进口占比的跨期变化

注：横轴为年份，纵轴单位为%。

资料来源：联合国贸易数据库，由笔者绘制。

占比和进口占比的跨期变化。由图可知，首先，中国和日本是东盟各国的主要贸易合作伙伴，两者的进出口贸易约占各国进出口贸易总额的30%，部分国家甚至超过40%。其次，从1995年以来，日本与东盟各国的贸易份额逐渐下降，而中国与东盟各国的贸易快速上升，2005年前后在大部分国家实现逆转，超过日本，成为最大贸易伙伴。尽管受2008—2009年金融危机和2012年以来南海问题的影响，中国与部分东盟国家的政治关系较为紧张，但从贸易占比来看，基本处于平稳上升状态，尤其是东盟各国对中国的进口需求日益扩大，一直保持着较快的增速。

四　东盟与中日韩国家国际投资情况

国际投资能够反映一个国家和地区融入世界经济的程度。吸引国际投资是发展中国家加速发展本国经济，获得资本、技术、管理等要素资源，完善本国工业体系，解决就业的重要途径；对外投资则是一个国家和地区企业在全球布局产能、占领市场、获得各种要素的重要方式。国际产业转移的发展已经有四五十年的过程，而转移路径也是从最初传统的国际贸易逐步扩展到现代的外商直接投资、外包、战略联盟等形式。其中，外商直接投资是最主要的，也是最直接的参与国际产业转移的方式，是东南亚国家参与产业转移的主要路径。

东盟是全球吸引国际投资的重要目的地。早在20世纪90年代之前，东盟已经有每年超过100亿美元的外商直接投资流入，可见从经济开放和出口贸易发展来看，东盟各国相比于中国起步较早，率先开始承接发达国家的产业转移，但1992年之后，迅速被中国超越，并且受1998年亚洲金融危机影响，资金外逃严重，一直低迷至2002年，受2008—2009年国际金融危机的影响也非常巨大，2007年，东盟外商直接投资的金额为825亿美元，与中国相当（835亿美元），但2008年直接下跌至509亿美元，下跌38%。金融危机之后，东盟十国吸引的外资占全球的比重呈明显的三个低开的增长阶段：2006—2010年、2011—2014年和2015—2017年。总体上看，东盟十国吸引的外资占全球的比重是有所提高的，2017年有1338亿美元的FDI流入，占全球的9.35%，较金融危机前的2007年提高了5.84个百分点（见图2-6-4和图2-6-5）。

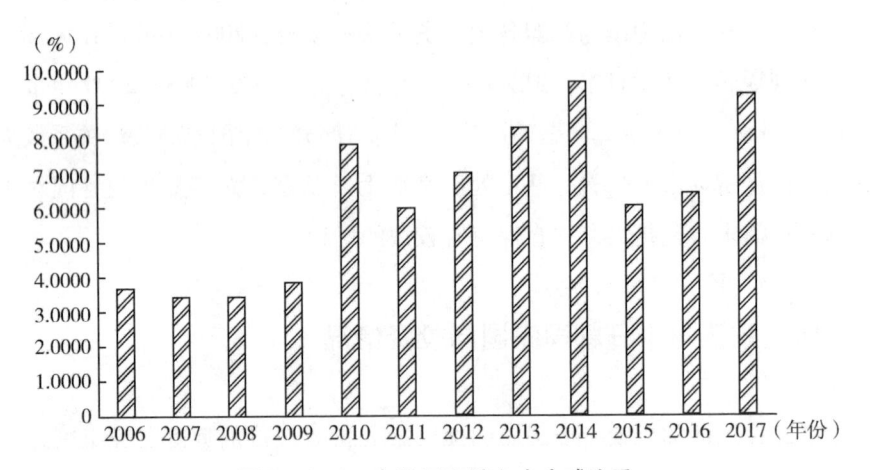

图2-6-4 东盟FDI流入占全球比重

资料来源：联合国贸易和发展会议。

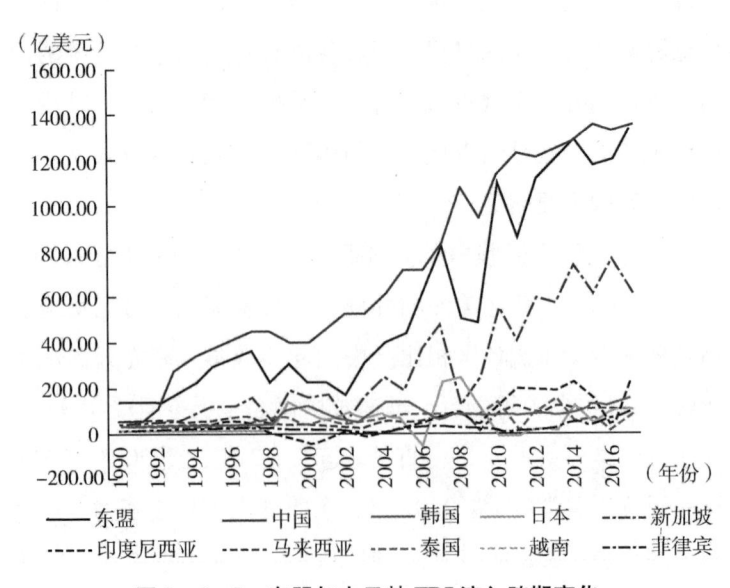

图2-6-5 东盟与中日韩FDI流入跨期变化

资料来源：世界银行，由笔者绘制。

东盟国家中,新加坡是最主要的外资流入国,2017年吸引外资占全球的比重达到4.43%,几乎是其余9国的总和。除了新加坡,印度尼西亚、越南、菲律宾、马来西亚、泰国吸引的外资占全球的比重也较高。从变化情况看,与金融危机前比较,除了文莱和泰国,其余8个国家吸引的外资占全球的比重都有所提高,其中,新加坡提高了2.7个百分点,印度尼西亚提高了1.3个百分点,越南提高了0.64个百分点,菲律宾提高了0.58个百分点(见图2-6-6)。

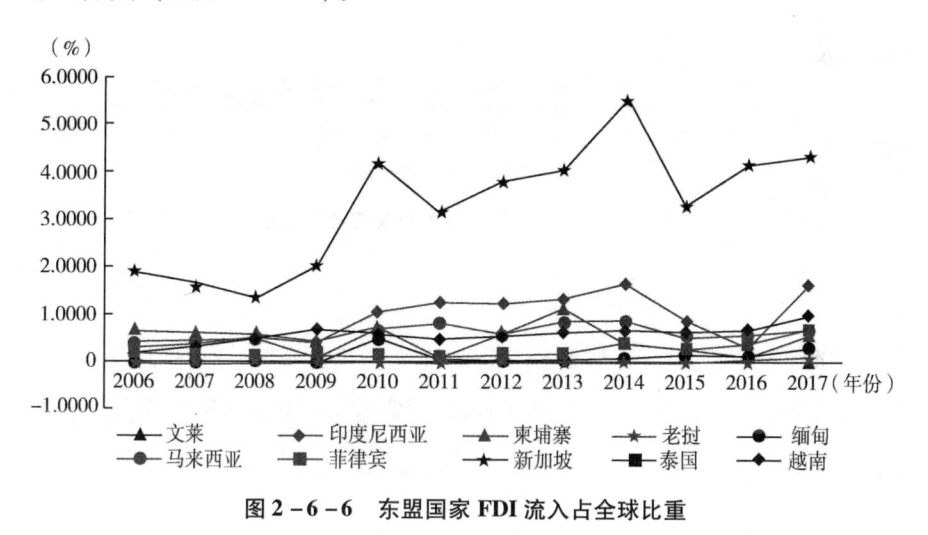

图 2-6-6 东盟国家 FDI 流入占全球比重

资料来源:联合国贸易和发展会议。

中国在20世纪90年代之前,基本没有外商直接投资流入,在1992年之后迅速提升,并迅速超过东盟各国的总和,一直处于领跑状态,甚至在1998年亚洲金融危机和2008—2009年国际金融危机的冲击下,外商直接投资的额度也仅仅是轻微下挫,继而迅速反弹。中国2008年的外商直接投资依然保持强劲的增长,达到1083亿美元,增长30%。2017年,中国有1363亿美元的外资直接投资流入,占全球的9.53%,整体规模与东盟十国总和相当,较金融危机前的2007年提高了5.3个百分点。日本在金融危机之后吸引的外资占全球的比重有明显下降,2014年后有所回升,2017年占全球的比重为0.73%,较金融危机前的2007年下降0.4个百分点。韩国吸引的外资占全球的比重波动不大，2017年为1.19%，较金融危机前略有提高（见图2-6-7）。

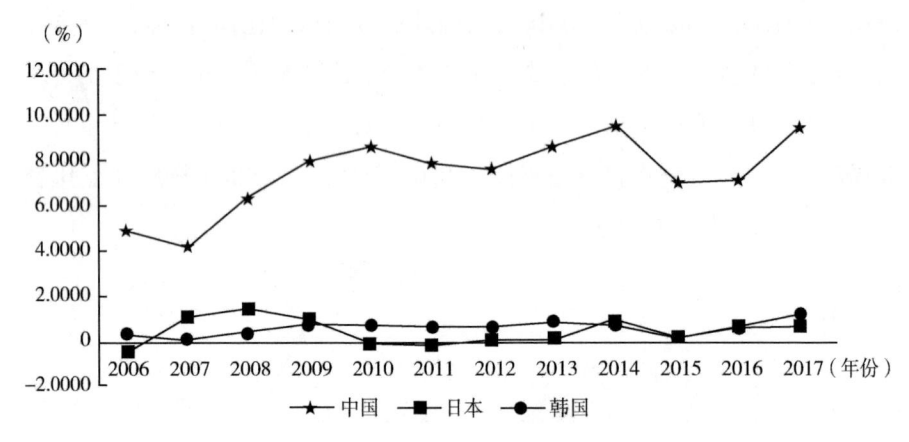

图2-6-7 中日韩FDI流入占全球比重

资料来源：联合国贸易和发展会议。

与吸引外资比较，东盟对外投资的规模还比较有限，如图2-6-8所示，在2000年前，东盟十国合计的对外投资金额不超过150亿美元，尤其

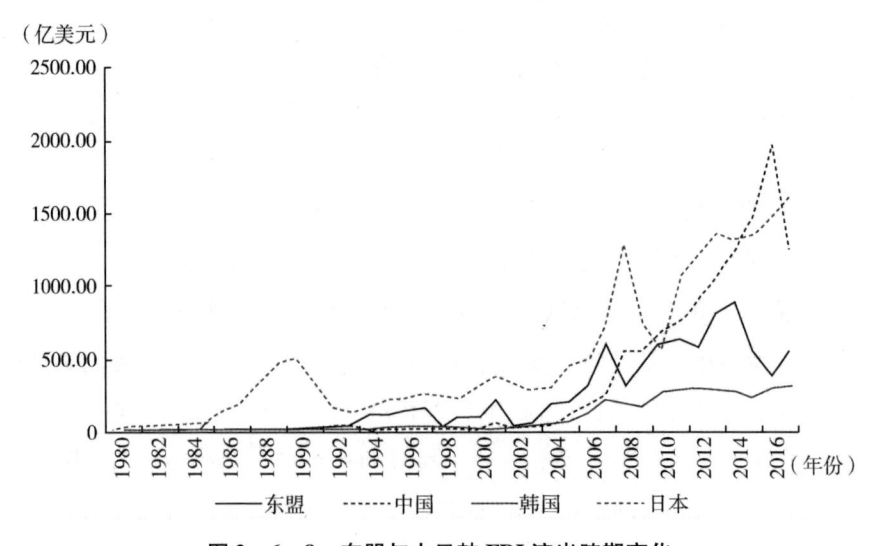

图2-6-8 东盟与中日韩FDI流出跨期变化

资料来源：世界银行，由笔者绘制。

受1998年亚洲金融危机影响，对外直接投资金额有明显的波动，自2004年之后有所回升，在2007年金融危机之前达到629亿美元，此后受2008—2009年金融危机影响明显下挫，直到2014年达到另一个峰值884亿美元，占全球外资流出的7.0%。如图2-6-9所示，2017年，东盟十国合计550亿美元，全球占比为3.84%。从金融危机之后的变化情况看，东盟对外投资占全球的比重与吸引外资流入相同，呈三个低开增长的变化阶段：2006—2010年、2011—2014年、2015—2017年。

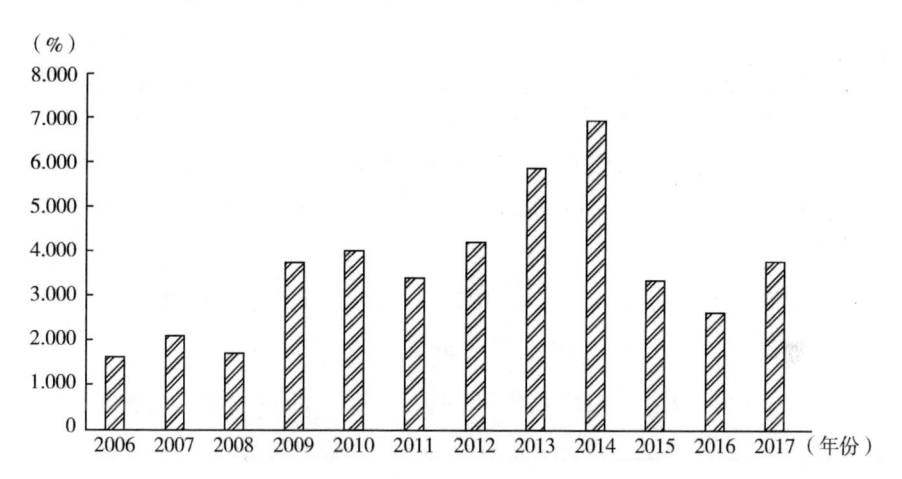

图2-6-9 东盟FDI流出占全球比重

资料来源：联合国贸易和发展会议。

东盟国家中，新加坡和泰国对外投资规模较大，如图2-6-10所示，2017年，两国对外投资占全球的比重分别为1.72%和1.38%，其余八个国家对外投资占全球的比重都低于1%。从变化情况看，新加坡对外投资波动很大，在2014年达到2006年以来的峰值，这也是东盟十国合计占全球比重在2014年达到峰值的直接原因。此外，2006年以来，马来西亚的比重有较为明显的下降，泰国有明显的提高。

与东盟十国相比，中日韩均是对外直接投资的净流出国。日本从20世纪80年代以来是对外直接投资的绝对主导，其对外直接投资的全球占比曾一度超过20%。2006年以来，中国和日本交替成为次于美国的全球

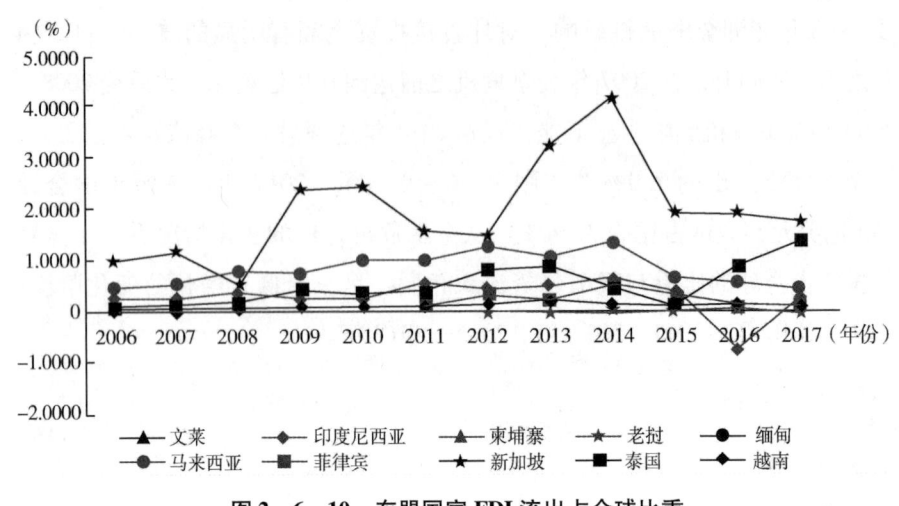

图 2-6-10　东盟国家 FDI 流出占全球比重

资料来源：联合国贸易和发展会议。

第二大和第三大对外投资国，且占全球对外投资的比重都呈显著的上升趋势。2016 年中国对外直接投资的世界占比约为 13%。2017 年，中国和日本对外投资占全球的比重分别约为 8.71% 和 11.22%，分别较金融危机之前的 2007 年提高 7.67 个百分点和 7.79 个百分点。韩国对外投资保持低速增长，2017 年约为 2.22%，同样高于吸引外资占全球的比重，较金融危机前的 2007 年提高 1.49 个百分点。中日韩三国（特别是中国和日本）对外投资规模大，日本自 1985 年的"广场协议"签订以后，为了应对日元升值、日本本土企业生产成本快速提升导致的生产困境，通过对外直接投资进行产业转移来自救，而中国随着出口导向型经济的发展，逐渐完善产业链，实现产业转型升级，其对外直接投资在 2005 年之后也快速增长。2017 年，东盟和中日韩合计对外投资占全球的比重约为 26.00%，高于吸引外资的比重（见图 2-6-11 和表 2-6-1）。这说明，虽然东盟十国是对外直接投资净流入地区，但东盟与中日韩已经是全球对外直接投资的净流出地区。

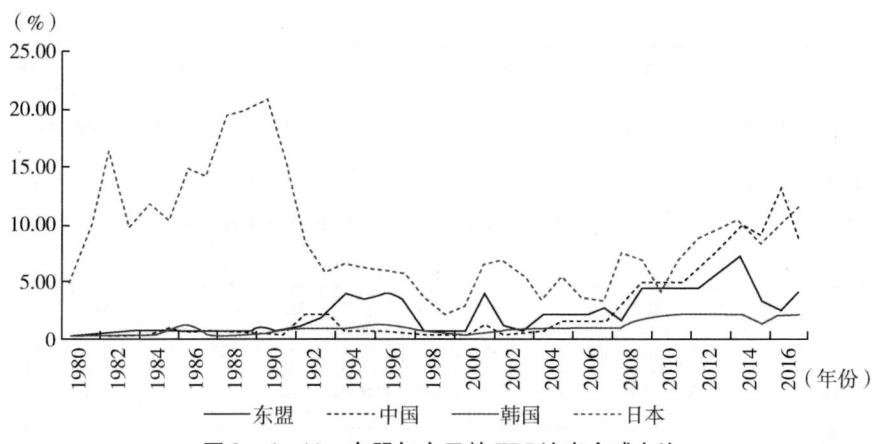

图 2-6-11　东盟与中日韩 FDI 流出全球占比

资料来源：世界银行，由笔者绘制。

表 2-6-1　　　　东盟与中日韩 FDI 流入和流出占全球比重　　　　单位：%

年份	2006	2007	2008	2009	2010	2011	2012	2013	2014	2015	2016	2017
FDI 流入												
文莱	0.0297	0.0131	0.0141	0.0312	0.0362	0.0442	0.0549	0.0544	0.0424	0.0090	-0.0080	-0.0032
印度尼西亚	0.3363	0.3501	0.4665	0.4111	1.0369	1.2304	1.2153	1.3201	1.6295	0.8661	0.2100	1.6130
柬埔寨	0.0331	0.0438	0.0480	0.0782	0.1010	0.0877	0.1165	0.1451	0.1384	0.0949	0.1326	0.1947
老挝	0.0128	0.0164	0.0134	0.0160	0.0210	0.0192	0.0187	0.0300	0.0539	0.0582	0.0534	0.0569
缅甸	0.0293	0.0130	0.0167	0.0023	0.5021	0.0715	0.0316	0.0410	0.0707	0.1470	0.1601	0.3036
马来西亚	0.4148	0.4245	0.4744	0.1225	0.6822	0.7800	0.5867	0.8500	0.8126	0.5247	0.6070	0.6674
菲律宾	0.1999	0.1474	0.0896	0.1655	0.0977	0.1184	0.1555	0.1600	0.3948	0.2315	0.3703	0.6661
新加坡	1.8945	1.5944	1.3388	2.0078	4.1470	3.1435	3.7999	4.0307	5.4892	3.2658	4.1474	4.3367
泰国	0.6475	0.5679	0.5945	0.4091	0.6887	0.0764	0.5915	1.0869	0.3593	0.2927	0.1107	0.5340
越南	0.1643	0.3406	0.4743	0.6406	0.6024	0.4808	0.5314	0.6244	0.6873	0.6142	0.6747	0.9861
中国	4.9768	4.2207	6.3812	8.0072	8.6389	7.9287	7.6890	8.6932	9.6001	7.0582	7.1597	9.5342
日本	-0.4453	1.1395	1.4391	1.0062	-0.0943	-0.1124	0.1100	0.1616	0.8987	0.1722	0.6098	0.7295
韩国	0.3341	0.1328	0.4479	0.7604	0.7151	0.6250	0.6030	0.8957	0.6928	0.2136	0.6481	1.1927
东盟十国	3.7621	3.5112	3.5304	3.8842	7.9153	6.0523	7.1021	8.3426	9.6781	6.1041	6.4580	9.3553
十三国	8.6277	9.0042	11.7986	13.6580	17.1750	14.4936	15.5041	18.0931	20.8698	13.5482	14.8757	20.8116
FDI 流出												
文莱	0.001	0.002	0.002	0.001	0.000	0.001	0.062	0.020	-0.047	0.005	0.018	-0.006

续表

年份	2006	2007	2008	2009	2010	2011	2012	2013	2014	2015	2016	2017
印度尼西亚	0.195	0.218	0.318	0.204	0.195	0.486	0.396	0.481	0.561	0.366	-0.829	0.204
柬埔寨	0.001	0.000	0.001	0.002	0.002	0.002	0.003	0.003	0.003	0.003	0.008	0.018
老挝	—	—	0.000	0.000	0.000	0.000	0.000	0.000	0.001	0.003	0.002	0.002
缅甸	—	—	—	—	—	—	—	—	—	—	—	—
马来西亚	0.436	0.517	0.757	0.707	0.981	0.961	1.252	1.022	1.297	0.650	0.544	0.405
菲律宾	0.007	0.165	0.013	0.033	0.045	0.021	0.249	0.159	0.499	0.268	0.070	0.113
新加坡	0.952	1.139	0.481	2.382	2.443	1.543	1.465	3.218	4.154	1.919	1.895	1.726
泰国	0.070	0.087	0.153	0.379	0.327	0.385	0.766	0.846	0.442	0.104	0.843	1.348
越南	0.006	0.007	0.005	0.064	0.066	0.060	0.088	0.142	0.091	0.068	0.094	0.038
中国	1.515	1.047	2.807	5.133	5.037	4.703	6.411	7.810	9.756	8.981	13.314	8.716
日本	3.598	3.426	6.891	6.783	4.119	6.778	8.948	9.831	10.368	8.276	9.879	11.220
韩国	0.582	0.728	0.689	1.583	2.070	1.871	2.237	2.054	2.222	1.465	2.034	2.215
东盟十国	1.668	2.134	1.729	3.771	4.059	3.458	4.280	5.890	7.001	3.386	2.644	3.848
十三国	7.363	7.335	12.116	17.270	15.285	16.810	21.877	25.584	29.347	22.109	27.870	25.999

综上所述，东盟与中日韩国家之间的产业联系首先来自以日本为首的发达国家的产业转移，促进了韩国、中国，以及东盟各国的工业化和产业结构演进，产生了"东亚奇迹"。其次，国际贸易是产业关联的最直接体现，当前中国作为快速发展的超级大国，已经成为东盟的最大贸易合作伙伴，日本曾是东盟最大的贸易合作伙伴，目前贸易占比虽略有下降，但占比依然较高，中国和日本两国的进出口贸易额约占各国进出口贸易总额的30%，部分国家甚至超过40%。外商直接投资是东南亚国家参与全球产业分工和产业转移的主要方式，从20世纪80年代中后期以来日本是亚洲国家对外直接投资的绝对主导，其对外直接投资的全球占比曾一度超过20%。这在一定程度上促进了亚洲"四小龙"（韩国、中国台湾、中国香港、新加坡）和亚洲"四小虎"（东南亚的马来西亚、印度尼西亚、泰国、菲律宾）的经济快速发展，当然中国大陆也抓住了这一机遇实现了快速发展。而随着中国经济的崛起，中国的对外直接投资有明显提升，2006年以来，中国和日本交替成为次于美国的全球第

二大和第三大对外投资国，且占全球对外投资的比重都呈显著的上升趋势，产业的全球布局趋势愈加明显，当然这其中也包含向东盟各国的产业转移。

附　图

马来西亚

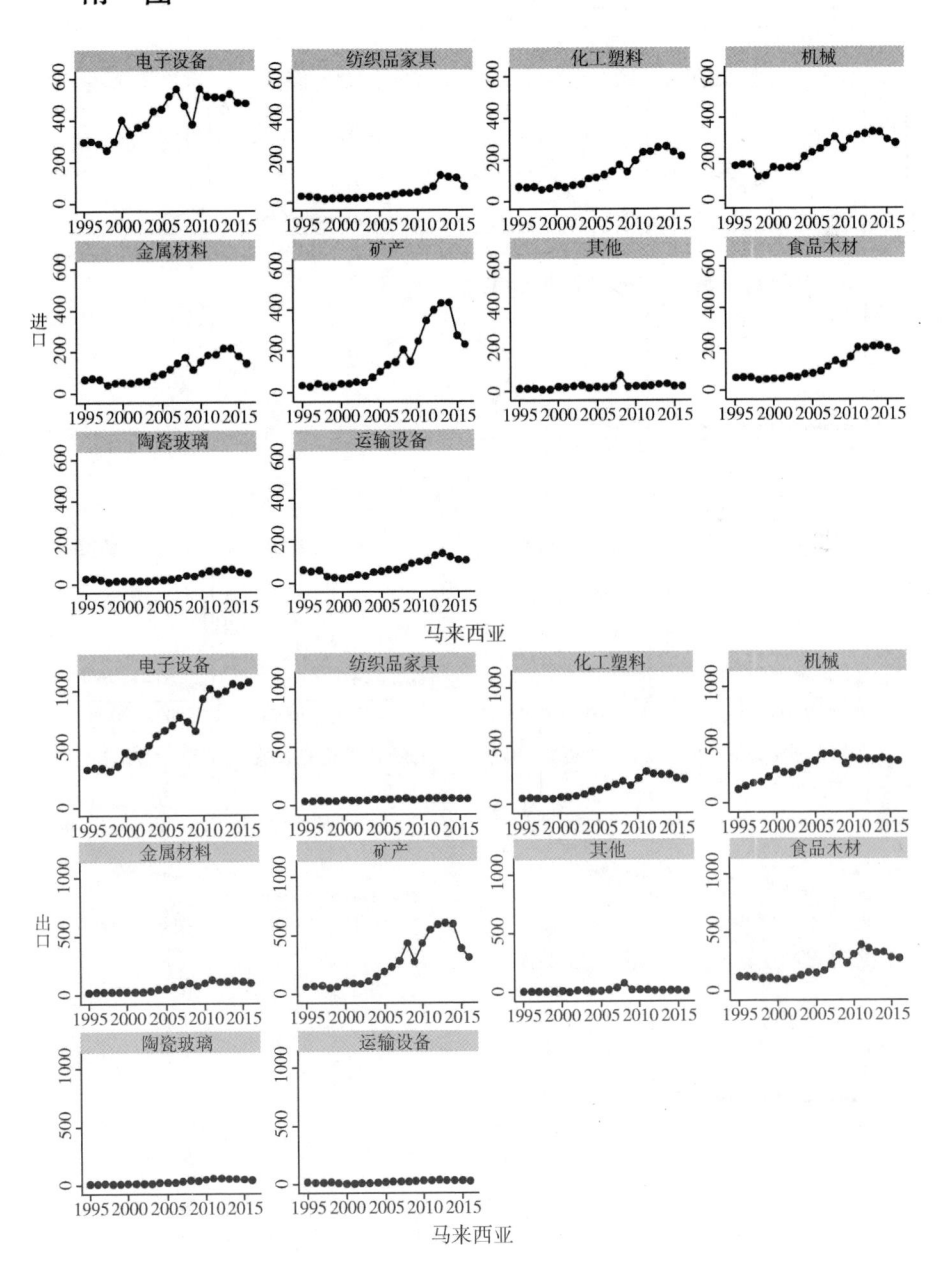

马来西亚

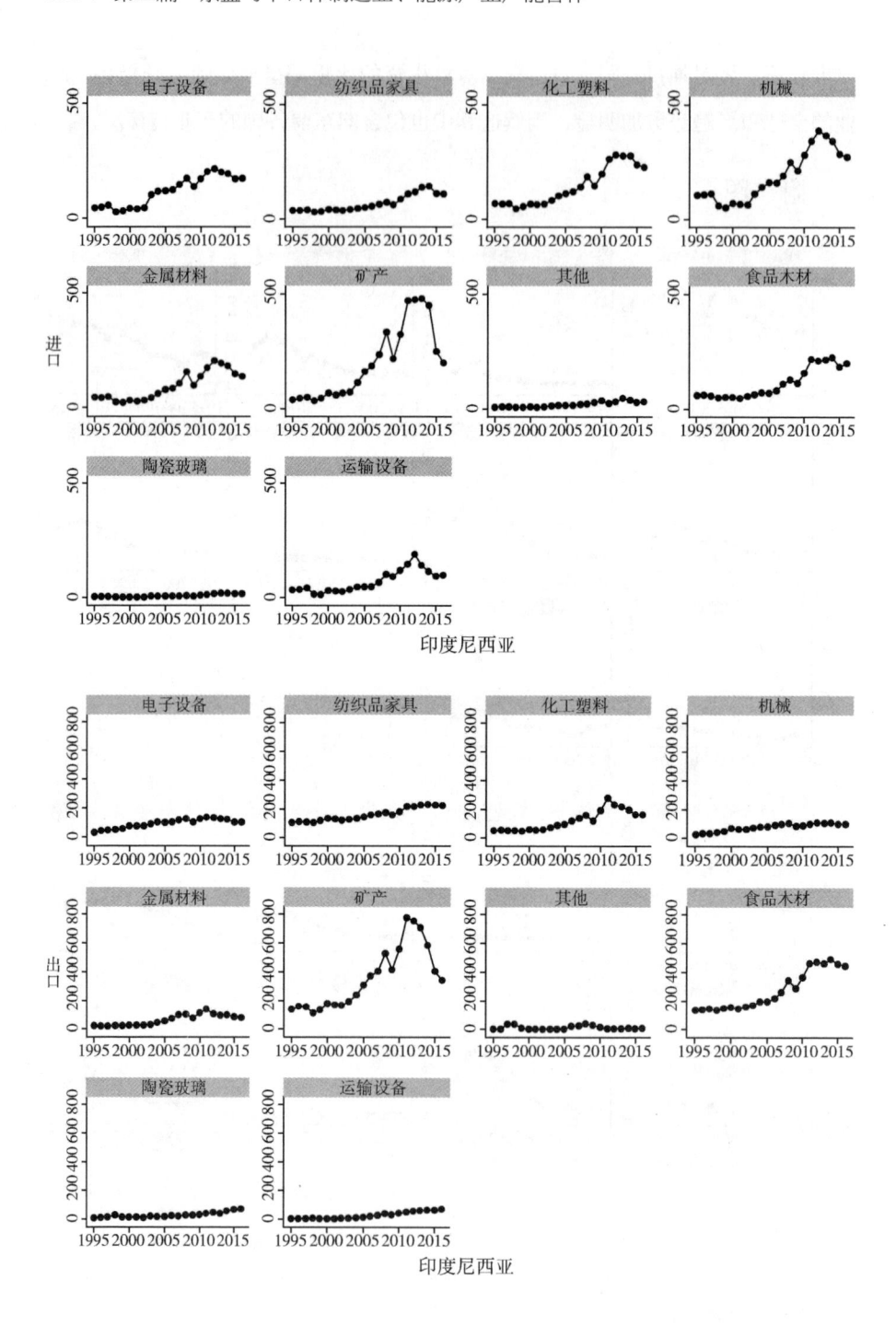

印度尼西亚

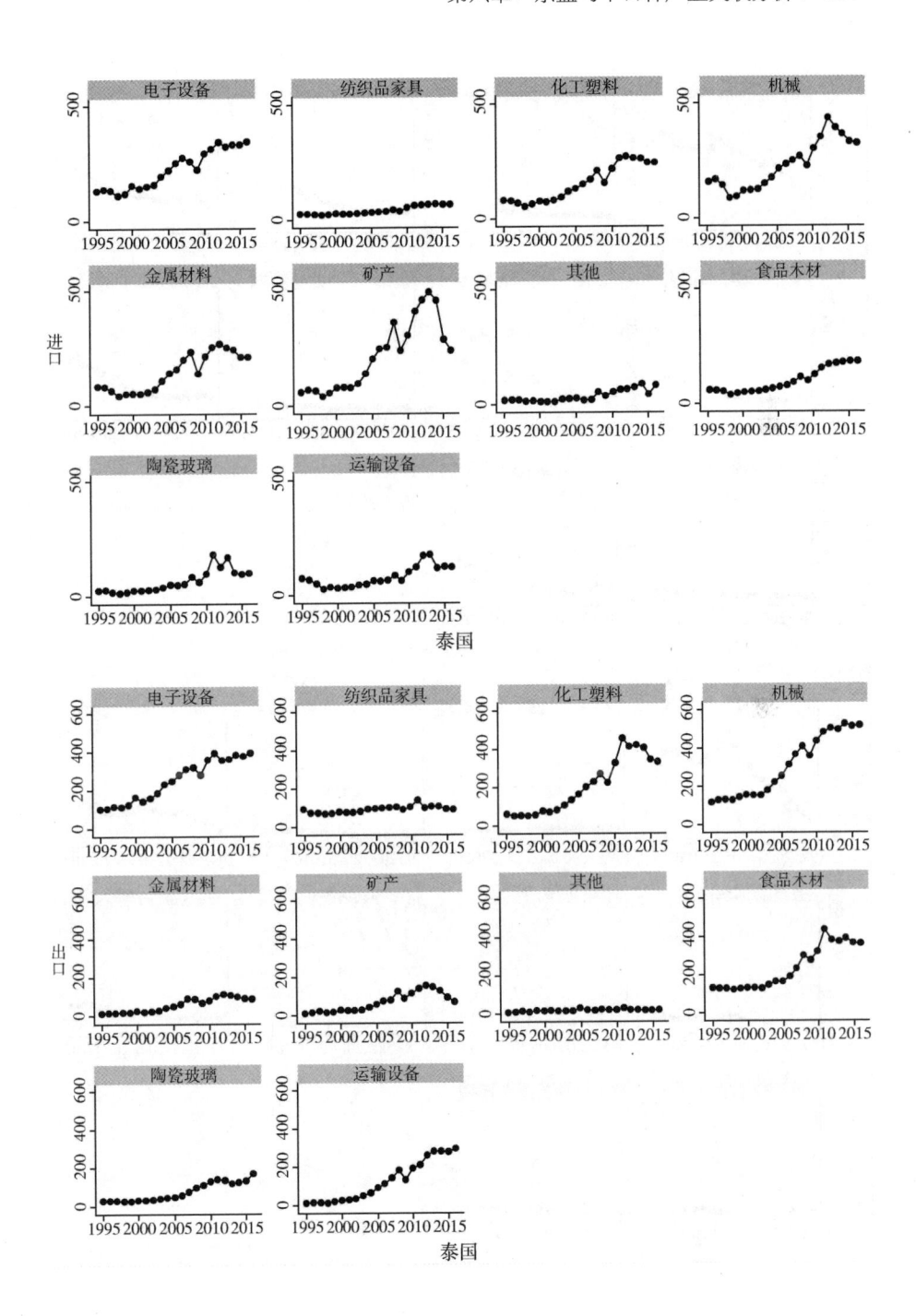

第六章 东盟与中日韩产业关联分析 / 133

泰国

泰国

菲律宾

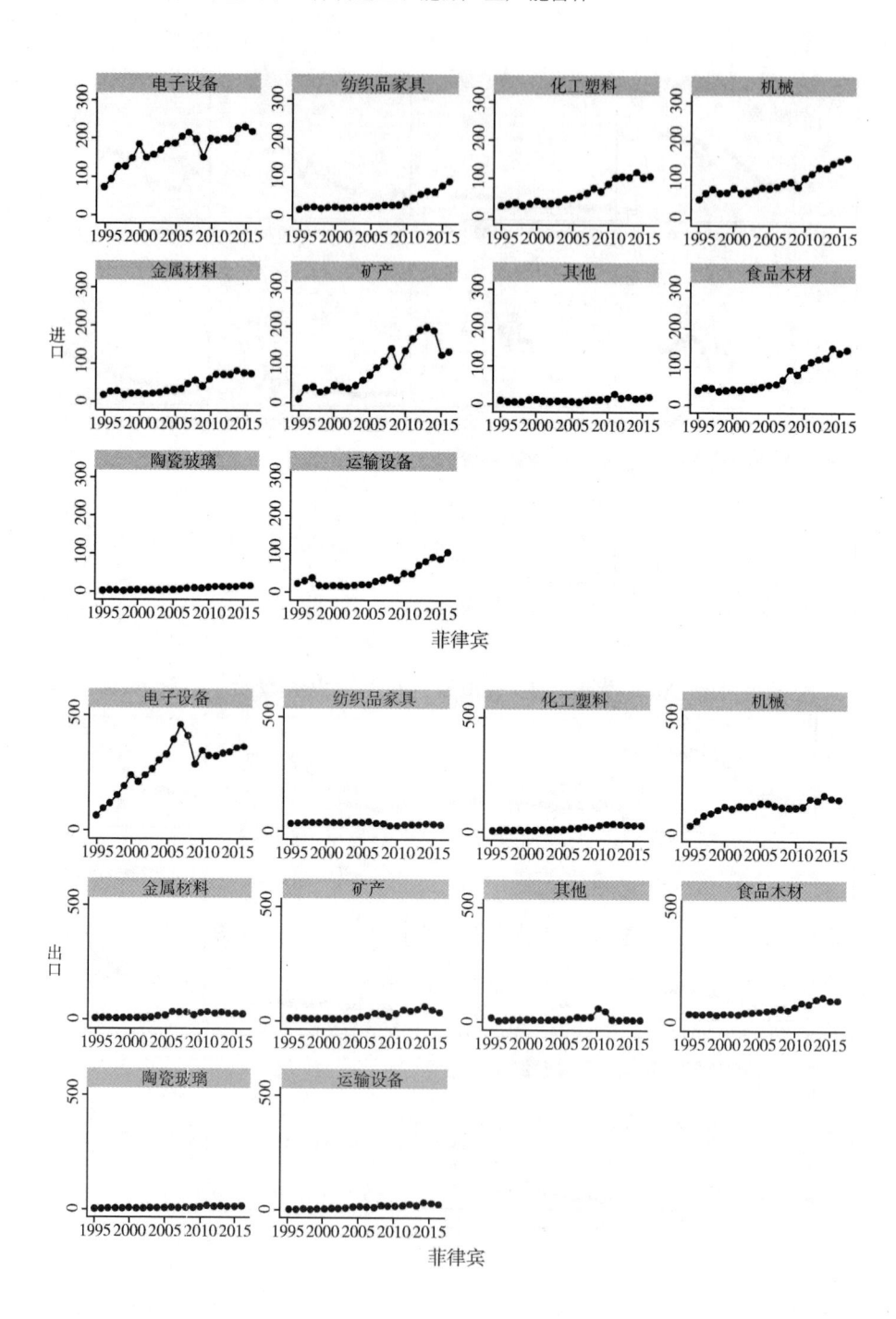

菲律宾

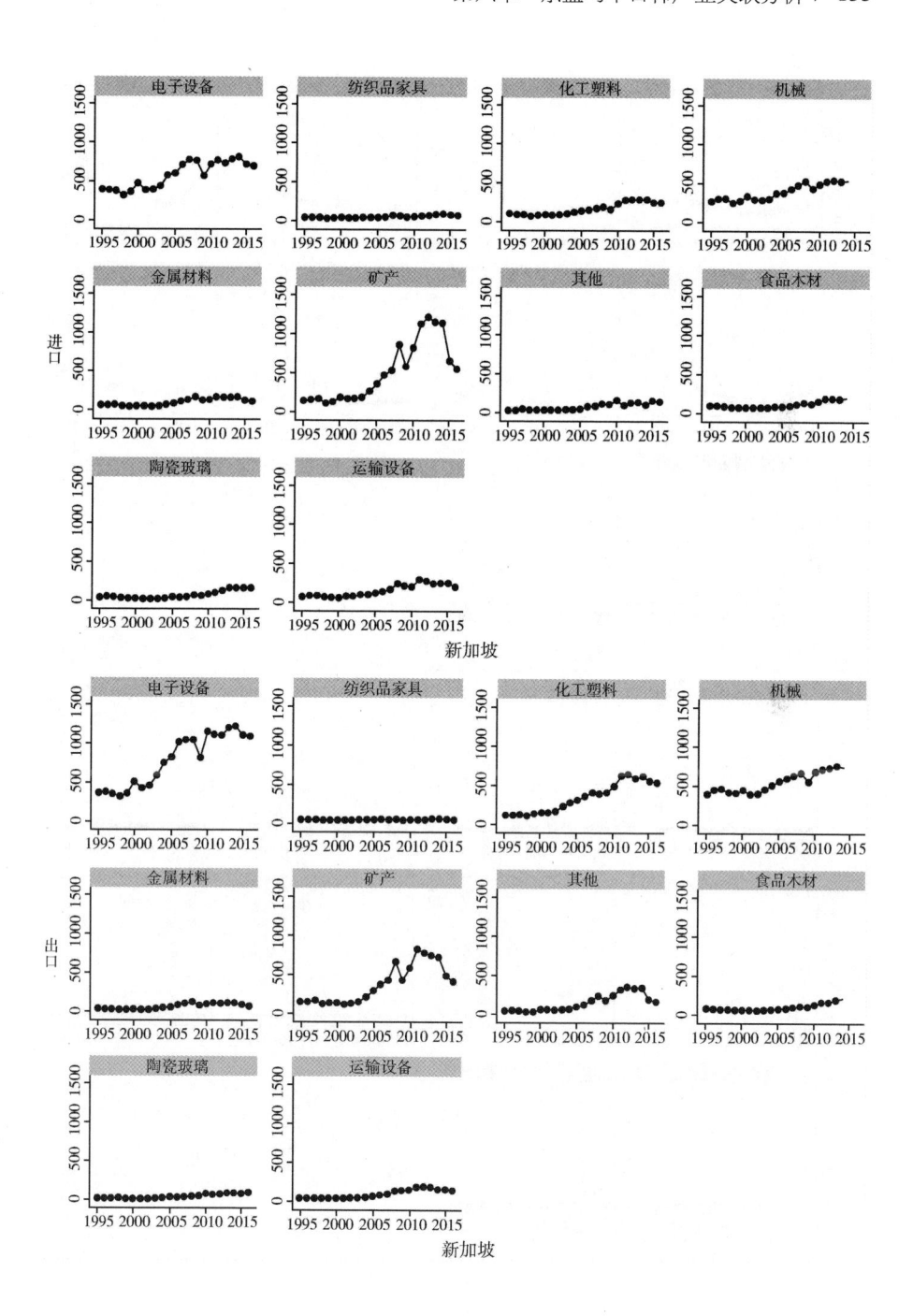

第六章 东盟与中日韩产业关联分析 / 135

新加坡

新加坡

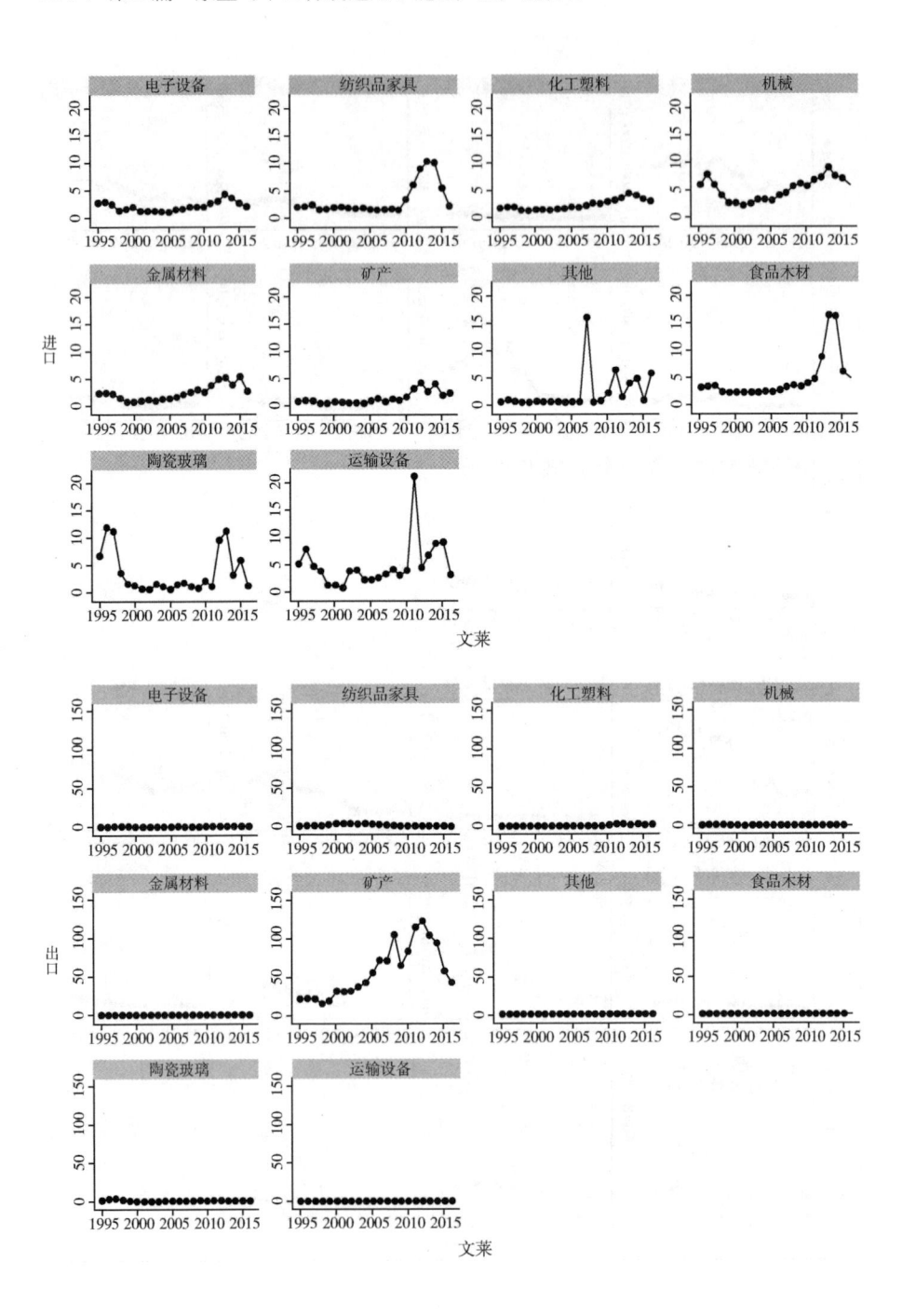

136 / 第二篇　东盟与中日韩制造业、能源产业产能合作

文莱

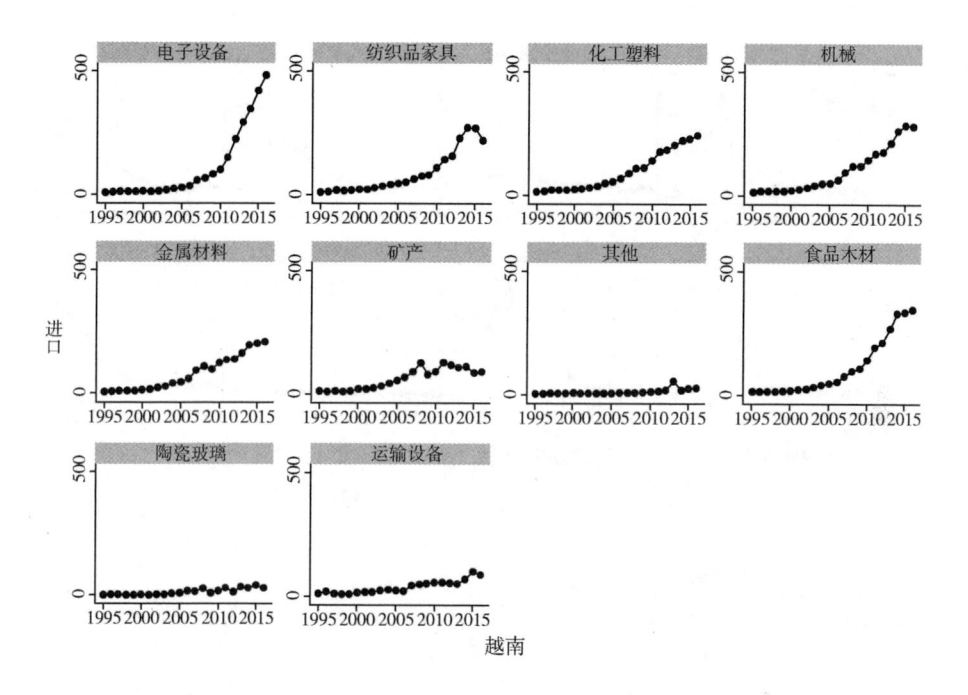

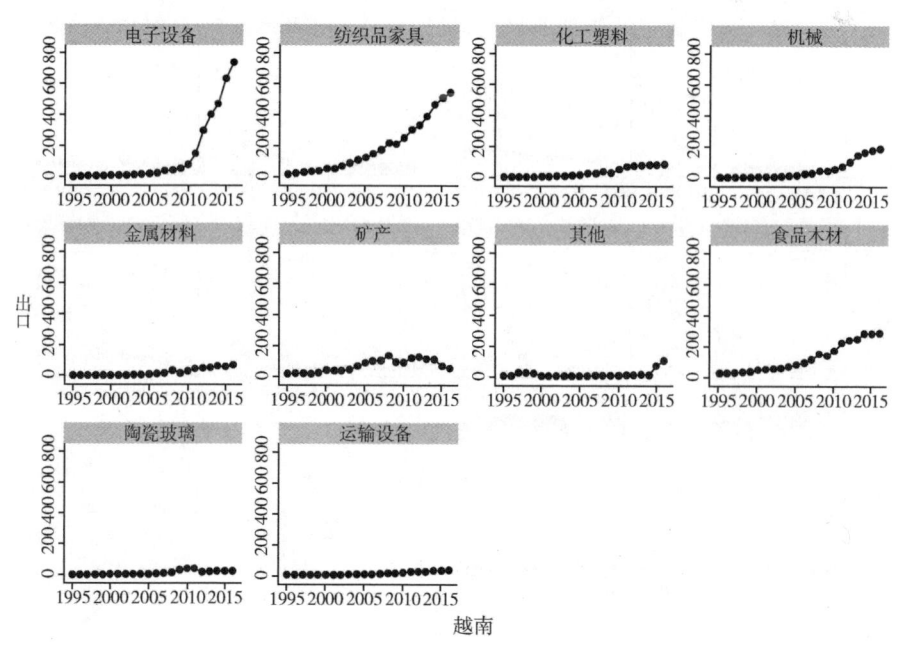

第六章 东盟与中日韩产业关联分析 / 137

越南

越南

老挝

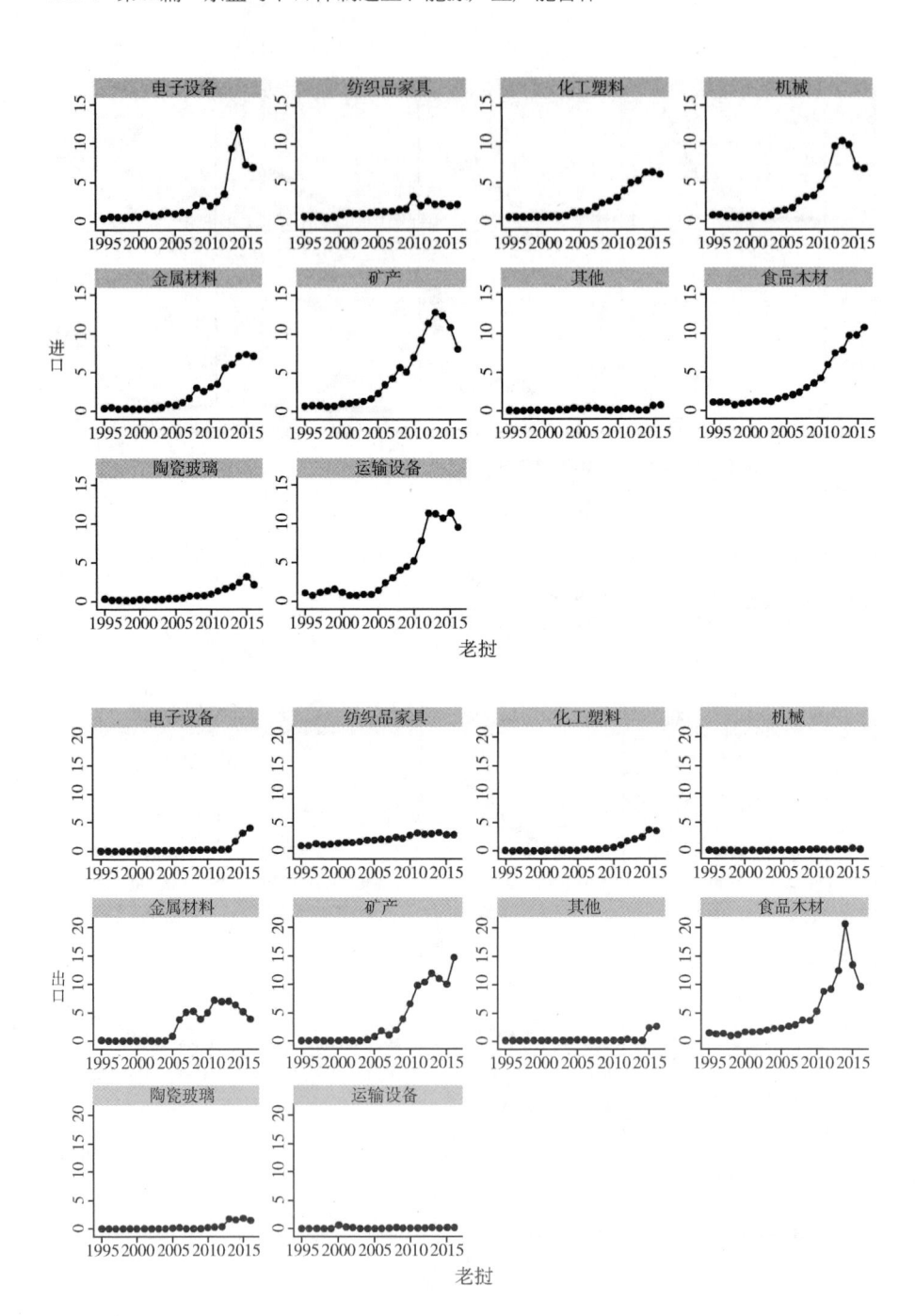

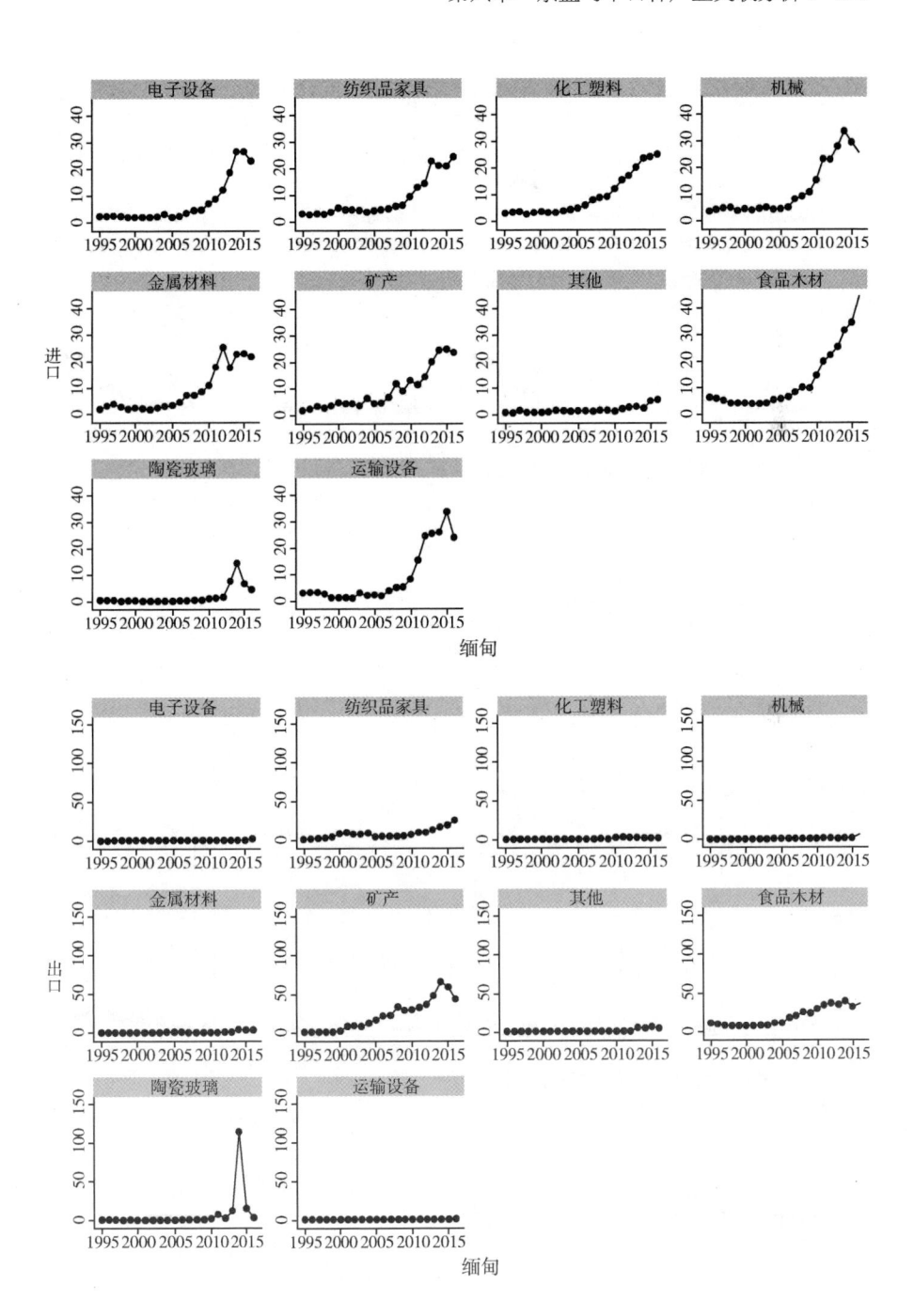

第六章 东盟与中日韩产业关联分析 / 139

缅甸

柬埔寨

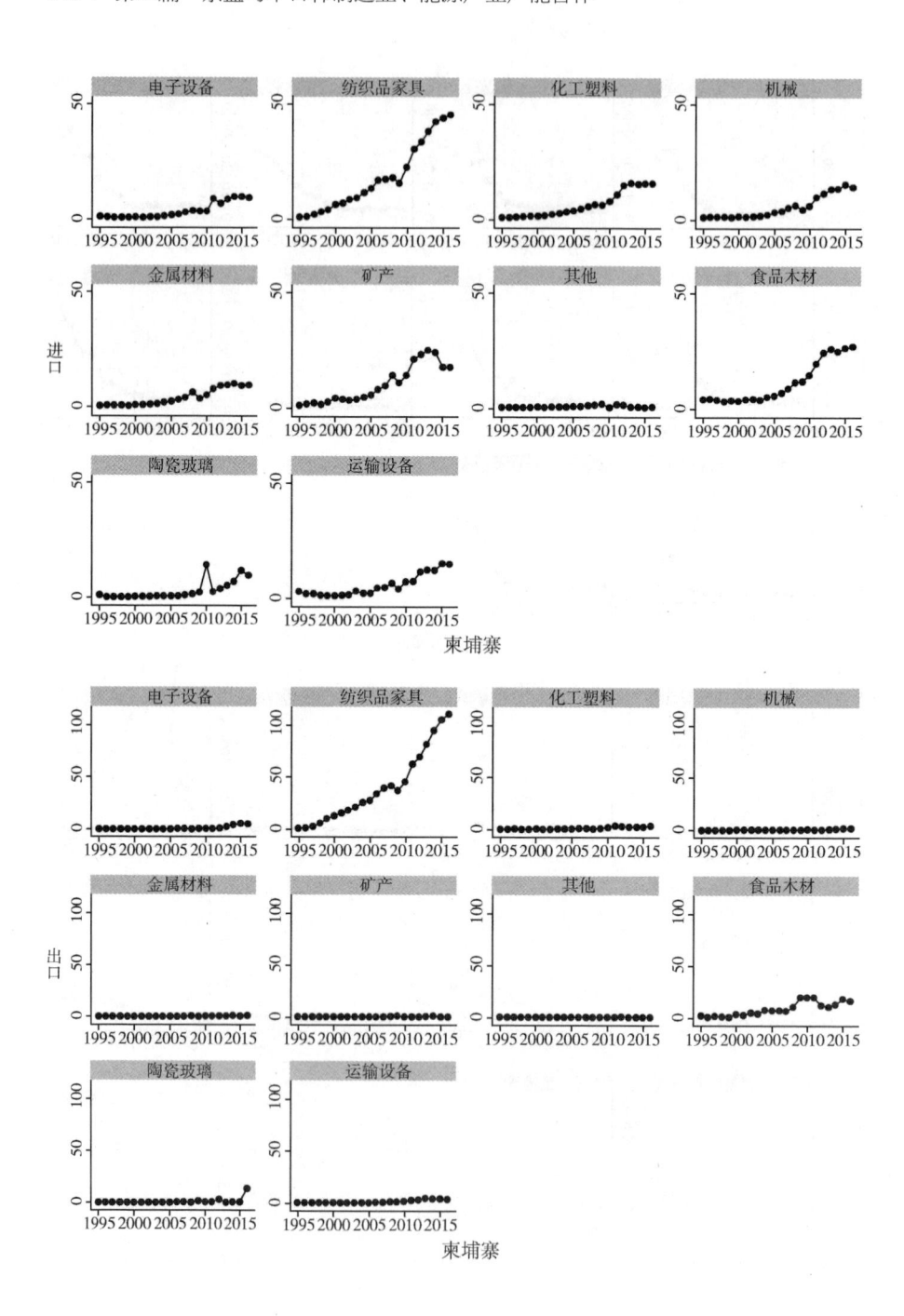

柬埔寨

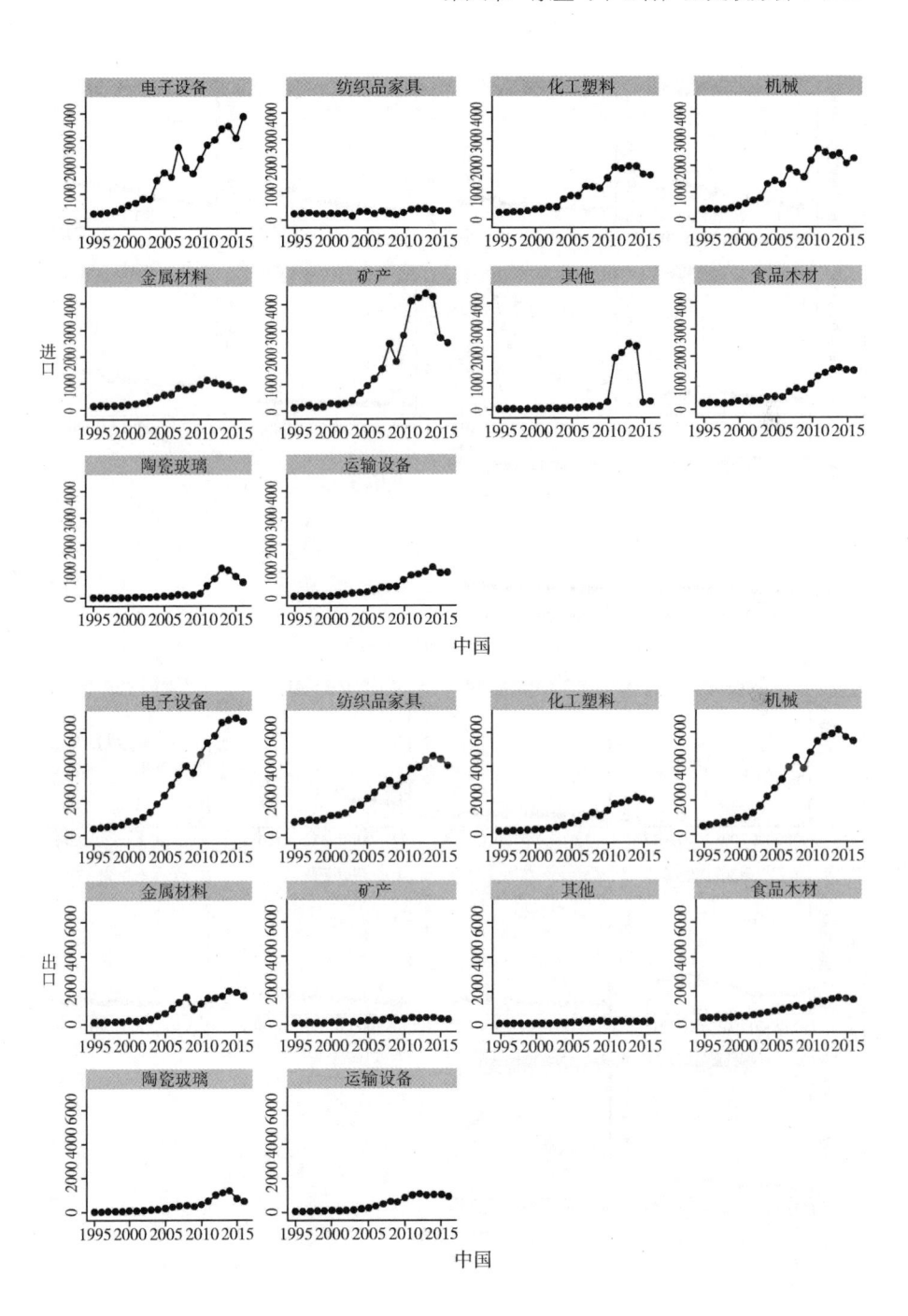

第六章 东盟与中日韩产业关联分析 / 141

中国

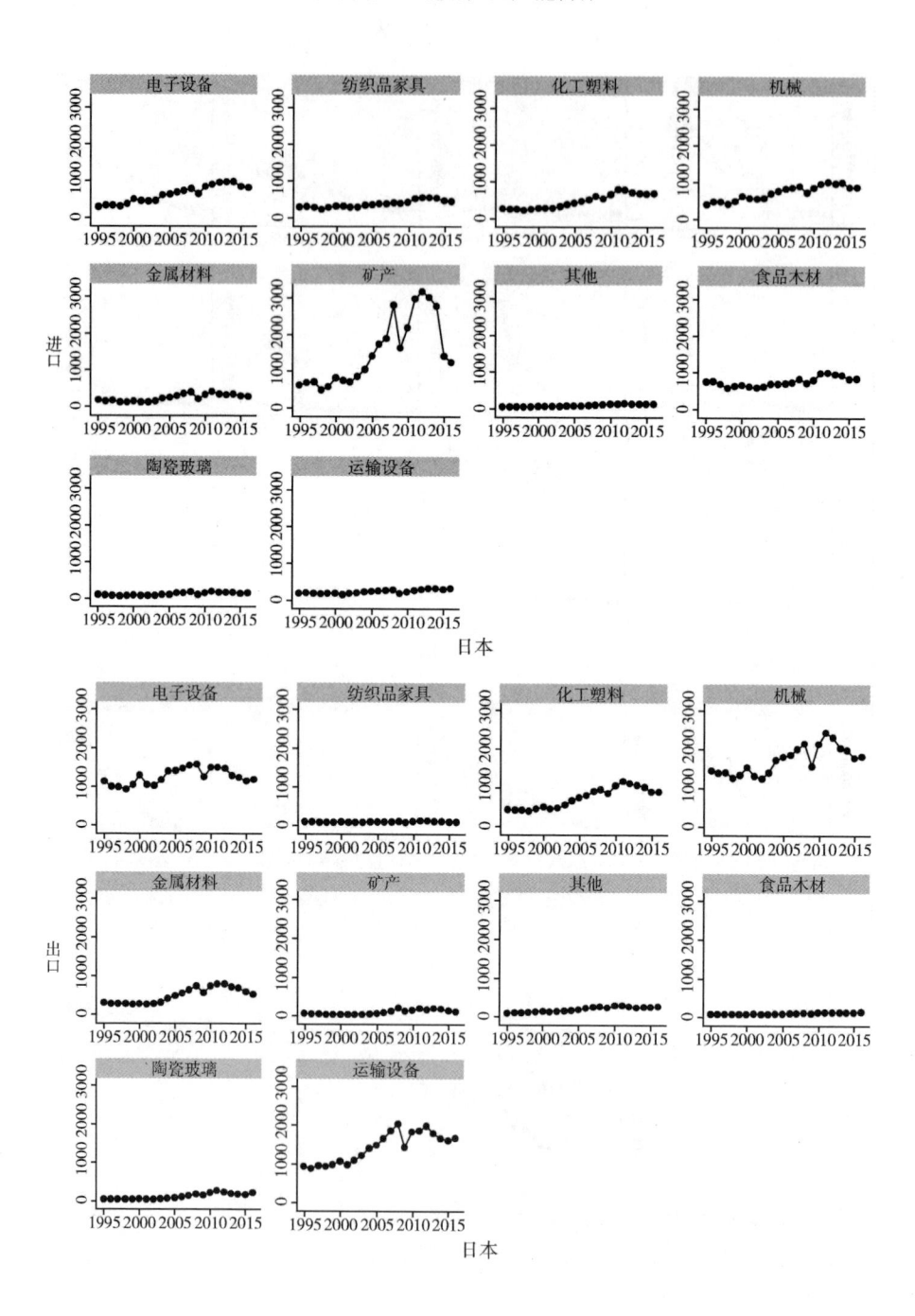

142 / 第二篇 东盟与中日韩制造业、能源产业产能合作

日本

日本

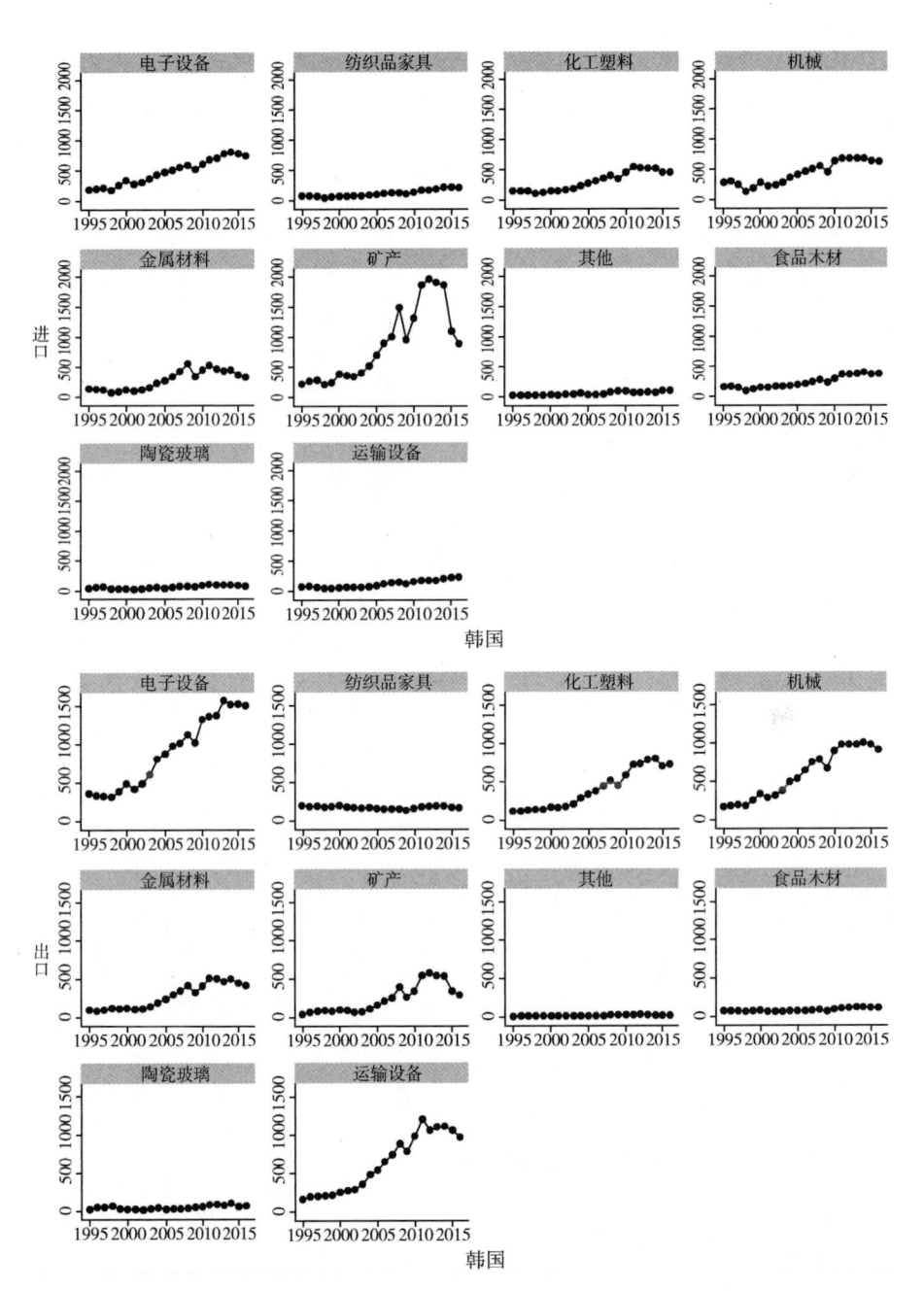

附图 2-6-1　东盟与中日韩（"10+3"）细分产业进出口贸易额的跨期变化

注：横轴为年份，纵轴单位为亿美元。

资料来源：联合国贸易数据库，笔者绘制。

第三篇

中国在亚洲国际产能合作中的地位与作用

第七章 中国与日本的国际产能合作

方晓霞

自1972年中日邦交正常化以来，两国关系虽然历经风雨，但经贸合作一直是中日关系的重要压舱石和助推器。经过40多年的发展，中国已经成为日本重要的海外市场、投资目的地和利润来源地。随着中国经济步入高质量发展阶段，中日投资关系也由日本对华单向投资逐渐转变成双向投资，中国企业对日投资领域从制造业向通信、互联网、金融服务等新领域新业态不断拓展。中国、日本分别为世界第二、第三大经济体，是亚洲最重要的经济体，经贸合作互补性强，未来在"一带一路"倡议的推动下，两国产能合作潜力巨大，发展前景十分广阔。

一 日本社会经济发展概况

（一）基本概况

日本地处亚欧大陆东部，东临太平洋，西隔东海、黄海、朝鲜海峡和日本海，与中国、朝鲜、韩国、俄罗斯隔海相望，其领土同中国大陆最近处仅相隔400余海里，同台湾岛更是仅相隔100多海里，是中国"一衣带水"的邻邦。

日本的国土由北海道、本州、四国和九州4个大岛及6800多个岛屿组成，陆地面积为38万平方千米，居世界第62位。但日本管辖的海域面积

（领海和专属经济区）达到 447 万平方千米，超过其国土面积的 12 倍，为世界第六大海洋国家（见表 3-7-1）。

表 3-7-1　　　　　　　　世界管辖海域面积排序

顺序	国名	单位（万平方千米）
1	美国	762
2	澳大利亚	701
3	印度尼西亚	541
4	新西兰	483
5	加拿大	470
6	日本	447
7	（苏联）	（449）
8	巴西	317
9	墨西哥	285

资料来源：日本海洋政策研究财团《海洋白皮书 2008》。

日本自然资源匮乏，据日本资源厅数据，日本有储量的矿种只有 12 种。除石灰岩、叶蜡石、硅砂这三种极普通矿产的储量较大以外，其他重要矿产的储量均极少。特别是油气、黑色和有色金属等，几乎全部依靠进口，其中日本对石油的进口依赖程度为 99.7%，铁矿石 99%、煤 92.7%，多种有色金属平均在 95% 以上，镍、锰、钛、稀土等稀有金属几乎 100% 依靠进口。

2017 年，日本名义国内生产总值（GDP）约为 4.87 万亿美元，位于美国、中国之后，居世界第三位，人均 GDP 为 38428 美元，居世界第 27 位。图 3-7-1、图 3-7-2 分别是 1980—2017 年中国和日本 GDP、日本人均 GDP 的变化情况。2017 年日本对外贸易额为 13590 亿美元，其中，进口额为 6878.66 亿美元，出口额为 6711.34 亿美元，图 3-7-3 是 1980—2017 年日本进出口贸易额的变化情况。日本是对外投资大国，2017 年对外投资额达 15508 亿美元。与之相比，日本吸收外资相对较为落后，2017 年仅为 2534.8 亿美元，尚不到对外投资额的 1/6，图 3-7-4 是 1996 年年末至 2017 年年末日本对外、对内直接投资存量的变化情况。

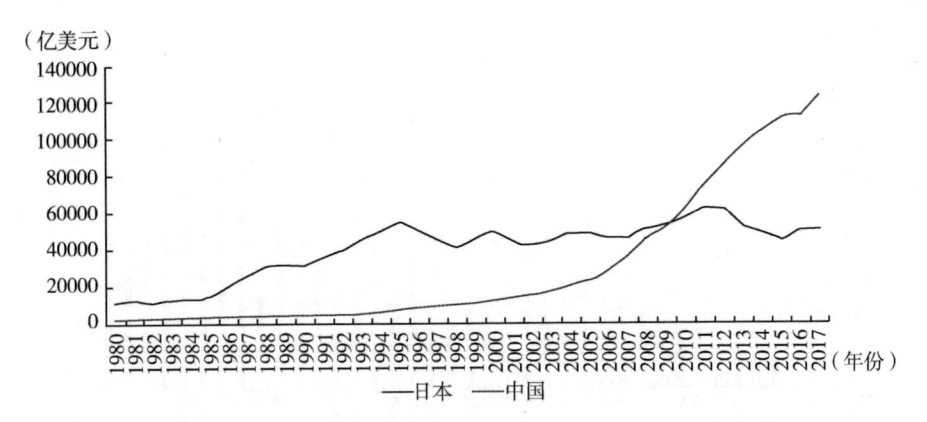

图 3-7-1　1980—2017 年中国和日本 GDP 的变化（现价美元）

资料来源：世界银行，由笔者整理。

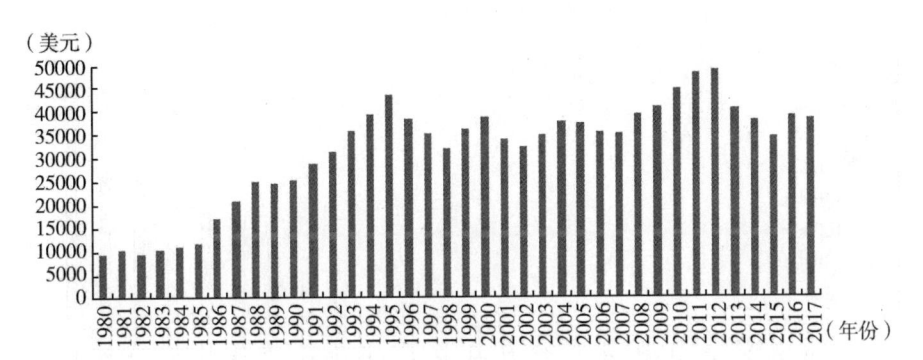

图 3-7-2　1980—2017 年日本人均 GDP（现价美元）的变化情况

资料来源：世界银行，由笔者整理。

截至 2018 年 3 月 1 日，日本的人口总数约为 1.26 亿人，居世界第 10 位，人口密度为 340 人/平方千米，是世界人口密度较大的国家之一。日本人口的区域分布差异较大，全国超过 500 万人口的都道府县有 8 个，人口超过 100 万的城市有 12 个，东京、大阪、名古屋被称为 3 大都市圈，3 大城市圈 50 千米范围内的人口占日本总人口的 50%，其中，东京都区部（23 区）人口数 927 万，首都圈的人口数则高达 3700 万①，是全球规模最

---

① 首都圈也称东京都市圈，由东京都、埼玉县、千叶县、神奈川县共一都三县组成。

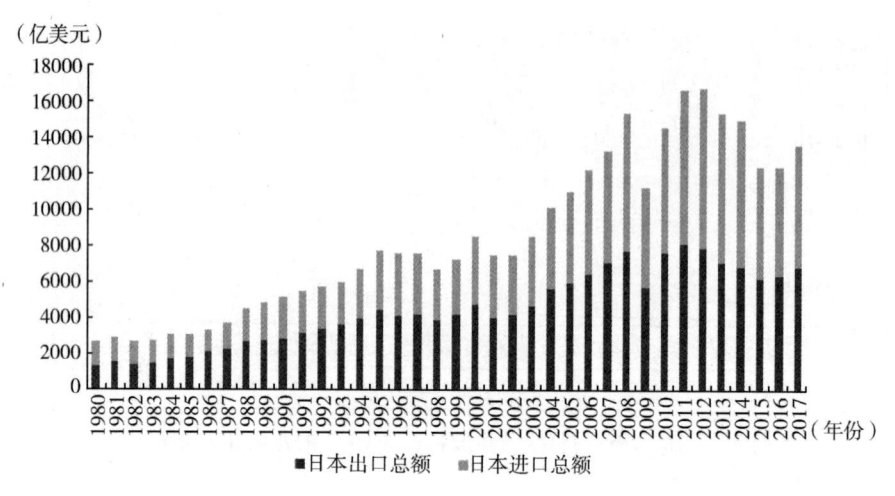

图 3-7-3 1980—2017 年日本进出口贸易额的变化情况

资料来源：联合国商品贸易统计数据库（UN COMTRADE），由笔者整理。

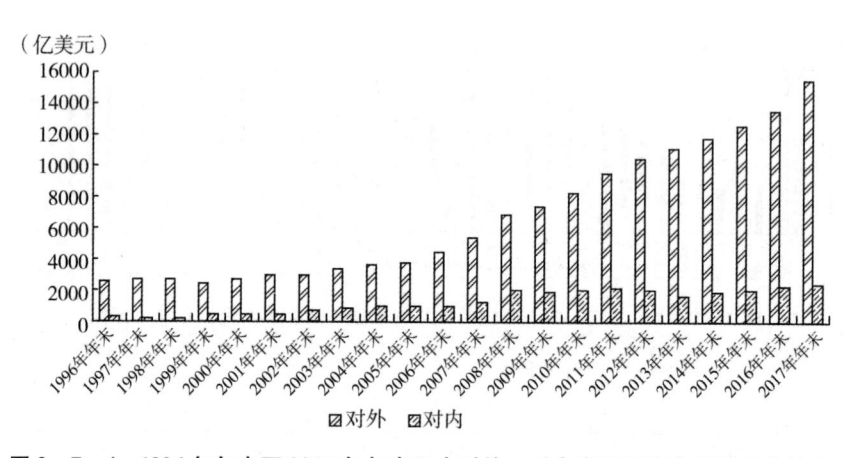

图 3-7-4 1996 年年末至 2017 年年末日本对外、对内直接投资存量的变化情况

注：由于国际收支统计的基准变更，2013 年以前的数据和 2014 年以后的数据没有连续性。

资料来源：日本贸易振兴机构（JETRO），由笔者整理。

大的都会区，亦为亚洲最重要的世界级城市。东京是传统上的全球四大世界级城市之一①，2017 年 GDP 达 7590 亿美元，仅次于纽约（9007 亿美

---

① 传统上的全球"四大世界级城市"分别是日本东京、美国纽约、英国伦敦、法国巴黎。

元），居全球城市 GDP 排名第二位。

（二）日本工业化发展历程及制造业国际地位

1. 日本工业化发展历程

日本的工业化始于 1868 年的"明治维新"。明治政府提出了"殖产兴业"的政策，并抓住了欧美工业革命的契机，在短短的时间里从一个落后的农业国变成了资本主义工业化强国，在 20 世纪前 20 年日本完成了早期工业化任务。第一次世界大战结束后，日本经济快速稳定发展，工业化程度得到了较大提高。1938 年，三次产业的 GDP 比重达到了 15.9∶51.8∶32.3（南亮进，1992）。

第二次世界大战使日本经济遭到严重破坏，战后为了尽快恢复经济，日本政府实行了倾斜生产方式，以煤炭和钢铁两个基础材料工业作为经济复兴的突破口，通过集中性的资源投入促进这两个部门的增长，从而带动其他产业的发展。1950 年朝鲜战争爆发，特需订货增加，带动了出口及生产出口商品的纺织、食品、金属、钢铁、机械等产业的迅速发展以及技术水平的显著提高，对日本经济恢复起到了促进作用。从 1956 年开始，日本工业化进程加快，经济进入高速增长阶段。在 20 世纪 60 年代 GDP 平均增长率达到 10.12%，第二产业增加值也一直保持着两位数的增长，在三次产业中的份额持续上升，吸纳就业的份额也保持上升的态势，1965—1971 年日本主要制成品产量增长占全球产量增长的比重依次为钢铁占 54%，造船占 54%，汽车占 46%，电子机械中的民用产品占 90%（唐杰、蔡增正，2002）。

进入 20 世纪 70 年代以后，第三产业增速超过第二产业并保持着较高的就业增长率，成为日本产业结构进一步优化的主要推动力量。80 年代初期三次产业的构成变为 3.6∶37.8∶58.7，具体见表 3-7-2。与此同时，日本也发展成为全球科技创新大国。据 1983 年日本《通商白皮书》统计，在 159 项关键技术中，日本领先于美国、西欧的有 39 项，与美国、西欧接近的有 38 项，落后的为 16 项。80 年代中期，日本在新兴的半导体产业技术等许多方面超过了美国，赢得了占全球半数以上的市场份额，确立了美国之后新的全球制造中心的地位，成为仅次于美国的世界第二大经济体。至此，日本也成功实现工业化，迈入发达国家行列。自90年代以来，虽然泡沫经济破灭，日本经济陷入长期低迷，但制造业增加值占GDP的比重一直维持在19%以上，为日本经济的恢复和发展提供了重要的推动力。

表3-7-2　　　　　　　　日本三次产业构成的变化　　　　　　　　单位：%

年份	1947	1955	1960	1970	1980	1990
增加值						
第一产业	38.8	19.2	12.8	5.9	3.6	2.4
第二产业	26.3	33.7	40.8	43.1	37.8	37.2
制造业	—	27.5	33.8	34.9	28.2	27.5
第三产业	34.9	47.0	46.4	50.9	58.7	60.4
就业人数						
第一产业	53.4	41.0	32.6	19.4	10.9	7.1
第二产业	22.2	23.5	29.2	34.0	33.6	33.2
制造业	16.3	17.6	21.8	26.0	23.6	23.6
第三产业	23.0	35.5	38.2	46.6	55.4	59.1

资料来源：小浜裕久：『戦後日本の産業発展』，日本評論社，2001年。

2. 日本制造业的国际地位

2016年，日本制造业的增加值总额超过1万亿美元（见图3-7-5），占全球制造业增加值近9%。日本不仅是仅次于中国和美国的世界第三制造大国，也是世界制造强国，拥有上百种世界著名品牌，在半导体、精密电子仪器、节能环保、新材料以及新能源汽车等领域掌握着核心技术和关键零部件生产能力，处于全球价值链的上游。目前，日本工业机器人的出货额约3400亿日元，占世界市场份额的一半。日本企业生产的传感器也占世界市场份额的一半，特别是光感、温感传感器等高端产品所占世界市场的份额高达70%。此外，日本企业的创新能力全球领先，在Clarivate Analytics发布的2016年全球最具创新企业100强中，美国和日本分别以39家与34家企业，遥遥领先于其他国家。世界经济论坛"塑造制造业的未来"

系统行动倡议项目小组发布的《2018年"制造业的未来"准备状况报告》指出,在20国集团中,日本拥有最强大的制造业结构,且在受评估的100个国家和经济体中排名第一。2016年,日本政府又推出了构建"超智慧社会"(又称"社会5.0")的战略,旨在借助新科技革命和产业变革推动制造业转型,乃至实现整个社会的变革。

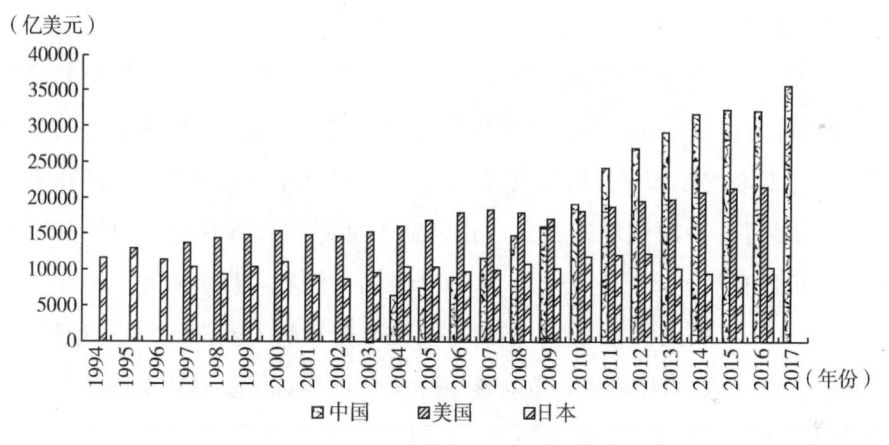

图 3-7-5 日本、美国和中国制造业增加值

注:中国没有2004年以前的数据,日本没有2017年的数据,美国没有1997年以前和2017年的数据。

资料来源:世界银行,由笔者整理。

二 中日产能合作发展演变轨迹及现状

新中国成立以来,中日经贸交往与产能合作走过了一条不平坦的道路,经历了从民间交往到半官半民间交往,再到官方交往的变化,特别是1972年中日复交以来的40多年,在两国政府和经济界的共同努力下,两国的经济关系获得了长足的发展,从商品贸易领域逐步扩大到了技术贸易、企业投资、能源合作、资金合作等广泛的领域。在这些领域中的合作与交流,已成为两国对外经济关系中非常重要的组成部分,并对两国经济的发展发挥了积极的推动作用。

(一) 中日经贸交往发展演变轨迹与现状

从新中国成立到中日复交前,两国的经贸交往关系主要是民间层次上的,但政府在民间交往的过程中发挥了较大的影响,其特点为"民间贸易为主、以民促官、半官半民"。两国经济交往的主要形式是商品贸易,而且规模很小,直到1972年中日恢复邦交之际,两国贸易规模只有11亿美元(程永明等,2006)。

1972年9月《中日联合声明》的发表,使长期以来影响中日贸易发展的政治障碍得以清除,中日经贸往来转向"政府主导、官民并举"的新时期。《中日贸易协议》(1974年7月)、《中日和平友好条约》(1978年8月)的签订,为深化双方经贸合作创造了良好的外部环境。中日贸易额1978年迅速升至48.2亿美元,为1972年的4倍多(程永明等,2006)。

党的十一届三中全会后,随着中国改革开放的不断深入,中日经贸关系也进入贸易、直接投资、政府资金合作(日本对华政府开发援助)的全面发展时期。双边贸易突飞猛进,1981年突破100亿美元,1990年突破200亿美元大关。自1993年起,日本连续11年成为中国最大贸易伙伴。[①] 中国则是日本的第二大贸易伙伴,其中,1996年、1997年两国贸易额超过600亿美元,是1972年两国复交之初双边贸易额的60多倍。

2001年12月加入WTO以后,中国全方位融入经济全球化,中日经贸的发展速度进一步加快,在2002年、2006年和2010年,中日贸易额又历史性地分别突破1000亿美元、2000亿美元和3000亿美元大关;中国分别于2007年和2009年成为日本第一大贸易伙伴和第一大出口市场。2011年,双边贸易额超过3400亿美元,达到历史峰值,平均每天约有近10亿美元的货物往返于两国间,这一数量相当于1972年恢复邦交时近1年的双边贸易总额。

2012年以后,受世界经济形势总体低迷及钓鱼岛事件影响,双边贸易

---

① 自2004年起,日本被欧盟和美国超过,降为中国第三大贸易伙伴国;自2011年起,又相继被东盟、中国香港超过,降至第五位。

连续5年负增长。2017年，党的十九大之后中国稳定开局、安倍连任日本首相，中日两国政治稳定，为两国经贸合作带来新机遇，双边贸易额较2016年增长10.23%，重返3000亿美元的规模，再次步入增长的轨道。中国对日进口、出口以及贸易总额所占中国对外贸易的比重具体见表3-7-3。

表3-7-3　　　　1992—2017年中日双边贸易进出口额及比重

单位：亿美元，%

年份	中国对日本进口总额	对日本进口占中国进口总额比重	中国对日本出口总额	对日本出口占中国出口总额比重	中日贸易额占中国贸易总额比重	日本对中国进口总额	对中国进口占日本进口总额比重	日本对中国出口总额	对中国出口占日本出口总额比重	日中贸易额占日本贸易总额比重
	中方统计数据					日方统计数据				
1992	136.82	16.98	116.79	13.75	15.32	169.26	7.26	119.26	3.51	5.04
1993	232.89	22.40	157.77	17.20	19.96	204.37	8.49	171.58	4.75	6.25
1994	263.27	22.77	215.79	17.83	20.25	274.84	10.00	186.94	4.73	6.89
1995	290.04	21.96	284.67	19.13	20.46	360.17	10.72	219.91	4.96	7.45
1996	291.81	21.02	308.86	20.45	20.72	404.36	11.58	218.87	5.33	8.20
1997	289.95	20.37	318.39	17.42	18.71	418.77	12.36	217.46	5.16	8.37
1998	282.75	20.16	296.60	16.14	17.88	370.88	13.22	200.86	5.18	8.55
1999	337.63	20.38	324.11	16.63	18.35	428.53	13.82	233.40	5.59	9.10
2000	415.10	18.44	416.54	16.72	17.53	551.07	14.51	303.82	6.34	9.95
2001	427.87	17.57	449.41	16.89	17.21	578.65	16.57	309.94	7.68	11.81
2002	534.66	18.11	484.34	14.88	16.42	617.84	18.30	398.25	9.56	13.47
2003	741.48	17.96	594.09	13.56	15.69	754.72	19.68	574.17	12.16	15.53
2004	943.27	16.81	735.09	12.39	14.54	943.40	20.72	739.39	13.07	16.48
2005	1004.08	15.21	839.86	11.02	12.97	1084.78	21.03	800.74	13.46	16.97
2006	1156.73	14.62	916.23	9.46	11.78	1185.26	20.47	927.70	14.34	17.24
2007	1339.51	14.01	1020.62	8.37	10.85	1279.22	20.56	1092.71	15.30	17.75
2008	1506.00	13.30	1161.32	8.12	10.41	1432.30	18.78	1249.01	15.98	17.37
2009	1309.38	13.02	979.11	8.15	10.37	1225.74	22.21	1097.27	18.90	20.51
2010	1767.36	12.66	1210.44	7.67	10.01	1532.03	22.07	1494.51	19.41	20.68
2011	1945.68	11.16	1482.69	7.81	9.41	1838.82	21.50	1620.35	19.68	20.61

续表

年份	中方统计数据					日方统计数据				
	中国对日本进口总额	对日本进口占中国进口总额比重	中国对日本出口总额	对日本出口占中国出口总额比重	中日贸易额占中国贸易总额比重	日本对中国进口总额	对中国进口占日本进口总额比重	日本对中国出口总额	对中国出口占日本出口总额比重	日中贸易额占日本贸易总额比重
2012	1778.32	9.78	1516.27	7.40	8.52	1885.00	21.27	1441.85	18.05	19.75
2013	1622.46	8.32	1501.33	6.80	7.51	1809.78	21.72	1294.01	18.10	20.05
2014	1629.21	8.32	1493.91	6.38	7.26	1812.94	22.32	1263.61	18.31	20.48
2015	1429.03	8.51	1356.16	5.97	7.05	1605.60	25.67	1092.78	17.49	21.58
2016	1456.71	9.17	1292.68	6.16	7.46	1565.53	25.79	1138.30	17.65	21.60
2017	1657.94	8.99	1372.59	6.06	7.38	1644.79	24.50	1327.86	19.02	21.70

资料来源：根据联合国商品贸易统计数据库（UN COMTRADE）相应数据计算而成。

从贸易结构上看，日本对中国出口的主要产品是包括半导体等电子元件在内的电气机械及器材，包括半导体制造设备、发动机在内的通用机械，包括汽车及其零部件在内的运输机械及器材以及化学制品等资本密集型产品（见表3-7-4）。从中国对日本出口看，矿石、矿物性燃料及木材等初级产品比重不断下降，制成品的比重不断上升。2017年中国向日本出口的通用机械、电气机械及器材、运输机械及器材所占比重达到49.21%（见表3-7-5）。这反映了中日贸易商品结构已由20世纪八九十年代以原材料、纺织品等低附加值产品为主逐渐过渡到以机电产品等技术含量高的产品为主。出口结构不断优化，分工结构也由垂直分工向水平分工转移。

表3-7-4　　　　　　　中国自日本进口产品构成　　　　　　单位：%

产品	2005年	2010年	2015年	2016年	2017年
食品	0.44	0.35	0.46	0.54	0.46
原料	3.37	3.07	3.33	2.88	2.91
矿物燃料	1.51	1.33	0.77	0.89	0.79
化学制品	13.03	12.88	15.31	15.16	15.44
有机化合物	5.77	4.30	5.54	4.66	4.78

续表

产品	2005 年	2010 年	2015 年	2016 年	2017 年
制药	0.19	0.26	0.54	0.61	0.60
塑料	4.39	5.04	5.46	5.61	5.52
按原料分类的产品	16.49	14.52	13.00	12.41	11.79
钢铁	7.03	5.26	4.18	3.75	3.70
有色金属	1.90	3.21	2.97	2.72	2.58
金属制品	1.62	1.70	1.83	1.83	1.76
纺织品用线、纤维产品	3.77	1.96	1.85	1.79	1.55
非金属矿物制品	1.02	1.30	1.29	1.40	1.30
橡胶制品	0.43	0.58	0.51	0.52	0.48
纸和纸制品	0.61	0.44	0.33	0.35	0.37
通用机械	21.26	22.43	19.20	20.40	22.24
发动机	2.45	3.37	2.32	2.64	2.73
电子计算机类（含外部设备）	0.63	0.30	0.22	0.22	0.24
计算机零部件	2.89	1.55	1.74	1.66	1.43
半导体制造设备	—	2.32	3.21	4.01	4.93
金属加工机械	2.60	2.43	2.34	1.91	2.12
泵/离心机	1.36	1.81	1.57	1.72	1.67
建筑和采矿机械	0.51	1.23	0.15	0.16	0.20
货物装卸机	0.93	1.19	0.52	0.53	0.66
加热/冷却设备	0.94	0.62	0.50	0.53	0.46
纺织机械	0.96	0.83	0.49	0.52	0.64
轴承	0.40	0.63	0.65	0.65	0.66
电气机械及器材	25.87	23.45	23.66	23.56	22.68
半导体等电子元件	8.13	7.98	7.52	7.48	7.02
集成电路（IC）	5.26	5.61	5.45	5.37	5.07
音响、影像设备	0.72	1.38	0.84	0.89	0.78
录像/播放设备	0.55	1.29	0.74	0.81	0.69
电视机	0.04	0.02	0.07	0.05	0.07
音响、影像设备的零部件	3.51	0.99	0.92	0.87	0.72
重型电机设备	1.31	1.39	1.43	1.32	1.32
通信设备	0.47	1.04	2.34	1.82	1.62

续表

产品	2005 年	2010 年	2015 年	2016 年	2017 年
电气测量仪器	1.57	1.72	1.92	2.15	2.12
电路板等设备	4.08	4.02	3.69	3.93	4.23
电池	1.37	1.00	0.69	0.76	0.68
运输机械及器材	5.03	10.22	8.91	10.04	9.37
汽车	1.61	4.72	3.77	4.34	3.76
轿车	1.46	4.18	3.74	4.31	3.71
公共汽车、卡车	0.14	0.54	0.03	0.03	0.05
汽车零部件	3.21	5.28	4.85	5.44	5.45
摩托车	0.00	0.00	0.01	0.01	0.00
航空器材类	0.00	0.00	0.01	0.01	0.00
船舶	0.01	0.00	0.00	0.00	0.00
其他	13.00	11.73	15.35	14.12	14.32
科研光学设备	5.15	4.31	6.85	5.90	6.14
摄影和电影材料	0.47	0.46	0.56	0.61	0.61

资料来源：根据日本贸易振兴机构（https://www.jetro.go.jp/）的统计数据计算而成。

表 3-7-5　　　　中国对日本出口产品构成　　　　单位：%

产品	2005 年	2010 年	2015 年	2016 年	2017 年
食品	7.24	5.22	5.02	5.09	4.94
鱼类和贝类	2.84	1.71	1.47	1.58	1.62
肉类	0.86	0.65	0.61	0.57	0.62
谷物类	0.44	0.24	0.21	0.19	0.16
蔬菜	1.71	1.37	1.45	1.51	1.46
果实	0.54	0.42	0.43	0.43	0.42
原料	1.55	1.17	1.13	1.11	1.09
木材	0.26	0.18	0.12	0.12	0.10
有色金属矿	0.12	0.02	0.01	0.01	0.01
铁矿石	0.00	0.00	0.00	0.00	0.01
大豆	0.11	0.03	0.02	0.02	0.02
矿物性燃料	3.03	1.14	0.54	0.50	0.60

续表

产品	2005年	2010年	2015年	2016年	2017年
原油及粗油	0.25	0.07	0.01	0.00	0.00
石油产品	0.54	0.37	0.11	0.09	0.14
挥发油	0.46	0.25	0.02	0.01	0.02
煤	1.68	0.56	0.12	0.14	0.23
化学产品	3.92	5.70	5.77	5.74	6.12
有机化合物	0.92	1.42	1.78	1.74	1.82
医药品	0.25	0.40	0.46	0.50	0.46
按原料分类的产品	12.09	11.47	11.78	11.51	11.48
钢铁	1.57	1.13	0.95	0.80	0.89
有色金属	1.57	1.32	1.06	0.95	1.15
金属制品	2.61	2.85	3.43	3.39	3.27
纺织品用线、纤维产品	2.80	2.74	2.82	2.87	2.79
非金属矿物制品	1.66	1.53	1.50	1.44	1.40
木制品等（除家具）	1.00	0.77	0.79	0.79	0.73
通用机械	17.14	16.80	16.42	16.41	16.87
发动机	0.25	0.54	0.78	0.79	0.74
电子计算机类（含外部设备）	9.39	8.18	7.66	7.63	8.02
电子计算机零部件	3.26	2.58	1.76	1.84	1.83
电气机械及器材	19.11	25.89	29.11	29.74	29.67
半导体等电子元件	1.61	2.03	3.54	3.02	2.70
集成电路（IC）	1.07	1.14	0.75	0.78	1.04
绝缘导线、绝缘电缆	—	1.73	1.38	1.31	1.27
音响、影像设备（含零部件）	6.88	7.86	3.47	3.51	3.67
重型电机设备	2.06	1.95	1.77	1.80	1.81
通信设备	1.26	5.81	11.70	12.74	12.59
电话机	—	—	—	9.24	8.84
电气测量仪器	0.39	0.45	0.68	0.71	0.76
运输机械及器材	1.44	1.84	2.51	2.62	2.67
汽车	0.01	0.01	0.02	0.03	0.05
汽车的零部件	0.61	1.05	1.66	1.79	1.83
航空器材类	0.00	0.00	0.01	0.01	0.01

续表

产品	2005年	2010年	2015年	2016年	2017年
其他	34.48	30.77	27.72	27.27	26.57
科研光学机器	2.58	1.87	1.78	1.80	1.81
服装及配饰	16.68	14.31	11.77	11.24	10.52
家具	2.29	2.16	2.34	2.42	2.40
箱包类	1.78	1.84	1.52	1.52	1.45

资料来源：根据日本贸易振兴机构（https://www.jetro.go.jp/）的统计数据计算而成。

（二）中日相互投资发展演变轨迹及现状

1. 日本企业对华直接投资

自党的十一届三中全会决定实施改革开放政策，并颁布《中外合资经营企业法》（1979年7月）批准引进外资以后，日本就开始在中国进行各种投资活动。改革开放以来，日本对华投资在1988年、1997年、2005年、2012年出现过四次投资高潮，见图3-7-6。

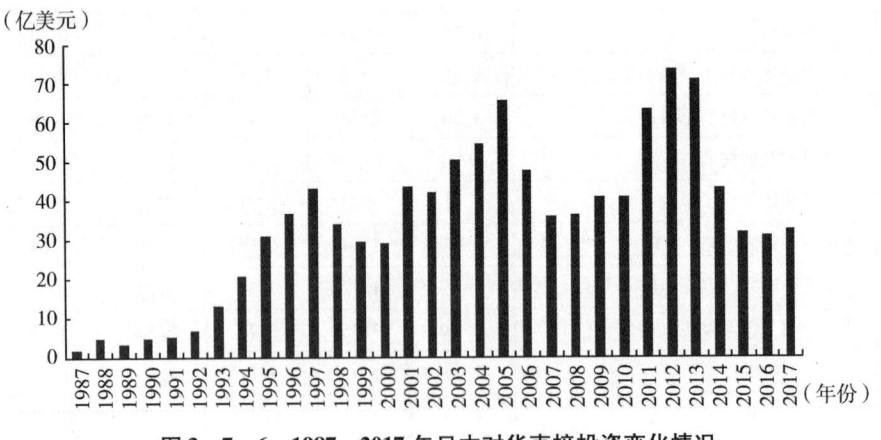

图 3-7-6　1987—2017 年日本对华直接投资变化情况

资料来源：商务部外资统计、国家发改委利用外资和境外投资司子站，由笔者整理。

20世纪80年代，《中华人民共和国政府和日本政府关于对所得避免双重征税和防止偷漏税的协定》（1983年9月）、《中华人民共和国和日本国关于鼓励和相互保护投资协定》（1988年8月）的签订，有效地打消了日本企业对华投资的顾虑，在 80 年代中后期，日本企业对华直接投资出现了第一次高潮。这一时期日本对华投资基本遵循"边际产业转移论"[1]，即从日本国内处于比较劣势的纺织业、食品业等初级产品和劳动密集型产业开始，还包括一些已经实现技术标准化的电子、电器产品组装产业（见表 3-7-6）。其中，投资件数最多的是纺织业，1988 年为 23 件，占对华投资项目数的 13.45%，此后，投资件数不断上升，1991 年达 87 件，占当年对华投资的件数超过 1/3。投资金额最大的则是电气机械及器材制造业，1988 年为 1101.29 亿日元，占对华直接投资金额的 1/3 以上。[2]

表 3-7-6　　　　日本对华制造业直接投资的产业构成　　　　单位：%

	1988 年		1991 年		1995 年		2000 年		2004 年		1951—2004 年的累计	
	件数	金额	件数	金额	件数	金额	件数	金额	件数	金额	件数	金额
食品	11.70	5.51	4.47	3.27	4.29	3.17	4.72	2.10	6.09	2.31	5.74	3.70
纺织	13.45	5.40	35.37	12.11	33.12	10.54	3.77	2.69	4.99	2.43	24.36	6.49
木材和纸浆	3.51	1.31	0.41	0.18	1.69	1.56	0.94	0.54	0.83	1.23	1.56	1.01
化学	4.68	2.89	2.44	1.85	4.29	3.19	8.49	5.92	10.25	6.18	5.72	5.48
金属制造	4.68	3.38	4.47	1.97	7.66	8.04	7.55	4.12	9.14	8.68	6.21	6.02
机械	6.43	4.06	2.03	5.02	7.53	10.72	7.55	8.48	10.53	9.38	6.62	8.59
电机	8.77	34.14	8.94	21.32	12.21	20.94	31.13	32.00	13.02	10.32	10.92	16.85
运输机械	1.17	1.67	0.81	1.50	5.84	8.57	7.55	8.86	17.73	36.57	6.03	13.10
其他	14.04	10.06	13.41	6.09	11.04	11.24	9.43	10.68	11.63	5.74	11.91	9.08
制造业占比	68.42	68.42	72.36	53.31	87.66	77.97	81.13	75.40	84.21	82.84	79.07	70.31

资料来源：财务综合政策研究所：『财政金融统计月报』1995—2006 年相关各期，由笔者整理。

1992 年邓小平南方谈话之后，中国着手建立社会主义市场经济体制，

---

[1] 自 70 年代起，日本开始大规模向亚洲转移产业，其对亚洲的投资一直奉行"边际产业转移论"。所谓"边际产业转移论"是由日本经济学家小岛清提出的，基本观点是：对外直接投资应该从本国（投资国）已经处于或者即将处于比较劣势的产业（边际产业），转移到该产业正处于优势地位或具有潜在比较优势的国家，这样对投资国和承接国都是一种福利最大化的选择。

[2] 财务综合政策研究所：『财政金融统计月报』1995 年第 12 期。

外商企业的投资环境逐步改善，无论在基础建设方面，还是在法律规范方面，都较20世纪80年代有了长足的进步，吸引了大批日本企业来华投资，投资规模迅速扩大，90年代中期日本企业对华投资迎来了第二次高潮。就制造业来看，1993年、1994年、1995年连续三年投资项目数都在500件以上，金额也不断增加，1995年更是达到675件，金额为3367.69亿日元（见图3-7-7）。其中，纺织业的投资件数和投资额也在1995年达到历史峰值，分别为255件和455.33亿日元。① 此外，通用机械、运输机械等资本密集型产业的投资件数和投资额也明显增多，1995年分别为58件、463.14亿日元和45件、370.10亿日元。受1997年亚洲金融危机影响，日本对华直接投资从1998年开始出现了较大的回落，具体见图3-7-6、图3-7-7。

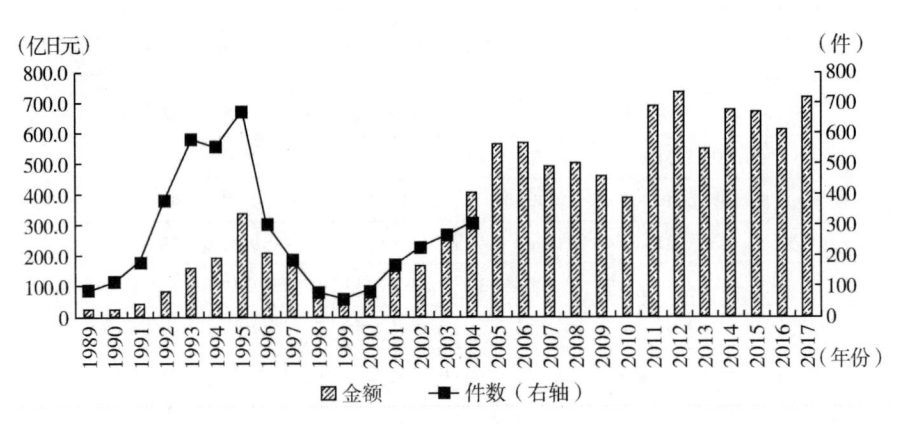

图3-7-7　1989—2017年日本对中国制造业直接投资规模（流量）和项目数变化情况

注：①由于2004年、2014年统计标准的变更，2003年以前的数据、2003—2014年、2014年以后的数据没有连续性。②2004年以后没有投资项件数的数据。

资料来源：財務総合政策研究所：『財政金融統計月報』1995—2013年相关各期；日本银行：国际收支统计相关各年。由笔者整理。

2001年12月，中国加入WTO以后实现全方位对外开放，加之西部大开发战略的实施，进一步激发了日本企业的投资热情，2005年日本对华投资出现了第三次高潮，投资额为65.30亿美元，比上一年增长19.8%，这一时

---

① 財務総合政策研究所：『財政金融統計月報』2000年第12期。

期，随着中国工业化的进展、产业结构的不断升级、技术水平的不断提高，中国市场竞争日益激烈，日本对华直接投资开始从边际产业转向比较优势产业，投资项目的技术含量也逐渐提高。从整体来看，在日本对华投资中制造业所占比例不断上升，2004年投资件数和金额占比均超过80%。从产业构成来看，在20世纪90年代占主导地位的纺织业的投资件数和金额占比大幅下降，而运输机械等资本（技术）密集型产业所占比重迅速增加，2004年，运输机械（主要是汽车工业）的投资金额和件数所占比重超过电气机械及器材制造业，跃居对华投资的首位（见表3-7-6）。这反映了汽车业成为日本对华投资的重点。不仅如此，在华日资企业的投资方式和经营方式也发生了重大变化，独资企业增多，具有地区统合性质的投资公司大量出现。

此后，日本对华直接投资进入了稳定和成熟阶段，在2012年达到7334亿日元的峰值后，受中日关系以及中国要素成本上升等因素影响，日本对华投资连续四年出现负增长。2017年，随着日本经济的持续复苏以及中日关系的改善，日本对华投资重新步入增长的轨道。中国商务部的数据显示，2017年日本对华投资实际投入金额为32.7亿美元，较上年增长5.1%，排在中国香港、新加坡、韩国和中国台湾之后，居第五位，较2016年年末上升了两位。从存量看，截至2017年年底，日本对华直接投资累计1082亿美元，居中国吸收外资来源国家和地区的第三位。据日方统计，2017年日本对华制造业的直接投资额也止跌回升，金额为7178亿日元，历史上第二次突破7000亿日元，占日本对华直接投资的比重超过2/3。其中，对一般机械、电气机械和运输机械行业的投资为5242亿日元，超过日本对华直接投资总额的一半（见表3-7-7）。

表3-7-7　　2014—2017年日本对中国直接投资（流量）的主要行业分布

单位：亿日元，%

行业	2014年		2015年		2016年		2017年	
	金额	占比	金额	占比	金额	占比	金额	占比
制造业合计	6794	61.45	6744	58.95	6116	57.29	7178	68.71

续表

行业	2014年 金额	占比	2015年 金额	占比	2016年 金额	占比	2017年 金额	占比
食品	279	2.52	358	3.13	221	2.07	376	3.60
纺织品	15	0.14	-5	-0.04	50	0.47	134	1.28
木材、纸浆	101	0.91	181	1.58	39	0.36	-103	-0.98
化学、医药	717	6.49	731	6.39	722	6.77	677	6.48
石油	37	0.33	44	0.38	42	0.39	39	0.38
橡胶、皮革	255	2.31	281	2.46	-61	-0.58	109	1.04
玻璃、陶瓷	250	2.26	181	1.58	223	2.09	426	4.08
金属	503	4.55	163	1.43	254	2.38	77	0.74
通用机械设备	1403	12.69	1239	10.83	1578	14.79	1070	10.24
电气机械设备	1083	9.80	1175	10.27	1037	9.72	1828	17.50
运输机械设备	1819	16.45	2165	18.93	1956	18.32	2344	22.44
精密机械设备	161	1.46	26	0.22	88	0.82	26	0.25
非制造业合计	4261	38.55	4697	41.06	4559	42.71	3268	31.29
农业和林业	2	0.02	5	0.04	6	0.05	—	—
渔业	—	—	—	—	-10	-0.09	6	0.06
矿业	—	—	-19	-0.17	16	0.15	-52	-0.50
建筑业	35	0.32	36	0.31	61	0.57	15	0.14
运输业	52	0.47	6	0.06	118	1.10	49	0.47
通信业	26	0.23	40	0.35	18	0.17	-11	-0.11
批发零售业	2024	18.31	2650	23.16	3115	29.18	2807	26.87
金融保险业	1621	14.66	1232	10.77	916	8.58	529	5.07
房地产业	246	2.23	452	3.95	200	1.87	-191	-1.83
服务业	180	1.63	225	1.97	160	1.50	135	1.29
合计	11055	100.00	11440	100.00	10675	100.00	10446	100.00

资料来源：根据日本银行的国际收支统计数据计算而成。

从地区分布看，日资企业虽然仍主要集中于东部沿海地区，但呈现出向内陆和西部地区扩展的趋势。如前所述，早期的日本对华投资主要是利用中国廉价的劳动力，进行劳动密集型的投资，目的是降低成本，增强价格竞争优势，将产品转销日本国内或外销国际市场，即实行出口导向型的投资战略,投资主要分布在与日本地理接近、经贸联系比较多、基础设施比较完善的长三角以及环渤海湾的辽宁、山东、天津等地。20 世纪 90 年代,随着华南地区电子产业集群的形成,日本对华直接投资逐渐扩展到珠三角地区,以生产电子零部件为主。进入 21 世纪以来,随着东部沿海地区要素成本的上升,一些日资企业开始向湖北、重庆等中西部地区转移,也有一些劳动密集的企业选择向越南、缅甸等东南亚国家转移。2017 年日本对华投资的主要地区分布见表 3-7-8。

表 3-7-8　　　　2017 年日本对华投资的主要地区分布

地区	实际使用金额（亿美元）	增长率（%）
北京	2.96	138.7
天津	8.10	-18.3
河北	3.35	23.2
上海	7.88	62.7
浙江	4.80	18.7
福建	3.00	249.9
辽宁	2.90	16.7
广东	4.30	-0.3
山东	6.25	11.3
湖北	6.55	6.2
重庆	1.67	-19.4

资料来源:日本貿易振興機構海外調査部中国北アジア課:『2017 年の対中直接投資動向』,2018 年 6 月。

2. 中国企业对日直接投资

在两国复交后的相当长的一段时期内,由于经济实力的差距,两国间的资本流动主要以日本对华直接投资的单向流动为主,中国对日投资不仅规模小,而且主要集中在非制造业领域。1979 年 11 月,中国在日本开办了第一家合资企业。但当时由于中国企业没有外汇自主权,投资实力十分薄弱。截至 1991 年年底,中国累计在日本开办各类合资企业 53 家,协议总投资额为 3230.57 万美元，其中中方投资额为 891.88 万美元，仅占总投资额的 27.6%；日方投资额为 238.68 万美元，所占比重为 72.4%。这些合资企业涉及的行业主要为工技贸结合类、餐饮旅游类、维修咨询服务类、交通运输类、承包与卫生医疗类等。在 53 家投资企业中，以设备、原材料和技术投资的有 16 家，以现汇投资的有 37 家（对外贸易经济合作部政策和发展司等，1995）。进入 21 世纪后，随着中国经济发展水平的提高，在"走出去"战略的推动下，中国企业对日投资有了进一步的发展，中日间资本单向流动的格局开始向双向互动转变，呈现如下特征。

（1）增量发展迅速，投资地位逐步上升。

中国企业对日直接投资虽然起步较晚，但近年来呈现出快速增长态势。从投资存量看，中国企业对日直接投资存量从 2000 年年末的 0.84 亿美元增加到 2017 年年末的 25.44 亿美元，增长了近 30 倍（见图 3-7-8）。

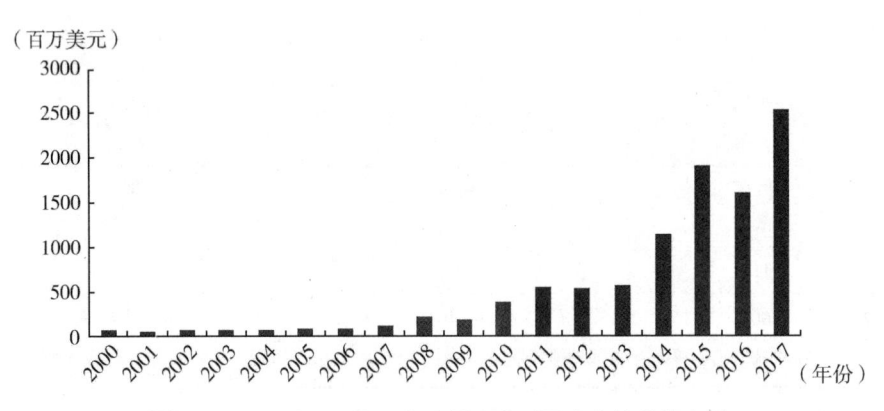

图 3-7-8　2000—2017 年中国企业对日本直接投资存量

注：由于国际收支统计的基准变更，2013 年以前的数据和 2014 年以后的数据没有连续性。
资料来源：根据日本贸易振兴机构（JETRO）的直接投资统计数据制作。

虽然从目前看，欧美等主要发达国家和地区仍然是日本外资的主要来源地，但随着中国对日本直接投资的增速加快，中国对日直接投资在日本引进外资中的地位有所上升，占对日直接投资存量的比重由 2001 年的 0.17% 上升到 2017 年的 1%（见表 3-7-9）。

表 3-7-9　　主要国家和地区对日直接投资（存量）比重　　单位：%

年份	中国	亚洲新兴工业经济体（NIECS）					东盟	美国	经合组织（OECD）	EU
		中国香港地区	中国台湾地区	韩国	新加坡	合计				
2000	0.17	3.49	2.98	0.21	0.80	7.48	0.93	28.11	85.01	47.11
2001	0.14	2.80	2.77	0.38	0.60	6.55	0.54	36.60	89.98	44.99
2002	0.10	1.86	1.76	0.27	0.61	4.50	0.70	45.54	92.29	38.87
2003	0.10	2.00	1.77	0.27	1.16	5.20	1.29	40.75	89.37	40.68
2004	0.09	2.20	1.65	0.55	1.42	5.81	1.54	42.00	91.24	39.57
2005	0.09	2.58	1.37	0.31	2.13	6.39	2.23	43.32	85.42	35.29
2006	0.09	1.79	1.37	0.39	3.91	7.46	4.00	39.00	81.24	36.80
2007	0.09	1.72	1.15	0.52	3.45	6.83	3.53	33.46	79.53	41.17
2008	0.11	1.57	0.93	0.60	4.91	8.01	4.99	36.37	78.63	36.98
2009	0.10	1.33	1.00	0.72	5.32	8.37	5.50	37.50	79.23	37.42
2010	0.19	1.88	1.05	0.90	6.47	10.31	6.80	33.76	76.78	38.30
2011	0.25	2.03	1.06	0.98	7.09	11.16	7.44	31.34	78.28	41.68
2012	0.27	2.79	1.22	1.38	7.46	12.85	7.83	29.94	78.92	39.39
2013	0.34	3.19	1.33	1.22	7.83	13.58	8.24	30.72	79.88	40.13
2014	0.59	3.79	1.66	1.18	7.28	13.92	8.23	29.04	79.38	41.86
2015	0.93	4.22	2.13	1.57	7.30	15.22	8.47	27.61	77.94	42.36
2016	0.67	3.95	2.71	1.42	8.39	16.46	9.59	25.16	76.96	43.79
2017	1.00	3.36	2.36	1.60	8.90	16.23	10.16	23.36	76.27	44.60

注：由于国际收支统计的基准变更，2013年以前的数据和2014年以后的数据没有连续性。
资料来源：根据日本贸易振兴机构（JETRO）的直接投资统计数据计算而成。

（2）对日直接投资占中国对外直接投资总量的比重偏低，存在进一步的提升空间。

据中国商务部的统计，2016年中国对外直接投资流量为1862.6亿美元，其中流向发达经济体的投资为368.4亿美元，而对日直接投资流量仅为3.44亿美元，占中国对外直接投资流量的比重不到0.2%，占对发达经济体直接投资流量的比重不到1%。从存量看，2016年年末，中国对外直接投资存量 13573.9 亿美元，较上年末增加 2595.3 亿美元，是 2002 年年末存量的 45.4 倍，而对发达经济体的直接投资存量为 1913.97 亿美元，其中欧盟 698.4 亿美元，占对发达经济体直接投资存量的 36.5%；美国 605.8 亿美元，占 31.7%；澳大利亚 333.51 亿美元，占 17.4%；加拿大 127.26 亿美元，占 6.6%；而日本 31.84 亿美元，仅占 1.7%，占中国对外直接投资存量的 0.23%。①

（3）对日投资主要采取并购方式，目的在于获得日本的先进技术、品牌和销售渠道。

2002 年，上海电器集团收购日本秋山印刷机械公司，开启了中国企业收购日本企业的先河，在当时日本社会引起了很大的震动。2009 年，苏宁成功收购日本老牌家电量贩店 LAOX 公司，并使其从破产边缘起死回生，一跃成为日本免税业冠军。2010 年山东如意集团出资 39.99 亿日元，收购创立 115 年，曾经是日本第一大成衣运营商的 RENOWN 公司，持有其 41.53% 的股权，成为第一大股东。这是中国纺织企业第一次收购在日本主板上市的公司。表 3-7-10 是中国企业并购日本家电企业的主要案例。

表 3-7-10　　　　　中国家电企业并购日本企业主要案例

时间	并购对象	并购内容
2011 年 10 月	海尔收购三洋	海尔收购三洋在日本和越南、印度尼西亚、菲律宾和马来西亚的白电业务
2011 年 1 月	联想收购 NEC 电脑部门	联想支付 1.75 亿美元与 NEC 组成 NEC 联想日本集团，联想占股 51%
2016 年 7 月	联想收购联想 – NEC 控股	联想以 200 亿日元（约 13 亿元人民币）收购联想 – NEC 控股公司 NEC90% 的股份。NEC 联想日本集团的成立就是为了整合双方的 PC 研发、生产与零部件采购
2015 年 10 月	长虹收购松下	中国长虹公司收购了松下旗下的三洋电视业务，获得"三洋"品牌在中国大陆地区的电视品类独家使用权，并承接"三洋"品牌电视的开发、生产、销售和服务

① 商务部：《2016 年度中国对外直接投资统计公报》。

续表

时间	并购对象	并购内容
2015年7月	海信收购夏普墨西哥工厂	海信出资2370万美元（约1.57亿元人民币）收购夏普在墨西哥工厂的全部股权及资产，同时获得夏普在美洲除巴西以外地区的品牌使用权和所有渠道资源
2016年3月	美的收购东芝生活电器	美的集团与日本东芝签署总额约为514亿日元（约33亿元人民币）的股权转让协议，收购东芝家电业务的主体——"东芝生活电器株式会社"80.1%的股权。美的获得40年的东芝品牌全球授权，以及超过5000项与白色家电相关的专利，承接东芝家电约250亿日元的债务
2016年11月	联想收购富士通	联想集团以255亿日元（约合2.24亿美元）收购富士通51%的股份。富士通是日本最老牌的电气设备生产厂商之一，主要专注于信息通信技术（ICT）①
2017年11月	海信收购东芝TVS	海信以129亿日元（约合人民币7.54亿元）收购东芝映像解决方案公司（TVS）95%的股权，并承担其相当于16.27亿元人民币的负债。海信电器将享有东芝电视产品、品牌、运营服务等"一揽子"业务，并拥有东芝电视全球40年品牌授权

资料来源：根据公开资料整理。

近年来，随着中国制造实力的增强，对日投资的步伐也不断加快，2017年制造业的对日投资额达到314.37亿日元，是2016年的近10倍，占当年对日投资额的46.92%。其中，日本先进的化学、医药行业成为中国企业对日投资的重点行业，具体见表3-7-11。

表3-7-11　日本对中国直接投资（流量）的主要行业分布

单位：亿日元，%

行业	2015年 金额	2015年 占比	2016年 金额	2016年 占比	2017年 金额	2017年 占比
制造业合计	33.95	33.51	32.62	10.76	314.37	46.92
纺织品	7.65	7.55	—	—	7.83	1.17
化学、医药	2.27	2.24	10.67	3.52	278.06	41.50

---

① 富士通公司曾在20世纪70年代进入中国，在计算机平台产品、软件与解决方案、通信、半导体研究开发等领域与中国进行合作。2017年富士通在世界500强排行榜中排名第237位。

续表

行业	2015 年		2016 年		2017 年	
	金额	占比	金额	占比	金额	占比
金属	9.55	9.43	—	—	3.85	0.57
通用机械设备	2.40	2.37	-0.33	-0.11	—	—
电气机械设备	7.59	7.49	-0.12	-0.04	13.08	1.95
精密机械设备	4.38	4.32	-2.95	-0.97	—	—
非制造业合计	67.36	66.49	270.58	89.24	355.67	53.08
通信业	7.39	7.30	15.48	5.11	26.23	3.91
批发零售业	-34.23	-33.79	29.37	9.69	20.59	3.07
金融保险业	—	—	10.64	3.51	—	—
房地产业	17.96	17.73	13.01	4.29	10.21	1.52
服务业	0.86	0.85	44.54	14.69	110.71	16.52
合计	101.31	100.00	303.20	100.00	670.04	100.00

资料来源：根据日本银行的国际收支统计数据计算而成。

（三）中日能源领域的合作与竞争

能源问题是一个国家的经济命脉，是经济持续、稳定发展的重要保障。日本国土面积狭小，能源资源极其匮乏，石油、天然气等化石能源不得不长期依赖进口。能源外交、能源经济成为第二次世界大战后日本经济发展面临的重要课题之一。

1. 中日在传统能源领域的合作与竞争

中国地大物博，资源丰富，蕴藏着丰富的煤炭资源和油气资源，从中日贸易重开之日起，日本就开始进口中国的煤炭，以解决其能源供应的不足。20世纪70年代，两次石油危机的爆发，日本更加重视同中国的能源贸易。而与此同时，1974年日本和韩国开始在东海海域进行所谓的"共同开发"，中日之间在能源领域的竞争也随之出现。

进入20世纪80年代以后，日本不仅继续将中国作为能源进口多元化的一个重要渠道，而且还开始与中国合作，相继在渤海海域、新疆的塔里木盆地等地区进行勘察和钻探工作。另外，从1979年开始，日本又相继对中国实施了三次能源贷款，主要用于开发煤矿、油气田等。

进入 21 世纪后，随着中国经济的发展，对能源的需求迅速增加，使得中日在能源领域的竞争日趋激烈，中国对日能源的出口无论在金额还是占比上都呈下降的态势，从 2004 年起中国原油对日出口占中国对日出口总额的比重下降到 1% 以下，2009 年后进一步下降到 0.1% 以下，2016 年、2017 年中国连续两年未对日本出口原油。煤炭的对日出口也呈下降的态势，从 2009 年起下降到 1% 以下，2012 年以后进一步下降到 0.5% 以下（见表 3 - 7 - 12）。

表 3 - 7 - 12　　　2001—2017 年日本从中国进口能源情况　　单位：千美元，%

年份	原油及粗油 金额	占对日出口的比重	煤炭 金额	占对日出口的比重
2001	704378	1.20	948358	1.60
2002	580536	0.90	1066460	1.70
2003	818454	1.10	1134380	1.50
2004	133834	0.10	1741384	1.90
2005	270507	0.25	1828568	1.68
2006	468830	0.40	1496751	1.26
2007	113721	0.09	1201799	0.94
2008	383308	0.27	2148284	1.51
2009	112007	0.09	782012	0.64
2010	104704	0.07	848570	0.56
2011	50229	0.03	979254	0.53
2012	128172	0.07	641419	0.34
2013	49269	0.03	344935	0.19
2014	0	0.00	249619	0.14
2015	17359	0.01	185448	0.12
2016	0	0.00	223443	0.14
2017	0	0.00	370788	0.23

资料来源：根据日本贸易振兴机构（JETRO）的统计数据计算而成。

2. 中日在清洁能源领域的交流与合作

除传统化石能源贸易外，日本通过对华资金援助、环保技术援助、地方政府援助和跨国企业援助等多种渠道，积极推动与中国在清洁能源领域的交流与合作。1991年8月，日本推出的"绿色援助计划"（GAP），推动了日本先进的节能环保技术和设备在中国的普及应用。"中日节能环保综合论坛"作为两国节能环保合作的重要平台，由日本经济产业省、日中经济协会和中国发改委、商务部共同主办，自2006年起，每年轮流在东京和北京举办，由两国政府官员和企业界人士参加，截至2017年12月，已举办11届，双方累积签署336个合作项目，有力地推动了中日节能和环境层面的合作。

2008年5月，中日达成了关于2009年在中国启动"二氧化碳地下储留技术"项目的重要合作协议。该项目总额达3亿美元。日方将提供该领域最先进的技术，对火力发电站排放的二氧化碳进行"集储、液化"，并注入大庆油井。据日本地球环境产业技术研究机构（RITE）的研究表明，这项技术一旦成功，可减少火力发电站二氧化碳排放量1.5亿吨。而注入油井的液化二氧化碳还可发挥稀释剂作用，降低原油的黏稠度，提高原油产量年均约150万—200万吨。

（四）中日产业竞争力的变化与产业合作潜力分析

1. 中日产业竞争力的变化

为了比较中日两国产业竞争力的变化，本章使用联合国商品贸易数据库（UN Comtrade Database）SITC rev.3产品分类数据，计算了日本产品国际市场占有率、贸易竞争力指数和显示性比较优势指数。

（1）国际市场占有率。

国际市场占有率是指一国某产业产品的出口总额占该产业产品世界出口总额的比重，是衡量产业国际竞争力的重要指标之一。一国某产品国际市场占有率越高，就表示该产品所处的产业具有的国际竞争力越强，反之则越弱。表3-7-13揭示了1995—2017年日本主要初级产品和工业制成品的国际市场占有率变化情况。从产品大类来看，日本工业制成品国际市场占有率相对较高，而初级产品国际市场占有率较低；从国际市场占有率变化趋势来看，日本初级产品的国际市场占有率有升有降，变化不大。而工业制成品的国际市场占有率总体呈下降的趋势。

表3-7-13　　1995—2017年日本10类产品的国际市场占有率的变化情况

年份	初级产品					工业制成品				
						劳动密集型		资本密集型		
	SITC0 食品和活动物	SITC1 饮料及烟类	SITC2 非食用原料（燃料除外）	SITC3 矿物燃料、润滑油及有关原料	SITC4 动、植物油、脂及腊	SITC6 按原料分类制成品	SITC8 杂项制品	SITC5 化学制品及有关产品	SITC7 机械及运输设备	SITC9 未分类的制成品
1995	0.47	0.91	1.59	0.93	0.27	6.20	5.65	6.44	16.11	6.48
2000	0.53	0.58	1.71	0.24	0.42	5.41	5.59	6.22	12.59	6.47
2005	0.47	0.51	2.09	0.36	0.21	4.70	4.49	4.88	10.11	5.35
2010	0.47	0.57	1.79	0.58	0.17	5.16	3.56	4.74	8.94	5.96
2011	0.37	0.52	1.58	0.53	0.14	4.72	3.48	4.38	8.28	5.43
2012	0.36	0.52	1.83	0.44	0.15	4.78	3.22	4.16	8.13	4.33
2013	0.35	0.42	1.69	0.54	0.17	4.18	2.69	3.87	6.83	3.85
2014	0.35	0.42	1.63	0.56	0.19	3.91	2.58	3.63	6.39	4.45
2015	0.42	0.51	1.69	0.69	0.17	3.79	2.43	3.50	6.23	4.54
2016	0.46	0.58	1.61	0.69	0.20	3.78	2.60	3.68	6.61	4.82
2017	0.48	0.61	1.67	0.82	0.21	4.02	2.94	3.99	6.99	7.53

资料来源：根据联合国商品贸易统计数据库（UN COMTRADE）的统计数据计算而成。

工业制成品可以进一步分成劳动密集型产品和资本密集型产品。自20世纪90年代日本进入老龄化社会以来，劳动力供给下降，成本上升，劳动密集型产品的国际市场占有率一直呈下降的态势。其中，日本按原料分类的制品（SITC6）的国际市场占有率，由1995年的6.20%，居世界第4位，下降为2000年的5.41%，2017进一步下降至4.02%，世界排名也下降了两位，居第6位。与此同时，中国该类产品的国际市场占有率则不断上升，由1995年的4.08%，居世界第8位，上升至2000年的 4.93%，居世界第 6 位，2017 年进一步上升至 18.93%，居世界首位。杂项制品（SITC8）主要包括日常用品、游戏类产品、运动类型以及相关产品。日本该类产品的国际市场占有率由 1995 年的 5.65%，居世界第 6 位，下降至 2017 年的 2.94%。中国该类产品的国际市场占有率则从 1995 年的 8.72%，居世界第 3 位，上升至 2000 年的 11.1%，居世界第 2 位，自 2002 年以来一直稳居世界首位，2017 年国际市场占有率进一步上升为 28.63%。

在资本密集型产品中，日本只有未分类的制成品（SITC9）的国际市场占有率一直高于中国，2017 年达到 7.53%，具有较强的国际竞争力；化学制品及有关产品（SITC5）、机械及运输设备（SITC7）的国际市场占有率均被中国超过。其中，日本化学制品及有关产品（SITC5）1995 年的国际市场占有率为 6.44%，居世界第 4 位，2008 年被中国超越，2017 年日本该产品的国际市场占有率下降为 3.99%，居世界第 9 位，而中国则升至 7.89%，居世界第 3 位。机械及运输设备（SITC7）是日本传统优势产业，1995 年其国际市场占有率为 16.11%，居世界首位，2000 年下降为 12.59%，居世界第 2 位，2017 进一步下降至 6.99%，世界排名跌落至第 4 位。而中国的国际市场占有率与排名，在 2000 年特别是 2001 年中国加入 WTO 以后迅速攀升，由 2000 年的 3.15%，居世界第 11 位，2005 年上升至 9.34%，居世界第 4 位，自 2009 年起一直稳居世界首位，2017 年国际市场占有率达到 18.48%。

（2）贸易竞争力指数。

贸易竞争力指数（TC）也被称为"贸易竞争优势指数""贸易专业化系（指）数"（Trade Specialization Coefficient，TSC），是指一国某产品进出口贸易的差额占该产品进出口贸易总额的比重。该指标剔除了经济膨胀、通货膨胀等宏观因素的影响，即无论进出口的绝对值是多少，该指标值均为（-1，1）。总的来说，该指数越大表明竞争优势越大，指数为 1 表明该产品只出口不进口；指数为零，表明此类产品为产业内贸易，竞争力与国际水平相当；TC 指数小于零，则表明该类产品不具国际竞争力；指

数为 -1 则表明该产品只进口不出口。

日本资源缺乏，形成进口原料、燃料等初级产品，出口工业制成品的发展模式，从表3-7-13也可以看出，日本初级产品的市场占有率偏低，产业竞争力较弱，为此，本章主要对日本工业制成品（SITC5-9）的贸易竞争力进行分析。图3-7-9反映了1992—2017年日本工业制成品贸易竞争力指数变化趋势。从中可以看出，劳动密集型产品SITC8的贸易竞争力指数为负，表现为微弱竞争劣势，同为劳动密集型产业的SITC6的贸易竞争力指数为0—0.3，与资本密集型产品SITC5一样，具有微弱竞争优势，SITC7的贸易竞争力从长期看呈下降的趋势，表明面临着竞争优势减弱的巨大压力。值得一提的是，日本未分类的制成品（SITC9）在国际上长期保持了优势地位，且总体呈现上升态势，表明日本在新兴的资本与技术密集型产品方面具有较强的国际竞争力。

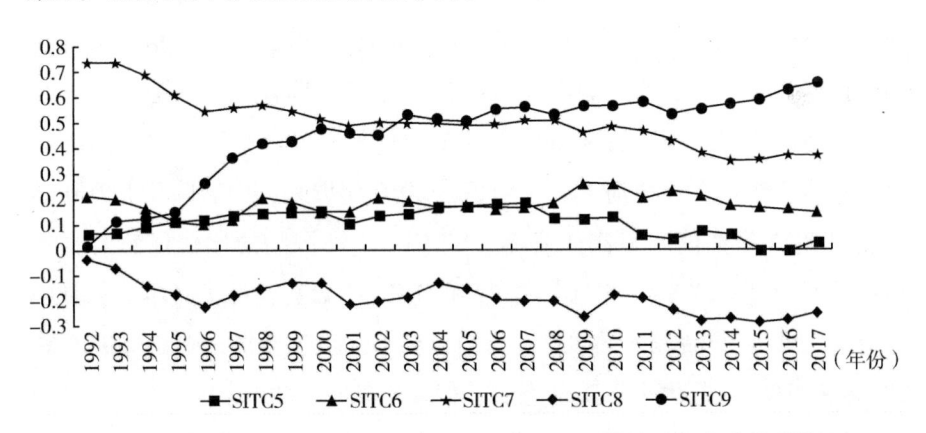

图3-7-9　1992—2017年日本工业制成品贸易竞争力指数变化趋势

资料来源：根据联合国商品贸易统计数据库（UN COMTRADE）的统计数据计算而成。

（3）显示性比较优势指数。

自由贸易环境下各国生产分工形成和贸易产生的主要原因是比较优势的差异。比较优势主要由一国的要素禀赋、消费需求和技术特征决定。本章采用美国经济学家巴拉萨（Balassa）于1965年提出的显示性比较优势指数（Revealed Comparative Advantage Index，RCA）来考察中国和日本各自的比较优势。计算公式如下：

$$RCA_{ik} = (X_{ik}/X_i) / (X_{Wk}/X_W)$$

其中，RCA_{ij}表示i国k产品的显示性比较优势指数；X_{ik}、X_i分别表示i国k类产品和i国所有产品的出口总额；X_{Wk}、X_W则分别表示世界所有国家k类产品的出口额和世界所有产品的出口总额。一般认为，$RCA_{ik} > 1$表示在k类产品的出口方面i国在世界范围内占据优势地位，且值越大优势越显著；而$RCA_{ik} < 1$则表示i国的k类产品出口在世界范围内占据比较劣势。日本贸易振兴机构对其进行了更详细的划分：$RCA_{ik} \geq 2.5$，表示i国在k类产品上具有极强的国际竞争优势；$1.25 \leq RCA_{ik} < 2.5$，表示具有较强的国际竞争优势；$0.8 \leq RCA_{ik} < 1.25$，表示具有中等的国际竞争优势；$0 \leq RCA_{ik} < 0.8$，表示国际竞争优势较弱。

表3-7-14列示了中国和日本工业制成品显示比较优势（RCA）指数变化情况。从中可以看出：一是中日两国初级产品的RCA指数值均在临界值0.8以下，表明两国在初级产品方面都不具有比较优势。近十几年来，由于产业结构调整和出口产品多样化等原因，中国在初级产品方面的整体优势正在逐渐消失。特别是自2010年以来，中国除了SITC0类产品的RCA指数值明显高于日本，SITC1、4类产品的比较优势与日本相比并不明显，SITC2、SITC3类产品的RCA指数甚至低于日本。二是中国劳动密集型产品较日本更具比较优势。尽管近年来，中国SITC6和SITC8的RCA指数也有下降的态势，但基本都在1.30以上，仍具有较强的竞争优势。而日本SITC8的RCA指数小于0.8，在国际贸易中处于劣势地位。日本和中国劳动密集型产品比较优势的差异，主要源于两国在自然条件、劳动力成本等要素禀赋上的差异。三是日本资本密集型产品较中国更具比较优势。其中，中国SITC5的RCA指数小于0.8，在国际贸易中处于劣势地位；得益于国内经济的发展和产业结构的优化，中国SITC7的RCA数值在2005年以后上升到1.25以上，且有增强之势，但是仍低于日本。日本SITC5类产品的RCA指数接近1，表明其国际竞争力接近国际平均水平。

表 3-7-14　1995—2017 年中日 10 类产品的 RCA 指数变化情况

		初级产品					工业制成品				
							劳动密集型		资本密集型		
	年份	SITC0 食品和活动物	SITC1 饮料及烟类	SITC2 非食用原料(燃料除外)	SITC3 矿物燃料、润滑油及有关原料	SITC4 动、植物油、脂及腊	SITC6 按原料分类制成品	SITC8 杂项制品	SITC5 化学制品及有关产品	SITC7 机械及运输设备	SITC9 未分类的制成品
日本	1995	0.05	0.10	0.17	0.10	0.03	0.68	0.62	0.70	1.76	0.71
	2000	0.07	0.08	0.23	0.03	0.06	0.71	0.74	0.82	1.66	0.85
	2005	0.08	0.09	0.36	0.06	0.04	0.80	0.77	0.83	1.73	0.92
	2010	0.09	0.11	0.35	0.11	0.03	1.01	0.70	0.93	1.75	1.16
	2011	0.08	0.11	0.35	0.12	0.03	1.03	0.76	0.96	1.81	1.19
	2012	0.08	0.12	0.41	0.10	0.03	1.08	0.73	0.94	1.83	0.98
	2013	0.09	0.11	0.44	0.14	0.04	1.09	0.70	1.01	1.78	1.00
	2014	0.09	0.11	0.44	0.15	0.03	1.05	0.69	0.97	1.71	1.19
	2015	0.11	0.13	0.44	0.18	0.04	0.98	0.63	0.90	1.61	1.17
	2016	0.11	0.14	0.39	0.17	0.05	0.91	0.63	0.89	1.60	1.17
	2017	0.11	0.14	0.37	0.18	0.05	0.89	0.65	0.89	1.55	1.67
中国	1995	0.94	0.81	0.73	0.65	0.56	1.33	2.84	0.63	0.53	0.08
	2000	0.95	0.34	0.59	0.31	0.15	1.25	2.82	0.54	0.80	0.05
	2005	0.58	0.19	0.31	0.19	0.09	1.22	2.21	0.44	1.25	0.04
	2010	0.46	0.16	0.18	0.11	0.05	1.23	2.19	0.50	1.45	0.02
	2011	0.47	0.16	0.18	0.10	0.05	1.30	2.29	0.56	1.47	0.02
	2012	0.44	0.16	0.17	0.09	0.05	1.32	2.36	0.52	1.44	0.01
	2013	0.43	0.15	0.17	0.09	0.05	1.35	2.35	0.51	1.44	0.01
	2014	0.41	0.15	0.18	0.10	0.05	1.38	2.26	0.53	1.35	0.02
	2015	0.41	0.17	0.18	0.12	0.05	1.37	2.02	0.51	1.28	0.04
	2016	0.44	0.19	0.18	0.15	0.04	1.36	1.99	0.52	1.26	0.04
	2017	0.42	0.17	0.17	0.17	0.06	1.30	1.96	0.54	1.26	0.05

资料来源：根据联合国商品贸易统计数据库（UN COMTRADE）的统计数据计算而成。

2. 中日产业合作的潜力：贸易互补性分析

从上述分析可以看出，中日两国作为重要的贸易伙伴，在不同的产业各具竞争优势。产业的互补性是深化合作的基础，以下主要对两国间的产业相互依赖性和互补程度进行分析。产业发展的互补性可以通过贸易的依赖性和互补性加以刻画。贸易的依赖性和互补性则可以通过计算贸易结合度指数和互补性指数来反映。

（1）贸易结合度指数。

贸易结合度指数（Trade Intensity Index，TII），又被称为"贸易密集度指数"，最早由经济学家 A. J. Brown（1947）提出，后经日本经济学家小岛清（1958）等完善，是国际贸易理论中用于衡量两国间经贸关系密切程度的重要指标。计算公式如下：

$$TII_{ij} = (X_{ij}/X_i) / (M_j/M_w)$$

其中，TII_{ij}表示 i 国与 j 国之间的贸易紧密度；X_{ij}、X_i 分别表示 i 国对 j 国的出口额和 i 国的出口总额；M_j、M_w 分别表示 j 国的进口总额和世界进口总额。$TII_{ij}>1$ 表示 j 国的进口高度依赖 i 国的出口，两国贸易关系密切；$TII_{ij}<1$ 则表示两国贸易关系松散。

图 3-7-10 是 1992—2017 年中日贸易结合度指数变化趋势。从中可以看出，无论是中国对日本的贸易结合度指数还是日本对中国的贸易结合度指数均大于 1，反映了两国间贸易关系极为密切。从横向比较来看，自 2006 年以后日本对中国的依赖程度超过了中国对日本的依赖程度，这意味着中国随着对外贸易多元化的发展，日本的贸易伙伴国地位趋于下降。近十几年来，随着中国经济发展水平的提高和产业结构的转型升级，对原处于竞争弱势地位的资本密集型产品的进口大幅减少，而资源有限、市场狭小的日本对中国丰富的资源和庞大的市场的依赖性却逐年提高。从纵向变化趋势看，两者均呈现出逐年递减的势头，这说明中国出口对日本进口和日本出口对中国进口的依赖性都有所降低。这表明随着近年来世界新兴经济体的发展，中日两国贸易对象的选择机会都增加了。由此可以推断，随着"一带一路"倡议的推进，中国不断加强与沿线国家和地区的贸易合作，中日两国的贸易结合度未来还有继续下滑的可能。

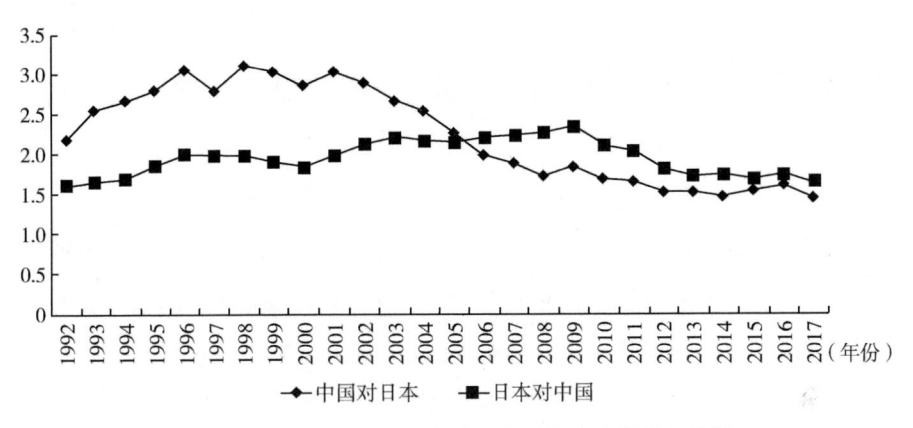

图 3-7-10　1992—2017 年中日贸易结合度指数变化趋势

资料来源：根据联合国商品贸易统计数据库（UN COMTRADE）的统计数据计算而成。

(2) 贸易互补性指数。

贸易互补性指数（Trade Complementarity Index，TCI）是通过计算一国出口产品与贸易伙伴国进口产品的吻合度来反映两个国家贸易与产业结构的互补性。其是由澳大利亚国立大学彼得·德赖斯代尔教授提出的。计算公式如下：

$$C_{ijk} = RCA_{ik}^{x} \times RCA_{jk}^{m} = [(X_{ik}/X_{i})/(X_{Wk}/X_{W})] \times [(M_{jk}/M_{j})/(M_{wk}/M_{w})]$$

其中，C_{ijk} 表示 k 类产品在 i、j 两国的贸易互补性的指数。RCA_{ik}^{x} 为 i 国 k 类产品的显示性比较优势指数，即以出口衡量的 i 国在 k 类产品上的相对优势，RCA_{jk}^{m} 为用进口来衡量 j 国 k 类产品的比较劣势表达式，M_{jk}、M_{j} 分别为 j 国 k 类产品的进口额、j 国所有产品的进口总额；M_{wk}、M_{w} 分别为 k 类商品的世界进口总额、世界所有商品的进口总额。如果国家 i 在 k 类产品上的比较优势明显（RCA_{ik}^{x} 大），而国家 j 在 k 类产品上的比较劣势明显（RCA_{jk}^{m} 大），则在 k 产品的贸易上 i 国的出口与 j 国的进口呈互补性。当 $0 \leqslant C_{ij}^{k} < 1$ 时，表示 k 类产品在 i 国出口与 j 国进口之间的吻合程度较低，互补性较弱；当 $C_{ij} \geqslant 1$ 时，k 产品在 i、j 两个国家的贸易互补性较强，也就是说，两个国家的贸易互补指数越大表明两国 k 类产品的贸易互补

性越强。

两国整个贸易体系的互补程度一般使用综合贸易互补性指数来衡量，计算公式为：

$$C_{ij} = \sum_k [(RCA_{ik}^x \times RCA_{jk}^m) \times (W_k/W)]$$

其中，C_{ij} 表示 i 国与 j 国之间的综合贸易互补性指数，它是所有产品（行业）的贸易互补性指数的加权平均值。W_k 表示 k 类产品的国际贸易总额，W 为所有产品的国际贸易总额，加权系数 W_k/W 为世界贸易中各类产品的贸易额占世界贸易总额的比重。如前所述，当 $0 \leq C_{ij} < 1$ 时，表示 j 国进口与 i 国出口之间的吻合程度较低，互补性较弱；当 $C_{ij} \geq 1$ 时，则表示两国互补性较强。同时，于津平（2003）指出，该指数可以间接反映贸易模式：产业间贸易在两国贸易中所占的比例。如果两国间的贸易以产业间贸易为主，该互补性指数就大。相反，如两国间的贸易以产业内贸易为主，该互补性指数就小。

表 3-7-15 计算了中日之间 10 类产品的贸易互补性指数。从中可以看出：一是从中国出口与日本进口的贸易互补性指数（C_{ij}^k）来看，两国在劳动密集型产品 SITC8 方面的吻合度最高，虽然有下降的趋势，但 2017 年仍然高达 2.36；在 SITC6 产品方面的吻合度也较高，在 1 上下浮动。在资本密集型产品中，SITC7 的贸易互补性指数相对较高，接近于 1，这不仅与中国产业结构的优化升级有关，也与中国对日本的加工贸易（从日本进口零部件加工成品后再出口至日本）有关；就初级产品（SITC0—SITC4）的吻合度来看，各类初级产品的贸易互补性指数都远远小于 1，这说明了随着出口产品多样化，中国在初级产品中的贸易优势逐渐消失，两国初级产品的贸易互补效应已降至极低的水平，如 SITC2、SITC3 的贸易互补性指数分别从 1995 年的 1.58、1.42 下降到 2017 年的 0.24、0.32，这也反映了中国贸易结构不断优化的趋势，即中国对日本出口从以原材料、纺织品等初级产品和劳动密集型产品为主向机电等资本和技术密集型制成品转移，由垂直分向水平分工转移。

表3-7-15 1995—2017年中日10类产品的贸易互补性指数变化情况

	年份	初级产品					工业制成品				
							劳动密集型		资本密集型		
		SITC0 食品和活动物	SITC1 饮料及烟类	SITC2 非食用原料(燃料除外)	SITC3 矿物燃料、润滑油及有关原料	SITC4 动、植物油、脂及腊	SITC6 按原料分类制成品	SITC8 杂项制品	SITC5 化学制品及有关产品	SITC7 机械及运输设备	SITC9 未分类的制成品
中国出口与日本进口	1995	1.82	1.27	1.58	1.42	0.28	0.95	3.32	0.45	0.32	0.06
	2000	1.89	0.51	1.16	0.62	0.08	0.84	3.42	0.40	0.56	0.02
	2005	0.97	0.25	0.55	0.35	0.05	0.82	2.65	0.30	0.87	0.02
	2010	0.63	0.19	0.33	0.21	0.02	0.83	2.48	0.39	0.98	0.01
	2011	0.62	0.23	0.30	0.18	0.02	0.89	2.56	0.44	0.94	0.01
	2012	0.58	0.22	0.26	0.17	0.02	0.84	2.73	0.39	0.95	0.00
	2013	0.52	0.18	0.26	0.18	0.02	0.85	2.73	0.36	0.98	0.00
	2014	0.48	0.17	0.28	0.19	0.02	0.84	2.53	0.38	0.95	0.01
	2015	0.54	0.21	0.29	0.22	0.03	1.01	2.49	0.44	0.98	0.01
	2016	0.58	0.25	0.29	0.28	0.03	1.00	2.48	0.47	0.97	0.01
	2017	0.56	0.24	0.24	0.32	0.03	0.97	2.36	0.46	0.97	0.02
日本出口与中国进口	1995	0.03	0.03	0.02	0.05	0.12	0.92	0.30	0.93	1.86	0.16
	2000	0.03	0.01	0.03	0.03	0.08	0.98	0.34	1.18	1.69	0.16
	2005	0.02	0.01	0.05	0.04	0.05	0.73	0.61	0.90	2.07	0.08
	2010	0.03	0.03	0.05	0.10	0.04	0.75	0.52	0.87	2.00	0.37
	2011	0.02	0.03	0.06	0.10	0.03	0.71	0.54	0.88	2.01	0.86
	2012	0.03	0.04	0.07	0.09	0.04	0.73	0.53	0.83	2.00	0.82
	2013	0.03	0.03	0.07	0.13	0.05	0.71	0.48	0.88	1.95	1.14
	2014	0.04	0.04	0.06	0.15	0.04	0.76	0.46	0.85	1.85	1.30
	2015	0.05	0.05	0.05	0.19	0.04	0.65	0.42	0.78	1.77	1.29
	2016	0.05	0.06	0.05	0.20	0.04	0.59	0.41	0.77	1.74	1.12
	2017	0.05	0.06	0.05	0.21	0.04	0.57	0.40	0.78	1.65	1.51

资料来源：根据联合国商品贸易统计数据库（UN COMTRADE）相应数据计算而成。

二是从日本出口和中国进口的贸易互补性指数（C_{ji}^{k}）来看，两国资本密集型产品互补性较为显著。2017年SITC7的贸易互补性指数（C_{ji}^{7}）为

1.65，但吻合度有减弱趋势，这与中国转变生产和外贸方式、加大资本密集型产品的研发投入、减少相关产品的进口有关；在 SITC9 方面，2017 年贸易互补性指数（C_{ji}^o）也高达 1.51，且近年来一直保持在较高水平，表明对日本处于优势地位的新兴的资本与技术密集型产品，中国有较强的需求；两国在 SITC5 上也保持着较为稳定的吻合度。就劳动密集型产品来看，日本出口与中国进口的吻合度近年来逐年下降；在初级产品上两国的吻合度不明显。这也说明了在双边贸易中，中国以从日本进口高附加值的资本和技术密集型产品为主。

图 3-7-11 是 1995—2017 年中日综合贸易互补性指数的变化趋势。从中可以看出，在 2000 年之后中国出口和日本进口的吻合度（C_{ij}）在整体上小于日本出口与中国进口的吻合度（C_{ji}），这意味着日本出口对中国的依赖性要大于中国出口对日本的依赖性，但 2017 年，中日与日中的综合贸易互补性指数非常接近，均略低于1，按照前述于津平（2003）的定义，说明产业内贸易占据了重要地位，且该指数呈趋减之势说明两国产业内贸易正在逐步扩大。

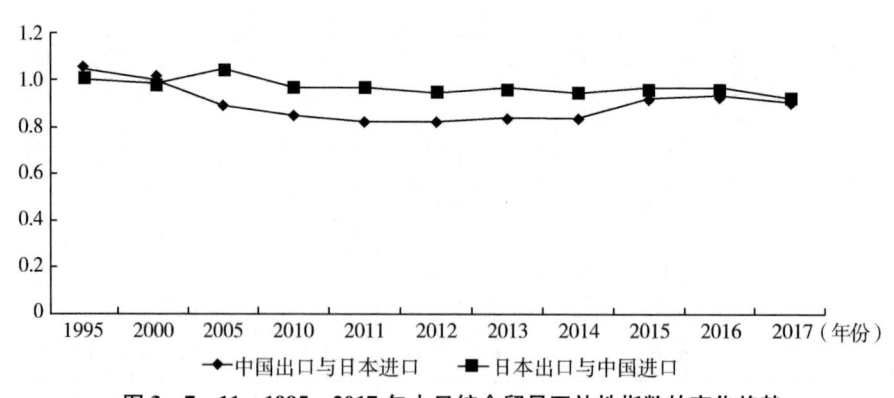

图 3-7-11　1995—2017 年中日综合贸易互补性指数的变化趋势

资料来源：根据联合国商品贸易统计数据库（UN COMTRADE）相应数据计算而成。

3. 小结

中日贸易相互依赖，是密切的贸易合作伙伴，尽管贸易伙伴地位有所变化，但双方仍互为重要的贸易伙伴。通过产业竞争力的分析可以看出，第一，在初级产品贸易中，中国的比较优势逐渐消失，两国都不具有比较优势；第二，在制成品贸易中，两国各具所长，仍具贸易潜力。其中，虽然中国劳动密集型产品比较优势有所下降，但与日本相比优势仍然更为明显；而日本资本密集型产品的比较优势显然要优于中国。

通过以上分析可以看出，虽然两国贸易结合度指数和综合贸易互补性指数都呈下降的趋势，但是，由于地理位置接近、消费习惯相似，作为亚洲最大的两个经济体，两国间仍存在持久贸易的基础和扩大双边贸易的可能性。未来，随着中国经济发展水平的提高，人口红利的消失，中日间技术差距的缩小，中国在国际价值链分工中地位的提升，依靠廉价劳动力优势进行的产业间贸易模式将被基于高新技术的水平型产业内贸易模式所取代。

三 中日产能合作的机遇与路径选择

综上所述，中日合作仅靠传统领域、双边贸易和双向投资等来支撑，发展空间已较为有限，亟待开拓新领域、探求新路径、搭建新平台。特别是在目前中日两国都面临产业结构转型升级，需要寻找新经济增长点的情况下，应基于两国海外投资的现实需求，在竞争中寻找双方合作共赢的新机遇和空间。

（一）中日产能合作的机遇

1. 中日关系的改善和稳定发展有助于深化两国经济和产能合作

2018年是中国改革开放40周年，也是中日友好条约缔结40周年，中日关系正处于承前启后的重要时点。10月25日，日本首相安倍时隔7年正式访华，中日经济高层对话时隔8年重启。中日关系面临全面改善、稳定发展的新的历史条件和宏观环境。中日关系转暖必将对提升两国产能合作的意愿、拓展合作空间发挥积极的作用。面对中美贸易摩擦，单边主义、贸易保护主义的回潮，中国政府坚定不移地深化改革，扩大开放，提出营造公平竞争环境，让内外资企业在市场上公平竞争，同时实施了包括降低部分商品关税、扩大制造业和服务业市场准入等一系列的开放新举措，目前关税总水平已进一步降低到 7.5%。未来中日韩自贸区的建设、贸易投资自由化与便利化水平的提升，也必将对发挥两国产业互补优势，在贸易投资、财政金融、创新和高技术等领域开展更高层次合作开辟更广阔的空间，创造更大的机遇。

2. 日本政府外资政策调整，为中国企业对日投资创造了良好的环境

由于经济发展阶段的不同和产业结构的差异，中国对日投资的规模远远小于日本对华直接投资的规模。近年来，随着中国综合国力的显著提升，两国技术水平、要素成本、产业竞争力对比的变化，中国企业初步具备了对日投资的实力与条件。为了经济重铸活力，日本政府提出了实现吸引外资翻倍的目标，并对外资政策进行了一系列调整：①创设国家战略特区和地方创生特区，在特区内大胆放宽能源、农业、医疗、雇佣等领域的限制，促进海外企业的参与。②进行税制改革，降低企业法人税。政府承诺在数年间争取将实际法人税率下调至 20%—30%。实际法人税率的下调意味着商务成本的降低，将对吸引对日投资产生积极的效果。③日本贸易振兴机构（JETRO）作为对日投资的重要平台，设立了"对日投资商务支援中心"，为对日投资感兴趣的外国企业免费提供包括日本市场信息、资料、临时办公室等在内的一条龙服务。此外，日本政府还提出在税务、法务、签证等领域建立更加高效便捷的市场准入制度，打造更好的营商环境。这些举措为中国企业对日投资创造了良好的条件。

3. "一带一路"倡议为深化两国产能合作提供了新平台

"一带一路"倡议提出之初，日本政府和企业大多持怀疑抵触的态度，认为触动了日本的既得利益，不利于维护日本在亚洲的经济地位。基于这种认知，日本政府加快了对"一带一路"沿线国家的出访与合作，在亚投行和南海诸多方面加强了与中国的竞争，日美两国也加快"跨太平洋伙伴关系协议"（TPP）谈判，以应对和牵制"一带一路"倡议。随着"一带一路"和亚投行的顺利推进，以及美国退出 TPP 谈判，日本逐渐认识到"一带一路"建设可以为其带来更多的机会，有利于日本经济的复苏和发

展,日本企业也可以从中获益,日本政府和企业中相当一部分人的态度发生转变,开始理性地讨论日本参与"一带一路"建设的可能性。

2015年,中国提出了基于"一带一路"框架的"第三方市场合作"模式,就是将中国的优势产能、发达国家的高端技术、先进理念与广大发展中国家的发展需求有效对接,为它们提供更高水平、更高性价比、更具竞争力的产品和服务,实现"三方共赢"。这一模式提出后,在国际上得到了积极响应,也使一直处于犹豫、观望状态的日本政府和企业看到了"一带一路"建设所带来的巨大商机。2017年6月,日本首相安倍晋三在"亚洲的未来"国际交流会议上,对包括越南、老挝总理在内的众多亚洲政府高官表示,"'一带一路'构想,具备将东西两大洋之间各个地域联结起来的潜力","日本愿意与之合作"。① 2018年5月,李克强总理访日期间,两国签署了《关于中日第三方市场合作事项的备忘录》,6月,日本首相安倍宣布将中日第三方市场合作纳入日本的国家发展战略,标志两国围绕"一带一路"的合作提高到了新的高度。

与之相契合,日本企业也将以往"进入中国,立足中国"的企业战略调整为"来自中国,携手中国"。目前已有不少日本企业在装备制造、物流、金融等领域与中国企业开展了对接与合作(见表3-7-16)。2017年3月,日本国际协力银行与中国国家开发银行签署了合作备忘录,拟与中国国家开发银行等中国政策性金融机构一起为第三方合作项目提供融资支持。2018年9月25日,中日第三方市场合作工作机制第一次会议在北京举行,成为两国开展第三方市场合作的良好开端。10月26日,在日本首相安倍晋三访华期间,两国召开了第一届中日第三方市场合作论坛。在论坛上,两国地方政府、金融机构、企业围绕发电站建设、下一代汽车开发、氢气及液化天然气等能源开发共签署了50余项合作协议,金额超过180亿美元。其中,中投公司与日本野村证券集团、大和证券集团、三菱日联金融集团、三井住友金融集团、瑞穗金融集团共同签署了《中日产业

---

① http://www.kantei.go.jp/jp/97_abe/statement/2017/0605speech.html,2017-06-06.

合作基金谅解备忘录》，计划设立规模在 1000 亿日元（约 10 亿美元）以上的中日产业合作基金，主要投资于中日两国及第三方国家的制造业、通信传媒、医疗、消费等行业企业，进一步深化中日经贸与产能合作。

表 3-7-16　　　基于"一带一路"的中日产能合作项目

项目	主要合作内容
日本川崎重工集团与中国海螺集团共同研发世界领先的水泥余热发电综合利用技术	2015 年 9 月，双方签署进一步深化合作备忘录，在节能环保、装备制造等领域加强合作，并在上海成立新的合资公司利用"一带一路"商机，共同拓展海外市场
连接西安和欧洲的铁路线	日本物流公司可以提供最新的技术和专有技术
海上丝绸之路（福州、广州、湛江、海口等中国南部港口至非洲航线）	日本企业可以起到互补作用
日本、中国、欧洲综合铁路运输服务（将日本产品通过海路运往中国，然后通过铁路完成汉堡连接哈萨克斯坦、俄罗斯、白俄罗斯、波兰和德国的航线）	2018 年开始，由日本伊藤忠物流与俄罗斯国家铁路联营公司旗下的欧洲物流巨头 EFCO 共同运营。主要运输汽车零部件和电子产品，使运输成本减少一半
日本通运与上海国际港务开展业务合作	日通将利用连接上海和内陆城市的上港集团内航船等，在中国拓展运输网，为"一带一路"提供先进物流服务

资料来源：根据公开资料整理。

中日作为世界第二大和第三大经济体、全球化和自由贸易的倡导国和维护者，共同处于东亚生产网络，开展第三方市场的合作，不仅有助于双方产业链、价值链的深度融合与衔接，实现优势互补，推动各自国家的经济发展，也有助于地区和世界经济的繁荣。

（二）中日产能合作的路径措施

1. 鼓励企业双向投资，深入挖掘中日产业互补空间

如前所述，虽然随着中国经济发展水平的提高、人口红利的消失，中国在劳动密集型产业方面的比较优势逐渐降低，但是中国制造业整体正向高端化、智能化、绿色化、服务化方向发展，新的国际竞争优势正在孕育，初步具备了承接高端制造业投资的条件。党的十九大报告提出，加快建设制造强国，加快发展先进制造业，推动互联网、大数据、人工智能等

新一代信息技术和实体经济的深度融合；支持传统产业优化升级，瞄准国际标准提高水平；促进中国产业迈向全球价值链中高端。为此，首先，通过建立定期合作对话机制等，加强两国在先进制造领域的交流与合作，鼓励两国企业瞄准前沿科技和新兴产业，协同创新，研发面向高端制造业的技术、工艺和产品；其次，鼓励日本企业对华投资从单个项目转向全方位的系统化投资，两国共同构建面向绿色制造、智能制造和服务型制造的新型产业链和产业群。此外，通过设立产业合作基金、整合中国资金资源、鼓励国内企业对日投资，将日本先进制造技术与中国市场结合，在优化中国产业结构、提升中国产业技术水平的同时，为两国企业谋取更好的经济回报。

2. 发挥各自优势，共同参与第三方市场基础设施建设

近年来，随着家电、汽车等日本传统优势产业的出口市场被新兴经济体蚕食，日本将出口的重点转向基础设施领域，并将其作为"经济成长战略"的重要支柱。2013年，设立了由内阁官房长官担任议长的"经济协作基础设施战略会议"，在2014年的第4次会议上，制定了"基础设施系统出口战略"，提出要把日本基础设施的出口订单从2010年的10万亿日元增加至2020年的30万亿日元。由于东南亚和南亚是日本以高铁为代表的基础设施出口的重点目标市场，同时也是"一带一路"沿线国家，高铁成为中日两国在亚洲市场竞争较量的一个重要领域，鉴于高铁项目的有限性，中日两国如果过度竞争，不仅会使招标方增加筹码，也使中标方的利润空间受到挤压，还会给两国关系带来负面影响。因此，在一些重大基础设施建设项目上，如果中日能够共同参与和合作，不仅有利于解决项目融资问题，避免过度竞争造成不必要的损失，也可共同应对和分担风险，进而实现互利共赢。就高铁来看，日本在车辆牵引、制动系统零部件制造以及运营管理等方面具有优势；中国企业在成本控制、人力资源、施工效率等方面具有竞争力，各自的比较优势为两国企业加强合作奠定了基础。

3. 扩大能源与环境领域合作空间，推动绿色"一带一路"建设

中日两国都是石油、煤炭、天然气等化石燃料的进口大国，与欧美各

国相比，进口天然气的价格水平都较高，即面临"亚洲溢价"问题。两国不仅在采购廉价且稳定的化石燃料方面，而且在改善能源结构、提升能源效率、优化绿色能源等方面都存在合作的可能性。

日本能源开发利用与生态环境治理起步较早，具有相当成熟的技术水平和完善的制度设计，其在节能减排与发展循环经济等领域一直处于世界领先地位。以煤炭火力发电为例，日本是世界上煤炭火力发电热效率最高的国家。如果把日本最好的煤炭火力发电技术向其他国家普及，将会大幅减少全球二氧化碳的排放量。根据日本政府的计算，如果中、美、印三国普及日本的煤炭火力发电技术，二氧化碳排放量每年可削减 13.47 亿吨，相当于 1990 年日本的温室气体排放量 12.61 亿的 107%。其中，中、美、印可分别削减 7.76 亿吨、3.87 亿吨和 1.84 亿吨。[①] 此外，日本有优质的绿色产品、相对完备的环保型设施及机制，可以向"一带一路"沿线国家扩大相关产品和设备出口。日本还积累了丰富的能源环境外交的实践经验，并积极致力于加强能源环境领域的国际合作，谋求在节能减排与环境治理等方面发挥全球性事务的影响力。"一带一路"倡议为两国能源与环境领域的合作提供了新的契机，在加强传统能源领域合作的同时，积极开展新能源领域技术创新等方面的合作，在提升能源资源开发利用效率的同时，改善生态环境，共同推动绿色"一带一路"建设。

4. 利用互联互通，降低成本，提升经贸往来、投资的效率与效益

"一带一路"倡议包括陆海两大方向，覆盖范围广，辐射作用大。它通过完善基础设施及互联互通来促进相关国家间的贸易、投资、人员往来的便利化，从而降低成本，拉动各国经济增长。日本是对外投资的大国，从 20 世纪 60 年代起就开始在全球开展对矿产资源、能源开发以及生产制造等各领域的投资布局。如位于中亚的哈萨克斯坦是"一带一路"的重要通道，截至 2016 年 10 月，日本在哈萨克斯坦投资的企业有 45 家，主要从

---

① 山田剛士：『我が国クリーンコール政策の新たな展開（日本学術振興会石炭・炭素資源利用技術第 148 委員会）』，http://www.enecho.meti.go.jp/category/resources_and_fuel/coal/japan/pdf/4.pdf，2009 年 5 月。

事石油开发、稀土回收、汽车组装,以及航运、仓储等业务①,而中国通过与哈萨克斯坦的"一带一路"合作,建立了连接欧亚物流网络,如果日本与"一带一路"对接合作,充分利用中哈物流基地、中欧班列以及一些港口的中转功能、海铁联运等各类物流渠道,可以大大缩短货物从日本运到哈萨克斯坦的时间,提高货物流转效率,降低运输成本,提升本企业海外投资的利润空间。

参考文献

程永明、石其宝:《中日经贸关系六十年》,天津社会科学院出版社2006年版。

对外贸易经济合作部政策和发展司等:《世界各国贸易和投资指南——日本分册》,经济管理出版社1995年版。

关雪凌、肖平:《中日贸易的比较优势与互补性分析》,《现代日本经济》2008年第5期。

南亮进:《日本的经济发展》(修订版),经济管理出版社1992年版。

唐杰、蔡增正:《中国作为"全球制造业中心"的性质及经济发展特征》,《南开经济研究》2002年第6期。

于津平:《中国与东亚主要国家和地区间的比较优势与贸易互补性》,《世界经济》2003年第5期。

张季风:《日本经济与中日经贸关系研究报告(2016)》,社会科学文献出版社2016年版。

张季风:《日本经济与中日经贸关系研究报告(2017)》,社会科学文献出版社2017年版。

张季风:《日本经济与中日经贸关系研究报告(2018)》,社会科学文献出版社2018年版。

张季风:《中日经贸关系70年回顾与思考》,《现代日本经济》2015年第6期。

张其仔:《中国产业竞争力报告(2015)》,社会科学文献出版社2015年版。

小浜裕久:『戰後日本の産業發展』,日本評論社,2001年。

[日]中村隆英:《日本经济史7:"计划化"和"民主化"》,胡企林等译,生活·读书·新知三联书店1997年版。

---

① ジェトロ:『カザフスタン概況』,https://www.jetro.go.jp/ext_images/world/russia_cis/.

第八章 中国与韩国的国际产能合作

李雯轩

自1992年中韩两国建交以来，两国之间的贸易和产能合作发展迅速，由于地理和文化的接近，中韩两国在对方国家的经济地位也随着经贸往来的增多不断提升。2015年，中国就已成为韩国最大的贸易伙伴；根据联合国商品贸易统计数据库的数据，2017年中韩两国双边货物进出口额达到2399.8亿美元，占韩国当年进出口总额的22.8%。而韩国也是中国重要的贸易伙伴和投资对象，2016年韩国对中国的直接投资达到47.51亿美元，在华的韩国企业数目约为3万家[①]，韩资企业也是中国外资企业中的重要组成部分。中韩两国作为一衣带水的邻国，在很多产业领域具有互补性；作为东亚乃至全球重要的经济体，中韩两国的经济发展对亚洲和世界经济有着重要的影响。

一 韩国社会经济发展概况

（一）基本概况

1. 地理区位和自然特征

韩国地处朝鲜半岛南端，国土面积约为10.028万平方千米，陆地面积占朝鲜半岛总面积的4/9左右，2017年世界银行统计的人口总数约为5146.6

---

① 数据分别来自《中国统计年鉴》和《2015—2016在华韩国企业白皮书》。

万人。韩国三面环海，东西分别与日本、中国隔海相望，是典型的半岛国家，海岸线长约 1.7 万千米，属温带大陆性湿润和副热带季风气候。韩国的纬度整体偏高，南部济州岛地处北纬 33 度线附近，大约与中国盐城市处于同一纬度；北部的大部分地区纬度基本在 34 度至 38 度之间，与中国山东省纬度相当。

由于三面环海，韩国的渔业资源十分丰富；同时多丘陵，可耕地面积有限，因此韩国的农业资源禀赋较为稀缺，很多农产品依赖进口。以粮食进口为例，联合国商品贸易统计数据库的数据显示，韩国 2017 年从世界进口的谷物占世界总交易额的 3.7%，是世界第 8 大谷物进口国；中国也是韩国重要的粮食进口国之一，2017 年韩国单从中国就进口了约 15.7 万吨的大米，占当年韩国大米进口总量的 34.7%。韩国的能源禀赋也不丰富，韩国国内仅有煤炭资源，但可供开采的数量不大，主要的能源如石油完全依赖进口。矿产资源的矿物种类较多，但储量也不大，相对而言非金属矿产的储量高于金属矿产。

2. 经济特征

虽然韩国的自然资源禀赋不算优越，但经济总量位于世界前列。世界银行的数据显示，2017 年韩国以现价美元计算的国民生产总值达到了 1.531 万亿美元，在全球排名第 12 位；以现价美元计算人均国民收入高达 28380 美元，按照世界银行的标准，韩国 1995 年就已经属于高收入国家。①图 3-8-1 和图 3-8-2 分别显示了与中国对比的韩国 1992—2017 年的 GDP 和人均国民收入变化情况，韩国虽然在 GDP 总量上不及中国，但其人均国民收入远远高于中国。从产业结构来看，几十年的工业化历程，韩国早已将产业结构由劳动密集型产业升级为资本密集型产业，在半导体、智能手机、重化工、金属制造、电气设备、钢铁等多个领域的工业产品都具有竞争优势和国际知名度。得益于半岛国家，韩国天然多良港，如釜山、

---

① 世界银行是按照人均国民收入（GNI per capita）的标准动态调整国家收入组别的，按照分类，全球各国的人均国民收入可以分为低收入国家、中低收入国家、中高收入国家、高收入国家四个组别，具体标准和分类变化可参见 https://datahelpdesk.worldbank.org/knowledgebase/articles/378833-how-are-the-income-group-thresholds-determined。

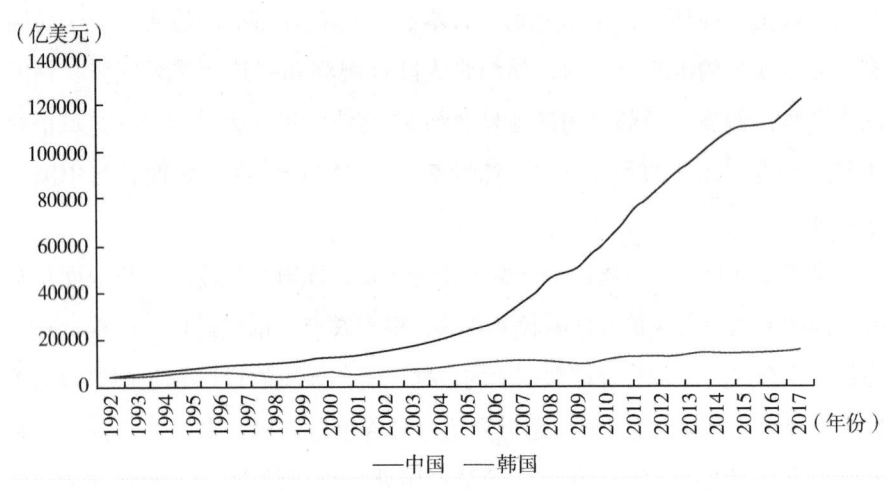

图 3-8-1　1992—2017 年中国和韩国 GDP 的变化（现价美元）

资料来源：世界银行网站，由笔者整理。

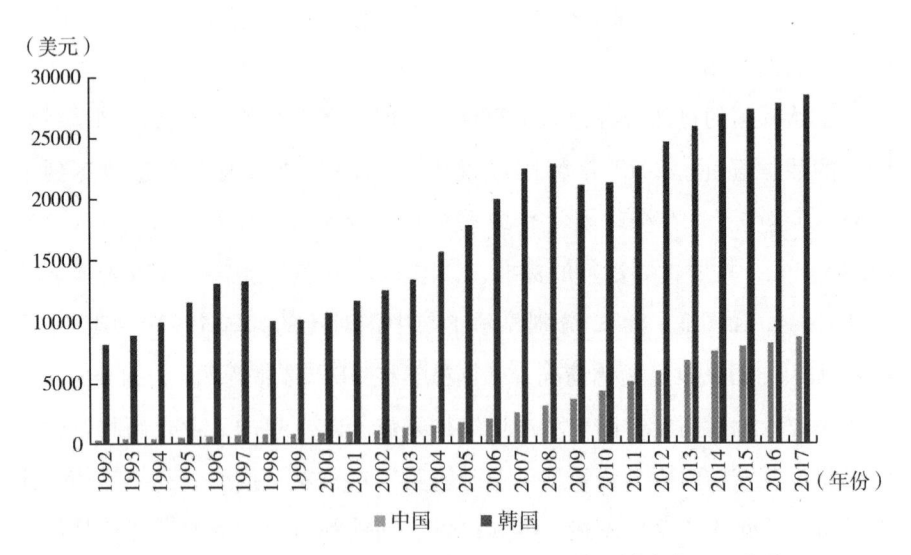

图 3-8-2　1992—2017 年中国和韩国人均国民收入的变化（现价美元）

资料来源：世界银行网站，由笔者整理。

仁川、平泽、蔚山、光阳等都是世界著名的优良港口，因而韩国的钢铁和造船业也十分发达。韩国经济的一大特色是财团经济在国家经济体系中占据举足轻重的地位,三星、大宇、LG、SK等知名企业享誉全球,各大财团涉及的产业范围也十分广泛,产品涵盖韩国人生活的方方面面。以韩国财团为主的大企业也是韩国对外投资的主力,近年来韩国对外投资的项目件数和金额也在不断上升。图3-8-3显示了1992—2017年韩国对外投资情况,2007年之后的对外投资总金额的规模远超过2007年之前。图3-8-4显示了2017年吸收韩国对外投资金额最多的国家或地区占当年投资总额的份额,美国是近年来韩国对外投资份额最多的国家,开曼群岛、中国、越南等也是近年来韩国对外投资的热点地区。

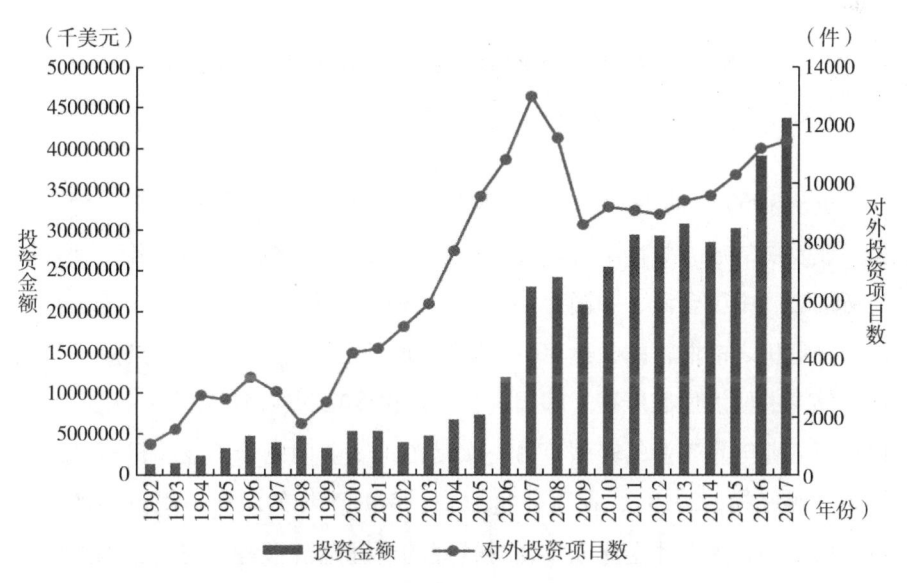

图3-8-3 1992—2017年韩国对外投资情况

资料来源:韩国进出口银行网站,由笔者整理。

(二) 韩国工业化发展历程

20世纪60年代,韩国还是一个贫穷落后的农业国,经过60多年的发展,韩国快速完成工业化:1960—2016年,按照2010年不变价美元计算的韩国人均GNI已经增长了26.75倍,从952.464美元增长到25485.121美元;工业增加值(不变价本币单位)由1960年的3.365万亿韩元增长至2016年的526.417万亿韩元,增长了156倍,工业增加值占GDP的百

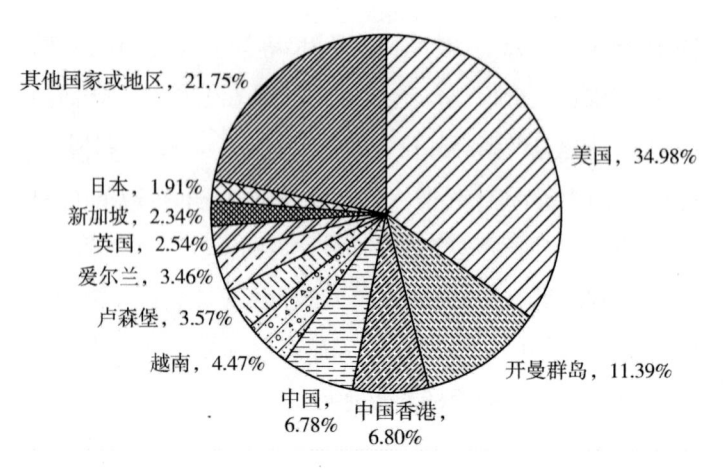

图 3 - 8 - 4　2017 年韩国对外投资最多的国家或地区份额

资料来源：韩国进出口银行网站，由笔者整理。

分比也从 1960 年的 18.38% 升至 2016 年的 38.56%（见图 3 - 8 - 5）。韩国工业发展的成就举世瞩目，20 世纪七八十年代的经济高速增长，使韩国与新加坡、中国台湾、中国香港地区被并称为亚洲"四小龙"，四国在亚洲金融危机之前取得的长达 30 年的经济增长也被称为"东亚奇迹"。重新审视韩国的经济发展历程，韩国进行了两次成功的经济转型，一次是 70 年代从轻工业向重工业的转型，另一次是由重工业向电子工业、机械加工的转型（洪元杓，2018），在这一过程中，审时度势的政府、积极的产业政策、扶植的各大财团企业以及相对较好的国际经济形势，均对韩国的经济成就起到了重要的作用。

1. 审时度势的政府

韩国的政府在其工业化进程中发挥了主导作用，其产业结构升级和调整与政府的政策密切相关。自 1961 年朴正熙就任韩国总统以来（1961—1979 年），韩国经历了从轻工行业到重化工行业的产业结构调整。在 20 世纪 60 年代前期，韩国政府将进口替代战略调整为出口导向型战略，以劳动力成本较低的比较优势发展劳动密集型行业的出口，由此实现了经济自立和资本积累。进入 70 年代以来，随着欧美国家受滞胀影响和国际市场上劳动密集型产品的竞争愈加激烈，韩国政府于 1973 年发布"重化工化宣

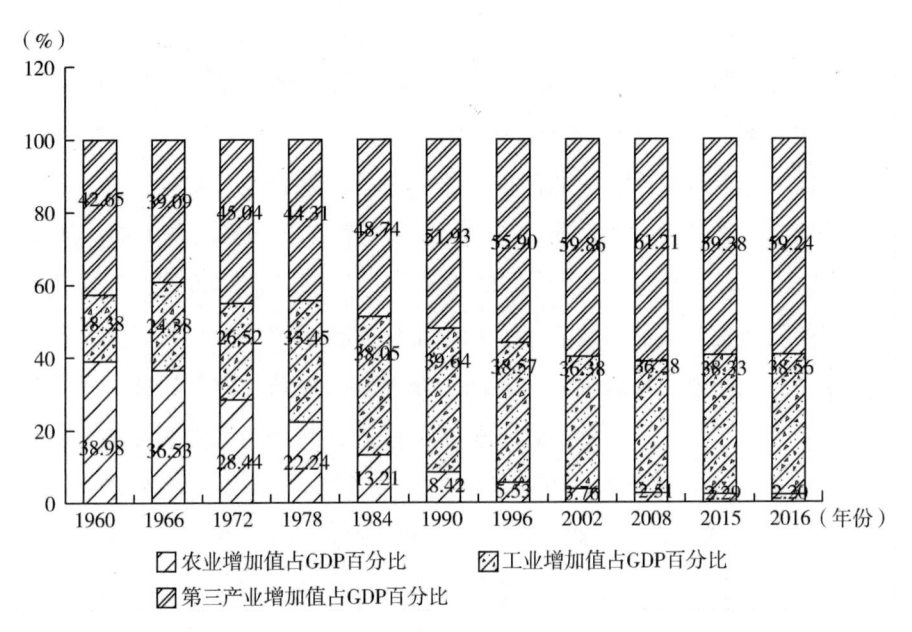

图 3-8-5　韩国三次产业增加值占 GDP 百分比变化

资料来源：数据来自世界银行，由笔者整理得出。

言"，将钢铁、机械、有色金属、汽车、电子、石油化学等十大产业作为战略发展产业，并给予一定的政策倾斜（潘志，2015）。但经济学家对韩国 70 年代的经济发展有不同的看法，有的学者认为韩国 70 年代重点发展资本密集型行业是适当的产业升级，并且符合日本工业化带来的"溢出效应"，即广为人知的"雁行模式"（伊藤隆敏，2013）；但有的学者认为韩国 70 年代的重工业化战略是错误且失败的，造成了韩国 70 年代经济增长率的下滑和 70 年代后期的宏观经济危机（马丁·沃尔夫等，2007）。随着 80 年代新自由主义风潮在欧美各国的兴起，韩国也在 80 年代实行了更为开放的贸易政策，并将产业结构逐步升级为更注重技术的电子、精密仪器、精细化工、半导体等领域，给予这些行业的企业一些信贷支持。即便在亚洲金融危机时经历了出口的大滑坡，但凭借其强大的工业体系，韩国依然成为世界主要的制造业大国、强国。韩国政府在产业政策选择中的决定性作用，是韩国几十年发展成功的重要原因。政府审时度势地将劳动密集型产业转向资本密集型产业,进而又转向技术密集型产业,不仅符合产业结构的升级路径,也符合韩国自身的比较优势(林毅夫和苏剑,2012)。

2. 积极的产业政策和财团企业

韩国的产业政策最直接的作用对象就是韩国的企业,尤其是韩国政府一手扶持起来的各大财团企业,至今仍左右着韩国经济发展的方向。20世纪60年代韩国政府实施的鼓励出口政策和"国退民进"政策,促使了韩国财团的飞速发展。韩国政府于七八十年代实行的"民营化"政策,使得浦项制铁、韩国电力、韩国通信等国有企业转为民营企业,浦项制铁也成为韩国十大财团之一。在韩国经济腾飞的初期,政府为了发展经济,大企业为了得到政府的扶持和资源倾斜,二者之间的关系变得尤为紧密,三星、现代、SK等财团的扩张也源于此。韩国财团的业务发展十分贴合韩国政府对国家产业战略的规划,比如创立于1938年的三星财团,原本以出口蔬菜、水果为主,50年代开始涉足制糖、制药、纺织业,1969年成立的三星电子,70年代起逐步向石油化学、造船、半导体通信等产业扩展,其发展的产业路径与韩国政府在不同阶段倡导的战略产业基本一致(陈根,2014)。韩国财团的发展路径有三大特点:一是多元化发展,各个财团涉足的产业领域十分广泛,如LG集团,不仅在电子、家电、化学、通信等领域都建立了下属企业,还投资职业棒球、篮球队。二是注重向海外市场扩张,各大财团也将"韩国制造"的影响扩大到全世界,韩国在电子、造船、钢铁等行业牢牢占据世界前列。韩国财团不仅利用对外投资在海外各国设厂,还提前对能源等战略资源做战略布局,如SK创新、LG化学积极参与玻利维亚的锂矿开发,现代财团也购得巴西EBX集团下属的铁矿采掘公司的部分股份等(陈根,2014)。三是注重科技和人才的培养。韩国财团学习日本的企业管理方法,注重企业文化建设和职工培训体系完善。各大财团均设有研究院,三星集团还是韩国著名高校成均馆大学的主要赞助者之一。亚洲金融危机曾对韩国的金融系统和企业财团造成了较为严重的打击,也暴露出财团经济的弱点,危机前后韩宝、大宇等知名财团破产倒闭,迫使韩国重新审视偏向大企业的金融、产业政策。金大中时期,韩国政府为了获得 560 亿美元的援助计划以期渡过金融危机,着手实施扶持中小企业的金融政策,并将产业发展的重点转向新一代汽车、非存储半导体、新材料等领域(崔伟,2001)。近年来韩国的财阀与政治之间的丑闻也多见诸报端,虽然韩国一直在调整产业政策,但并未改变韩国资源、先进技术向大财团集中的趋势,也正是财团企业为韩国在世界领先的制造业提供了产业扶持的动力。韩国大企业尤其是财团对韩国经济的促进作用是毋庸置疑的,可以预见未来韩国国家竞争力还将极大地依赖财团企业的竞争实力。

3. 有利的国际形势

韩国的产业发展历程不仅深受国际政治环境影响,也与国际产业转移的历程息息相关,尤其是日本产业转移的溢出效应和日本政府的产业政策,极大地影响了韩国政府、企业的发展路径,韩国政府的出口导向政策和财团制度,即深受日本的产业政策和株式会社制度的影响。20 世纪 60 年代,韩国政府获得向美国出口军需用品的优惠,1968—1972 年韩国对美国的出口占韩国总出口的 50%,此举大大促进了韩国的经济发展和相关产业的发展。而与日本的邦交正常化使韩国获得日本的对韩援助和借款,不仅帮助韩国在国内兴建了公路、铁路等基础设施,还通过日本向韩国出口原材料和中间产品,帮助韩国发展了加工贸易。当时日本的产业发展和转移也受到美国的扶持,进而将日本国内已不具有比较优势的产业和技术转移到亚洲其他地区。韩国就顺势将日本产业、技术引进到本国,据统计 1966—1972 年韩国引进的技术共 356 件,其中日本对韩输出的技术多达 250 件,主要集中在电气电子、机械等领域(闫华芳,2015)。日本的对外直接投资也是韩国吸收外资中最重要的一部分,1962—1990 年,日本对韩国的直接投资额约为 38 亿美元,占韩国吸收外资总额的 48.2%。如果没有日本产业结构升级的溢出效益和对外投资,也不会有韩国等亚洲"四小龙"的崛起。以机械和交通设备制造业为例,通过比较韩国、日本、美国、中国香港、新加坡 1962—1987 年的进出口数据,可以看出,在亚洲"四小龙"逐步崛起的 60—80 年代,韩国在工业出口品的技术方面落后于日本,领先于中国香港、新加坡,较为符合日本技术水平在亚洲中处于领先地位,同时产业转移从日本转向韩国，韩国再转向中国香港等其他地区的事实（见表3-8-1）。①

表3-8-1　　韩国1962—1987年机械及交通运输设备制造业的进出口数据

年份	进出口形式	伙伴国/地区	贸易金额（美元）	贸易差额（美元）
1962	出口	中国香港	17000	9000
	进口	中国香港	8000	
	出口	日本	304000	-23141000
	进口	日本	23445000	
	出口	新加坡	20000	20000
	出口	美国	94000	-14899000
	进口	美国	14993000	
1967	出口	中国香港	1261013	-743215
	进口	中国香港	2004228	
	出口	日本	1482924	-176070996
	进口	日本	177553920	
	出口	新加坡	195887	-856667
	进口	新加坡	1052554	
	出口	美国	5558524	-67496828
	进口	美国	73055352	
1972	出口	中国香港	13972255	6182867
	进口	中国香港	7789388	
	出口	日本	30179926	-359395850
	进口	日本	389575776	
	出口	新加坡	1059363	428218
	进口	新加坡	631145	
	出口	美国	97985232	-52939040
	进口	美国	150924272	

---

① 数据来自联合国商品贸易统计数据库，以国际贸易标准分类（SITC）的Rev.1版本为数据统计范围，机械及交通运输设备的英文分类名称为"Machinery and Transport Equipment"，其商品分类代码为"7"，在0—9共10类分类中可以看成技术水平较高的制造业分类。

续表

年份	进出口形式	伙伴国/地区	贸易金额（美元）	贸易差额（美元）
1977	出口	中国香港	88636488	75606206
	进口	中国香港	13030282	
	出口	日本	211330832	-1301486448
	进口	日本	1512817280	
	出口	新加坡	17652164	9762405
	进口	新加坡	7889759	
	出口	美国	572067712	-127845504
	进口	美国	699913216	
1982	出口	中国香港	366447648	194806400
	进口	中国香港	171641248	
	出口	日本	402942816	-1781876128
	进口	日本	2184818944	
	出口	新加坡	82662440	42375200
	进口	新加坡	40287240	
	出口	美国	1778418048	-112332416
	进口	美国	1890750464	
1987	出口	中国香港	622653760	434473184
	进口	中国香港	188180576	
	出口	日本	1242607104	-6008436736
	进口	日本	7251043840	
	出口	新加坡	511571040	314816544
	进口	新加坡	196754496	
	出口	美国	7697363968	4640314368
	进口	美国	3057049600	

资料来源：数据来自联合国商品贸易统计数据库，由笔者整理所得。

二　中韩产能合作发展演变轨迹及现状

中韩两国的经贸往来始于1992年两国建交，虽然只有短短的二十几年的时间，但中韩两国已经成为彼此重要的贸易伙伴。从两国的经济发展历史来看,中韩两国的经济起飞分别肇始于20世纪80年代和60年代,就发展历程和实施的产业政策来看具有一定的相似性。自建交至今,中韩两国的经济情况和产业结构均有了新的变化,两国的产业合作也出现了新的动向。随着中韩自贸区的启动,未来中韩两国在经贸、技术、能源方面还将取得更大的进展。

(一) 中韩两国经贸往来的演变轨迹和现状

中韩两国是一衣带水的邻国,有两三千年的交往历史。在1992年恢复邦交以前,中韩两国的经贸往来以民间交往为主,最主要的形式是商品贸易,在1988年之前主要是间接商品贸易,1988年之后转为民间直接贸易。改革开放之后中国经济开始腾飞,并通过重点开放沿海城市吸引外资,韩国也瞄准了中国市场的巨大发展潜力,于1985年起对中国进行直接投资。截至1992年6月,韩国特许对中国投资的企业有292家,投资额达2.5亿美元(李妍,1998)。

1992年8月24日,中国与韩国正式建立大使级外交关系。中韩两国之间的经贸合作进入了全面发展时期,双边贸易规模不断扩大。1992年韩国对中国的货物贸易进出口总额为63.78亿美元,其中出口总额为26.53亿美元,进口总额为37.25亿美元;2017年韩国对中国的货物贸易进出口总额增长到2399.79亿美元,其中出口总额为1421.19亿美元,进口总额为978.59亿美元,远远超过刚建交时的水平。图3-8-6显示了1992—2017年韩国对中国货物进出口总额的变化,在中韩建交三年之后韩国对中国的货物贸易就实现了顺差。进入21世纪后中韩两国的贸易额增长迅速,2014年年末中国成为韩国最大的出口国及最大的进口国,韩国也是中国重要的进口来源国之一,中韩两国都是彼此极为重要的贸易伙伴。表3-8-2总结了中国对韩进出口总额及占中国对外贸易额的比重、韩国对中国进出口总额及占韩国对外贸易额的比重。可以看出,中韩两国近年来的进出口规模和份额远远超过刚建交时,尤其对韩国而言,中国是非常重要的贸易伙伴国,近些年韩国对中国的出口约占韩国对外出口的1/4。

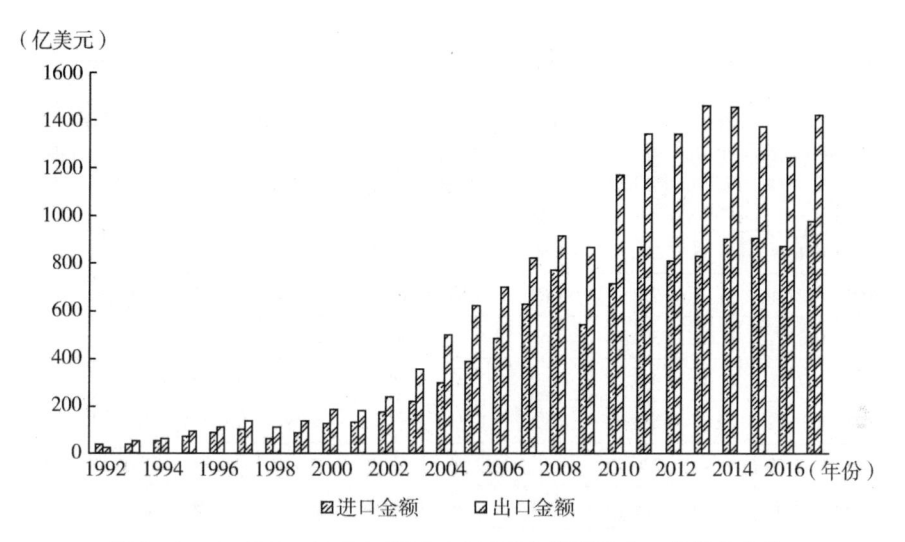

图 3-8-6　1992—2017 年韩国对中国货物贸易进出口总额的变化

资料来源：根据联合国商品贸易统计数据库整理。

表 3-8-2　　1992—2017 年中韩双边货物贸易进出口额及比重

单位：亿美元，%

年份	中国为统计主体					韩国为统计主体				
	中国对韩进口总额	对韩进口占中国进口总额比重	中国对韩出口总额	对韩出口占中国出口总额比重	中韩贸易占中国贸易总额比重	韩国对华进口总额	对华进口占韩国进口总额比重	韩国对华出口总额	对华出口占韩国出口总额比重	韩中贸易占韩贸易总额比重
1992	26.23	3.25	24.05	2.83	3.04	37.25	4.56	26.54	3.46	4.03
1993	53.60	5.16	28.60	3.12	4.20	39.29	4.69	51.51	6.26	5.47
1994	73.19	6.33	44.02	3.64	4.95	54.63	5.34	62.03	6.46	5.88
1995	102.93	7.79	66.88	4.50	6.05	74.01	5.48	91.44	7.31	6.36
1996	124.82	8.99	75.00	4.97	6.89	85.38	5.68	113.77	8.77	7.11
1997	149.30	10.49	91.27	4.99	7.40	101.17	7.00	135.72	9.97	8.44
1998	150.14	10.71	62.51	3.40	6.56	62.27	6.68	109.67	8.29	7.62
1999	172.26	10.40	78.08	4.01	6.94	88.67	7.40	136.73	9.52	8.56
2000	232.07	10.31	112.92	4.53	7.27	127.99	7.98	184.55	10.71	9.39
2001	233.77	9.60	125.19	4.70	7.04	133.03	9.43	181.87	12.09	10.80
2002	285.68	9.68	155.35	4.77	7.10	174.00	11.44	237.53	14.62	13.08

续表

年份	中国为统计主体					韩国为统计主体				
	中国对韩进口总额	对韩进口占中国进口总额比重	中国对韩出口总额	对韩出口占中国出口总额比重	中韩贸易占中国贸易总额比重	韩国对华进口总额	对华进口占韩国进口总额比重	韩国对华出口总额	对华出口占韩国出口总额比重	韩中贸易占韩国贸易总额比重
2003	431.28	10.45	200.95	4.59	7.43	219.09	12.25	351.10	18.11	15.30
2004	622.34	11.09	278.12	4.69	7.80	295.85	13.18	497.63	19.60	16.59
2005	768.20	11.64	351.08	4.61	7.87	386.48	14.79	619.15	21.77	18.43
2006	897.24	11.34	445.22	4.59	7.63	485.57	15.69	694.59	21.34	18.59
2007	1037.52	10.85	564.32	4.63	7.36	630.25	17.66	819.85	22.07	19.91
2008	1121.38	9.90	739.32	5.17	7.26	769.27	17.67	913.89	21.66	19.63
2009	1025.52	10.20	536.80	4.47	7.08	542.46	16.79	867.03	23.85	20.53
2010	1383.39	9.91	687.66	4.36	6.96	715.73	16.83	1168.38	25.05	21.13
2011	1627.17	9.33	829.20	4.37	6.74	864.31	16.48	1341.85	24.17	20.43
2012	1687.28	9.28	876.74	4.28	6.63	807.82	15.55	1343.22	24.52	20.15
2013	1830.73	9.39	911.65	4.13	6.59	830.51	16.11	1458.69	26.07	21.29
2014	1901.09	9.70	1003.33	4.28	6.75	900.71	17.14	1453.28	25.36	21.43
2015	1745.06	10.39	1012.86	4.46	6.98	902.49	20.68	1371.24	26.03	23.60
2016	1589.75	10.01	937.07	4.47	6.86	869.79	21.41	1244.33	25.12	23.45
2017	1775.53	9.63	1027.04	4.54	6.82	978.59	20.45	1421.19	24.78	22.81

资料来源：根据联合国商品贸易统计数据库（UN COMTRADE）相应数据计算而成。

从贸易结构上看，韩国对华出口的主要产品类别为机电、音像设备及其零件、附件，其中HS85电机、电气、音像设备及其零附件占了出口的很大比重；近年来化学工业及其相关工业的产品，以及光学、医疗等仪器，钟表，乐器两大类别的出口份额均超过10%，也是进出口份额很大的行业类别。韩国这几大类别的进口份额比例也很高，但纺织原料及纺织制品的进口比例却逐渐减少，韩国对中国进出口的产品构成中反映了中韩贸易结构的优化，也说明中韩两国在这几大类的贸易中有很大比例是中间品贸易（见表3-8-3）。

表3-8-3　　　　　　韩国对中国进出口的产品构成　　　　　　单位：%

HS 类别	韩国自中国进口 2007 年	韩国自中国进口 2012 年	韩国自中国进口 2017 年	韩国对中国出口 2007 年	韩国对中国出口 2012 年	韩国对中国出口 2017 年
活动物、动物产品	1.58	1.27	1.10	0.18	0.25	0.18
植物产品	2.56	1.43	1.18	0.07	0.07	0.08
动、植物油、脂、蜡，精制食用油脂	0.03	0.02	0.04	0.01	0.03	0.00
食品、饮料、酒及醋、烟草及制品	1.59	1.50	1.42	0.29	0.46	0.55
矿产品	5.28	2.26	1.10	6.81	8.03	5.11
化学工业及其相关工业的产品	5.79	7.60	9.13	13.06	12.37	13.77
塑料及其制品、橡胶及其制品	1.93	2.62	3.12	7.73	8.09	7.52
生皮、皮革、毛皮及其制品，鞍具及挽具，旅行用品、手提包	1.02	1.12	1.02	0.51	0.26	0.14
木及制品、木炭、软木、编织品	0.79	0.76	0.56	0.01	0.01	0.01
木浆等，废纸，纸、纸板及其制品	0.57	0.57	0.67	0.43	0.31	0.28
纺织原料及纺织制品	8.51	6.78	5.82	3.37	2.01	1.30
鞋帽伞等、已加工的羽毛及其制品、人造花、人发制品	1.26	1.58	1.35	0.32	0.12	0.10
石料、石膏、水泥、石棉、云母及类似材料的制品，陶瓷产品，玻璃及其制品	2.55	3.11	2.85	0.26	0.25	0.55
珠宝、贵金属及制品，仿首饰，硬币	0.23	0.20	0.23	0.20	0.17	0.09
贱金属及其制品	21.25	16.57	13.25	8.32	6.19	5.45
机电、音像设备及其零件、附件	37.76	41.54	46.71	42.45	38.87	51.95
HS84 核反应堆、锅炉、机械器具及零件	10.77	11.69	13.53	12.17	9.56	11.21
HS85 电机、电气、音像设备及其零附件	26.99	29.85	33.18	30.29	29.31	40.75
车辆、航空器、船舶及运输设备	1.58	3.16	2.25	3.77	4.25	2.31
光学、医疗等仪器，钟表，乐器	2.59	5.18	4.54	11.69	17.72	10.23
武器、弹药及其零件、附件	0.00	0.00	0.00	0.00	0.00	0.00
杂项制品	3.09	2.70	3.65	0.52	0.54	0.37
艺术品、收藏品及古物	0.04	0.01	0.00	0.01	0.01	0.00
特殊交易品及未分类商品	0.00	0.00	0.00	0.00	0.00	0.00

资料来源：根据联合国商品贸易统计数据库（UN COMTRADE）相应数据计算而成。

以 HS 两位数行业代码的标准衡量，1992 年韩国从中国进口最多的货物是 HS10 谷物，占当年从中国进口总额的 17.4%；其次为 HS27 矿物燃料、矿物油及其蒸馏产品、沥青物质、矿物蜡，占当年进口总额的 14.2%。2017 年韩国从中国进口最多的货物是 HS85 电机、电气、音像设备及其零附件，占当年从中国进口总额的 33.2%；其次为 HS84 核反应堆、锅炉、机械器具及零件，占当年进口总额的 13.2%。1992 年韩国对中国出口最多的货物是 HS72 钢铁，占当年对中国出口总额的 27.5%；其次为 HS39 塑料及其制品。2017 年韩国对中国出口最多的货物是 HS85 电机、电气、音像设备及其零附件，占当年对中国出口总额的 40.7%；其次为 HS84 核反应堆、锅炉、机械器具及零件，占当年出口总额的 11.2%。表 3-8-4 总结了 1992—2017 年以 HS 两位数行业衡量的韩国对中国货物进出口总额排前三位的产品变化，可以看到 2002 年前后，韩国对中国的进出口结构发生了变化：谷物、矿物燃料等初等品不再是韩国从中国进口的主要产品，钢铁、塑料等产品也不再是韩国对中国出口的主要产品。这也对应着中韩两国产业升级的阶段：20 世纪 90 年代韩国开始由钢铁、重化工领域向电子产业、精密机械工业转型；90 年代中国也逐渐由依靠初等产品、纺织品出口向靠机械加工品出口转变。进入 21 世纪之后，两国在电子产业、机械工业之间的进出口贸易比重也逐渐变大。根据中国韩国商会的数据，2010 年韩国对华主要出口的十大产品为平板显示器、半导体、合成树脂、石油制品、无线通信仪器、汽车零部件、石化合成纤维原料、钢板、石化中间原料、计算机，此十大产品占韩国主要出口商品的 59.7%；2014 年韩国对华出口的十大产品为半导体、平板显示器、合成树脂、石油制品、电子应用仪器、石化中间原料、无线通信仪器、汽车零部件、基础馏分、钢板，此十大产品占当年韩国主要出口商品的 62.6%。尤其是半导体、无线通信仪器、钢板、平板显示器等产品也是韩国对华进口的主要商品，这说明在电子和机械领域的产业内贸易十分活跃。

表 3 - 8 - 4　1992—2017 年韩国与中国进出口货物最多的三个行业①

年份	进口			出口		
	第一	第二	第三	第一	第二	第三
1992	HS10	HS27	HS55	HS72	HS39	HS85
1997	HS72	HS85	HS27	HS39	HS27	HS85
2002	HS85	HS27	HS84	HS85	HS84	HS29
2007	HS85	HS72	HS84	HS85	HS84	HS90
2012	HS85	HS84	HS72	HS85	HS90	HS29
2017	HS85	HS84	HS72	HS85	HS84	HS90

资料来源：联合国商品贸易统计数据库，由笔者整理。

从中国的角度来看，更容易看出中韩两国贸易结构和产业结构的变化情况。表 3 - 8 - 5、表 3 - 8 - 6 利用 BEC 数据，从加工阶段来分析中韩两国的贸易结构变化情况。从加工阶段来看，零部件和资本货物生产具有资金密集型的特点，而从事加工贸易的国家，则会加大对中间品尤其是零部件的进口。加工贸易一直是中国自改革开放以来获取外资、融入世界制造业体系的重要手段。通过分析中国对世界、对韩国中间品、资本货物和消费品的进出口数据，可以清晰地发现中国产业结构升级的特征。表 3 - 8 - 5 显示的是中国与世界所有国家的进出口情况，计算了中间品、资本货物和消费品占当年进出口总额的比例，其中中间品分为初级产品、半成品和零部件。2002—2017 年，中国对外进口的零部件比例稳步下降，从 2002 年的 28.36% 下降至 2017 年的 15.05%，资本货物的进口比例也有明显下降，从 2002 年的 21.11% 下降到 2017 年的 14.59%；初级产品的进口比例上升较快，初级产品的比例变动与零部件呈相反态势。与之相对的是，出口数据中初级产品比例下降，半成品出口比例上升，零部件出口比例无显著变化；资本货物占出口比例较 1995 年有大幅提升，消费品的出口有相当大的

---

① HS10 谷物；HS27 矿物燃料、矿物油及其蒸馏产品，沥青物质，矿物蜡；HS29 有机化学品；HS39 塑料及其制品；HS55 化学纤维短纤；HS72 钢铁；HS84 核反应堆、锅炉、机械器具及零件；HS85 电机、电气、音像设备及其零附件；HS90 光学、照相、医疗等设备及零附件。

下降。从中国对世界的进出口比例变化来看，中国的产业结构得到很大优化。表3-8-6显示的中国对韩国的贸易结构与表3-8-4有些许不同，从进口来看，中国从韩国进口的半成品和零部件的比例总和远超过从世界进口的同期水平，这两项的出口比例之和也超过同时期对世界国家的进出口，说明中韩两国之间的中间品贸易十分发达。中国对韩国的初级产品出口比例也发生了很大变化，2002年为12.36%，2017年降为1.79%，2017年中国对韩国的初级产品出口比例大幅度下降，间接地说明中国对韩国产业贸易结构升级。图3-8-7从中国自韩国进出口的半成品和零部件金额方面进行了进一步说明，虽然中国对韩国的贸易结构有所改善，但是就中间品进出口总额来看，中国对半成品和零部件的进口额大于中国对韩国同类产品的出口额，考虑到韩国企业在中国设厂、工业园区的事实，可以合理推测中国、韩国的对外出口商品的技术含量在不断提升，总体看韩国的技术水平仍领先于中国。

表3-8-5　　　　按加工阶段划分的中国对世界的进出口比例[①]　　　　单位：%

分类		进口				出口			
		2002年	2007年	2012年	2017年	2002年	2007年	2012年	2017年
中间品	初级产品	10.05	18.21	26.30	21.70	2.93	1.21	0.79	0.70
	半成品	34.28	25.05	20.97	38.95	20.30	22.98	21.89	27.15
	零部件	28.36	31.07	25.56	15.05	15.62	17.29	17.67	15.55
资本品		21.11	19.20	15.26	14.59	19.96	27.93	29.63	29.24
消费品		3.61	3.68	4.38	5.50	40.23	29.45	28.66	25.45
车用汽油和客运汽车		14.02	0.94	4.00	2.53	0.74	0.93	1.25	0.29
其他		0.53	0.25	3.53	1.68	0.21	0.21	0.11	1.63

---

① 表3-8-5和表3-8-6中的所有数据均来自联合国商品贸易统计数据库，基于联合国公布的产品划分标准区，按照联合国提供的BEC分类将19个产品类别分为中间品、资本货物、消费品、车用汽油和客运汽车、其他产品五大类。其中，初级产品的代码包括111、21、31；半成品的代码包括121、22、322；零部件的代码包括42、53；资本货物的代码包括41、521；消费品的代码包括112、122、522、61、62、63；其他产品包括的各代码所代表的含义可以参考各代码所代表的行业名称。

续表

分类	进口				出口			
	2002年	2007年	2012年	2017年	2002年	2007年	2012年	2017年
合计	100	100	100	100	100	100	100	100

资料来源：联合国商品贸易统计数据库，由笔者整理。

表3-8-6　按加工阶段划分的中国对韩国的进出口比例变化　　单位：%

分类		进口				出口			
		2002年	2007年	2012年	2017年	2002年	2007年	2012年	2017年
中间品	初级产品	0.29	0.69	0.57	0.34	12.36	6.48	2.34	1.79
	半成品	47.66	32.41	28.80	64.36	29.97	39.40	31.38	38.85
	零部件	24.26	38.97	42.22	15.82	14.19	21.89	24.68	16.60
资本品		21.30	20.55	18.23	14.43	13.87	14.30	25.64	24.26
消费品		2.28	1.76	2.56	2.28	27.94	16.60	14.18	16.18
车用汽油和客运汽车		0.46	0.73	0.99	0.03	0.01	0.00	0.01	0.01
其他		0.08	0.16	1.18	2.74	0.04	0.33	0.55	2.31
合计		100	100	100	100	100	100	100	100

资料来源：联合国商品贸易统计数据库，由笔者整理。

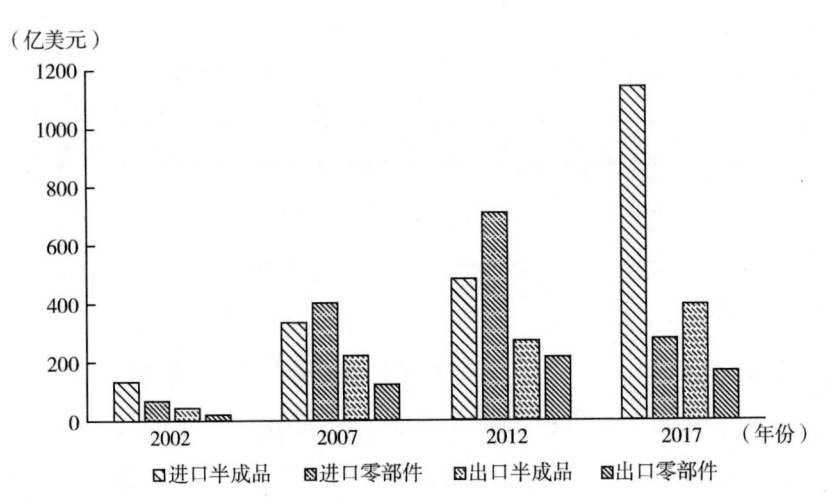

图3-8-7　中国自韩国进出口的半成品、零部件情况

资料来源：联合国商品贸易统计数据库，由笔者计算所得。

从进出口的地区分类来看,中国对韩国进出口最多的省份多集中在东部沿海地区。根据《2015—2016 在华韩国企业白皮书》的数据,2014 年从韩国进口最多的省份有广东省(24.9%)、江苏省(23.35%)、山东省(10.7%)、上海市(9.7%)、天津市(7.3%),这 5 个省份的进口比重占全部省份对韩进口比重的 75.9%。2014 年向韩国出口最多的省份有广东省(25.5%)、江苏省(16.6%)、山东省(14.7%)、浙江省(6.6%)、上海市(6.4%),这 5 省份的出口份额比重占全部省份对韩出口比重的 69.8%。这些省份也是改革开放以来经济发展较快、吸引外资较多、工业园区较为发达的地区,并且距离韩国也很近,产品运输较为方便,韩国企业在这几个省份的投资也会更为便捷。

(二)中韩产业投资发展的轨迹和合作的现状

从经济体量来看,从中韩建交以来,中国的国内生产总值一直高于韩国的国内生产总值,但在人均 GDP 层面韩国一直高于中国(见图 3 - 8 - 8)。正是建交之初两国经济水平的差距,使韩国成为中国重要的投资国之一,中韩两国的产业投资也就此展开。鉴于两国处于不同的发展阶段,一直以来韩国对中国的投资都是两国之间主要的投资形式。中韩建交之际,恰逢中国十四大提出建设社会主义市场经济体制的改革目标,中国通过大力吸引外资来促进经济的发展,亚洲"四小龙"均纷纷加大了对中国的投资和产业的转移力度,韩国对中国的投资也自建交以来逐步增长。1992 年韩国对中国投的投资额为 1.2 亿美元,2016 年该数额增长到 47.5 亿美元。[①] 图 3 - 8 - 9 显示了自 1992 年以来韩国对中国的投资情况,韩国对中国的直接投资深受国际经济形势的影响,亚洲金融危机和次贷危机之后的 2011 年是韩国对中国投资的低谷,2011 年之后对中国投资呈现逐年向好的趋势。根据韩国进出口银行的统计,截至 2017 年 12 月,韩国对中国投资项目的申报件数达到 57471 件,占韩国海外投资项目总数的 32.17%;投资总额达到 595.62 亿美元,占韩国对外投资总额的 15.01%。但中国并不是近年来韩国对外投资最多的地

---

① 数据来自 1992—2017 年《中国统计年鉴》。

区，2017年韩国对外投资总额约为436.96亿美元，美国是韩国投资第一大地区，约为152.87亿美元，开曼群岛（49.78亿美元）、中国香港（29.71亿美元）和中国（29.64亿美元）分列第二、第三、第四位（见图3-8-10）。

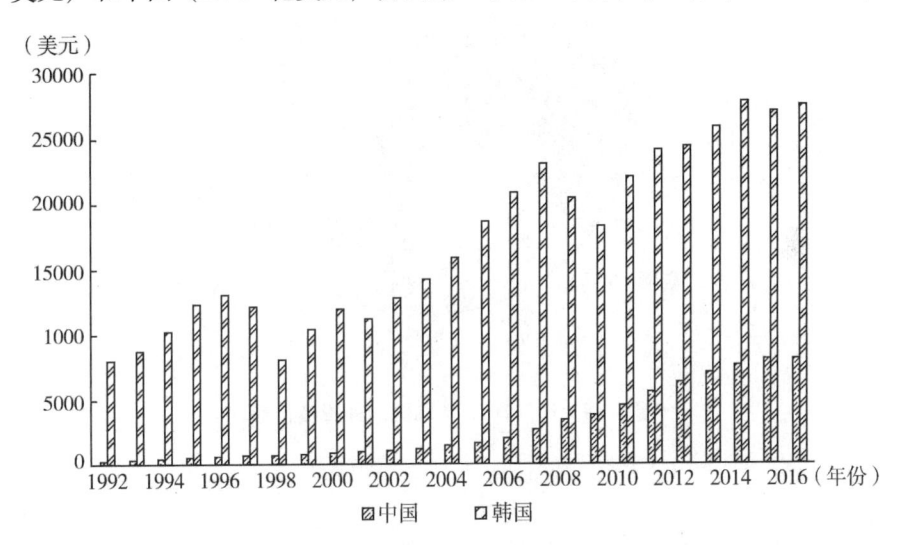

图3-8-8 中国、韩国人均GDP对比（现价美元单位）

资料来源：世界银行，由笔者整理。

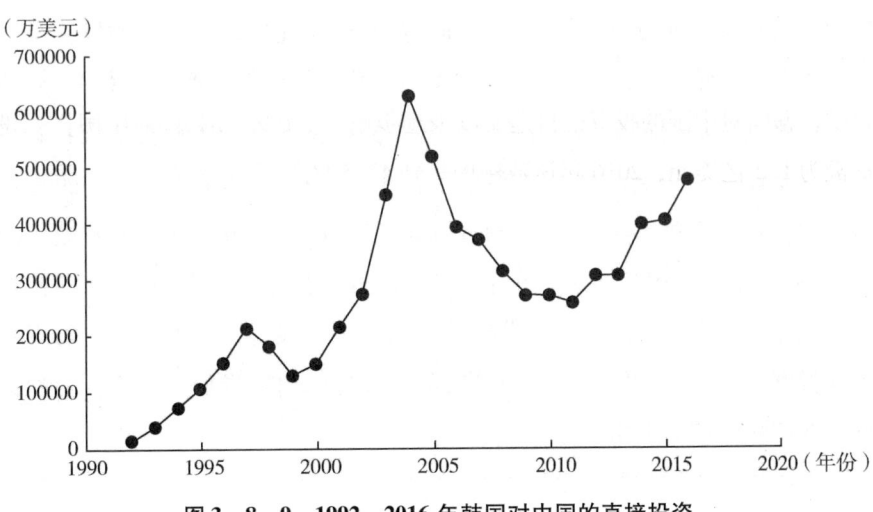

图3-8-9 1992—2016年韩国对中国的直接投资

资料来源：历年《中国统计年鉴》，由笔者整理。

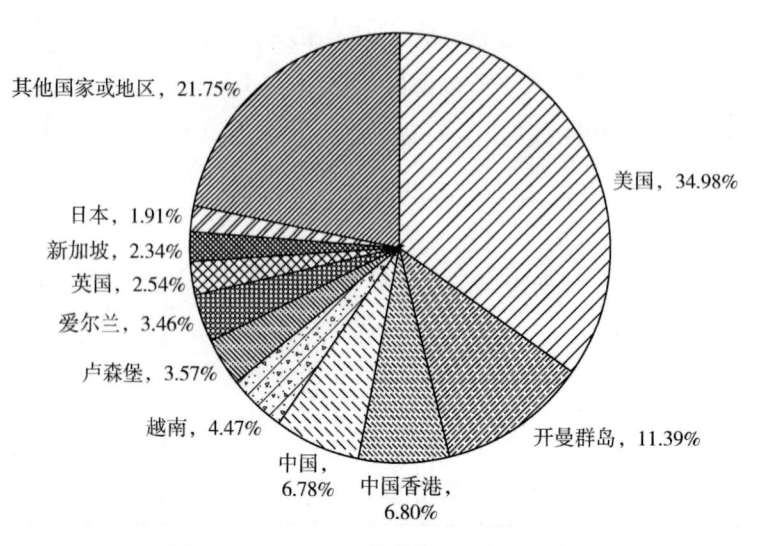

210 / 第三篇 中国在亚洲国际产能合作中的地位与作用

图 3-8-10 2017 年韩国对外投资份额

资料来源：数据来自韩国进出口银行，由笔者整理。

从投资产业和地区偏好来看，韩国对中国的投资主要集中在第二产业，投资地域也更倾向于经济较为发达、招商引资工作较好、距离韩国较近的东部沿海地区，如江苏省、广东省、山东省等。表 3-8-7 显示了韩国对华投资按产业分类的件数、金额、金额所占比例，制造业的投资金额占韩国全部对华投资的 77.03%，是韩国对华投资最多的产业。表 3-8-8 显示了韩国在华投资金额最多的 10 个省份和在各省份的投资情况：2010 年韩国企业喜欢投资的地区主要集中在东部地区，2014 年中西部的重庆市、湖北省、陕西省成了韩国企业投资的热点地区；2017 年陕西省获得的投资总额超过了 2014 年，四川省也成了韩国对中国投资最多的十大省份之一。随着内陆省份基础设施建设提升、投资环境改善，韩国企业更愿意将企业投资到相对成本较低、经济发展潜力较好的内陆省份，也符合中国部分企业产业转移的现实。

表3-8-7　　　　　　　韩国对中国投资的行业分类

行业分类	申报件数	新增法人数	投资金额（亿美元）	投资份额（%）
农业、林业及渔业	585	306	1.331	0.22
矿业	182	96	2.998	0.50
制造业	41576	18066	458.798	77.03
电、天然气、蒸汽及自来水事业	34	21	0.881	0.15
污水废弃物处理、原料再生及环境修复	61	36	0.151	0.03
建筑业	742	406	8.427	1.41
批发及零售业	6003	3528	32.082	5.39
运输业	680	266	4.829	0.81
住宿及餐饮业	1550	934	6.463	1.09
信息通信业	968	507	4.448	0.75
金融及保险业	416	161	46.872	7.87
房地产业及租赁业	352	162	16.384	2.75
科学技术服务业	1325	769	4.031	0.68
事业设施管理及事业支援服务业	1469	672	2.815	0.47
公共行政、国防及社会保障业	9	7	0.151	0.03
教育服务业	286	167	0.465	0.08
保健业及社会福利服务业	76	53	0.191	0.03
艺术、运动、娱乐相关服务业	464	218	3.099	0.52
协会、团体、修理及其他个人服务业	480	299	1.051	0.18
家庭内雇佣活动及未分类的自家消费生产活动	1	1	0.005	0.00
N/A 未分类行业	212	63	0.143	0.02

注：行业分类根据韩国进出口银行给出的行业韩语名称直接译成中文，与中国行业分类标准中的行业名称有差异。

表3-8-8　　　　　韩国对中国各地区的投资情况　　　　单位：亿美元，%

2010年			2014年			2017年		
省份	投资金额	比重	省份	投资金额	比重	省份	投资金额	比重
江苏省	11.93	32.6	江苏省	5.38	17.2	江苏省	10.30	34.8
山东省	7.21	19.7	广东省	3.90	12.5	北京市	4.63	15.6
吉林省	3.28	9.0	湖北省	3.71	11.8	陕西省	3.29	11.1

续表

2010 年			2014 年			2017 年		
省份	投资金额	比重	省份	投资金额	比重	省份	投资金额	比重
辽宁省	2.83	7.7	北京市	3.21	10.2	山东省	2.65	8.9
天津市	2.58	7.0	山东省	2.81	9.0	上海市	2.45	8.3
上海市	2.36	6.5	重庆市	2.65	8.5	浙江省	1.39	4.3
广东省	1.68	4.6	上海市	2.43	7.8	重庆市	1.22	4.1
北京市	1.29	3.6	陕西省	1.72	5.5	广东省	0.92	3.1
浙江省	1.06	2.9	天津市	1.54	4.9	四川省	0.72	2.5
福建省	0.63	1.7	浙江省	1.02	3.3	天津市	0.37	2.0

注：数据来自《2015—2016 在华韩国企业白皮书》，具体数据来自韩国进出口银行。

根据中国韩国商会的调查，韩国企业对中国投资的主要目的在于打开中国市场，其次是促进出口，最后是利用低薪。按照所占投资额比重来看，2010 年和 2014 年此三项目的的比重分别为 61.5%、20.1%、15.6% 和 71.8%、20.0%、5.2%；韩国在华投资企业也更倾向于应用本土化策略，在产品设计、广告覆盖等方面努力迎合投资国的需求偏好。从投资主体来看，韩国对中国的投资主要由大企业主导，2014 年大企业投资占当年所有对华投资的 83.3%，也符合韩国财团经济主导的特点。[①]

除了韩国对中国的投资规模不断扩大、投资地区向中西部扩张之外，随着中国产业结构升级、生产能力提高和企业"走出去"的发展策略，中国也开始对韩国进行直接投资。图 3-8-11 显示了 2005—2016 年中国对韩国的投资净额的变化，除 2010 年为负数外，中国对韩国的投资净额近年来也呈现了不断扩大的趋势。从投资行业来看，中国对韩国的直接投资主要集中在服务业，对制造业的投资相对较少（高正植等，2018）。

（三）中韩能源领域的合作与竞争

中韩两国均是能源消费大国，对石油、天然气等传统能源主要依赖进口。与中国相比，韩国的能源资源更为匮乏，几乎所有的传统能源都依赖

---

① 相关数据来自《2015—2016 在华韩国企业白皮书》，具体数据来自韩国进出口银行。

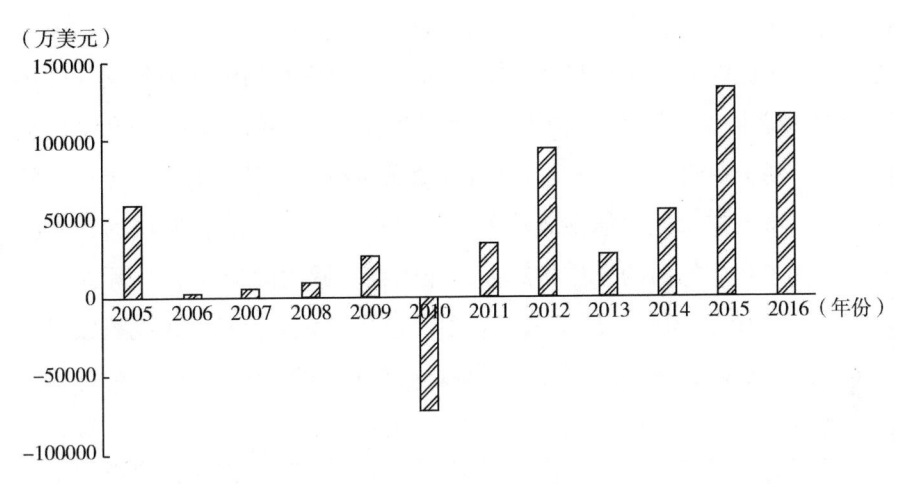

图 3-8-11　中国对韩国投资净额

资料来源：数据来自历年《中国统计年鉴》，由笔者整理。

进口，加之韩国比中国更早地加入世界分工体系，经历过 20 世纪 70 年代的石油危机，所以韩国对建立安全能源的需求更为迫切。早在 1999 年韩国政府就出台了《应对石油危机体系》方案，2006 年通过《国家能源基本法》并设立海外能源委员会，引导企业对外投资能源产业。改革开放之初，中国对能源的需求并不迫切，90 年代中期之前一直是石油净出口国，随着工业化进程的加快，中国逐步转为石油净进口国，对其他能源的消费量也逐年攀升。在 21 世纪初期，由于中国对石油、天然气、煤炭等的巨大进口量，曾引起日本、韩国的恐慌，尤其在争夺俄罗斯油气资源时，三国之间的竞争颇为激烈。

在能源资源竞争的同时，中日韩三国发现能源市场出现"亚洲溢价"现象，因此加强了能源合作。早在 2004 年，中日韩三国就确定了在"10+3"框架下进行能源部长年度会议机制；2007 年包含中日韩 3 国在内的 16 国领导人在第二次东亚峰会期间共同签署了《东亚能源安全宿务宣言》，提出了东亚地区能源合作的具体措施。"一带一路"倡议的提出，为中日韩三国搭建能源合作平台提供了良好的机遇。与日本相比，中韩之间率先达成能源合作的可能性更高，因此中韩最近几年在能源领域也展开诸多合作。在企业层面，中韩两国的主要能源企业展开了很多卓有成效的合作，为深化合作提供了良好的基础，如2014年中国宁夏的哈纳斯集团与韩国SK集团签署协议，携手开拓中国天然气市场；2017年中国石油和韩国天然气公司基于在缅甸、莫桑比克、加拿大的油气资源的良好合作经历，签署合作谅解备忘录，将能源领域的合作进一步深入。在国家层面，中韩两国也逐步建立畅通的合作机制，加深能源领域的政治互信，例如2017年12月在中韩两国举行的首脑会谈中商定，成立中韩两国在能源领域的司局级对话机制，进一步加强能源领域合作；2018年中韩两国在首次中韩能源对话会中决定展开连接中韩电力网的研究。伴随"一带一路"倡议的深入实施，中韩两国在能源开发和利用、清洁能源领域仍有较大的合作空间；随着中韩自贸区的建设，中韩的能源合作与交流也将进一步深入。

（四）中韩产业竞争力变化的因素分析

国际产能合作的基础不仅取决于两国的合作意愿，还要求两国的生产能力必须具有互补的空间。上文分析了中韩两国的贸易结构、投资结构，据此可以推断目前韩国在技术和工业化进程方面领先于中国，但中国也有很多产品有了与韩国竞争的实力。据2011年韩国媒体的报道，当年世界出口市场产品目录中，韩国出口率占首位的产品有74个，居世界第13位，但有26种产品的第一位置被中国夺得；还有13种韩国出口位于第一的产品，排名第二的均为中国（詹小洪，2013），韩国媒体对中国制造业后来居上的赶超方式颇感忧虑。与媒体记者的看法不同，随着全球产业分工由垂直型变为水平型，不少专家学者对中国、韩国的竞争格局颇为乐观，认为未来中韩两国参与国际分工仍然是互补为主、竞争为辅（申明浩，2011；肖汀，2013）。为了更好地对中韩两国产业能力进行分析，下文将从比较优势、贸易竞争优势、产业内贸易、贸易依存度等几个方面展开分析，用到的数据主要来自联合国商品贸易统计数据库，以2007年、2012年和2017年的HS两位数行业代码分类标准进行计算。

1. 显示性比较优势

显示性比较优势是国际贸易领域使用广泛的一种计算方法，用来衡量一国哪些出口行业比较有竞争力。具体计算方法为：

$$RCA_{ij} = (X_{ij}/X_j) / (XW_i/XW)$$

其中，i 代表产品或行业，j 代表国家或地区；X_{ij} 表示国家 j 产品 i 的出口额，X_j 表示国家 j 所有商品的出口额；XW_i 代表世界所有国家产品 i 的出口额，XW 代表当年世界所有国家、所有产品的出口总额。一般将指数大于 1 的行业视作在国际竞争中竞争力较强的行业，小于 1 的行业视作竞争力弱的行业。在实际操作中，一般按照 RCA 大于等于 2.5、RCA 小于 2.5 但大于等于 1.25、RCA 小于 1.25 但大于等于 0.8、RCA 小于 0.8 来划分产业的竞争力，分别代表极具竞争力、较强的竞争力、竞争力一般、竞争力弱。

本章计算了两种显示性比较优势指数，一种是标准的类型，用来判断中韩两国哪些行业在国际市场上具有竞争力；另一种是针对出口国的显示性比较优势，即将 X_{ij} 视作一国对另一国出口某产品 i 的出口额，X_j 为一国对另一国全部的出口总额，XW_i 为一国对世界出口某产品 i 的出口额，XW 为一国对世界出口所有产品的出口总额。第二种显示性比较优势用来判断在两国的出口贸易中哪些行业更具有竞争力，以便判断两国贸易结构的变化。

表 3-8-9 列举了 2007 年、2012 年、2017 年中韩两国以 HS 两位数代码计算的标准的显示性比较优势指数，选取了 RCA 大于等于 2.5、RCA 小于 2.5 但大于等于 1.25 的行业，以 RCA 指数高低降序排列。从表 3-8-10 可以看出，2007—2017 年，韩国在世界上极具竞争力的产业远远少于中国，主要有"HS89 船舶及浮动结构体""HS60 针织物及钩编织物""HS78 铅及其制品""HS79 锌及其制品"；较强竞争力的行业也集中在化工、贱金属制品、电器类等产业，对应韩国造船业、电子行业、机械行业发达的产业结构特征，除了"HS60 针织物及钩编织物"，韩国具有比较优势的行业均为资金密集型行业。而中国具有竞争力的产业集中在纺

织服装和制鞋等纺织业及其纺织制品业、家具、玩具、机械加工制造等劳动密集型行业，也与中国"世界工厂"的称号相匹配。就中韩两国具有竞争力的行业而言，重叠性很小，主要集中在"HS85 电机、电气、音像设备及其零附件""HS54 化学纤维长丝""HS55 化学纤维短纤""HS73 钢铁制品"等几个行业。在世界市场上，中韩两国的产业结构更具有互补性而非竞争性。

表 3-8-9　　　　中韩两国世界市场上具有比较优势的产业

年份	国家	$RCA \geqslant 2.5$	$1.25 \leqslant RCA < 2.5$
2007	中国	HS46 稻草、秸秆、针茅或其他编结材料制品等；HS66 雨伞、阳伞、手杖、坐凳式手杖、鞭子及其零件；HS67 已加工羽毛、羽绒及其制品，人造花，人发制品；HS50 蚕丝；HS65 帽类及其零件；HS61 针织或钩编的服装及衣着附件；HS58 特种机织物，簇绒织物，花边，装饰毯，装饰带，刺绣品；HS63 其他纺织制成品，成套物品，旧衣着及旧纺织品，碎织物；HS95 玩具、游戏或运动用品及其零附件；HS42 皮革制品，旅行箱包，动物肠线制品；HS64 鞋靴、护腿和类似品及其零件；HS86 铁道车辆，轨道装置，信号设备；HS62 非针织或非钩编的服装及衣着附件；HS96 杂项制品；HS60 针织物及钩编织物	HS94 家具，寝具等，灯具，活动房；HS92 乐器及其零件、附件；HS81 其他贱金属、金属陶瓷及其制品；HS55 化学纤维短纤；HS36 炸药，烟火制品，火柴，引火合金，易燃材料制品；HS52 棉花；HS05 其他动物产品；HS54 化学纤维长丝；HS16 肉、鱼、甲壳动物、软体动物及其他水生无脊椎动物的制品；HS69 陶瓷产品；HS53 其他植物纺织纤维，纸纱线及其机织物；HS85 电机、电气、音像设备及其零附件；HS83 贱金属杂项制品；HS82 贱金属工具、器具、利口器、餐匙、餐叉及其零件；HS43 毛皮、人造毛皮及其制品；HS59 浸渍、涂布、包覆或层压的纺织物，工业用纺织制品；HS73 钢铁制品；HS51 羊毛、动物细毛或粗毛，马毛纱线及其机织物；HS84 核反应堆、锅炉、机械器具及零件；HS20 蔬菜、水果、坚果或植物其他部分的制品；HS70 玻璃及其制品；HS68 石料、石膏、水泥、石棉、云母及类似材料的制品；HS89 船舶及浮动结构体
	韩国	HS89 船舶及浮动结构体；HS60 针织物及钩编织物	HS54 化学纤维长丝；HS59 浸渍、涂布、包覆或层压的纺织物，工业用纺织制品；HS90 光学、照相、医疗等设备及零附件；HS79 锌及其制品；HS85 电机、电气、音像设备及其零附件；HS55 化学纤维短纤；HS29 有机化学品；HS58 特种机织物，簇绒织物，花边，装饰毯，装饰带，刺绣品；HS87 车辆及其零附件，但铁道车辆除外；HS39 塑料及其制品；HS72 钢铁；HS56 絮胎、毡呢及无纺织物，线绳索缆及其制品

续表

年份	国家	RCA≥2.5	1.25≤RCA<2.5
2012	中国	HS66 雨伞、阳伞、手杖、坐凳式手杖、鞭子及其零件；HS67 已加工羽毛、羽绒及其制品，人造花，人发制品；HS46 稻草、秸秆、针茅或其他编结材料制品等；HS50 蚕丝；HS65 帽类及其零件；HS63 其他纺织制成品，成套物品，旧衣着及旧纺织品，碎织物；HS61 针织或钩编的服装及衣着附件；HS42 皮革制品，旅行箱包，动物肠线制品；HS64 鞋靴、护腿和类似品及其零件；HS95 玩具、游戏或运动用品及其零附件；HS94 家具，寝具等，灯具，活动房；HS60 针织物及钩编织物；HS58 特种机织物，簇绒织物，花边，装饰毯，装饰带，刺绣品；HS69 陶瓷产品；HS62 非针织或非钩编的服装及衣着附件；HS54 化学纤维长丝；HS86 铁道车辆，轨道装置，信号设备	HS59 浸渍、涂布、包覆或层压的纺织物，工业用纺织制品；HS96 杂项制品；HS53 其他植物纺织纤维，纸纱线及其机织物；HS55 化学纤维短纤；HS92 乐器及其零件、附件；HS89 船舶及浮动结构体；HS43 毛皮、人造毛皮及其制品；HS52 棉花；HS83 贱金属杂项制品；HS85 电机、电气、音像设备及其零附件；HS05 其他动物产品；HS70 玻璃及其制品；HS36 炸药，烟火制品，火柴，引火合金，易燃材料制品；HS82 贱金属工具、器具、利口器、餐匙、餐叉及其零件；HS16 肉、鱼、甲壳动物、软体动物及其他水生无脊椎动物的制品；HS81 其他贱金属、金属陶瓷及其制品；HS73 钢铁制品；HS84 核反应堆、锅炉、机械器具及零件；HS51 羊毛、动物细毛或粗毛，马毛纱线及其机织物；HS68 石料、石膏、水泥、石棉、云母及类似材料的制品；HS57 地毯及纺织材料的其他铺地制品；HS56 絮胎、毡呢及无纺织物，线绳索缆及其制品
	韩国	HS89 船舶及浮动结构体；HS60 针织物及钩编织物	HS79 锌及其制品；HS54 化学纤维长丝；HS90 光学、照相、医疗等设备及零附件；HS78 铅及其制品；HS72 钢铁；HS85 电机、电气、音像设备及其零附件；HS59 浸渍、涂布、包覆或层压的纺织物，工业用纺织制品；HS87 车辆及其零附件，但铁道车辆除外；HS29 有机化学品；HS39 塑料及其制品；HS55 化学纤维短纤；HS40 橡胶及其制品；HS73 钢铁制品；HS58 特种机织物，簇绒织物，花边，装饰毯，装饰带，刺绣品
2017	中国	HS66 雨伞、阳伞、手杖、坐凳式手杖、鞭子及其零件；HS67 已加工羽毛、羽绒及其制品，人造花，人发制品；HS46 稻草、秸秆、针茅或其他编结材料制品等；HS50 蚕丝；HS60 针织物及钩编织物；HS65 帽类及其零件；HS95 玩具、游戏或运动用品及其零附件；HS63 其他纺织制成品，成套物品，旧衣着及旧纺织品，碎织物；HS54 化学纤维长丝；HS43 毛皮、人造毛皮及其制品；HS58 特种机织物，簇绒	HS96 杂项制品；HS59 浸渍、涂布、包覆或层压的纺织物，工业用纺织制品；HS86 铁道车辆，轨道装置，信号设备；HS53 其他植物纺织纤维，纸纱线及其机织物；HS52 棉花；HS83 贱金属杂项制品；HS85 电机、电气、音像设备及其零附件；HS92 乐器及其零件、附件；HS82 贱金属工具、器具、利口器、餐匙、餐叉及其零件；HS05 其他动物产品；HS16 肉、鱼、甲壳动物、软体动物及其他水生无脊椎动物的制品；HS70 玻璃及其制品；HS68 石料、石膏、水泥、石棉、云母及类似材料的制品；HS73 钢铁制品；HS56 絮胎、毡呢及无纺织物，线绳索缆及其制品；HS81

续表

年份	国家	RCA≥2.5	1.25≤RCA<2.5
2017	中国	织物，花边，装饰毯，装饰带，刺绣品；HS64 鞋靴、护腿和类似品及其零件；HS42 皮革制品，旅行箱包，动物肠线制品；HS61 针织或钩编的服装及衣着附件；HS94 家具、寝具等、灯具、活动房；HS62 非针织或非钩编的服装及衣着附件；HS69 陶瓷产品；HS55 化学纤维短纤	其他贱金属、金属陶瓷及其制品；HS13 虫胶、树脂、树脂及其他植物液、汁；HS36 炸药、烟火制品、火柴、引火合金、易燃材料制品；HS84 核反应堆、锅炉、机械器具及零件；HS57 地毯及纺织材料的其他铺地制品
	韩国	HS89 船舶及浮动结构体；HS78 铅及其制品；HS60 针织物及钩编织物；HS79 锌及其制品	HS85 电机、电气、音像设备及其零附件；HS54 化学纤维长丝；HS29 有机化学品；HS72 钢铁；HS37 照相及电影用品；HS39 塑料及其制品；HS59 浸渍、涂布、包覆或层压的纺织物，工业用纺织制品；HS55 化学纤维短纤；HS90 光学、照相、医疗等设备及零附件；HS73 钢铁制品；HS40 橡胶及其制品；HS93 武器、弹药及其零件、附件

资料来源：联合国商品贸易统计数据库，由笔者整理。

表 3-8-10 采用第二种显示性比较优势指数来判断中韩两国贸易之间的变化和特点，与表 3-8-9 的结果十分不同。一些中韩两国在国际上不具有竞争力的产业，在向对方出口时，反而具备了比较优势。以 2017 年的数据为例，韩国对中国出口最具有竞争力的产业是"HS26 矿砂、矿渣及矿灰"，RCA 指数为 2.87；但在国际市场上该产业的 RCA 指数只有 0.02。2017 年中国对韩国出口最具有竞争力的产业是"HS10 谷物"，RCA 指数为 4.26；但是在国际市场上该指数只有 0.05。前文也提到了，中国是韩国重要的大米来源国之一。虽然中韩两国的一些产业不具有世界市场上的比较优势，但是在双方的贸易结构中却占有重要的比例。中韩两国出口的比较优势产业也反映了更多的信息：①中韩两国出口到对方市场的具有比较优势的产业劳动密集型、资金密集型的分别并不是特别明显，相对来说中国在植物产品、食品饮料等行业更具有比较优势，这也与韩国自然物产禀赋不高、中韩饮食相近有关，从具有比较优势的产业类别看中国具有的优势产业种类更多。②中韩两国同样具有比较优势的行业种类也与世界市场上的优势产业不

同，如2017年中韩两国出口互有比较优势的产业有"HS26 矿砂、矿渣及矿灰""HS28 无机化学品，贵金属等的化合物""HS32 鞣料，着色料，涂料，油灰，墨水等""HS37 照相及电影用品""HS47 木浆及其他纤维状纤维素浆，纸及纸板的废碎品""HS74 铜及其制品"，有些产业还是中韩两国在世界市场上均不具有比较优势的产业，说明中韩两国之间的贸易结构有着显著的地域特色。

表3－8－10　　　　中韩两国在对方市场上具有比较优势的产业

年份	国家	$RCA \geq 2.5$	$1.25 \leq RCA < 2.5$
2007	中国	HS10 谷物；HS75 镍及其制品；HS47 木浆及其他纤维状纤维素浆，纸及纸板的废碎品；HS26 矿砂、矿渣及矿灰；HS72 钢铁；HS74 铜及其制品；HS78 铅及其制品；HS03 鱼、甲壳动物、软体动物及其他水生无脊椎动物；HS23 食品工业的残渣及废料，配制的饲料；HS12 油籽、子仁，工业或药用植物，饲料；HS11 制粉工业产品，麦芽，淀粉等，面筋；HS68 石料、石膏、水泥、石棉、云母及类似材料的制品；HS27 矿物燃料、矿物油及其蒸馏产品，沥青物质，矿物蜡；HS19 谷物、粮食粉、淀粉或乳的制品，糕饼点心；HS76 铝及其制品	HS06 活植物，茎、根，插花，簇叶；HS51 羊毛、动物细毛或粗毛，马毛纱线及其机织物；HS41 生皮（毛皮除外）及皮革；HS28 无机化学品，贵金属等的化合物；HS50 蚕丝；HS53 其他植物纺织纤维，纸纱线及其机织物；HS21 杂项食品；HS37 照相及电影用品；HS79 锌及其制品；HS25 盐，硫黄，土及石料，石灰及水泥等；HS18 可可及可可制品；HS32 鞣料，着色料，涂料，油灰，墨水等；HS56 絮胎、毡呢及无纺织物，线绳索缆及其制品；HS29 有机化学品；HS81 其他贱金属、金属陶瓷及其制品；HS07 食用蔬菜、根及块茎；HS17 糖及糖食；HS55 化学纤维短纤；HS15 动、植物油、脂及其分解产品，精制的食用油脂，动、植物蜡；HS16 肉、鱼、甲壳动物、软体动物及其他水生无脊椎动物的制品
	韩国	HS43 毛皮、人造毛皮及其制品；HS47 木浆及其他纤维状纤维素浆，纸及纸板的废碎品；HS29 有机化学品	HS64 鞋靴、护腿和类似品及其零件；HS80 锡及其制品；HS74 铜及其制品；HS51 羊毛、动物细毛或粗毛，马毛纱线及其机织物；HS14 编结用植物材料，其他植物产品；HS41 生皮（毛皮除外）及皮革；HS62 非针织或非钩编的服装及衣着附件；HS90 光学、照相、医疗等设备及零附件；HS94 家具，寝具等，灯具，活动房；HS06 活植物，茎、根，插花，簇叶；HS57 地毯及纺织材料的其他铺地制品；HS35 蛋白质物质，改性淀粉，胶，酶；HS26 矿砂、矿渣及矿灰；HS38 杂项化学产品；HS39 塑料及其制品；HS76 铝及其制品；HS37 照相及电影用品；HS34 洗涤剂、润滑剂、人造蜡、塑型膏等；HS33 精油及香膏，芳香料制品及化妆盥洗品；HS59 浸渍、涂布、包覆或层压的纺织物，工业用纺织制品

续表

年份	国家	$RCA \geqslant 2.5$	$1.25 \leqslant RCA < 2.5$
2012	中国	HS26 矿砂、矿渣及矿灰；HS75 镍及其制品；HS47 木浆及其他纤维状纤维素浆，纸及纸板的废碎品；HS74 铜及其制品；HS10 谷物；HS72 钢铁；HS53 其他植物纺织纤维，纸纱线及其机织物；HS37 照相及电影用品；HS28 无机化学品，贵金属等的化合物；HS06 活植物，茎、根、插花、簇叶；HS23 食品工业的残渣及废料，配制的饲料；HS68 石料、石膏、水泥、石棉、云母及类似材料的制品；HS03 鱼、甲壳动物、软体动物及其他水生无脊椎动物	HS25 盐，硫黄，土及石料，石灰及水泥等；HS19 谷物、粮食粉、淀粉或乳的制品，糕饼点心；HS07 食用蔬菜、根及块茎；HS11 制粉工业产品，麦芽，淀粉等，面筋；HS81 其他贱金属、金属陶瓷及其制品；HS27 矿物燃料、矿物油及其蒸馏产品，沥青物质，矿物蜡；HS51 羊毛、动物细毛或粗毛，马毛纱线及其机织物；HS13 虫胶，树胶，树脂及其他植物液、汁；HS21 杂项食品；HS38 杂项化学产品；HS50 蚕丝；HS32 鞣料，着色料，涂料，油灰，墨水等；HS85 电机、电气、音像设备及其零附件；HS90 光学、照相、医疗等设备及零附件；HS89 船舶及浮动结构体；HS43 毛皮、人造毛皮及其制品；HS29 有机化学品；HS20 蔬菜、水果、坚果或植物其他部分的制品；HS17 糖及糖食；HS56 絮胎、毡呢及无纺织物，线绳索缆及其制品；HS73 钢铁制品
	韩国	HS90 光学、照相、医疗等设备及零附件	HS29 有机化学品；HS47 木浆及其他纤维状纤维素浆，纸及纸板的废碎品；HS57 地毯及纺织材料的其他铺地制品；HS43 毛皮、人造毛皮及其制品；HS74 铜及其制品；HS51 羊毛、动物细毛或粗毛，马毛纱线及其机织物；HS80 锡及其制品；HS37 照相及电影用品；HS32 鞣料，着色料，涂料，油灰，墨水等；HS17 糖及糖食；HS15 动、植物油、脂及其分解产品，精制的食用油脂，动、植物蜡；HS39 塑料及其制品；HS85 电机、电气、音像设备及其零附件；HS26 矿砂、矿渣及矿灰；HS41 生皮（毛皮除外）及皮革
2017	中国	HS10 谷物；HS47 木浆及其他纤维状纤维素浆，纸及纸板的废碎品；HS28 无机化学品，贵金属等的化合物；HS53 其他植物纺织纤维，纸纱线及其机织物；HS26 矿砂、矿渣及矿灰；HS72 钢铁；HS37 照相及电影用品；HS74 铜及其制品；HS06 活植物，茎、根、插花、簇叶；HS18 可可及可可制品；HS68 石料、石膏、水泥、石棉、云母及类似材料的制品；HS75 镍及其制品	HS12 油籽，子仁，工业或药用植物，饲料；HS20 蔬菜、水果、坚果或植物其他部分的制品；HS81 其他贱金属、金属陶瓷及其制品；HS11 制粉工业产品，麦芽，淀粉等，面筋；HS25 盐，硫黄，土及石料，石灰及水泥等；HS03 鱼、甲壳动物、软体动物及其他水生无脊椎动物；HS23 食品工业的残渣及废料，配制的饲料；HS38 杂项化学产品；HS19 谷物、粮食粉、淀粉或乳的制品，糕饼点心；HS27 矿物燃料、矿物油及其蒸馏产品，沥青物质，矿物蜡；HS56 絮胎、毡呢及无纺织物，线绳索缆及其制品；HS32 鞣料，着色料，涂料，油灰，墨水等；HS85 电机、电气、音像设备及其零附件；HS13 虫胶，树胶，树脂及其他植物液、汁；HS07 食用蔬菜、根及块茎

续表

年份	国家	$RCA \geq 2.5$	$1.25 \leq RCA < 2.5$
2017	韩国	HS26 矿砂、矿渣及矿灰	HS37 照相及电影用品；HS29 有机化学品；HS47 木浆及其他纤维状纤维素浆，纸及纸板的废碎品；HS90 光学、照相、医疗等设备及零附件；HS57 地毯及纺织材料的其他铺地制品；HS28 无机化学品，贵金属等的化合物；HS51 羊毛、动物细毛或粗毛，马毛纱线及其机织物；HS33 精油及香膏，芳香料制品及化妆盥洗品；HS14 编结用植物材料，其他植物产品；HS74 铜及其制品；HS85 电机、电气、音像设备及其零附件；HS69 陶瓷产品；HS04 乳、蛋、蜂蜜，其他食用动物产品；HS32 鞣料、着色料、涂料，油灰，墨水等；HS39 塑料及其制品

资料来源：联合国商品贸易统计数据库，由笔者整理。

2. 贸易竞争优势指数

显示性比较优势只考虑了出口的情况，为了将进口的影响剔除，并且能够对中韩两国之间的优势产业有更清晰的认识，本章还采用了贸易竞争优势指数来继续研究中韩两国的贸易结构。贸易竞争优势指数的具体计算方法为：

$$TSC_i = \frac{X_i - M_i}{X_i + M_i}$$

其中，i 代表某行业，X_i 代表某行业的出口额，M_i 代表某行业的进口额。当贸易竞争优势指数大于 0 时，表示该行业有竞争优势；小于 0 则没有竞争优势；等于 0 则代表贸易平衡。这里，本章仍然采用两种维度计算中韩两国的贸易竞争优势指数：一是一国某行业与世界所有国家的进出口额，用来衡量该国在国际市场上具有竞争力的行业；二是中韩两国间的进出口额，用来衡量两国之间的竞争力变化。

表 3-8-11 和表 3-8-12 分别显示了用两种方法计算的中国、韩国贸易竞争优势指数。表 3-8-9 是针对世界市场上有竞争力的行业；表 3-8-10 是针对出口到对方国家有竞争力的行业。由于中国有很多行业的指数接近 0，本章选取的是竞争优势指数大于 0.1 的行业。

由表3-8-11可见，中国具有贸易竞争优势的行业种类远远大于韩国，韩国平均有25个行业具有贸易竞争优势，占了97个HS两位数行业的1/3；而中国有约60个行业具有贸易竞争优势，占了97个HS两位数行业的一半以上。从具有贸易竞争优势的产业来看，中国的类型也很多样，在纺织类、机械加工类、食品和食品加工等各种类别均有涉及，主要还是以劳动密集型行业为主；韩国具有竞争力的行业类型主要在船舶、车辆制造、化工产品、金属产品等方面，以资金密集型的重工业为主。

表3-8-11　　　中韩两国在世界市场具有贸易竞争优势的行业

年份	中国	韩国
2007	HS66 雨伞、阳伞、手杖、坐凳式手杖、鞭子及其零件；HS46 稻草、秸秆、针茅或其他编结材料制品，篮筐及柳条编结品；HS65 帽类及其零件；HS16 肉、鱼、甲壳动物、软体动物及其他水生无脊椎动物的制品；HS63 其他纺织制成品、成套物品、旧衣着及旧纺织品、碎织物；HS61 针织或钩编的服装及衣着附件；HS62 非针织或非钩编的服装及衣着附件；HS64 鞋靴、护腿和类似品及其零件、附件；HS93 武器、弹药及其零件、附件；HS42 皮革制品、旅行箱包、动物肠线制品；HS94 家具、寝具等、灯具、活动房；HS36 炸药、烟火制品、火柴、引火合金、易燃材料制品；HS95 玩具、游戏或运动用品及其零附件；HS20 蔬菜、水果、坚果或植物其他部分的制品；HS69 陶瓷产品；HS57 地毯及纺织材料的其他铺地制品；HS09 咖啡、茶、马黛茶及调味香料；HS50 蚕丝；HS89 船舶及浮动结构体；HS67 已加工羽毛、羽绒及其制品、人造花、人发制品；HS97 艺术品、收藏品及古物；HS96 杂项制品；HS92 乐器及其零件、附件；HS49 书籍、报纸、印刷图画及其他印刷品，手稿、打字稿及设计图纸；HS86 铁道车辆、轨道装置、信号设备；HS83 贱金属杂项制品；HS78 铅及其制品；HS58 特种机织物，簇绒织物，花边，装饰毯，装饰带，刺绣品；HS68 石料、石膏、水泥、石棉、云母及类似材料的制品；HS01 活动物；HS07 食用蔬菜、根及块茎；HS05 其他动物产品；HS73 钢铁制品；HS10 谷物；HS81 其他贱金属、金属陶瓷及其制品；HS82 贱金属工具、器具、利口器、餐匙、餐叉及其零件；HS21 杂项食品；HS60 针织物及钩编织物；HS43 毛皮、人造毛皮及其制品；HS11 制粉工业产品，麦芽，淀粉等，面筋；HS13 虫胶、树胶、树脂及其他植物液、汁；HS55 化学纤维短	HS60 针织物及钩编织物；HS89 船舶及浮动结构体；HS87 车辆及其零附件，但铁道车辆除外；HS58 特种机织物，簇绒织物，花边，装饰毯，装饰带，刺绣品；HS79 锌及其制品；HS59 浸渍、涂布、包覆或层压的纺织物，工业用纺织制品；HS54 化学纤维长丝；HS65 帽类及其零件；HS39 塑料及其制品；HS40 橡胶及其制品；HS56 絮胎、毡呢及无纺织物，线绳索缆及其制品；HS82 贱金属工具、器具、利口器、餐匙、餐叉及其零件；HS24 烟草、烟草及烟草代用品的制品；HS90 光学、照相、医疗等设备及零附件；HS86 铁道车辆、轨道装置、信号设备；HS48 纸及纸板，纸浆、纸或纸板制品；HS63 其他纺织制成品，成套物品，旧衣着及旧纺织品，碎织物；HS55 化学纤维短纤；HS85 电机、电气、音像设备及其零附件；HS96 杂项制品；HS29 有机化学品；HS73 钢铁制品；HS83 贱金属杂项制品

续表

年份	中国	韩国
2007	制品及化妆盥洗品；HS54 化学纤维长丝；HS19 谷物、粮食粉、淀粉或乳的制品，糕饼点心；HS84 核反应堆、锅炉、机械器具及零件；HS08 食用水果及坚果，甜瓜或柑橘属水果的果皮；HS72 钢铁；HS76 铝及其制品；HS91 钟表及其零件；HS59 浸渍、涂布、包覆或层压的纺织物，工业用纺织制品；HS48 纸及纸板，纸浆、纸或纸板制品；HS06 活植物，茎、根、插花、簇叶；HS56 絮胎、毡呢及无纺织物，线绳索缆及其制品；HS28 无机化学品，贵金属等的化合物；HS87 车辆及其零附件，但铁道车辆除外；HS03 鱼、甲壳动物、软体动物及其他水生无脊椎动物；HS71 天然或养殖珍珠、贵金属及制品，仿首饰，硬币；HS31 肥料；HS53 其他植物纺织纤维，纸纱线及其机织物；HS44 木及木制品，木炭	
2012	纤；HS70 玻璃及其制品；HS33 精油及香膏，芳香料HS66 雨伞、阳伞、手杖、坐凳式手杖、鞭子及其零件；HS46 稻草、秸秆、针茅或其他编结材料制品，篮筐及柳条编结品；HS65 帽类及其零件；HS61 针织或钩编的服装及衣着附件；HS63 其他纺织制成品，成套物品，旧衣着及旧纺织品，碎织物；HS16 肉、鱼、甲壳动物、软体动物及其他水生无脊椎动物的制品；HS94 家具，寝具等，灯具，活动房；HS64 鞋靴、护腿和类似品及其零件；HS69 陶瓷产品；HS95 玩具、游戏或运动用品及其零附件；HS62 非针织或非钩编的服装及衣着附件；HS89 船舶及浮动结构体；HS50 蚕丝；HS67 已加工羽毛、羽绒及其制品，人造花，人发制品；HS57 地毯及纺织材料的其他铺地制品；HS93 武器、弹药及其零件、附件；HS42 皮革制品，旅行箱包，动物肠线制品；HS20 蔬菜、水果、坚果或植物其他部分的制品；HS86 铁道车辆，轨道装置，信号设备；HS96 杂项制品；HS36 炸药，烟火制品，火柴，引火合金，易燃材料制品；HS83 贱金属杂项制品；HS09 咖啡、茶、马黛茶及调味香料；HS58 特种机织物，簇绒织物，花边，装饰毯，装饰带，刺绣品；HS49 书籍、报纸、印刷图画及其他印刷品，手稿、打字稿及设计图纸；HS97 艺术品、收藏品及古物；HS68 石料、石膏、水泥、石棉、云母及类似材料的制品；HS92 乐器及其零件、附件；HS73 钢铁制品；HS13 虫胶，树胶、树脂及其他植物液、汁；HS60 针织物及钩编织物；HS05 其他动物产品；HS82 贱金属工具、器具、利口器、餐匙、餐叉及其零件；HS54 化学纤维长丝；HS59 浸渍、涂布、包覆或层压的纺织物，工业用纺织制品；HS71 天然或养殖珍珠、贵金属及制品，仿首饰，硬币；HS43 毛皮、人造毛皮及其制品；HS55 化学纤维短纤；HS56 絮胎、毡呢及无纺织物，线绳索	HS60 针织物及钩编织物；HS89 船舶及浮动结构体；HS87 车辆及其零附件，但铁道车辆除外；HS58 特种机织物，簇绒织物，花边，装饰毯，装饰带，刺绣品；HS79 锌及其制品；HS86 铁道车辆，轨道装置，信号设备；HS54 化学纤维长丝；HS59 浸渍、涂布、包覆或层压的纺织物，工业用纺织制品；HS40 橡胶及其制品；HS83 贱金属杂项制品；HS39 塑料及其制品；HS82 贱金属工具、器具、利口器、餐匙、餐叉及其零件；HS90 光学、照相、医疗等设备及零附件；HS48 纸及纸板，纸浆、纸或纸板制品；HS24 烟草、烟草及烟草代用品的制品、HS55 化学纤维短纤；HS85 电机、电气、音像设备及其零附件；HS65 帽类及其零件；HS56 絮胎、毡呢及无纺织物，线绳索缆及其制品；HS71 天然或养殖珍珠、贵金属及制品，仿首饰，硬币；HS29 有机化学品；HS73 钢铁制品；HS19 谷物、粮食粉、淀粉或乳的制品，糕饼点心；HS96 杂项制品；HS78 铅及其制品；HS06 活植物，茎、根、插花、

续表

年份	中国	韩国
2012	缆及其制品；HS48 纸及纸板，纸浆、纸或纸板制品；HS07 食用蔬菜、根及块茎；HS21 杂项食品；HS81 其他贱金属、金属陶瓷及其制品；HS84 核反应堆、锅炉、机械器具及零件；HS03 鱼、甲壳动物、软体动物及其他水生无脊椎动物；HS70 玻璃及其制品；HS76 铝及其制品；HS06 活植物，茎、根，插花、簇叶；HS31 肥料；HS53 其他植物纺织纤维，纸纱线及其机织物；HS72 钢铁；HS33 精油及香膏，芳香料制品及化妆盥洗品；HS28 无机化学品，贵金属等的化合物；HS32 鞣料，着色料，涂料，油灰，墨水等；HS85 电机、电气、音像设备及其零附件	簇叶；HS84 核反应堆、锅炉、机械器具及零件；HS93 武器、弹药及其零件、附件
2017	HS66 雨伞、阳伞、手杖、坐凳式手杖、鞭子及其零件；HS46 稻草、秸秆、针茅或其他编结材料制品，篮筐及柳条编结品；HS65 帽类及其零件；HS63 其他纺织制成品，成套物品，旧衣着及旧纺织品，碎织物；HS16 肉、鱼、甲壳动物、软体动物及其他水生无脊椎动物的制品；HS67 已加工羽毛、羽绒及其制品，人造花，人发制品；HS95 玩具、游戏或运动用品及其零附件；HS61 针织或钩编的服装及衣着附件；HS94 家具，寝具等，灯具，活动房；HS50 蚕丝；HS57 地毯及纺织材料的其他铺地制品；HS62 非针织或非钩编的服装及衣着附件；HS69 陶瓷产品；HS93 武器、弹药及其零件、附件；HS86 铁道车辆，轨道装置，信号设备；HS64 鞋靴、护腿和类似品及其零件；HS89 船舶及浮动结构体；HS42 皮革制品，旅行箱包，动物肠线制品；HS60 针织物及钩编织物；HS83 贱金属杂项制品；HS58 特种机织物，簇绒织物，花边，装饰毯，装饰带，刺绣品；HS20 蔬菜、水果、坚果或植物其他部分的制品；HS68 石料、石膏、水泥、石棉、云母及类似材料的制品；HS09 咖啡、茶、马黛茶及调味香料；HS54 化学纤维长丝；HS96 杂项制品；HS73 钢铁制品；HS07 食用蔬菜、根及块茎；HS13 虫胶，树胶、树脂及其他植物液、汁；HS55 化学纤维短纤；HS36 炸药，烟火制品，火柴，引火合金，易燃材料制品；HS59 浸渍、涂布、包覆或层压的纺织物，工业用纺织制品；HS82 贱金属工具、器具、利口器、餐匙、餐叉及其零件；HS56 絮胎、毡呢及无纺织物，线绳索缆及其制品；HS92 乐器及其零件、附件；HS05 其他动物产品；HS48 纸及纸板，纸浆、纸或纸板制品；HS76 铝及其制品；HS43 毛皮、人造毛皮及其制品；HS49 书籍、报纸、印刷图画及其他印刷品，手稿、打字稿及设计图纸；HS31 肥料；HS84 核反应堆、锅炉、机械器具及零件；HS70 玻璃及其制品；HS72 钢铁；HS52 棉花；HS97 艺术品、收藏品及古物；HS03 鱼、甲壳动物、软体动物及其他水生无脊椎动物；HS01 活动物；	HS89 船舶及浮动结构体；HS60 针织物及钩编织物；HS79 锌及其制品；HS58 特种机织物，簇绒织物，花边，装饰毯，装饰带，刺绣品；HS87 车辆及其零附件，但铁道车辆除外；HS59 浸渍、涂布、包覆或层压的纺织物，工业用纺织制品；HS39 塑料及其制品；HS40 橡胶及其制品；HS54 化学纤维长丝；HS24 烟草、烟草及烟草代用品的制品；HS33 精油及香膏，芳香料制品及化妆盥洗品；HS83 贱金属杂项制品；HS78 铅及其制品；HS82 贱金属工具、器具、利口器、餐匙、餐叉及其零件；HS55 化学纤维短纤；HS29 有机化学品；HS48 纸及纸板，纸浆、纸或纸板制品；HS86 铁道车辆，轨道装置，信号设备；HS72 钢铁；HS90 光学、照相、医疗等设备及零附件；HS19 谷物、粮食粉、淀粉或乳的制品，糕饼点心；HS88 航空器、航天器及其零件

续表

年份	中国	韩国
2017	HS32 鞣料，着色料，涂料，油灰，墨水等；HS28 无机化学品，贵金属等的化合物；HS91 钟表及其零件；HS21 杂项食品；HS53 其他植物纺织纤维，纸纱线及其机织物；HS85 电机、电气、音像设备及其零附件；HS17 糖及糖食	

资料来源：联合国商品贸易统计数据库，由笔者整理。

表 3-8-12 梳理了中韩两国出口占优势的行业，由于是两国之间的贸易，则中国不占竞争优势的行业就是韩国占竞争优势的行业。中国占贸易竞争优势的行业的数量明显超过韩国占优势的行业数目。三年平均来看，中国具有优势的行业数目大概占两位数行业总数的 2/3，韩国具有优势的行业约有两位数行业总数的 1/3。与比较优势指数类似，韩国占优势的行业是化工产业、机械制造、船舶、汽车等行业，这也是韩国制造在世界市场上有竞争力的行业；中国占优势的行业也多是劳动密集型产业或是动植物等初级产品行业。韩国在世界市场上具有竞争优势的行业与在中国市场上具有优势的行业差别不大，尤其是排名在前几名的行业都是韩国具有竞争力、少有对手的行业，如"HS78 铅及其制品""HS79 锌及其制品""HS60 针织物及钩编织物"，但这些行业在韩国对中国的出口中所占的份额并不高。使韩国制造成为世界品牌、出口金额较大的行业，如"HS85 电机、电气、音像设备及其零附行业"，同时也是中国出口数额巨大且在世界市场上具有比较优势、竞争优势的行业。中韩两国在这些行业中有多少可以合作的空间，需要从产业内贸易角度分析两国的贸易结构。

表3-8-12　　中韩两国在对方市场具有贸易竞争优势的行业

年份	中国	韩国
2007	HS02 肉及食用杂碎；HS10 谷物；HS66 雨伞、阳伞、手杖、坐凳式手杖、鞭子及其零件；HS07 食用蔬菜、根及块茎；HS46 稻草、秸秆、针茅或其他编结材料制品，篮筐及柳条编结品；HS31 肥料；HS20 蔬菜、水果、坚果或植物其他部分的制品；HS01 活动物；HS16 肉、鱼、甲壳动物、软体动物及其他水生无脊椎动物的制品；HS44 木及木制品，木炭；HS45 软木及软木制品；HS23 食品工业的残渣及废料，配制的饲料；HS78 铅及其制品；HS12 油籽、子仁，工业或药用植物，饲料；HS93 武器、弹药及其零件、附件；HS09 咖啡、茶、马黛茶及调味香料；HS11 制粉工业产品，麦芽，淀粉等，面筋；HS61 针织或钩编的服装及衣着附件；HS86 铁道车辆，轨道装置，信号设备；HS04 乳、蛋、蜂蜜，其他食用动物产品；HS62 非针织或非钩编的服装及衣着附件；HS18 可可及可可制品；HS69 陶瓷产品；HS63 其他纺织制成品，成套物品，旧衣着及旧纺织品，碎纺织品；HS95 玩具、游戏或运动用品及其零附件；HS89 船舶及浮动结构体；HS36 炸药，烟火制品，火柴，引火合金，易燃材料制品；HS19 谷物、粮食粉、淀粉或乳的制品，糕饼点心；HS88 航空器、航天器及其零件；HS75 镍及其制品；HS53 其他植物纺织纤维，纸纱线及其机织物；HS50 蚕丝；HS94 家具、寝具等，灯具，活动房；HS81 其他贱金属、金属陶瓷及其制品；HS13 虫胶，树胶、树脂及其他植物液、汁；HS97 艺术品、收藏品及古物；HS42 皮革制品，旅行箱包，动物肠线制品；HS65 帽类及其零件；HS21 杂项食品；HS43 毛皮、人造毛皮及其制品；HS68 石料、石膏、水泥、石棉、云母及类似材料的制品；HS03 鱼、甲壳动物、软体动物及其他水生无脊椎动物；HS05 其他动物产品；HS14 编结用植物材料，其他植物产品；HS24 烟草、烟草及烟草代用品的制品；HS26 矿砂、矿渣及矿灰；HS25 盐、硫黄，土及石料，石灰及水泥等；HS06 活植物、茎、根、插花、簇叶；HS64 鞋靴、护腿和类似品及其零件；HS51 羊毛、动物细毛或粗毛，马毛纱线及其机织物；HS30 药品；HS15 动、植物油、脂及其分解产品，精制的食用油脂，动、植物蜡；HS67 已加工羽毛、羽绒及其制品，人造花，人发制品；HS08 食用水果及坚果，甜瓜或柑橘属水果的果皮；HS22 饮料、酒及醋；HS72 钢铁；HS73 钢铁制品；HS28 无机化学品，贵金属等的化合物；HS92 乐器及其零件、附件；HS52 棉花；HS70 玻璃及其制品；HS57 地毯及纺织材料的其他铺地制品；HS91 钟表及其零件；HS76 铝及其制品；HS71 天然或养殖珍珠、贵金属及制品，仿首饰，硬币；HS37 照相及电影用品；HS83 贱金属杂项制品；HS96 杂项制品	HS60 针织物及钩编织物；HS90 光学、照相、医疗等设备及零附件；HS29 有机化学品；HS39 塑料及其制品；HS87 车辆及其零附件，但铁道车辆除外；HS34 洗涤剂、润滑剂、人造蜡、塑型膏等；HS74 铜及其制品；HS80 锡及其制品；HS33 精油及香膏，芳香料制品及化妆盥洗品；HS59 浸渍、涂布、包覆或层压的纺织物，工业用纺织制品；HS41 生皮（毛皮除外）及皮革；HS58 特种机织物，簇绒织物，花边，装饰毯，装饰带，刺绣品；HS40 橡胶及其制品；HS27 矿物燃料、矿物油及其蒸馏产品，沥青物质，矿物蜡；HS54 化学纤维长丝；HS38 杂项化学产品；HS35 蛋白类物质，改性淀粉，胶，酶；HS84 核反应堆、锅炉、机械器具及零件；HS85 电机、电气、音像设备及其零附件；HS17 糖及糖食；HS56 絮胎、毡呢及无纺织物，线绳索缆及其制品；HS79 锌及其制品；HS37 照相及电影用品；HS06 活植物、茎、根、插花、簇叶；HS71 天然或养殖珍珠、贵金属及制品，仿首饰，硬币；HS82 贱金属工具、器具、利口器、餐匙、餐叉及其零件；HS47 木浆及其他纤维状纤维素浆，纸或纸板的废碎品；HS48 纸及纸板，纸浆、纸或纸板制品

续表

年份	中国	韩国
2012	HS10 谷物；HS01 活动物；HS31 肥料；HS46 稻草、秸秆、针茅或其他编结材料制品，篮筐及柳条编结品；HS66 雨伞、阳伞、手杖、坐凳式手杖、鞭子及其零件；HS07 食用蔬菜、根及块茎；HS14 编结用植物材料，其他植物产品；HS36 炸药，烟火制品，火柴，引火合金，易燃材料制品；HS93 武器、弹药及其零件、附件；HS23 食品工业的残渣及废料，配制的饲料；HS09 咖啡、茶、马黛茶及调味香料；HS44 木及木制品，木炭；HS16 肉、鱼、甲壳动物、软体动物及其他水生无脊椎动物的制品；HS53 其他植物纺织纤维，纸纱线及其机织物；HS11 制粉工业产品，麦芽，淀粉等，面筋；HS61 针织或钩编的服装及衣着附件；HS06 活植物，茎、根，插花、簇叶；HS69 陶瓷产品；HS45 软木及软木制品；HS43 毛皮、人造毛皮及其制品；HS86 铁道车辆，轨道装置，信号设备；HS20 蔬菜、水果、坚果或植物其他部分的制品；HS63 其他纺织制成品，成套物品，旧衣着及旧纺织品，碎织物；HS62 非针织或非钩编的服装及衣着附件；HS65 帽类及其零件；HS13 虫胶，树胶，树脂及其他植物液、汁；HS42 皮革制品，旅行箱包，动物肠线制品；HS89 船舶及浮动结构体；HS50 蚕丝；HS64 鞋靴、护腿和类似品及其零件；HS12 油籽，子仁，工业或药用植物，饲料；HS95 玩具、游戏或运动用品及其零附件；HS75 镍及其制品；HS03 鱼、甲壳动物、软体动物及其他水生无脊椎动物；HS05 其他动物产品；HS68 石料、石膏、水泥、石棉、云母及类似材料的制品；HS94 家具，寝具等，灯具，活动房；HS67 已加工羽毛、羽绒及其制品，人造花，人发制品；HS81 其他贱金属、金属陶瓷及其制品；HS51 羊毛、动物细毛或粗毛，马毛纱线及其机织物；HS21 杂项食品；HS18 可可及可可制品；HS97 艺术品、收藏品及古物；HS15 动、植物油、脂及其分解产品，精制的食用油脂，动、植物蜡；HS26 矿砂、矿渣及矿灰；HS73 钢铁制品；HS24 烟草、烟草及烟草代用品的制品；HS30 药品；HS91 钟表及其零件；HS92 乐器及其零件、附件；HS08 食用水果及坚果，甜瓜或柑橘属水果的果皮；HS04 乳、蛋，蜂蜜，其他食用动物产品；HS19 谷物、粮食粉、淀粉或乳的制品，糕饼点心；HS56 絮胎、毡呢及无纺织物，线绳索缆及其制品；HS25 盐，硫黄，土及石料，石灰及水泥等；HS28 无机化学品，贵金属等的化合物；HS57 地毯及纺织材料的其他铺地制品；HS72 钢铁；HS52 棉花；HS88 航空器、航天器及其零件；HS70 玻璃及其制品；HS49 书籍、报纸、印刷图画及其他印刷品，手稿、打字稿及设计图纸；HS55 化学纤维短纤；HS96 杂项制品	HS79 锌及其制品；HS60 针织物及钩编织物；HS41 生皮（毛皮除外）及皮革；HS80 锡及其制品；HS78 铅及其制品；HS02 肉及食用杂碎；HS27 矿物燃料、矿物油及其蒸馏产品，沥青物质，矿物蜡；HS90 光学、照相、医疗等设备及零附件；HS39 塑料及其制品；HS29 有机化学品；HS22 饮料、酒及醋；HS74 铜及其制品；HS33 精油及香膏，芳香料制品及化妆盥洗品；HS87 车辆及其零附件，但铁道车辆除外；HS40 橡胶及其制品；HS34 洗涤剂、润滑剂、人造蜡、塑型膏等；HS24 烟草、烟草及烟草代用品的制品；HS59 浸渍、涂布、包覆或层压的纺织物，工业用纺织制品；HS88 航空器、航天器及其零件；HS17 糖及糖食；HS04 乳、蛋，蜂蜜，其他食用动物产品；HS15 动、植物油、脂及其分解产品，精制的食用油脂，动、植物蜡；HS97 艺术品、收藏品及古物；HS37 照相及电影用品；HS32 鞣料，着色料，涂料，油灰，墨水等；HS58 特种机织物，簇绒织物，花边，装饰毯，装饰带，刺绣品；HS85 电机、电气、音像设备及其零附件；HS47 木浆及其他纤维状纤维素浆，纸及纸板的废碎料；HS35 蛋白类物质，改性淀粉，胶，酶；HS71 天然或养殖珍珠，贵金属及制品，仿首饰，硬币；HS82 贱金属工具、器具、利器、餐匙、餐叉及其零件；HS83 贱金属杂项制品；HS18 可可及可可制品；HS84 核反应堆、锅炉、机械器具及零件；HS54 化学纤维长丝；HS19 谷物、粮食粉、淀粉或乳的制品，糕饼点心；HS76 铝及其制品

续表

年份	中国	韩国
2017	HS07 食用蔬菜、根及块茎；HS66 雨伞、阳伞、手杖、坐凳式手杖、鞭子及其零件；HS10 谷物；HS93 武器、弹药及其零件、附件；HS31 肥料；HS14 编结用植物材料，其他植物产品；HS45 软木及软木制品；HS36 炸药，烟火制品，火柴，引火合金，易燃材料制品；HS44 木及木制品，木炭；HS53 其他植物纺织纤维，纸纱线及其机织物；HS43 毛皮、人造毛皮及其制品；HS06 活植物，茎、根、插花、簇叶；HS62 非针织或非钩编的服装及衣着附件；HS61 针织或钩编的服装及衣着附件；HS95 玩具、游戏或运动用品及其零附件；HS46 稻草、秸秆、针茅或其他编结材料制品，篮筐及柳条编结品；HS64 鞋靴、护腿和类似品及其零件；HS11 制粉工业产品，麦芽，淀粉等，面筋；HS65 帽类及其零件；HS23 食品工业的残渣及废料，配制的饲料；HS09 咖啡、茶、马黛茶及调味香料；HS94 家具，寝具、灯具，活动房；HS01 活动物；HS69 陶瓷产品；HS63 其他纺织制成品，成套物品，旧衣着及旧纺织品，碎织物；HS05 其他动物产品；HS03 鱼、甲壳动物、软体动物及其他水生无脊椎动物；HS42 皮革制品，旅行箱包，动物肠线制品；HS16 肉、鱼、甲壳动物、软体动物及其他水生无脊椎动物的制品；HS81 其他贱金属、金属陶瓷及其制品；HS15 动、植物油、脂及其分解产品，精制的食用油脂，动、植物蜡；HS20 蔬菜、水果、坚果或植物其他部分的制品；HS91 钟表及其零件；HS18 可可及可可制品；HS50 蚕丝；HS86 铁道车辆，轨道装置，信号设备；HS67 已加工羽毛、羽绒及其制品，人造花，人发制品；HS68 石料、石膏、水泥、石棉、云母及类似材料的制品；HS12 油籽、子仁，工业或药用植物，饲料；HS13 虫胶，树胶，树脂及其他植物液、汁；HS97 艺术品、收藏品及古物；HS26 矿砂、矿渣及矿灰；HS51 羊毛、动物细毛或粗毛，马毛纱线及其机织物；HS57 地毯及纺织材料的其他铺地制品；HS56 絮胎、毡呢及无纺织物，线绳索缆及其制品；HS49 书籍、报纸、印刷图画及其他印刷品，手稿、打字稿及设计图纸；HS25 盐、硫黄、土及石料，石灰及水泥等；HS96 杂项制品；HS73 钢铁制品；HS52 棉花；HS21 杂项食品；HS30 药品；HS89 船舶及浮动结构体；HS72 钢铁；HS04 乳、蛋、蜂蜜，其他食用动物产品；HS08 食用水果及坚果，甜瓜或柑橘属水果的果皮；HS48 纸及纸板，纸浆、纸或纸板制品；HS83 贱金属杂项制品；HS92 乐器及其零件、附件；HS28 无机化学品，贵金属等的化合物；HS54 化学纤维长丝；HS75 镍及其制品；HS55 化学纤维短纤；HS76 铝及其制品；HS38 杂项化学产品	HS78 铅及其制品；HS79 锌及其制品；HS33 精油及香膏，芳香料制品及化妆盥洗品；HS41 生皮（毛皮除外）及皮革；HS27 矿物燃料、矿物油及其蒸馏产品，沥青物质，矿物蜡；HS60 针织物及钩编织物；HS29 有机化学品；HS37 照相及电影用品；HS39 塑料及其制品；HS74 铜及其制品；HS90 光学、照相、医疗等设备及零附件；HS88 航空器、航天器及其零件；HS26 矿砂、矿渣及矿灰；HS80 锡及其制品；HS34 洗涤剂、润滑剂、人造蜡、塑型膏等；HS47 木浆及其他纤维状纤维素浆，纸及纸板的废碎品；HS35 蛋白类物质，改性淀粉，胶，酶；HS40 橡胶及其制品；HS87 车辆及其零附件，但铁道车辆除外；HS85 电机、电气、音像设备及其零附件；HS24 烟草、烟草及烟草代用品的制品；HS04 乳、蛋、蜂蜜，其他食用动物产品；HS19 谷物、粮食粉、淀粉或乳的制品，糕饼点心；HS32 鞣料，着色料，涂料，油灰，墨水等；HS82 贱金属工具、器具、利口器、餐匙、餐叉及其零件；HS30 药品；HS59 浸渍、涂布、包覆或层压的纺织物，工业用纺织制品；HS22 饮料、酒及醋；HS84 核反应堆、锅炉、机械器具及零件；HS21 杂项食品

资料来源：联合国商品贸易统计数据库，由笔者整理。

3. 产业内贸易指数

比较优势指数和贸易竞争优势指数只能区分出中韩两国行业竞争力的强弱，不能判断两国哪些行业间具有互补性，这时就需要用产业内贸易指数来辅助判断。产业内贸易指数的具体计算方法为：

$$GL_i = \frac{X_i + M_i - |X_i - M_i|}{X_i + M_i}$$

其中，i 表示某一行业，X_i 为行业 i 的出口额，M_i 为行业 i 的进口额。当 GL_i 等于 0 时，表示没有发生产业内贸易；当 GL_i 等于 1 时，则表示出口额等于进口额；GL_i 越靠近 1，则表明产业内贸易程度越高，两国之间的行业越具有互补性。本章基于中国对韩国的进出口数据，计算了以 HS 两位数行业衡量的中韩两国间的产业内贸易指数。表 3-8-13 显示了 2007年、2012 年和 2017 年中韩两国产业内贸易指数超过 0.6 的行业，并以产业内贸易指数的大小分成了 4 个组。通过表 3-8-13，可以发现 2007—2012 年，中韩两国间产业内贸易的行业数目虽然没有太大的变化，但指数最高的两组的行业数目略有增加，说明两国互补性行业的数目有所增加。某些行业的产业内贸易也发生了变化，如"HS84 核反应堆、锅炉、机械器具及零件"在 2007 年处于大于等于 0.6 且小于 0.7 的组别，2012年处于大于等于 0.7 且小于 0.8 的组别，2017 年产业内贸易指数又提高了一点，处于大于等于 0.8 且小于 0.9 的组别。HS84 也是中国向韩国进口、出口最多的行业之一，考虑到韩国各大企业在中国东部沿海省份设立企业的事实，中韩两国在 HS84 行业更多的是以跨国公司的内部贸易为主。而 2017 年中国向韩国进出口数额均排在第一位的是"HS85 电机、电气、音像设备及其零附件"，其产业内贸易指数为 0.58，远不及 HS84 的 0.81，说明中韩两国之间在这一行业虽然有很高的产业内贸易水平，但在一定程度上存在竞争。

表3-8-13　　　　　　　　中韩两国的产业内贸易指数

年份	$0.9 \leqslant GL_i < 1$	$0.8 \leqslant GL_i < 0.9$	$0.7 \leqslant GL_i < 0.8$	$0.6 \leqslant GL_i < 0.7$
2007	HS55 化学纤维短纤；HS96 杂项制品；HS56 絮胎、毡呢及无纺织物，线绳索缆及其制品	HS83 贱金属杂项制品；HS49 书籍、报纸、印刷图画及其他印刷品，手稿、打字稿及设计图纸；HS33 精油及香膏，芳香料制品及化妆盥洗品；HS37 照相及电影用品；HS32 鞣料，着色料，涂料，油灰，墨水等；HS48 纸及纸板，纸浆、纸或纸板制品；HS71 天然或养殖珍珠、贵金属及制品，仿首饰，硬币	HS76 铝及其制品；HS47 木浆及其他纤维状纤维素浆，纸及纸板的废碎品；HS91 钟表及其零件；HS17 糖及糖食；HS82 贱金属工具、器具、利口器、餐匙、餐叉及其零件；HS57 地毯及纺织材料的其他铺地制品；HS70 玻璃及其制品；HS79 锌及其制品	HS54 化学纤维长丝；HS52 棉花；HS92 乐器及其零件、附件；HS28 无机化学品，贵金属等的化合物；HS84 核反应堆、锅炉、机械器具及零件；HS73 钢铁制品；HS35 蛋白类物质，改性淀粉，胶，酶；HS38 杂项化学产品；HS72 钢铁；HS58 特种机织物，簇绒织物，花边，装饰毯，装饰带，刺绣品；HS74 铜及其制品
2012	HS96 杂项制品；HS55 化学纤维短纤；HS48 纸及纸板，纸浆、纸或纸板制品	HS54 化学纤维长丝；HS37 照相及电影用品；HS32 鞣料，着色料，涂料，油灰，墨水等；HS49 书籍、报纸、印刷图画及其他印刷品，手稿、打字稿及设计图纸；HS82 贱金属工具、器具、利口器、餐匙、餐叉及其零件	HS70 玻璃及其制品；HS88 航空器、航天器及其零件；HS74 铜及其制品；HS76 铝及其制品；HS83 贱金属杂项制品；HS84 核反应堆、锅炉、机械器具及零件；HS71 天然或养殖珍珠、贵金属及制品，仿首饰，硬币；HS52 棉花；HS72 钢铁；HS57 地毯及纺织材料的其他铺地制品；HS28 无机化学品，贵金属等的化合物；HS25 盐，硫黄，土及石料，石灰及水泥等；HS56 絮胎、毡呢及无纺织物，线绳索缆及其制品；HS38 杂项化学产品；HS19 谷物、粮食粉、淀粉或乳的制品，糕饼点心	HS47 木浆及其他纤维状纤维素浆，纸及纸板的废碎品；HS04 乳、蛋、蜂蜜，其他食用动物产品；HS85 电机、电气、音像设备及其零附件；HS17 糖及糖食

续表

年份	$0.9 \leqslant GL_i < 1$	$0.8 \leqslant GL_i < 0.9$	$0.7 \leqslant GL_i < 0.8$	$0.6 \leqslant GL_i < 0.7$
2017	HS38 杂项化学产品；HS76 铝及其制品；HS22 饮料、酒及醋；HS55 化学纤维短纤；HS75 镍及其制品；HS82 贱金属工具、器具、利口器、餐匙、餐叉及其零件；HS17 糖及糖食；HS32 鞣料、着色料、涂料、油灰、墨水等	HS54 化学纤维长丝；HS58 特种机织物，簇绒织物，花边，装饰毯，装饰带，刺绣品；HS71 天然或养殖珍珠、贵金属及制品，仿首饰，硬币；HS19 谷物、粮食粉、淀粉或乳的制品，糕饼点心；HS28 无机化学品，贵金属等的化合物；HS92 乐器及其零件、附件；HS84 核反应堆、锅炉、机械器具及零件；HS83 贱金属杂项制品；HS48 纸及纸板，纸浆，纸或纸板制品	HS88 航空器、航天器及其零件；HS08 食用水果及坚果，甜瓜或柑橘属水果的果皮；HS04 乳、蛋，蜂蜜，其他食用动物产品；HS87 车辆及其零附件，但铁道车辆除外；HS72 钢铁；HS59 浸渍、涂布、包覆或层压的纺织物，工业用纺织制品	HS89 船舶及浮动结构体；HS30 药品；HS21 杂项食品；HS60 针织物及钩编织物；HS52 棉花；HS74 铜及其制品；HS40 橡胶及其制品

资料来源：联合国商品贸易统计数据库，由笔者整理。

4. 进出口份额及进出口依存度

上文虽然分析了中韩两国各产业的竞争优势、产业内贸易情况，但是还有必要从进出口份额的角度分析中韩两国的产业份额，尤其是某一行业出口占对其他国家出口的比例，这对科学地评价中韩两国贸易依存度有着重要的意义。

本章计算了中韩两国 2007 年、2012 年和 2017 年所有 HS 两位数行业的进出口依存度，并进行了加权计算①，得出三年来中韩两国的进出口加权依存度（见表 3-8-14）。

---

① 加权方法即按照一国向另一国进/出口额占一国当年所有进/出口总额的权重进行加权。

表3-8-14　　　　　　　　中韩两国加权进出口依存度

年份	加权依存度	中国	韩国
2007	出口依存度	0.0855	0.3030
	进口依存度	0.1476	0.3173
2012	出口依存度	0.0689	0.3623
	进口依存度	0.1551	0.3239
2017	出口依存度	0.0629	0.3422
	进口依存度	0.1622	0.3475

资料来源：联合国商品贸易统计数据库，由笔者整理。

研究发现：

第一，中国对进出口的依存度远小于韩国，仅为韩国进出口依存度的一半。作为韩国最大的贸易伙伴，中国的进出口占韩国贸易份额的很大部分；同时，中国对韩国的进口依存度也占据了很大的份额，因而中韩两国均有动力保持良好的贸易关系。

第二，中国对韩国的出口依存度在逐渐降低，但是进口依存度在逐渐提高；韩国2017年对中国的进出口依存度均比2007年有所提高。

第三，进口份额分行业来看，2017年韩国从中国进口份额最高的4个行业有HS50、HS66、HS53、HS07，这些行业的进口份额在76%以上；进口份额在50%以上的行业有18个，进口份额达到30%以上的行业有40个，约一半的行业严重依赖从中国的进口。而2017年中国从韩国进口份额最高的三个行业为HS70、HS29、HS33，这几个行业的进口依存度在20%以上，最高不超过25%；进口份额超过10%的行业有26个。

第四，出口份额分行业来看，2017年韩国对中国出口份额最高的5个行业为HS26、HS37、HS29、HS47、HS90，这些行业的出口份额均超过了50%；出口份额超过30%以上的行业有19个，出口份额超过20%以上的行业有32个。2017年中国对韩国出口份额最高的行业有HS10、HS47、HS28、HS53，这些行业的出口份额均超过了18%；出口份额超过10%的行业有15个。

第五，2017 年中国对韩国进出口金额最多的两个行业是 HS84 和 HS85，HS84 的进口份额和出口份额分别为 10% 和 3%，HS85 的进口份额和出口份额分别为 19% 和 6%。而从韩国的角度来看，HS84 的进口份额和出口份额分别为 21.87% 和 22.98%，HS85 的进口份额和出口份额分别为 39.18% 和 35.51%。相对来说，中国在这两个行业的进口依存度远远超过出口依存度；韩国无论进出口都更为依赖中国。

5. 小结

中韩是彼此十分重要的贸易伙伴，通过比较优势指数和贸易竞争性指数分析可以看出：第一，中韩双方的比较优势产业有一些不同，两国的初级产品在世界市场上没有比较优势；第二，在中韩双方之间的进出口贸易中，中国的初级产品更具有比较优势，制成品贸易中韩国更具有比较优势。

通过产业内贸易分析可以看出，中韩产业内贸易指数相对较高的行业数目近年来有所提高，产业之间的互补性也逐年在变化，总体来看互补性产业大多为制成品产业，也有较少的初级产品产业。在中韩进出口占比很高的"HS85 电机、电气、音像设备及其零附件行业"，近年来双方的产业内贸易指数并不高，存在一定的竞争。

通过进出口依存度分析可以看出，中韩两国现有的贸易结构中，韩国更为依赖中国市场；中国的进口环节相对出口环节更为依赖韩国。

总体上，中韩两国的贸易环节和中韩两国产业间贸易的体量涉及的行业比较广泛，现有的贸易结构反映出两国之间的产业结构互补性大于竞争性，中韩两国具有广泛的产业合作空间。随着中国在国际分工体系中地位的提升，在机电领域等制成品行业中，中韩的合作空间依然广阔；中国具有比较优势的一些劳动密集型行业，未来将会随着人口老龄化、劳动力成本提高等失去比较优势，中韩现有的在这些产业的合作模式也将发生改变。

三 中韩两国产能合作的展望

综上所述，中韩两国在贸易、投资、能源方面有诸多可以拓宽的合作空间。从国际局势来看,近年来"逆全球化"与地区保护主义有所抬头,在世界贸易体系面临重大改变之际,加强东亚地区内合作,对面临人口老龄化、产业结构转型升级关键节点的中韩两国均有十分重要的意义。中韩两国需要寻找新的平台、利用新的形式、展开更高水平的合作,为双方未来经济发展和地区稳定谋求共赢的机遇。

(一) 中韩两国产能合作机遇

1. 新科技革命即将到来为中韩两国产业合作提供了新的合作机会

新一轮科技革命的浪潮即将到来,以大数据、云计算、人工智能为代表的新兴产业成为世界各国关注的焦点。中国经过 40 多年的改革开放,已经完成了由农业国到工业国的转变,初步形成了工业化的生产体系。中国的产业政策,是通过学习韩国等亚洲"四小龙"的成功经验,结合自身的现实条件,通过"摸着石头过河"逐步探索出来的。面对即将到来的科技革命的浪潮,中国也想从学习者、追赶者,成为新兴行业的领跑者。加之中国"人口红利"即将丧失,原有依赖劳动密集型产业拉动出口的政策难以为继,中国对产业结构升级的需求更为迫切。韩国面临着与中国同样的环境,其人口老龄化趋势也未能得到有效遏制,并且作为制造业发达国家,韩国也力图抓住新科技革命的制高点,进而实现对本国产业结构的升级。2016 年,韩国出台了《智能信息社会中长期综合对策》,将大数据产业作为智能社会的核心要素进行培养;2018 年 7 月,韩国审议通过了人工智能研发战略。但从各种规划、政策出台的时间来看,韩国均落后于中国,且韩国是在仔细学习过中国相关政策后开始制定本国的政策。从中韩两国现有的产业基础来看,中国在人工智能方面仅落后于美国,处于国际领先地位;韩国借助发达的半导体产业,在人工智能领域也拥有重要的地位。中韩两国同时也是能源需求大国,对清洁能源的需求也在不断加强。在这些新的领域,中韩两国均有实现国内产业结构升级的动力,相邻的地理位置和相似的文化也对中韩两国在这些领域的合作提供了良好的基础。在传统行业领域,中国正在逐步淘汰环境污染严重、能耗大、产能过剩的一些行业,这些行业以钢铁、煤炭、重化工等行业居多。而韩国早已在 21

世纪初期进行了类似的产业政策调整，可以为中国目前的传统产业改造提供一些参考和经验。

2. 国际环境变化需要中韩两国加强地区内合作

近年来国际环境的变化，对中韩两国之间的关系造成了很多影响。就中韩两国之间的关系而言，过去中韩两国产业合作最大的不利因素在于政治方面，2017年3月，由于韩国同意"萨德"系统安装，中韩关系降至冰点，对两国的贸易往来也产生了不利的影响。2018年以来，美国特朗普政府针对中国发动"贸易战"，也给中国的贸易出口和产业升级造成了极大的障碍，中国经济增长也深受拖累，进而也会传导到韩国的进出口贸易。中韩两国作为邻国，由于历史原因，美国的相关政策对两国政治关系的影响颇深；美国现阶段实行的"美国优先"战略，对中韩两国的出口贸易来说，均会造成不利的影响。世界范围来看，"逆全球化"的风险依然存在，欧美主要国家的经济政策都有回归贸易保护主义的倾向，地区间的贸易壁垒难以消除，这对中韩这种出口占经济较大比例的国家而言无疑是巨大的考验。现在全球均处于国际贸易规则调整期，对中韩两国来说恰恰是可以增强政治互信、弥补裂痕的好时期。加强地区间的产能合作，利用有效的平台共同发挥中韩两国的产业比较优势，以降低面对不利的国际竞争局势的风险。分别作为亚洲第一大、第三大经济体，中韩两国良好的合作关系也将加强东亚地区在国际社会的话语权，在制造业、能源产业领域的进出口更容易获得有利的贸易条件。

3. "一带一路"倡议为中韩两国产能合作提供了新平台

"一带一路"倡议的发展愿景，符合中韩两国谋求经济发展、共同开发第三方市场的要求。"一带一路"倡议提出之际，不少中韩学者认为"一带一路"倡议与韩国的"欧亚倡议"相对接，对韩国经济发展、推动朝韩合作有积极作用。随着"一带一路"倡议的深入实施，其倡导的通过互联互通实现多方共赢的地区合作方式赢得了大多数国家的认可，中韩两国之间的合作交流工作也在"一带一路"倡议框架下逐步深入，经贸合作达到了新的发展阶段。2015年12月中韩自贸协定（FTA）正式生效，中韩两国还续签了规模560亿美元的货币互换协议，将双方的区域合作关系继续深化。中韩自贸区是基于建立中日韩自贸区的设想而来的，中日韩三国也在双边层次上进行了多轮谈判，中韩自贸区最终先于中日韩自贸区建立。2015年中韩两国签署了《中国国家发改委和商务部与韩国企划财政部和产业通商资源部关于开展第三方市场合作的谅解备忘录》，为两国在信息通信、钢铁、基础设施建设等方面的合作提供了政策支持。

随着朝韩关系的改善，中韩两国未来的产能合作空间和形式也会得到加强。中韩两国已经有非常良好的产能合作基础，比如中国石油与韩国大宇集团在缅甸海上天然气开发项目上合作了10多年；吉林化建先后与韩国大宇建设公司、韩国现代公司在卡塔尔合作了石化乙烯罐区工程、石化GTL5工程，取得了不错的成果。韩国在海外市场开发方面有多年的经验，值得中国企业学习，中韩两国借由"一带一路"平台未来会有很多在第三方市场投资的机会。韩国也一直希望能够通过多边合作将朝鲜纳入合作框架，双方都希望维持东北亚地区的政治稳定和经济发展，这一共同的诉求也会在共赢的框架下逐步实现。目前中韩两国除了自贸区建设，也在积极推动洲际铁路货运合作、东北亚电网互联、珲春国际物流园等项目。经济全球化和区域经济一体化是世界经济发展的潮流，中韩两国产业结构具有一定的互补性，产能领域的合作将加强中韩两国的产业竞争性。"一带一路"框架下的中韩产能合作，有利于合理整合两国的要素禀赋，在区域层面为两国谋求更多的经济利益，降低无畏消耗。虽然中韩两国的政治体制、产业政策制定机制均不相同，但可以通过互相学习、互相借鉴，更好地应对经济风险、增强区域间的谈判筹码、降低两国经济波动。可以预见，中韩两国产能的深度融合发展，对维持东北亚地区稳定、推动地区经济发展有十分重要的意义。

（二）促进中韩两国产能合作的政策建议

1. 增强政治互信，完善磋商机制

中韩两国建交25年来，双方的政治关系不断深入，已从"面向21世纪的合作伙伴关系"发展到"全面合作伙伴关系"再到"战略合作伙伴关系"，两国的政治互信得到极大提升。为了防止外在因素干扰两国正常的经贸往来，双方应该秉承相互尊重、互惠共赢的合作理念，不断完善磋商机制建设，利用多种途径开展不同层次、多种途径的合作活动。双方应该就一些历史问题和敏感问题达成共识，消除敌意和不信任感，为中韩两国的机制建设提供良好的政治基础。

2. 加快自贸区建设步伐，推动区域一体化

中韩自贸区是一个关乎两国所有人民的大的经济体，也是亚洲范围内规模较大的区域性经济组织。中韩两国作为世界上重要的经济体，自贸区建设可以更好地促进产业间、产业内分工，整合资金、人员、技术的流动，也有利于出台区域性的产业政策，提升区域内产业的竞争力。在国际经济形势不明朗的时期，中韩自贸区应加快建设的速度，以提升中韩两国应对经济风险的能力，同时也有利于更快地促进区域一体化建设，吸引日本早日加入自贸区建设，最终建成中日韩自贸区。

3. 深化人文交流，增强合作意识

除了经济体制的建设，中韩两国还应该深化人文交流，通过多种途径开展政府间、企业界、民间的人文交流活动，增强两国人民的文化认同感。中国和韩国都需要在正视历史的前提下，培养尊重对方国家的精神，减少狭隘的民族主义情绪，基于儒家文化培养两国共同的文化基础。通过各种人文活动增强两国民众间的好感度，进而增进不同层面的合作，为经济共同体建设提供精神支持。

4. 在"一带一路"框架下深化能源领域合作

中韩两国均是能源消费大国，对传统能源的大量消耗使两国不仅面临能源领域的竞争，对国内环境也造成不利影响。中韩两国应加强在清洁能源领域的合作，可以学习、引进日本先进的清洁能源技术，提高能源利用效率，减少能源浪费。在能源市场开发方面，中韩两国可以保持既有的合作经验，共同开发东南亚、中亚、西亚和非洲的能源市场，通过建立共同的产业园区加强能源供应链建设。相关技术、市场人员的培养可以就中韩两国的发展需要建设联合培养机构。通过深化能源领域合作，解决中韩两

国对能源需求提升的问题，推动中韩合作向更高水平迈进。

参考文献

陈根：《韩国四大财团转型升级中崛起》，电子工业出版社2014年版。

崔伟：《亚洲金融危机后韩国政府的主要对策、措施及对我们的启示》，《国际技术经济研究》2001年第1期。

邓秀杰：《中国与中亚国家油气合作的机遇与挑战研究》，博士学位论文，中共中央党校，2015年。

高正植、李雪：《韩国对华投资趋势变化的实证分析》，《社会科学战线》2012年第10期。

韩立华：《中日韩能源：从竞争走向合作》，《天然气技术与经济》2005年第5期。

洪元构：《韩国赶超战略回顾：经济增长与技术创新》，《经济论坛》2018年第7期。

姜龙范：《"一带一路"倡议视域下的危机管控与东北亚安全合作机制的构建》，《东北亚论坛》2018年第3期。

李平：《中韩携手展开能源合作》，《能源研究与利用》2014年第5期。

李妍：《试论中韩建交的原因和意义》，《黑龙江社会科学》1998年第2期。

林毅夫、苏剑：《新结构经济学：反思经济发展和政策的框架》，北京大学出版社2012年版。

刘舸：《东北亚能源安全局势与韩国的战略选择》，《当代韩国》2009年第2期。

马丁·沃尔夫、艾伦·温特思、阿尔温德·潘纳加里亚等：《自由贸易抑或贸易保护？——基于张夏准和赖纳特新著的评论》，《经济社会体制比较》2008年第5期。

潘志：《韩国独立初期经济发展历程及启示》，《才智》2015年第11期。

朴英爱、张林国：《中国"一带一路"与韩国"欧亚倡议"的战略对接探析》，《东北亚论坛》2016年第1期。

闫华芳：《韩国经济起飞的日本因素》，《大连大学学报》2015年第1期。

[日] 伊藤隆敏：《东亚的增长、危机和经济复苏前景》，载斯蒂格利茨、尤素福编《东亚奇迹的反思》，王玉清、朱文晖等译，中国人民大学出版社2013年版。

第九章 中国与东盟十国的国际产能合作

和瑞芳

东盟和中国是开展国际产能合作的重要伙伴。自 2011 年以来，中国连续多年成为东盟第一大贸易伙伴，到 2019 年，东盟成为中国第二大贸易伙伴，2020 年前 8 个月，中国与东盟贸易总值达 2.93 万亿元，东盟历史性成为中国第一大贸易伙伴。[①] 目前，中国与东盟地区贸易额占中国与"一带一路"沿线国家贸易总额的 50% 以上，占中国贸易总额的 15%。而据中国海关统计，2018 年中国和东盟的贸易额大约 5878.7 亿美元，较 2017 年增长了 14.1%，远超过了中国贸易平均增长速度，其中，中国向东盟出口额为 3192 亿美元，进口额为 2686 美元（田源，2019）。随着国际贸易环境的变化，以及海上丝绸之路和澜沧江—湄公河合作机制的不断深入，中国与东盟的国际产能合作将在中国"一带一路"倡议中越来越具有代表性和示范意义，成为促进亚太地区发展和全球稳定的重要推动力。

一 东盟社会经济发展概况

（一）基本概况

东盟（ASEAN），全称为东南亚国家联盟（Association of Southeast Asi-

[①] 宋璟：《今年前 8 个月，中国与东盟贸易总值 2.93 万亿元，增长 7%》，中国发展网，http://www.chinadevelopment.com.cn/fgw/2020/09/1679453.shtml，2020 年 9 月 9 日。

an Nations），隶属东南亚（Southeast Asia），位于亚洲东南部，包括中南半岛和马来群岛两大部分，是亚洲与大洋洲、太平洋与印度洋的"十字路口"，由马来西亚、印度尼西亚、泰国、菲律宾、新加坡、文莱、越南、老挝、缅甸和柬埔寨十国构成，其前身是1961年7月31日在曼谷由马来亚（现马来西亚）、泰国、菲律宾三国发起的东南亚联盟。1967年8月7—8日，在曼谷发表的《曼谷宣言》，即《东南亚国家联盟成立宣言》标志着东南亚国家联盟的成立。东盟覆盖面积近448万平方千米，2017年人口总计为6.2亿，占世界总人口的9%，经济总量2.6万亿美元（约合人民币17.47万亿元），投资潜力巨大。东盟地区气候多样，在分布广泛的热带雨林和热带季雨林条件下，水热组合极佳，物产丰富。世界第六大河流湄公河发源于中国并流经缅甸、老挝、泰国、柬埔寨、越南，在下游形成的东南亚最大的平原即湄公河三角洲，伊洛瓦底江则从中国进入缅甸注入印度洋。马六甲海峡是东盟这一"十字路口"的"咽喉"，在全球的战略地位非常重要。中缅经济走廊以及马来半岛泰国境内克拉地峡，普遍认为在缓解"马六甲困境"命题方面具有重要意义。

按照世界银行的公开数据，2017年东盟十国的人口总数约为6.5亿，总量GDP为2.8万亿美元，人均GDP约为4274美元。如表3-9-1所示，

表3-9-1　　2017年东盟主要国家的国土面积和人口数量

国家	新加坡	印度尼西亚	泰国	马来西亚	越南
面积（10^4 平方千米）	0.065	190.440	51.400	32.970	32.960
人口（千万）	0.56	26.40	6.90	3.20	9.60
GDP（千亿美元）	3.20	10.20	4.60	3.10	2.20
国家	菲律宾	缅甸	柬埔寨	老挝	文莱
面积（10^4 平方千米）	29.970	67.660	18.100	23.690	0.577
人口（千万）	10.50	5.30	1.60	0.69	0.04
GDP（千亿美元）	3.10	0.70	0.22	0.17	0.12

资料来源：世界银行。

印度尼西亚的国土面积、人口数量和经济体量位居东盟首位。从2017年开始，菲律宾成为全球人口总量破亿的国家，菲律宾GDP总量和新加坡大致相当，但人均GDP远远落后于新加坡。新加坡是东盟十国中人均GDP数值最高的国家，文莱2017年的人均GDP也接近3万美元，泰国是东南亚第二大经济体，仅次于印度尼西亚，对外贸易量排名东盟第二，仅次于新加坡。缅甸、老挝、柬埔寨依然是东盟十国中发展水平最低的国家，人均GDP排位东盟国家末尾，也是世界银行公认全球最不发达的国家之一。

东盟大部分国家的资源十分丰富，北部国家位于中南半岛，南部国家属海岛型国家，海岸线漫长，发展海洋经济的条件很好，缅甸、泰国、马来西亚、新加坡还是重要的环印度洋国家。但是，目前东盟整体经济发展水平不高，海洋基础设施等还未建成或者没有改善提升的能力，与世界著名的（北美—西欧）环北大西洋经济圈、（欧洲—北非）环地中海经济圈、中国粤港澳大湾区等相比，东盟还没有形成具有显著带动作用的增长极和经济带，东南亚海洋经济圈远未实现繁荣。东盟地区整体的劳动力成本低、海运便利，西方国家赋予缅甸、柬埔寨等国家纺织品等出口的贸易优惠政策，形成了多以出口导向型的轻纺工业、低端电子产业、来料加工等行业为主的经济特色，外商也着力通过加大对这一地区的产业转移和投资积极发展转口贸易。但是，由于复杂的宗教、民族冲突等原因交错，以及域外大国的市场竞争和干预，东盟国家的市场发展极不平衡，诸如缅甸等国的产业发展经常受到政局影响。以新加坡为代表的东南亚经济发达的地区和大城市基本位于沿海地区，对外来投资的依赖较大，自主发展能力不高，导致国民经济运行容易受到国际和周边地区发展环境的影响。另外，借助资源的绝对优势，农产品、矿产品的出口也是东盟国家重要的收入来源，但以初级原料出口和粗加工产品为主。

除了新加坡，东盟国家的基础设施在全球处于较低水平，严重影响了发展进程。如表3-9-2所示，根据2016年的数据，尽管水能资源丰富，但是东盟国家的电力资源还比较缺乏。缅甸、柬埔寨的电力普及率还未超过50%，未能满足基本生活需求，更是建立现代工业体系的阻碍因素。从通信信息的便利程度看,除了新加坡、文莱、马来西亚等国的电话普及率超过100%,老挝、缅甸的电话普及率还处于较低水平;从网络普及率看,东盟十国的网络覆盖率要低于90%,城乡和区域差异较大,而在印度尼西亚、缅甸、老挝、柬埔寨等国家,由于网络普及率很低,大范围发展现代电子商务的条件还远不成熟,物流行业的发展也就比较慢。东盟国家目前对水网运输方式也较为依赖。东盟国家以海岛国家或者半岛国家为主要特征,降水量大,河网广布,伊洛瓦底江、湄公河等水流量大,水路运输成为大多数国家的重要运输方式,而且运输成本较低。越南、缅甸等北部中南半岛国家的中心城市也多分布在大江大河沿岸,如金边和胡志明市之间主要就是靠内河航运主导。与其他发达国家的交通运输方式相比,铁路运输并不是印度尼西亚等东盟海洋国家的主要交通运输方式,在东盟南部海岛国家的印度尼西亚等,岛屿众多,铁路运输便不现实,岛与岛之间的运输靠海运。加上技术和资金制约,东盟国家的铁路轨道大部分是运载能力较低的窄轨,设施老旧,速度缓慢,连接湄公河三角洲的越南胡志明市与柬埔寨金边市等重要经济区域之间的铁路还未完善。公路也在各国运输中占重要地位,但主要以低级别的公路运输为主,而且缅甸等东盟国家的高速公路建设标准要低于中国,某些主要公路通道也缺乏资金修缮和改善提升。同时,除了新加坡和马来西亚,由于经济水平和国民需求等原因,东盟其他成员国的港口和航空建设不力。整体上,根据世行的基础设施全球竞争力指数(排名),新加坡排名全球第2,东盟其他国家的基础设施建设水平较低,城市化率不高。

表3-9-2　　2016年东盟主要国家的基础设施发展水平

国家	基础设施全球竞争力指数(排名)	基础设施全球质量指数(排名)	电话普及率(每百人)	网络普及率(%)	电力普及率(%)	公路指数	铁路指数	港口指数	航空指数	城市化率(%)
新加坡	6.5(2)	6.4(2)	182	81	100	6.3	5.9	6.9	6.7	100
文莱	4.3(60)	4.4(51)	138	75	100	4.8	—	3.9	4.5	78

续表

国家	基础设施全球竞争力指数（排名）	基础设施全球质量指数（排名）	电话普及率（每百人）	网络普及率（%）	电力普及率（%）	公路指数	铁路指数	港口指数	航空指数	城市化率（%）
马来西亚	5.5（22）	5.3（21）	156	79	100	5.3	5	5.4	5.9	75
泰国	4.7（43）	4.1（67）	180	48	82	4.3	2.6	4.3	—	51
印度尼西亚	4.5（52）	4.1（68）	153	25	60	4.1	4.1	4.2	—	55
菲律宾	3.4（97）	3（113）	113	56	—	3.1	1.9	2.9	2.9	44
越南	3.9（79）	3.6（89）	134	47	89	3.4	3	3.7	3.8	34
老挝	3.0（102）	3.8（83）	73	22	—	3.3	—	2.3	3.8	40
柬埔寨	3.0（106）	3.4（99）	126	26	22.5	3.2	—	3.7	3.7	21
缅甸	—	—	90	25	33	—	—	—	—	35

资料来源：根据中华人民共和国驻东盟各国大使馆经济商务参赞处数据资料整理，"—"表示数据暂缺。

（二）东盟工业化发展历程及制造业国际地位

1. 东盟国家的工业化发展情况

东盟地区主要由众多新兴经济体国家构成，是全球产业转移的重镇，目前经济增长速度也较快，但由于国土和国家实力限制，每一个国家的工业体系并不完善。2017年，东盟各国的经济增长率均在4.9%左右，其中缅甸、越南和菲律宾增长最为迅猛；国内生产总值为2.6亿美元，占世界总量的3.5%，人均GDP约4000美元。根据2017年东盟十国的人均GDP数值，将东盟国家的经济发展水平划分为三个梯队（见表3-9-3）：第一梯队的新加坡、文莱的人均GDP都在20000美元以上，第二梯队为马来西亚、泰国、印度尼西亚三国，其中马来西亚人均GDP水平要高于中国8790美元的平均水平，新加坡、文莱、马来西亚和泰国的人均GDP要高于中国广西5513美元和中国云南4544美元的人均GDP数值。第三梯队主要是菲律宾、越南、柬埔寨、老挝、缅甸，整体都低于3000美元。从产业结构上来说，尽管东盟国家之间存在较大的发展差异，投资环境改善速度较快，工业化进程在进一步加快，但东盟国家的工业体系都不健全。

表3-9-3　2017年东盟主要国家按照发展水平划分的三个梯队类型　单位：美元

国家	人均GDP	范围	梯队
新加坡	57714	12000以上	第一梯队
文莱	28290		
马来西亚	9944	3000—12000	第二梯队
泰国	6593		
印度尼西亚	3864		
菲律宾	2988	3000以下	第三梯队
越南	2343		
老挝	2457		
柬埔寨	1384		
缅甸	1298		

资料来源：人均GDP数据来源于世界银行。

东盟国家在第二次世界大战以后，有的陆续走上了工业化的道路，目前基本处于工业化初中期阶段。素有"亚洲拉丁美洲"的菲律宾，是亚洲最早走上工业化道路的发展中国家，其从进口替代工业化向出口工业化的转变，使近20年的电子、半导体、汽车工业、塑料等产业不断发展，但几乎所有的电子产品零件、原油、机器等都需要进口。越、柬两国借鉴中国发展模式，推行改革的力度大，特别是越南年轻的劳动力资源丰富而且素质好、薪酬低，为工业化初期的起步提供了条件，从整个越南产业结构来看，2017年工业、建设领域和服务领域对GDP的贡献最大，分别占33.34%和41.3%（荟竹，2018）。柬埔寨也在积极推行外商鼓励政策，在制造业、生态农业、旅游业等领域积极有所发展。泰国是一个新兴工业化国家，目前有100多个工业园区，工业和服务业是国内经济的两个重要支撑，电信和新型服务业是工业竞争与经济竞争力的重点，汽车工业是泰国第一大支柱工业，泰国也成为东南亚最大的汽车制造中心，电子元件、成衣和家电等是泰国出口工业的主要产品，对美、日、欧市场也较为依赖。2017年以来，泰国工业对国民经济的贡献率为35%左右。[①] 近30

[①] 根据泰国2017年统计数据进行整理测算。

年来，马来西亚工业发展迅猛，已经基本形成了具有相当规模的工业体系。精炼石油、油脂化工、电子元件和电路板的行业增加值占制造业近50%，马来西亚的汽车在东亚享有盛誉。

2. 东盟制造业的国际地位

随着国际贸易环境的变化，东盟十国不断融入全球生产网络。尽管东盟国家的劳动密集型制造业处在全球价值链的低端环节，但资本技术和知识密集型特征也在参与全球生产网络的过程中不断提高，而且随着全球经济形势的变化，制造业发展趋势在不断地向利好东盟国家的方向转变。马来西亚、泰国、印度尼西亚、越南等东盟国家拥有较低的劳动力成本、灵活的制造能力和日益扩大的市场等，而且正在加快改革开放，加上欧盟对缅甸、柬埔寨、老挝等给予关税普惠制待遇，国际资本和技术对这些东盟国家的纺织、农产品领域的投资在增加，印度尼西亚、菲律宾、越南、泰国等多数国家的制造业在服装、农产品加工等发挥人口红利的低端制造业优势得以释放，国际纺织、电子设备加工贸易正在密集往这些地区转移。新加坡、马来西亚主要集中在电子制造加工，处于价值链高端地位，东盟的制造业正在崛起，这些国家有望在2020年跻身全球15个最具制造业竞争力的国家。越南的制造业在东盟越来越不可小视，受益于大量外资的直接投资，越南出口型导向制造业表现强劲，FDI为越南创造了超过了40%的工业总产值，外商直接投资对促进越南社会的发展起了不可忽视的作用。

二 中国和东盟产能合作发展演变轨迹及现状

中国与东盟国家陆海相连、血缘相亲、人文相通、利益相融。在2000多年前开启的南方丝绸之路和古代海上丝绸之路等就已成为中国与东南亚国家人民经贸、文化、情感交流的纽带。进入21世纪以来，中国与东盟各领域的合作历久弥新，双方政治互信不断增强，产能领域的经济融合不断加深，合作规模不断提升。

（一）双边贸易合作规模不断扩大

如表 3-9-4 所示，1998—2017 年，中国与东盟地区的双边贸易额占中国贸易总额的比重从 7.35% 上升到 12.55%，年均增长率为 2.5%。而如图 3-9-1 所示，在 10 个东盟成员国中，马来西亚、新加坡、越南、泰国、印度尼西亚、菲律宾与中国的双边贸易量较大，是东盟国家与中国开展贸易数额较大的国家，表 3-9-4 中的数据也显示出这些国家与中国的双边贸易量占中国贸易总额的比重均超过了 1%，是中国在东盟地区的重要合作伙伴。中国连续 12 年成为越南最大的贸易伙伴，尤其从 2016 年开始，中越双边贸易总量迅速增长。同时，中国也是柬埔寨的最大贸易伙伴和外资来源国，中缅经济走廊的建设也在加快中缅贸易的增长。可以说，中国和东盟国家合作带来的发展机遇是相互的。但是，由于发展水平和国土等因素的限制，与老挝、柬埔寨、文莱等国的贸易占中国贸易总量的比重较小，而且增速不大。

表 3-9-4　　　　1998—2017 年中国与东盟各国贸易量占
中国贸易总额比重　　　　　　　单位：%

年份	1998	1999	2000	2001	2002	2003	2004	2005	2006	2007
文莱	0.00	0.00	0.02	0.03	0.04	0.04	0.03	0.02	0.02	0.02
缅甸	0.18	0.14	0.13	0.12	0.14	0.13	0.10	0.09	0.08	0.10
柬埔寨	0.05	0.04	0.05	0.05	0.04	0.04	0.04	0.04	0.04	0.04
印度尼西亚	1.12	1.34	1.57	1.32	1.28	1.20	1.17	1.18	1.08	1.15
老挝	0.01	0.01	0.01	0.01	0.01	0.01	0.01	0.01	0.01	0.01
马来西亚	1.32	1.46	1.70	1.85	2.30	2.37	2.27	2.16	2.11	2.13
菲律宾	0.63	0.63	0.66	0.70	0.85	1.10	1.15	1.23	1.33	1.41
新加坡	2.52	2.37	2.28	2.15	2.26	2.27	2.31	2.33	2.32	2.17
泰国	1.13	1.17	1.40	1.38	1.38	1.49	1.50	1.53	1.57	1.59
越南	0.38	0.34	0.52	0.55	0.53	0.55	0.58	0.58	0.57	0.69
东盟	7.35	7.52	8.33	8.17	8.82	9.20	9.17	9.17	9.14	9.31
年份	2008	2009	2010	2011	2012	2013	2014	2015	2016	2017
文莱	0.01	0.02	0.03	0.04	0.04	0.04	0.05	0.04	0.02	0.02

续表

年份	2008	2009	2010	2011	2012	2013	2014	2015	2016	2017
缅甸	0.10	0.13	0.15	0.18	0.18	0.25	0.58	0.38	0.33	0.33
柬埔寨	0.04	0.04	0.05	0.07	0.08	0.09	0.09	0.11	0.13	0.14
印度尼西亚	1.23	1.29	1.44	1.66	1.71	1.64	1.48	1.37	1.45	1.54
老挝	0.02	0.03	0.04	0.04	0.04	0.07	0.08	0.07	0.06	0.07
马来西亚	2.09	2.35	2.50	2.47	2.45	2.55	2.37	2.46	2.36	2.34
菲律宾	1.12	0.93	0.93	0.89	0.94	0.91	1.03	1.15	1.28	1.25
新加坡	2.05	2.17	1.92	1.75	1.79	1.82	1.85	2.01	1.91	1.93
泰国	1.61	1.73	1.78	1.78	1.80	1.71	1.69	1.91	2.05	1.95
越南	0.76	0.95	1.01	1.10	1.30	1.57	1.94	2.42	2.67	2.97
东盟	9.02	9.65	9.85	9.97	10.35	10.67	11.17	11.93	12.27	12.55

资料来源：根据中华人民共和国统计数据测算。

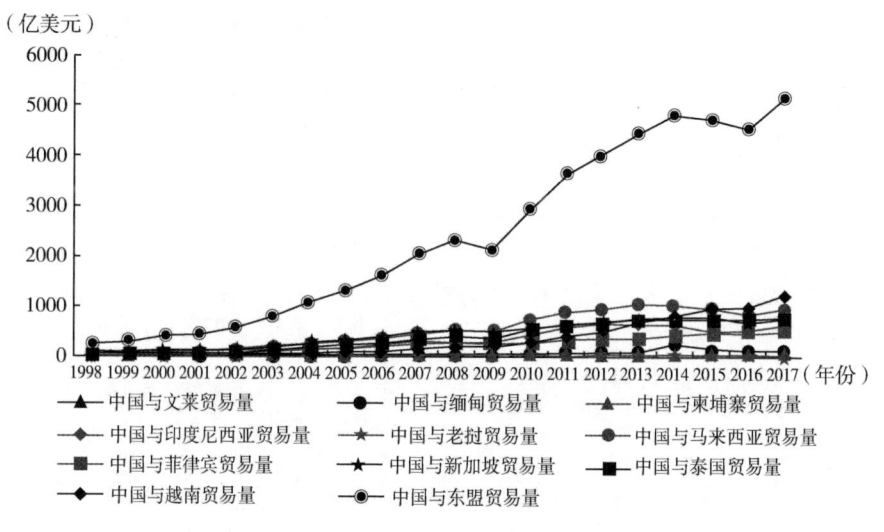

图 3-9-1　1998—2017 年东盟各国与中国的贸易量

从中国与东盟地区贸易的产品类型看，东盟地区第一梯队国家新加坡、文莱主要从中国进口工业制成品，对中国出口以工业制成品和能源资源为主；第二梯队马来西亚、泰国、印度尼西亚三国主要从中国进口机电、汽车、钢材、化工等工业制成品，对中国出口能源、橡胶等具有特色优势的原料；第三梯队的菲律宾、越南、老挝、柬埔寨、缅甸主要从中国进口电机、电气、音像设备、工程机械、钢铁、矿物、塑料制品、纺织品等工业制成品和日常消费用品,中国从这些国家主要进口矿产品、木制品、天然橡胶、谷物等原料(见表3-9-5)。中国与东盟地区的双边贸易特征,体现出各国不同的工业化水平,也与各国的比较优势特征对应,如越南和柬埔寨在针织品方面的优势体现出丰富的人口红利,而中国从东盟国家进口橡胶、木制品等则体现出这些国家丰富的自然资源禀赋。

表3-9-5 近年来东盟国家与中国的进出口产品类型

国家	中国出口的主要产品	向中国出口的主要产品
新加坡	矿物燃料、机械、电子、船舶、家具	机电产品、矿物燃料、有机化学品、塑料及其制品
文莱	家具、电子、针织服装、鞋靴类似品、皮革制品	石油、矿物燃料、有机化学品、石料及类似制品、木浆及其他纤维、软体动物
马来西亚	机电产品、化工产品、运输设备、塑料、橡胶、光学、钟表、医疗设备、纺织品及原料、杂项制品、食品、饮料、烟草	电子电器、石油产品、液化天然气、机械设备、棕榈油
泰国	电动机械及配件、机械设备、家用电器、电脑、化工品、钢铁、汽车零部件、金属制品、日常用品	电子及机械产品、橡胶制品、木薯、化工品、集成电路、木材、油料、大米、砂糖等
印度尼西亚	机械设备、机电产品、钢材、贱金属及制品、有机化学品等	矿物燃料、动植物、矿砂、橡胶制品、木浆及纸浆、镍土矿
菲律宾	电机、电气、音像设备、工程机械、钢铁、矿物、塑料制品、钢铁、玩具、汽车、纺织品	电子产品、矿物燃料、润滑油、运输设备、机械设备、化工品
越南	电子、机械、非针织服装、钢铁、针织服装	电子、棉花、矿物燃料、机械、纺织品
老挝	钢材、工程机械、摩托车、家电、农机、服装、建材、日用百货	矿产品、木制品、天然橡胶、谷物
柬埔寨	纺织品、棉花、机电产品及运输车辆、金属与非金属矿物制品、钢铁、烟草及制品、食品、纸品、医药品等	木材及木制品、针织服装、橡胶、谷物、电子产品
缅甸	车辆及其零件、钢铁、机械、电子	木制品、珍珠宝石、橡胶、矿物燃料、矿石类

资料来源:根据世界银行网站和其他公开统计数据整理。

随着中国—东盟自贸区的深化发展，中国对东盟国家产品陆续实施了关税减让政策。2017年12月开始，中国向东盟的诸多农产品开启了"零关税"或低关税政策，带动了东盟国家的水果等农业产业在中国市场的发展，切实惠及民生。

（二）中国和东盟相互投资的发展演变轨迹及现状

1. 东盟企业对华直接投资

东盟，是中国重要的外资来源地。东盟对中国的投资始于20世纪80年代，主要是来自新加坡、马来西亚、印度尼西亚、泰国、菲律宾的东盟老五国华商企业。东盟对中国的投资受到东南亚国家对华人政策、中国和东盟国家关系以及世界经济形势的综合影响。1992年以来，随着我国对外开放力度的不断扩大，东盟对中国的外商投资不断上升，加上马来西亚等东盟国家开始放松华人访华限制，东盟对中国的实际投资也呈现出稳定增长趋势，1998年金融危机以前，投资年增幅保持在7%—20%（张鑫炜，2003），尽管1998年亚洲金融危机爆发，但截至2014年年底，东盟国家累计在华投资917.4亿美元，东盟已经超过澳大利亚、美国、俄罗斯等国家，成为中国第三大外资来源地，投资是中国与东盟11大重点合作领域之一，也是中国—东盟自由贸易区建设升级版的重要内容（熊红明和程群，2015）（见图3-9-2）。

东盟对中国的直接投资主要来自华人企业，主要集中在食品加工、零售、地产等服务行业，多为其国内行业的海外延伸。东盟在华投资初期，"三来一补"、加工贸易以及劳动密集型加工企业（如鞋类、纺织品加工、电子电器组装等）占大部分比重，后来逐渐发展到家具制造、钢铁产品、石化产品、饲料加工、酒店管理等。近年来，投资开始向第一产业和服务业扩展，如在海南的热带经济作物和花卉栽培、水产养殖，以及服务业领域的保险、银行、零售和旅游等。另外，由于东盟海外华人的祖籍主要集中在福建、广东、海南等省市，毗邻港澳台和东南亚，便于产品出口，对华投资也主要集中在福建、广东、海南等东南沿海省市，投资的制造业多为"两头在外"的生产加工类项目，产品多为出口。20世纪90年代以前，东盟在福建和广东两省的投资占其对华全部投资的80%左右。近年来，东盟

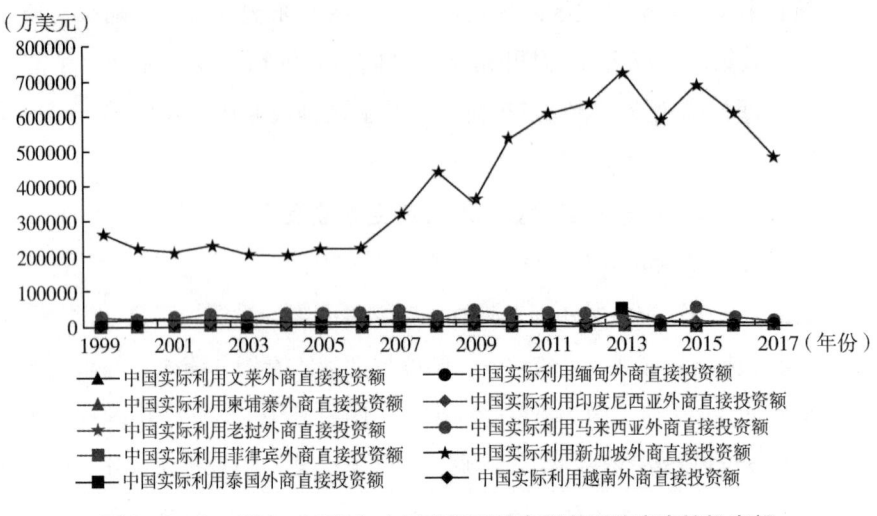

250 / 第三篇 中国在亚洲国际产能合作中的地位与作用

图 3-9-2 1999—2017 年中国实际利用东盟各国外商直接投资额

在华投资开始向江苏、上海、浙江、山东和辽宁等省市发展，1993 年新加坡在江苏苏州开始建设"苏州工业园项目"，总投资规模达到 300 亿美元，后又在青岛、秦皇岛等筹措"新加坡工业城"等。我国的云南、广西等省份与东盟的越南、老挝等成员国接壤，发展边境贸易历史悠久，随着国家"西部大开发"战略的实施、"泛亚铁路"等交通领域的合作以及"湄公河"次区域合作、中缅经济走廊和中老泰经济走廊、越南"两廊一圈"等合作逐步开展，双边合作领域日益深入和拓宽，边境贸易和跨境合作蓬勃发展，东盟各国的投资者也将目光投向了西部地区，在云南、四川、重庆和陕西等省市的投资也开始增多，这些西部省份也主动加快了"走出去"的步伐。

2. 中国企业对东盟国家直接投资重点领域

近年来，中国对东盟十国直接投资存量增长较快，是"一带一路"倡议和我国未来重要的投资区域。中国商务部公布的 2017 年中国企业对"一带一路"沿线 59 国投资情况也显示，主要投向国家包括新加坡、马来西亚、老挝、印度尼西亚、越南、柬埔寨等东盟国家。2017 年，中国对东盟十国直接投资存量为 883.6 亿美元，比 2016 年增长 23.5%。对越南、老挝、马来西亚等国家投资增速加快，2017 年投资存量同比增速分别为 165.9%、24.0%、39.7%，对文莱的投资突飞猛进，从 2016 年的 2 亿美元增加到 2017 年的 28.8 亿美元，增加了 13 倍（陈丽芬，2018）。从表 3-9-6 来看，新加坡一直是吸引中国投资额最大的东盟国家，印度尼西亚、泰国和越南吸引中国投资的幅度则保持在一个平稳的状态，但远低于中国对新加坡的投资增速。

表 3-9-6　　　　2007—2017 年中国对东盟主要国家外商
直接投资净额　　　　　单位：亿美元

年份	2007	2008	2009	2010	2011	2012
中国对印度尼西亚直接投资净额	0.99	1.74	2.26	2.01	5.92	13.61
中国对新加坡直接投资净额	3.98	15.51	14.14	11.19	32.69	15.19
中国对泰国直接投资净额	0.76	0.45	0.50	7.00	2.30	4.79
中国对越南直接投资净额	1.11	1.20	1.12	3.05	1.89	3.49
年份	2013	2014	2015	2016	2017	2018
中国对印度尼西亚直接投资净额	15.63	12.72	14.51	14.61	16.82	—
中国对新加坡直接投资净额	20.33	28.14	104.52	31.72	63.20	—
中国对泰国直接投资净额	7.55	8.39	4.07	11.22	10.58	—
中国对越南直接投资净额	4.81	3.33	5.60	12.79	7.64	—

注："—"表示数据暂缺。
资料来源：中华人民共和国统计局。

从中国对东盟的投资领域来看，中国对东盟的投资主要集中于基础设施建设、能源合作、资源开发、制造业和劳动密集型产业，而投资计算机服务和软件业、科技和技术服务、金融等技术密集和资本密集型产业仍然相对偏少。另外，自"一带一路"倡议实施以来，大型产能合作项目主体以国有企业为主，但随着中国的开放发展以及国际形势的变化，民营企业在东盟的投资比例也在增加。

（三）中国和东盟产业合作的重点领域

1. 东盟与中国开展产能合作的重点领域

自中国—东盟自由贸易区建立以来，中国与东盟国家之间的产业合作也日益深化,这与东盟正在实施的《东盟互联互通总体规划2025》、《东盟交通战略规划2016—2025》、《东盟能源合作行动计划》(APAEC 2016—2025)的发展需求是相对接的。东盟的水资源、生物资源、矿产资源有较大的经济潜能和开发前景,同时,东盟地区有丰富的劳动力资源,是未来中国劳动密集型产业可以选择的转移目的地之一。如表3-9-7所示,中国以合资或独资的方式与柬埔寨、泰国、越南开展经贸合作区建设,注重以项目为导向的合作,形成了交通、能源、电信、环境、农业、人力资源开发、旅游、贸易便利化、投资等重点领域的合作体系。马来西亚、泰国、印度尼西亚、越南、老挝、缅甸等国家的基础设施水平欠佳,但潜在的需求较大,可以与中国开展基础设施领域的合作建设。

泰国是中国建设"21世纪海上丝绸之路"的出海口和重要支点,中泰经贸合作正处于加快发展的关键期和机遇期。泰国的矿产、森林、土地和水等资源能源丰富,市场空间巨大。社会环境总体稳定,经济发展水平较高,劳动力素质、产业完整度、基础设施水平均居东盟国家前列,铁路、能源、农业是未来投资的重点。如中泰将通过中泰铁路合作建设泰国首条标准轨铁路,这是继中国—老挝铁路项目后,中国铁路产业和技术标准整体"走出去"的又一重大成果。中老、中泰铁路的开通有望完善"泛亚铁路网"建设并带动整个东盟发展。

马来西亚地理位置优越,位于东南亚核心位置,自然资源丰富,是世界主要的棕榈油、天然橡胶和液化天然气出口国,且基础设施完善,高速公路网络发达,港口众多,拥有多个国际机场,是东南亚重要的交通枢纽。马来西亚的政局稳定,政策延续性好,经济发达,市场开放程度高,人力资源素质高。当前,中马关系处于历史上最好时期,两国开展产能合作具有有利条件,未来基础设施、港口建设投资是重点。

印度尼西亚位处亚洲大陆与澳大利亚之间,国土面积190万平方千米,海洋面积330万平方千米,是21世纪"海上丝绸之路"的关键枢纽和通往南亚、西亚、非洲的重要门户,战略位置极其重要。印度尼西亚盛产棕榈油、橡胶等农林产品,矿产资源也极为丰富,矿业为支柱产业,石油、天然气、煤、铁、锰、铜、镍、金、银等自然资源储量、产量均居东南亚各国之首，锡的储量居世界首位。印度尼西亚政局较为稳定，社会治安良好，投资环境不断改善，吸引外资保持较快增长。当前印度尼西亚政府以发展经济和改善民生为重点的发展战略与中国加强国际产能合作高度契合。

越南与中国建有全面战略合作伙伴关系，自1986年革新开放以来，越南经济保持较快增长，经济总量不断扩大，基本形成了以国有经济为基础、多种经济成分共同发展的格局。越南农业种植自然条件优越，具备一定的矿产、森林、土地和水等资源能源，市场空间较大。越南政治形势总体稳定，社会安全秩序良好。近年来，越南大力吸引外资，政府已将几乎所有外资项目审批权下放至省级部门，并对项目在征地、进口物资等方面提供优惠政策。

柬埔寨矿产资源、水资源和木材资源均很丰富。投资环境较好，柬埔寨政府视外国投资为经济发展的驱动力，对外资和内资基本给予同等待遇。政局相对稳定，经济发展较快，实行开放的自由市场经济，无外汇管制，且劳动力优势明显，同时还能享受美国、欧盟、日本等国家和地区给予最不发达国家的出口优惠。柬埔寨第五届王国政府制定的四角战略提出要促进基础设施建设和农业发展，这加大了柬埔寨向外寻求合作的动力，为中国推动产能合作带来契机。

老挝区位优势突出，国内政治稳定，与中国政治互信、地缘相近、人民相亲，经济保持持续增长。老挝是农业国，农林资源丰富，工业基础薄弱，日用品主要靠进口，依赖外援外资。老挝于1986年开始逐步取消计划经济，改善民生，投资环境稳定和开放，其"八五"发展规划（2016—2020）更加关注工业发展。近年来，老挝成为中国在东盟地区的重要工程承包市场和投资、劳务外派目的地。

缅甸是我国建设中缅经济走廊、打通南下印度洋国际大通道的重要合作对象。自2017年11月中旬外交部部长王毅在出访缅甸期间提议建设"人"字形中缅经济走廊以来，2017年12月、2019年1月和2020年1月，中国国家主席习近平陆续访问缅甸，巩固了与缅甸的合作共识。2018年以来，两国政府陆续签署了《中华人民共和国政府与缅甸联邦共和国政府关于共建中缅经济走廊的谅解备忘录》，针对中缅经济走廊合作理念、原则、联委会工作机制、早期收获项目、合作规划，以及推进重大合作项目等问题，在北京举行的第一次中缅经济走廊联合委员会进行了深入磋商并达成了广泛共识，当前已经在能源、交通、农业、产能与投资、边境经济合作区、数字丝绸之路、生态环境、旅游、金融、信息，以及培训与人才建设、地方合作等14个领域取得了合作。① 2018年12月7日，缅甸总统府成立实施"一带一路"指导委员会，由国务资政昂山素季任主席。② 目前，中缅两国元首共同见证的33项双边合作项目正在陆续落实。

新加坡作为发展水平处在第一梯队的国家，经济发展水平较高，制度环境良好，依托马六甲海峡在交通枢纽中的重要地位，航运、金融等服务业高度发达，科技水平较高，适宜与中国开展金融、航运、高新技术开发等合作。目前，新加坡是中国在东盟对外直接投资存量最高的国家，投资主要集中在航运、金融等服务业领域。

中国与东盟国家产能合作的重点领域具体见表3-9-7。

表3-9-7　　　　中国与东盟国家产能合作的重点领域

国家	主要领域
新加坡	钢铁、制造业、纺织、港口、铁路、农林渔业
文莱	石油
马来西亚	基础设施、港口
泰国	铁路、能源、农业

① 韩昊辰：《中缅经济走廊联合委员会第一次会议在北京召开》，中华人民共和国中央人民政府，http://www.gov.cn/xinwen/2018-09/12/content_5321276.htm，2018年9月12日。
② 庄北宁：《缅甸组建实施"一带一路"指导委员会》，新华网，http://www.xinhuanet.com/world/2018-12/08/c_1210011497.htm，2018年12月8日。

续表

国家	主要领域
印度尼西亚	农业、工业园区
菲律宾	农业
越南	基础设施、能源
老挝	农林业、工业、基础设施、经济合作区
柬埔寨	道路交通、电力、信息通信、港口、航空、工业园区、农林业
缅甸	基础设施、电力、农业

2. 境外合作园区合作

截至2018年，中国和东盟7个国家开展了境外经贸园区合作。在《标准联通共建"一带一路"行动计划（2018—2020年）》《关于推进国际产能和装备制造合作的指导意见》，以及《澜沧江—湄公河合作五年行动计划（2018—2022）》《澜湄合作第二次领导人会议金边宣言》《澜湄国家产能合作联合声明》等框架下，全方位、多领域、国际化的境外经贸合作园区成为中国和东盟开展国际产能合作的重要内容。

境外合作园区优先在对各国经济发展具有较强带动力，能发展双边及多边急需且能释放区域优势的产业，加快落实合作项目，搭建中国和东盟国家务实开展国际产能合作的平台和载体。目前，中国对外合作园区已经形成政府高层推动建设型、园区开发公司为主导力量建设型、民营企业建设型等类型。中国和东盟的境外合作园区在政府、园区开发公司、民营企业的共同推动下，初步实现了中国"一带一路"建设与东盟国家自身发展规划和优势领域的对接，对接的深入，促进了经贸投资、互联互通、能源资源等领域务实合作的不断拓展，机场、港口、公路等一批基建项目的陆续推进。中国企业投资东盟、布局东盟，不仅带动当地就业和经济增长，同时也帮助中国企业建立健全本地区供应链、产业链和价值链，提升中国和东盟国家在全球产业布局中的地位（俞懿春，2017）。

东盟国家将园区作为搭建与中国开展务实合作的平台和载体。新加坡是最早投资中国、建立境外合作园区的国家，中国和马来西亚之间的工业园区早已稳定运营并走向成熟。泰中罗永工业园区是泰国东部经济走廊的重要载体和"泰国4.0"的支点。泰国政府为推动产业升级，出台了制造业无外资比例限制、外资购地享有所有权、企业所得税最高减免13年等一系列措施鼓励外来投资，让更多产业项目落地产业园区。柬埔寨西哈努克港经济特区是柬政府"四角战略"第三阶段以及工业发展政策的核心载体，是引进中国技术、中国经验和两国长远合作发展的基础。越南龙江工业园区和中国·越南（深圳—海防）经济贸易合作区是越南政府"两廊一圈"与"一带一路"建设对接的窗口，既是两国中小企业深入参与区域及全球价值链的试点，也是越南尝试将两国工业化、现代化建设与知识经济、可持续发展、包容性发展对接融合的重点项目。老挝将中老铁路和万象塞色塔综合开发区作为与中国开展产能合作的载体，与中国达成了战略性协议。随着中缅关系的日益紧密和缅甸开放发展的诉求，缅甸密支那经济开发区和缅甸曼德勒缪达经济贸易合作区是缅甸政府建设南北经济走廊的重要支点，也是中国与缅甸开展"人"字形经济走廊建设并逐步拓展与印度洋地区合作的重大产业载体。菲律宾和中国虽然没有较具代表性的工业园区合作，但在2018年，双边提出了《中菲工业园区合作规划》，为两国赴对方国家提供了更好的环境。中国和文莱签署了技术设施领域的谅解备忘录，未来或在工业园区合作方面有所进展（见表3-9-8）。

表3-9-8　　　　　　　　中国与东盟国家的产业园区合作

国家	主要境外合作园区
新加坡	苏州工业园区、天津生态城
文莱	—
马来西亚	中马钦州产业园区、马中关丹产业园
泰国	罗永工业园区
印度尼西亚	中国·印尼经贸合作区
菲律宾	—
越南	越南龙江工业园、中国·越南（深圳—海防）经济贸易合作区
老挝	塞色塔综合开发区

续表

国家	主要境外合作园区
柬埔寨	西哈努克港经济特区
缅甸	密支那经济开发区、曼德勒缪达经济贸易合作区

注:"—"表示数据暂缺。
资料来源:根据"一带一路"数据库信息整理。

(四) 产能合作机制不断完善

东盟多数国家制度不完善,但中国和东盟国家之间的合作机制在不断丰富并得以落实。中国一直以来也致力于与东盟发展合作互利的共赢关系,通过加强对话,形成了双边和多边合作机制。1992 年由亚洲开发银行(以下简称"亚行")启动的 GMS 合作机制(大湄公河次区域合作机制),加快了中国和东盟国家之间在水电、道路等基建领域的合作。中国—东盟自贸区是中国对外商谈的第一个也是最大的自贸区,自 2010 年成立以来,有力推动了中国和东盟经贸关系的健康稳定发展。

为进一步提高本地区贸易投资自由化和便利化水平,李克强总理在 2013 年 10 月举行的第 16 次中国—东盟(10 + 1)领导人会议上倡议启动中国—东盟自贸区升级谈判;在第 18 次中国—东盟(10 + 1)领导人会议上,标志着中国—东盟自贸区升级谈判结果全面结束的成果文件《中华人民共和国与东盟国家联盟关于修订〈中国—东盟全面经济合作框架协议〉即项下部分协议的议定书》签署(储思琮,2015)。该议定书是中国在现有自贸区基础上完成的第一个升级协议,涵盖了货物贸易、服务贸易、投资、经济技术等合作领域。此议定书的签署,有利于更为紧密的中国—东盟命运共同体建设,促进《区域全面经济伙伴关系协定》(RCEP)谈判,推动亚太自贸区建设。2015 年 11 月 21 日在马来西亚吉隆坡举行的第 18 次中国—东盟领导人会议主席声明中阐述了中国与东盟之间紧密经济关系和更大区域经济一体化的重要性。[①] 东盟十国领导人则在 2015 年 12 月 22

[①] 《中国—东盟产能合作联合声明》,http://www.xinhuanet.com/world/2016 - 09/08/c_1119528481.htm,2016 年 9 月 8 日。

日签署了《吉隆坡宣言》，12月31日提出正式成立东盟共同体。2016年9月7日，中国和东盟国家领导人在老挝万象举行的第19次中国—东盟领导人会议暨中国—东盟建立对话关系25周年纪念峰会上发表了《中国—东盟产能合作联合声明》。

另外，诸多已有的合作机制通过不断的发展和创新演化，为中国—东盟国际产能合作增添了动力。2015年11月12日在云南景洪召开澜沧江—湄公河合作首次外长会，成立了澜沧江—湄公河合作机制。在《澜沧江—湄公河合作五年行动计划（2018—2022）》《澜湄合作第二次领导人会议金边宣言》及《澜湄国家产能合作联合声明》等框架下，亚洲地区第一个次区域共同体目标得以落实，中国与东盟各国在产能合作领域的通关便利化、物流运输、经贸方面等合作得以加强，澜沧江—湄公河合作机制已经成为东盟地区较有影响力的次区域合作机制。这一机制主要涉及中国的云南省和广西壮族自治区、柬埔寨、老挝、缅甸、泰国、越南，总面积256.86万平方千米，人口总量约3.26亿。2016年3月在海南三亚举行的澜沧江—湄公河合作首次领导人会议上，六国就开展产能合作的重点领域达成了共识[1]，开始将各成员国发展战略与《东盟互联互通总体规划2025》、东盟一体化倡议、"一带一路"倡议对接，助推各成员国通过双边或多边合作的形势，深化东盟地区的产能合作和经贸往来机制。这些机制包括大湄公河次区域经济合作（GMS）、联合国亚洲及太平洋经济社会委员会（ESCAP）、东盟—湄公河流域开发合作（AMBDC）、湄公河委员会（MRC）、亚欧会议（ASEM）、伊洛瓦底江湄南河湄公河经济合作战略（ACMECS）等在内的多种合作机制。

（五）产能合作的金融平台不断完善

东盟国家除新加坡、马来西亚、泰国以外，其他国家的金融体系并不完善，金融支撑较为缺乏。新加坡是区域性金融中心，也是全球最大的金

---

[1] 《李克强在澜沧江—湄公河合作首次领导人会议上的讲话》，http://www.gov.cn/guowuyuan/2016-03/23/content_5056927.htm，2016年3月23日。

融中心之一。在银行业与监管合作方面，中国银行业在东盟建立了比较广泛的分支机构网络，截至2016年，设立了25家一级机构，覆盖了文莱和东帝汶以外的国家。协同"一带一路"倡议、丝路基金和亚洲投资银行（AIIB），随着人民币加入SDR，中方在这一地区的金融影响力还将提升。东盟国家银行在华的业务也十分活跃，在华总共设立了21家一级机构，包括8家分行、7家子行、6家代表处（陈莹莹，2016）。中国银监会已与越南、柬埔寨、泰国、马来西亚、新加坡、印度尼西亚、菲律宾的银行监管机构签署了MOU，与马来西亚和新加坡资本市场监管机构签署了QDII监管合作换文。此外，中国与新加坡、马来西亚、泰国、印度尼西亚已分别签署了本外币互换协议。

中方已经具备了较为充分的政策支撑和资金储备，亚洲基础设施投资银行、金砖国家新开发银行、丝路基金等金融平台建立，深化了中国—东盟国际产能合作。根据国家发改委信息中心发布的《"一带一路"大数据报告（2017）》，中国与东南亚国家的金融合作最紧密，金融支撑环境最好，其中与泰国、马来西亚、新加坡、印度尼西亚的融通状况最好，越南、柬埔寨的资金融通也较佳。目前，从中国政府、华东和华南地区省区市等多个层面设立了"一带一路"相关专项资金。滇桂沿边金融改革试验区建设是中国加快与澜沧江国家和东盟国家金融合作的重要尝试。随着中缅合作的深入，人民币自由进出缅甸、人民币作为缅甸贸易的结算货币等一系列重大金融合作获得进展，跨境金融支付服务业务获得突破，探索开展了非主要国际储备货币现钞调运新模式，南宁、昆明等西部省会城市、重要沿边城市也正积极推动城市商业银行、货币兑换公司和国际专业现钞调运公司合作调运现钞新模式。

（六）中国和东盟在清洁能源领域的交流与合作

东盟和中国西南具有全球瞩目的水资源储量。中国和东盟地区区域电网规划、建设和升级改造合作，推动东盟国家尤其澜湄地区电力互联互通和电力贸易迫在眉睫。

从目前看来，中国和东盟国家之间的电力互联互通和电力贸易也成为趋势。东盟能源部长会议制定并正在推动执行《东盟能源合作行动计划》，以期在合作发展东盟国家电网、天然气管道、煤炭和清洁技术、提高能源利用效率、可再生能源、民用核能和区域规划领域有所突破。

中国的水电改革为发挥西南水资源优势带来了机遇。2017年10月19日，国家发展改革委和国家能源局发布了《关于促进西南地区水电消纳的通知》（发改运行〔2017〕1830号），文件中对云南等省份提出了力争"十三五"后期不再新增弃水问题、加快规划内的水电送出通道建设、加强水火互济的输电通道规划和建设、加强国家电网与南方电网输电通道规划和建设、调整富余水电消纳的价格机制、研究完善跨省跨区输配电价机制等要求。① 这为推进以水电为主的清洁能源基地及能源保障网建设，不断加强骨干电网建设，构建跨区域电力交换枢纽，尝试水电输出到国内省区和周边缅甸等国家带来了机遇。从目前趋势看，电力互联互通和电力贸易合作议题可以包括电力电网对接战略和规划、电网建设、绿色水电设施合作开发、水电可持续性评价、水与能源纽带关系，促进农业、电力、有色、钢铁、轻工、建材等重点行业发展。尽管中国在缅甸的密松电站等屡受挫折，但中国和老挝的水电合作已经取得不小的进展，未来水电合作将推动这些地区的可持续发展，增进民生福祉和地区经济发展。

三 中国和东盟产能合作的机遇与趋势选择

中国和东盟国家产能合作的意愿明确，产业互补性强，又有山水相连、贸易优惠政策，而东盟一系列的合作愿景也与中国"一带一路"倡议的可持续发展理念相吻合。

（一）产能合作成为落实"一带一路"倡议的重要支撑

深化中国与东盟各国的产能合作是"一带一路"倡议加快落实的重要

---

① 国家发展改革委、国家能源局：《关于促进西南地区水电消纳的通知》（发改运行〔2017〕1830号），http://www.ndrc.gov.cn/zcfb/zcfbtz/201710/t20171024_864559.html，2017年10月19日。

支撑。2015年,推进"一带一路"建设工作领导小组办公室发布了《标准联通"一带一路"行动计划(2015—2017)》,指出全面深化与沿线国家和地区在标准化方面的双多边务实合作和互联互通,更好地支撑服务我国产业、产品、技术、工程等"走出去"。① 2018年11月,中国和东盟签订了《中国—东盟战略伙伴关系2030年愿景》。中国和新加坡、印度尼西亚、文莱、菲律宾、马来西亚等都签订了双边声明,以继续加强"一带一路"倡议下的互联互通合作,加快在贸易、基础设施、产能、工业等领域的合作。

目前,中国与东盟在互联互通领域进行了较为顺畅的合作,加快了产能合作,促进了中国—中南半岛建设。中国—中南半岛经济走廊东起珠三角经济区,四条主要战略线路与云南、广西相连,以沿线中心城市为依托,以东盟泛亚铁路、公路等交通通道为纽带,以人流、物流、资金流、信息流为基础,途经越南、老挝、柬埔寨、缅甸、泰国、马来西亚及新加坡,将推动建设优势互补、区域分工、联动开发、共同发展的区域经济体,开拓新的战略通道和战略空间,也极大地丰富了我国澜沧江—湄公河合作进程。在中国—中南半岛经济走廊建设过程中,广西凭祥、东兴和云南河口、磨憨等口岸在沿边金融改革、重要节点城市建设、与相关国家对接交通基础设施方面发挥着积极作用。

孟中印缅经济走廊倡议,涉及了缅甸以及泰国、马来西亚、新加坡等国家的发展,目前中缅经济走廊建设、各类大型能源、基础设施建设正在纷纷进行。中缅油气管道建设进入正常运营状态,从20世纪90年代末期提出孟中印缅地区经济合作,到2013年12月,孟中印缅各国在交通基础设施、投资、商贸流通、人文交流等合作方面达成了共识,正式建立了由四国政府共同推进的孟中印缅合作机制。② 孟中印缅经济走廊不仅直接惠

---

① 推进"一带一路"建设工作领导小组办公室:《标准联通"一带一路"行动计划(2015—2017)》,http://www.ndrc.gov.cn/gzdt/201510/t20151022_755473.html,2015年10月22日。
② 《孟中印缅经济走廊联合工作组第一次会议在昆明召开》,http://www.gov.cn/gzdt/2013-12/20/content_2551850.htm,2013年12月20日。

及沿线四国，其辐射作用还将带动南亚、东盟、东亚三大经济板块联合发展，对促进相关国家和地区的经济合作和推动区域共同繁荣的意义重大。当前，孟中印缅经济走廊倡议中的中缅经济走廊发展尤其迅速，中缅边贸、交通和能源合作取得进展，各项合作正在加快进行。

（二）中国和东盟的开放政策促进产能合作

随着国家"一带一路"倡议的推进，以及国际形势的变化，一方面，孟中印缅经济走廊、中南半岛经济走廊、GMS合作、澜湄合作等合作倡议日益细化，中老铁路进入稳步建设阶段，中国—东盟自贸区建设升级，倒逼国际国内合作需求，四川、重庆、贵州、广西、湖南等中西部地区加入面向南亚、东南亚的经济走廊建设的诉求日益强烈，这些省份已经纷纷将进入东盟市场作为近期目标，云南、广西的经济地理重塑，地缘优势、沿边优势逐步转变为开放新优势；另一方面，东盟国家提出了一系列关于互联互通、交通战略、能源合作、农业及林业合作等领域的规划愿景，为中国加大在这些地区的承包工程、建筑机械、港口建设、贸易投资等都带来了机遇。

（三）东盟国家外资政策调整改善中国投资环境

首先，与全球经济低迷、发达经济体市场疲软相对应的是，东盟国家通过改革和扩大开放、人口红利和较低的劳动力成本，经济加速发展，市场需求和外资需求处于上升期，成为全球投资贸易争夺的区域，这些国家也纷纷调整了顺应外资、外企进入的法律法规。东盟地区人口近6.2亿，拥有巨大的劳动力和消费市场，总体处于工业化进程初期，市场需求处于上升期，与中国资源、产业、市场的互补性强。一是在当前我国劳动力数量下降、用工成本和工业地价上升的情况下，通过与东盟国家合作，可借助当地的人口、资源和土地资源，实现我国劳动密集型产业的转移，同时满足东盟各国对中国产品的需求，实现国际国内"两个市场、两种资源"的对接，创新我国贸易模式。东盟成员相互之间已经逐步实施零关税或低关税，进入东盟国家就等于进入东盟，并且澜湄地区作为欠发达国家，可享受欧美等发达国家给予的特殊贸易优惠政策及额外的关税减免优惠，如纺织品、农产品等领域的优惠。

其次，东盟国家与中国开展国际产能合作的诉求强烈。泰国、菲律宾等国家正在东盟国家积极调整工业化发展战略，实施经济转型和产业升级计划，结合东盟"4.0建设"战略，与中国合作建设境外经贸园区来加快发展技术、资本含量高的产业需求较大。开展产能合作将充分释放东盟国家的区位、资源和政策优势，充分与中国的滇中城市群、粤港澳大湾区、北部湾经济区和长江经济带合作，促进加工制造、资源利用、农业产业、商贸物流、科技研发等产业的发展，促进地区产业发展水平。

最后，澜沧江—湄公河合作机制等为深化中国—东盟国际产能合作提供了新平台。中国和澜湄国家已经合作发布或者正在组织开展澜沧江—湄公河国家产能合作规划。这一合作以产能合作培育各国优势主导产业，增强产业竞争力，推进澜湄各国产业的协同发展；构建区域价值链，逐步形成相关产业的区域生产网络结构；推进区域生产要素的自由合理流动，实现资源、技术、资本和市场的优势互补。它旨在加快签署澜湄国家双边产能合作谅解备忘录，以重点项目的收集与跟进共同培育示范性产能合作项目，加快推进澜湄国家产能合作机制的建立。

（四）粤港澳大湾区建设将加快中国和东盟的国际产能合作

比较而言，粤港澳大湾区与东盟的合作将进一步深化。尽管中国西南地区与东盟相邻，但西南地区经济的开放程度不高，经济基础差，产业体系并不完善，物流成本较高，与东盟国家的贸易往来较小。与之相对的是，目前在东南亚地区的华人中，有2/3来自福建、广东、海南等地，同根同源的语言文化民俗使这些地区和东盟在贸易往来、产能合作、人文交流、资金融通方面的规模优势显著。粤港澳大湾区是世界第四大湾区，在港珠澳大桥全面通车后，粤港澳大湾区将形成以珠江至西江经济带为腹地，带动中南、西南发展，并辐射东南亚的经济大格局，粤港澳大湾区和粤港澳城市群在贸易、资金、人文、政策方面的基础和优势将越发明显，将是中国和东盟产能合作的中心，也有利于东盟海洋经济发展。

四　加快中国—东盟国际产能合作的建议

总体来看，东盟经济充满活力，中国和东盟合作机制已相对成熟，未来中国与东盟进一步开展产能合作的潜力巨大。随着东盟共同体的建成，中国—东盟自贸区升级谈判结束，从 2017 年 12 月开始，中国对东盟的诸多产品已经降关税或者实施"零关税"政策，中国—东盟命运共同体和亚洲命运共同体进一步发展。因此，应紧抓"一带一路"倡议下的互联互通领域，以"政策沟通、设施联通、贸易畅通、资金融通、民心相通"为任务，协同推进战略互信、经贸合作、人文交流，全面推动中国—东盟合作建设。

（一）深化中国—东盟合作机制，加快政策对接

政策沟通范围广泛，但当前应着重在跨境客货运输便利化、口岸通关便利化方面与周边国家实现政策合作对接。与东盟国家缺乏政策、制度方面的有效对接，或者机制未能有效落实，是导致我国沿边优势尚未转换成经济优势、与"中国—中南半岛经济走廊""孟中印缅经济走廊"地区合作水平不高的主要因素。

一是尽快推进实施"中国—中南半岛经济走廊"沿线国家客货运输便利化协议，积极推进跨境运输便利化协议的商签。加强与各国在运输标准、海关制度、检验检疫标准、工商法规、办理通关手续时间等方面的对接；加强与周边国家规划部门的沟通，实现与周边国家交通、物流发展规划的衔接，加强互联互通合作机制的连接。尤其是要加强与缅甸的运输便利协议的签订，尽快打通面向南亚和印度洋的运输通道。

二是优化出入境管理制度和措施，进一步提升沿边口岸通关便利化水平。创新陆上边境和港口口岸通道的基础设施和"大通关"建设，建立"属地申报、口岸验放"通关模式，打造面向东盟的最便捷的国际陆港、海港；同时，吸引仓储运输、国际货运代理、金融保险、信息服务以及专业服务等现代服务企业入驻中国。同时，中国也要给予外国人在沿边跨境

经济合作区域内便利的出入境政策，实现双边政策的对等。允许"中国—中南半岛经济走廊"大湄公河次区域国家车辆在跨境经济合作区、开发开放试验区范围内自由通行，推动签订中越、中缅、中老泰等运输协议，简化境内外车辆、人员、货物进出口岸程序，减少车辆、人员、货物进出口岸滞留时间。

三是大力开展边境口岸管理体制先行先试改革试点。创新边境管理体制，在各类重点开放区开展边境管理体制改革试点，推动跨境经济合作区核心区的封闭管理。支持云南和广西二类口岸升格和拟新开的口岸；在凭祥、东兴、瑞丽、磨憨等边境一线重点口岸设立先行先试口岸试点，加大与东盟国家的产业对接，在沿边设立新型自贸区。

（二）落实开展泛亚综合交通合作建设，加快设施联通

开展交通基础设施会战，发展由公路、铁路、航空、高铁等交通网络构建的"丝路经济带"或"丝路城市群"，完善区域现代化综合交通体系。

一是全面构筑"孟中印缅经济走廊""中国—中南半岛经济走廊"多向通道。尽快打通至印度洋道通，实现中缅印公路联通，争取将中缅印公路打造成"孟中印缅经济走廊"早期收获项目示范工程。

二是加快建设中老泰通道。提升昆曼公路效能，配合国家加快中老泰国际铁路落地建设。加快建设中老铁路，贯通北起老中边境磨憨—磨丁口岸，向南经南塔省、乌多姆赛省、琅勃拉邦省、万象省，至老挝首都万象市的线路，实现北端与中国境内的玉溪至磨憨铁路对接，南端与泰国的廊开至曼谷铁路相连，三国人员和货物将实现全天候顺畅流动。

三是充分发挥中越通道作用。利用中越国际道路运输年度会谈机制，推动完善中越交通网络。

四是加强与内陆腹地的交通联系。尽快打通长江经济带西南段交通瓶颈，完善与泛珠三角区域和粤港澳大湾区的交通体系。充分重视四川、重庆、贵州和西藏等地区融入"孟中印缅经济走廊""中南半岛经济走廊"建设的诉求，形成中国和东盟产能合作的西南合力。

五是构筑向西南开放的空中黄金走廊。开展国内与国际、国际与国际"一票到底,行李直挂"中转业务试点,积极培育东盟、南亚方向航线,力争到 2020 年实现东盟十国、南亚七国首都和重点旅游城市全覆盖,并给予通关和转机便利。

六是加快物流业发展,构建辐射东盟的物流体系。依托"孟中印缅经济走廊"和"中国—中南半岛经济走廊"的重要节点,沿海、沿边地区要完善对内畅通中西部各省(区、市)、长三角地区、珠三角地区、粤港澳大湾区,对外连接东盟、南亚的综合物流体系,陆上可以以广西和云南为核心建设中国连接东盟的区域国际交通和物流枢纽,创新建立跨境物流新模式。

(三)积极融入中国—东盟自贸区升级建设,加快贸易畅通

首先,要创新开放机制建设。在当前贸易保护主义、单边主义兴起的背景下,要加强与东盟等重点国家的贸易关税和配额协调机制,使国际产能合作的重点产品能出去也能进来。要开展互联互通基础设施的规划、建设,创新大通关制度,促进内陆对外贸易便利化;创新加工贸易模式,合作共建云南、广西地区的跨境经济实体,以粤港澳湾区、城市群为载体,构建内陆开放型产业大集群;放宽外资准入门槛,打造外资投资便利化的大环境,提高利用国际国内两个市场、两种资源的能力,着力构建"政策沟通、设施联通、贸易畅通、资金融通、民心相通"的开放新格局,为跨越式发展注入新动力、增添新活力、拓展新空间,全方位畅通我国与东盟贸易畅通。一是统筹开放型特殊功能区发展。整合西南各省跨境经济合作区建设指导委员会、边境经济合作区建设联席会议等机制,成立西南省份开放型特殊功能区发展指导委员会,按照"特区特管、分类指导、联动发展"原则,对边境经济合作区、开发开放试验区、跨境经济合作区、综合保税区等开放型特殊功能区的发展方向、政策运用、体制创新等进行高位谋划和统筹协调。二是提升产业园区承载能力。制定促进省域开发区、工(产)业园区科学发展的实施意见。建立利益分享机制推进园区合作共建,引入省(境)外合作方共同开发、运营、管理园区,开展园区直管、托

管、代管试点。三是创新发展面向东盟的产能合作机制。可以尝试建立东盟国家产能与投资合作联盟，围绕东盟国家主导产业培育，建立以促进区域产业协同发展和产业竞争力提升为目标的产业联盟，加强中国和东盟各国在产业发展、规划和区域产业链构建等方面的沟通和协同规划，推进重点产业、重点项目和主要技术领域的合作。要广泛吸纳有实力、有意愿、有项目的中国和东盟国家企业，推动组建"中国—东盟合作企业联盟"，推动联盟内上下游企业形成产业联盟，加强企业间的互利合作。结合东盟国家产业发展需求和技术需求，培育产业技术骨干，夯实产业发展的基础能力。

其次，学习借鉴先进经验，设立中国沿边自由贸易试验区。先行先试对接东盟发展中国家经贸合作的规则与标准，在区域经济一体化形势下拓展双边多边、区域次区域合作的经验，促进大湄公河次区域经济一体化、打造中国—东盟自贸区升级版，为建设孟中印缅自由贸易区和中国—南盟自由贸易区建设提供有力支撑。在沿边自由贸易区体制机制创新方面开展试验示范。加快沿边金融改革、推进通关便利化、承接产业转移、拓展国际合作等方面先行先试，为我国自由贸易区战略在沿边地区的实施探索新途径、提供新示范。在转变对外合作发展方式方面开展先行先试。东盟国家整体以发展中国家为主，因此在发展中要切实贯彻"周边是首要""与邻为善、以邻为伴"和"睦邻、安邻、富邻"的周边外交方针政策，树立正确的义利观，对周边国家加大支持力度，彻底改变中国在对外投资和区域合作中"大国扮演小角色"的情况，切实为周边国家搭乘中国经济发展的快车，实现共同发展提供机遇。

最后，支持企业家精神，发展实体经济。中国—东盟国际产能合作，要特别提升中国沿边省市产业内生动力。顺应"大众创业、万众创新"的潮流，通过金融、政策等手段支撑创新精神，结合周边市场环境和国内发展态势，西南地区在承接有利于经济社会环境发展的东中部产业时，也要结合自身的资源禀赋和区位优势，立足本土发展生物、旅游产业的优势条件，做好早期、中期和长期产业收获计划，发展生物医药和大健康、旅游文化、信息、现代物流、高原特色现代农业、新材料、先进装备制造、食品与消费品制造、石油冶炼为主的轻型化工产业和有色金属战略性新兴产业等，培育上市企业，从而形成内外联动的经济动力，打牢双边、多边合作的基础。

（四）以"一带一路"倡议的金融合作，促进与周边国家资金融通

一是制定拓宽融资渠道、创新融资方式的具体办法，支持"一带一路"沿线互联互通基础设施建设、产业转型升级和开放型经济发展。继续整合澜湄合作专项基金，中国—东盟海上合作基金，东盟国家其他政府资金，澜湄六国其他组织、地区、国际多边机构及其他国家的金融渠道，为中国和东盟国际产能合作提供资金。

二是以人民的结算功能，落实人民币 SDR 功能，率先稳定缅币、基普、泰铢、越南盾等货币特许兑换业务。创新现钞出入境管理制度，争取国家批准放宽个人携带人民币现钞出入境额度，并重视落实。开展人民币跨境双向贷款、人民币境外直接投资和海外贷款业务试点。扩大人民币与非国际储备货币可自由兑换范围，加快建设滇桂区域性跨境人民币结算中心、清算中心、投融资中心与非国际储备货币交易中心。推广非现金支付工具的跨境使用，建立人民币回流渠道。

三是遵循"政府搭台、协会实施、咨询服务、市场化运作"的原则，加强与各保险集团总部的合作，开展跨境保险业务试点，支持保险机构以债权、股权、基金、资产支持计划等多种形式，为面向东盟重点基础设施、开放型经济项目提供长期资金支持，开展巨灾保险试点。

（五）扩大民间合作交流，促进民心相通

促进人文交流，打造区域和谐社会建设示范区。我国沿边的西藏、云南、广西和东部沿海地区是东盟、中华文化交流融合之地，在与周边国家开展人文交流领域具有天然优势。

一要扩大区域人文合作交流。西藏、云南、广西周边的东盟国家在历史上就与中国在文化、宗教、习俗等方面互相传承、借鉴，文化交流源远流长。滇桂一些少数民族与东盟、南亚人民血脉相连、语言相通、文化同

源、宗教相近、习俗相似,"走出去"和"请进来"的文化交流活动已受到周边国家的欢迎。而以粤港澳大湾区为中心的沿海地区是东南亚华人的主要来源地。因此,应继续深入开展多层次文化交流,在民族文化、宗教、教育、职业培训、学术交流、医疗援助等领域加强与东盟的合作交流,促进命运共同体意识的形成,优化产能合作的环境。

二要推进减贫合作研究。由于历史、自然、经济等原因,西藏、滇、桂和周边国家的社会发育程度相对较低,社会事业发展水平还处在较低水平,社会事业设施不够健全,社会服务能力薄弱,教育、医疗等基本公共服务能力极为欠缺。同样,东盟的贫困问题、民族宗教等社会问题给各国发展和稳定带来严峻挑战。中国在扶贫方面已经卓有成效,可加强与区域各国在扶贫开发等相关领域的相互借鉴和互助合作,重视产业扶贫,促进东盟民生福祉。

三要合作应对地区安全挑战。东盟和中国的产能合作在共同应对自然灾害、气候变化、非法贩卖毒品、非法移民、非法贩卖、商品走私等非传统安全领域有相互需求,应进一步建立和完善相关合作机制,增进互信,减少和消除分歧与冲突,营造良好的合作环境,促进国际产能合作项目有序开展。

参考文献

陈丽芬:《东盟正成为中国服务业"一带一路"投资重点》,《经济参考报》2018 年 5 月 30 日。

陈莹莹:《"走出去" + "一带一路"建设银行做好国家战略"大文章"》,《中国证券报》2016 年 4 月 8 日。

储思琮:《中国—东盟自贸区升级 RCEP 谈判进展有"时间表"》,http://www.china.com.cn/news/2015 - 11/23/content_37139738. htm,2015 年 11 月 23 日。

荟竹:《越南,制造业转移的下一站?》,https://wallstreetcn.com/articles/3426669,2018 年 10 月 25 日。

田源:《中国—东盟贸易和投资合作势头强劲》,http://www.qstheory.cn/economy/2019 - 01/31/c_1124070396. htm,2019 年 1 月 31 日。

熊红明、程群：《东盟成中国第三大外资来源地》，http：//finance.ifeng.com/a/20150918/13982465_0.shtml，2015年9月18日。

俞懿春：《目前10个东盟国家中有7个拥有中国境外经贸合作区》，《人民日报》2017年4月18日。

张鑫炜：《东盟国家在华投资现状及前景展望》，《国际经济合作》2003年第12期。

第十章　中国与亚洲国家的能源合作

刘佳骏

IEA预计,到2030年,亚洲新兴与发展中国家在电力、油气、煤炭和生物燃料方面的能源基础设施领域投资将达到3.6万亿美元,市场潜力巨大。亚洲国家能源的高度互补性成为其合作的天然优势。亚洲地区集中了俄罗斯、西亚、中亚等全球重要油气生产地,石油储量占世界的60.7%,产量占58%;天然气储量占世界的78%,产量占53%。该地区还集中了中国、印度、日本、韩国等全球重要油气消费国,中国还是全球重要的新能源发展大国。多年来,亚洲地区已形成亚太经合组织、"10+3"、上合组织等次区域能源合作平台,它们功能有别,各有所长,并且有其特定的合作领域和项目。

能源安全一直是中国企业参与亚洲新兴经济体国家石油和天然气开发的重要驱动力。由于亚洲地区在地缘政治上对于维护中国能源安全至关重要,中国企业已经将其纳入石油和天然气的投资组合中,但是目前这一地区在中国能源进口来源中的比重仍然有限(见表3-10-1)。

表3-10-1　中国能源对外依存度以及从亚洲新兴经济体国家的能源进口

能源资源	2017年进口总量	2017年从亚洲新兴经济体国家的进口	2017年对外依存度	2017年从亚洲新兴经济体国家进口的占比	2040年预计对外依存度
原油	4.1997亿吨	0.1537亿吨	69%	3.70%	82%
天然气	940亿立方米	520亿立方米	42%	55%	54%

续表

能源资源	2017年进口总量	2017年从亚洲新兴经济体国家的进口	2017年对外依存度	2017年从亚洲新兴经济体国家进口的占比	2040年预计对外依存度
煤炭	2.711亿吨	1.542亿吨	8%	57%	3%

资料来源：IEA（2018），World Energy Outlook；IEA（2018），Coal Information；China Customs（2018）。

一 中国与亚洲国家电力行业合作

（一）发电

据IEA2019年预测，到2030年，亚洲新兴经济体的电力装机将超过16亿千瓦，几乎是2017年的两倍。从世界范围来看，90%的新增煤电装机来自亚太地区，2013—2022年，中国公司作为承包商与25个亚洲新兴经济体中的19个国家签署了有关发电厂建设的合同，每一座电厂的平均规模为34万千瓦（见表3-10-2）。

中国公司在亚洲新兴经济体电力行业的发展中扮演着十分重要的角色。纵览所有亚洲新兴经济体国家，2013—2022年，中国能源基础设施公司已建和在建项目的装机规模达到了5400万千瓦，约占整个地区所有新增发电装机的15%。中国有70%的新增发电装机依赖于煤炭和天然气，分别达到了3300万千瓦（有1500万千瓦的新增发电装机还在建设之中）和400万千瓦，反映出在该地区内化石燃料继续主导新增装机容量的趋势（见图3-10-1和图3-10-2）。

表3-10-2 中国主要制造商向亚洲新兴经济体国家出口的电力设备

技术	公司	2013—2022年项目数量	2013—2022年装机容量（兆瓦）
煤炭	上海电气	22	22075
	哈电集团	32	21800
	东方电气	25	19700
	其他	14	2500

续表

技术	公司	2013—2022年项目数量	2013—2022年装机容量（兆瓦）
水能	哈电集团	6	2300
	上海福伊特水电设备有限公司	4	1350
	天津阿尔斯通水电设备有限公司	5	1075
	东方电气	12	1050
	东芝水电设备（杭州）有限公司	4	950
	其他	32	1950
核能	中核	2	2880
生物废弃物	哈电集团	8	925
	东方电气	2	315
	上海电气	1	75
	其他	4	160

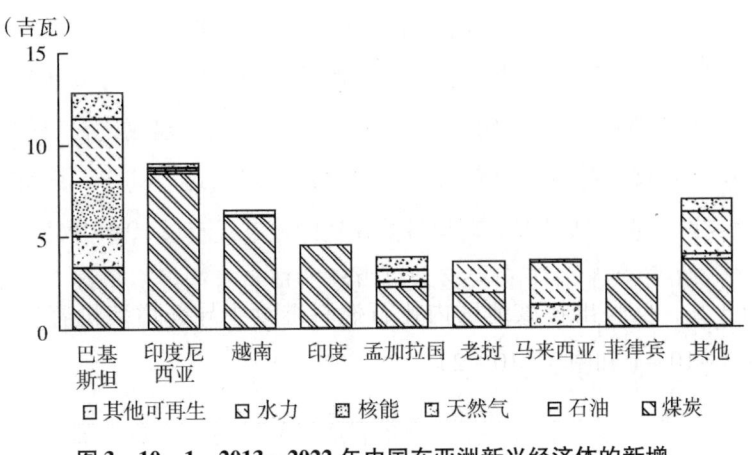

图 3-10-1　2013—2022年中国在亚洲新兴经济体的新增装机容量（以燃料划分）

注：基于已完工或在建的发电厂（10兆瓦以上）。

资料来源：IEA, Chinese Companies Energy Activities in Emerging Asia, 2019。

（二）输电与配电

在亚洲新兴经济体国家，电网管理与技术方面水平较低。在大多数东

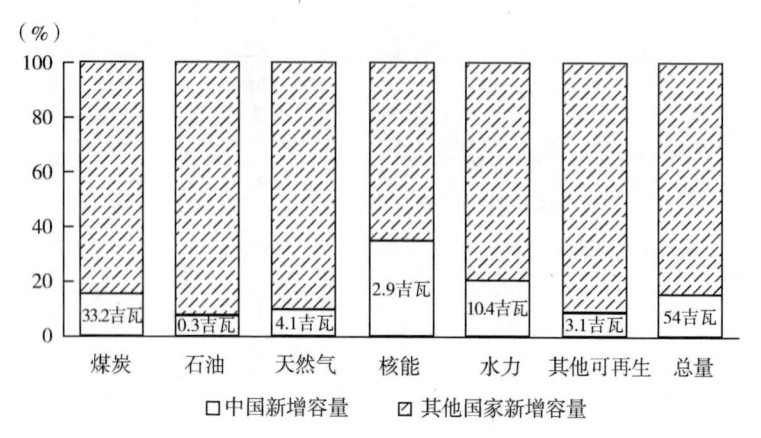

图 3-10-2　2013—2022 年中国公司在亚洲新兴经济体的新增装机容量及市场份额（以燃料划分）

注：核能新增装机由巴基斯坦的两个核电站构成；基于已完工或在建的发电厂（10 兆瓦以上）。

资料来源：IEA, Chinese Companies Energy Activities in Emerging Asia, 2019。

南亚国家，电力公共事业并未实现拆分。鉴于电力输送损耗率极高（巴基斯坦最多可达到 25%），电网升级将是改善电力供应的可持续性与安全性的核心。现有数据显示，2013—2022 年，中国公司已建成或在建的输电线超过 7000 千米，主要位于柬埔寨、老挝和巴基斯坦。其中，柬埔寨、老挝、蒙古国、缅甸和塔吉克斯坦目前在建的输电线超过 2000 千米。在东南亚地区，500 千伏的骨干和次区域输电线路项目有望促成柬埔寨和老挝于 2021 年开始进行电力交易。

（三）电力行业产业链

中国公司还参与诸如该地区设备制造、相关技术人员培训以及能源服务提供等工业项目。在孟加拉国南部，杭州海兴电力科技股份有限公司（Hexing Company）与孟加拉国国有企业签订了一份开发预付费智能电表装配线的合同。在哈萨克斯坦，Kazatomprom 公司与中国广核集团有限公司（CGN）于 2016 年启动了一条年产能为 200 吨燃料元件生产线的建设。除了输电线路，中国公司还投资于能源行业发展所需的交通基础设施。中国铁路建设集团与葛洲坝集团承建了连接蒙古国 Erdenet 与 Ovoot 的铁路，该铁路长达549千米，专门用于运输煤炭。在印度尼西亚，为了提高当地电厂的效率，同时也为了提高当地的运营维护能力、确保电厂的可持续性以及促进相关产业的发展，培训本地技术工人是必不可少的措施。中国机械设备工程股份有限公司（CMEC）在斯里兰卡也组织了相关的培训项目，这确保了斯里兰卡普塔勒姆电站3台30万千瓦发电机组在交付使用后能正常运转，基本上满足了该国超过50%的电力需求，除了为70多个项目运营代表提供为期十周的训练以及交换项目，并与斯里兰卡电力局签订了后续的技术合作协议（UNDP et al., 2015）。

二 中国和亚洲国家石油与天然气行业合作

（一）油气开采行业

中国企业参与了亚洲油气产业链的各个领域。中国在亚洲油气行业的投资曾经主要集中于石油勘探和开发领域，不过该领域的投资日益降低，而天然气生产方面的投资却在增长。中国公司在持续建造通往中国的管道以及当地的管道，还在当地提供工程服务并投资炼油行业。

中国的石油需求已经从2000年的470万桶/日攀升至2017年的1230万桶/日，同时天然气年需求量也从280亿立方米增长至2480亿立方米。随着中国油气对外预计依存度的不断上升，中国的油气公司近年来积极参与海外能源投资，包括在亚洲油气生产国投资。自1994年起，中石油（CNPC）、中石化（Sinopec）以及中海油（CNOOC）等一直在亚洲地区进行油气投资。2017年，中国在亚洲9个国家的26块油田投资了73亿美元，相当于年生产原油2100万吨，这主要来自印度尼西亚（90%）和缅甸［见中国石油经济技术研究院的采访（CNPC ETRI），2018年6月］。最近，中国和菲律宾签署了联合开发油气资源的谅解备忘录（《环球时报》，2018）。2017年，来源于亚洲新兴经济体的天然气占中国天然气进口量的55%，但石油仅占3.7%。

2013—2017年，中国公司通过直接运营油田或者产量分成协议（PSA）

共生产了 6.81413 亿桶石油（见表 3-10-3）。这些石油主要来自哈萨克斯坦（89%）、蒙古国（5%）以及印度尼西亚（3%）三个国家。中国公司在亚洲的石油合作项目，有近 23% 的石油是通过直接运营获得的。2017 年中国公司在哈萨克斯坦的石油产量中仍占有 16% 的分成比例，占有蒙古国绝大部分的石油产量（达到了 96%，蒙古国 2016 年和 2017 年的石油产量少于 2.2 万桶/日）。

表 3-10-3　　　中国主要公司在亚洲非经合组织国家的石油生产（2017 年）

公司	状况	产量（千桶/日）	份额（%）	直接运营的产量占比（%）
中石油	国家石油公司/国有	252.72	72.90	27
中石化	国家石油公司/国有	34.36	9.90	8
中信集团	非国家石油公司/国有	20.76	6	6
九龙建业有限公司	非国家石油公司/私营	17.6	5.10	无
洲际油气股份有限公司	非国家石油公司/私营	15.12	4.40	45
复星国际	非国家石油公司/私营	>3	>1	无
新疆准东石油技术有限公司	非国家石油公司/私营	>2	>1	100
香港中华煤气有限公司	非国家石油公司/混合	>2	>1	100
MI 能源控股有限公司	非国家石油公司/私营	>2	>1	100
中化集团	国家石油公司/国有	>1	>1	无

资料来源：Rystad Energy, Ucube, 2018。

在天然气生产领域，中国公司越来越积极地参与亚洲新兴经济体的资源开发（见表 3-10-4）。2013—2017 年，中国公司在土库曼斯坦、哈萨克斯坦与印度尼西亚三个国家一共生产了 524.2 亿立方米天然气（土库曼斯坦，46%；哈萨克斯坦，45%；印度尼西亚，9%），在过去五年中产量的分成比例增加了 42%，这主要归功于哈萨克斯坦和土库曼斯坦的产量增长。中国公司还分别于 2014 年和 2015 年在马来西亚和越南获得了一定的天然气田权益。相较于石油生产，中国公司直接运营它们大部分的天然气开采权益。

表 3-10-4　中国主要公司在亚洲非经合组织国家的天然气生产（2017 年）

公司	状况	产量（十亿立方米）	份额（%）	直接运营的产量占比（%）
中石油	国家石油公司/国有	12.3	95	72
中石化	国家石油公司/国有	0.6	4	无
复兴国际	非国家石油公司/私营	>0.5	>1	无
MI 能源控股有限公司	非国家石油公司/私营	>0.5	>1	100

资料来源：Rystad Energy, Ucube, 2018。

中亚地区仍然是中国管道天然气的主要气源地，2017 年供应了中国 92% 的进口管道天然气，其余 8% 来自缅甸。土库曼斯坦是中国最主要的天然气供应国（2017 年向中国供应了 340 亿立方米的天然气），从阿姆达利亚盆地进口的天然气约占中国从中亚进口天然气的 1/3。

中国公司在中游领域的活动不仅涵盖了连接中国和资源供应地区的基础设施，也包括当地石油和天然气开发必不可少的基础设施。

（二）储运行业

中国—中亚天然气管道 A 线、B 线与 C 线由中石油主导建设，将把中国—中亚天然气管道拓展至土库曼斯坦、乌兹别克斯坦、塔吉克斯坦以及吉尔吉斯斯坦，到 2024 年能为中国新增每年 300 亿立方米进口天然气管输量，如果全线竣工，这条管道设计每年可以输送 550 亿立方米的天然气。

中国企业还以工程总承包（EPC，设计、采购和施工）的合约方式参与了油气基础设施的建设。通过中国进出口银行的贷款，中石油公司于 2014 年在斯里兰卡建了一处油罐区，总共拥有 8 万立方米的储存能力。2017 年，中石化的一家子公司与泰国当地的公司在泰国国内共同建设了一条天然气管道。中石油在孟加拉国建设了一条长达 220 千米的输油管道。

(三) 炼化行业

亚洲新兴经济体的成品油市场供不应求，2018年该地区每天需要进口超过200万桶成品油（不包括印度）。经济增长以及油品标准的不断提高驱使各国加快了炼油业发展。中国公司在亚洲参与了7个国家的10个炼油项目，总炼油能力达到了100万桶/日（见表3-10-5）。中国的民营公司在海外炼厂建设与投资中扮演着重要角色，在文莱，恒逸集团（Hengyi Group）正在建设一座大型炼化一体化炼厂，预计总投资约110亿美元。

表3-10-5　中国公司在亚洲非经合组织国家的炼厂项目

国家	炼厂	类型	状况	产量（千桶/日）	完成年份	总投资额（百万美元）	中国公司	中方公司角色
文莱	PMB Refinery Phase Ⅰ	新建	建设中	148	2019	3450	恒逸集团（70%股份）	投资者
	PMB Refinery Phase Ⅱ	新建	计划中	280	2023	12000	恒逸集团（70%股份）	投资者
柬埔寨	Refinery Phase Ⅰ	新建	建设中	40	2020	620	神州长城、中国石油天然气集团	承包商
	Refinery Phase Ⅱ	新建	计划中	60	2023	1000	神州长城、中国石油天然气集团	承包商
哈萨克斯坦	Atyrau Refinery	升级改造	完成	10*	2018	1826	中国进出口银行（61.9%股份）、中国石油化工集团	投资者、承包商
	Shymkent Refinery	升级改造	完成	15*	2019	1850	中国石油天然气集团	投资者、承包商
吉尔吉斯斯坦	Kara-Balta Refinery	新建	完成	16	2014	300	陕西煤业化工集团有限责任公司	投资者
	Tokmok Refinery	新建	完成	8	2015	60	新疆国际实业股份有限公司	投资者
老挝	Saysettha Refinery	新建	建设中	16	2019	179	云南东源煤业集团有限公司（75%股份）	投资者

续表

国家	炼厂	类型	状况	产量（千桶/日）	完成年份	总投资额（百万美元）	中国公司	中方公司角色
马来西亚	Port Dickson Refinery	并购	完成	156	2016	66	山东恒源石油化工集团	投资者
	RAPID	新建	建设中	300	2019	1329	中国石油化工集团	承包商
塔吉克斯坦	Dangara Refinery Phase Ⅰ	新建	建设中	10	2019	80	吉艾科技	投资者
	Dangara Refinery Phase Ⅱ	新建	计划中	14	2022	400	吉艾科技	投资者

注：＊新增炼油能力。

相较而言，中国的国有企业在亚洲的下游领域投资并不活跃。中国进出口银行、中石油以及陕西省一家地方国企在十年前投资了三家位于哈萨克斯坦和吉尔吉斯斯坦的炼厂。由于珠海振戎公司的一家子公司的退出，一个缅甸炼厂建设项目最终以失败告终。中石油与中石化大多是以工程设计、采购和施工总承包商的角色参与亚洲的炼厂项目。

三 中国与亚洲国家煤炭进口与开采行业合作

中国是全球最大的煤炭消费国和生产国。尽管中国进口的煤炭仅占国内产量很小的份额，但中国仍是全球最大的煤炭进口国。在2017年中国进口了2.711亿吨煤炭，其中有57%来自亚洲新兴经济体国家（1.542亿吨）（见图3-10-3）。中国的热电煤和炼焦煤进口量在2017年持续扩大，热电煤进口量增长了2%，炼焦煤进口量增长了15%。伴随着煤炭勘探或开采权，煤炭贸易对于中国的煤炭供应而言至关重要。据《中国能源报》报道，2017年中国企业在"一带一路"沿线国家的煤炭项目投入达到50

亿美元，其中包括了燃煤电厂。

2013—2017年，亚洲新兴经济体国家为中国供应超过了一半的进口煤炭，所占份额在2013年的54%和2016年的63%之间浮动。2013年之前，朝鲜在中国的无烟煤供应中发挥了重要作用，2013年后，印度尼西亚和蒙古国分别是中国热电煤和炼焦煤的主要供应国，中国还从马来西亚、哈萨克斯坦、吉尔吉斯斯坦、老挝和缅甸进口煤炭（见图3-10-3）。

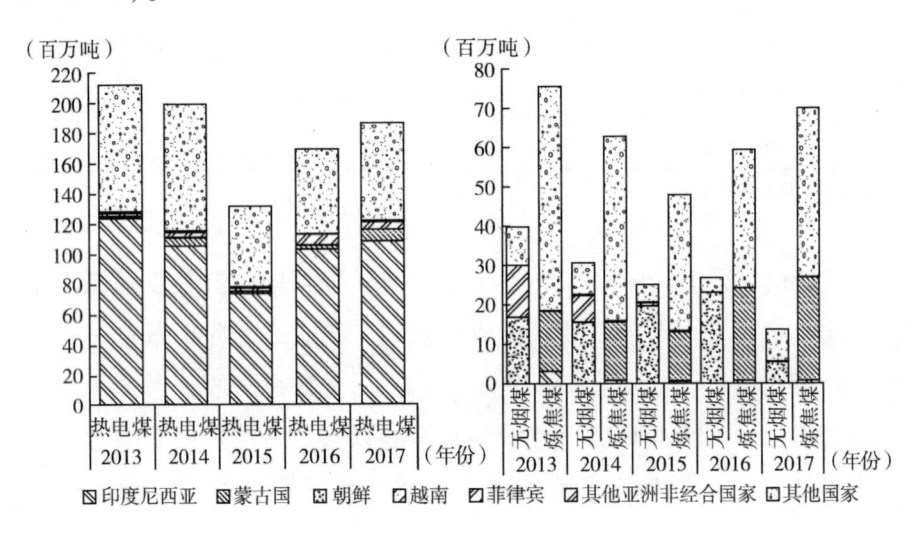

图3-10-3 2013—2017年中国煤炭进口情况

注：在大多数IEA报告中，无烟煤被划归为热电煤。但一部分热电煤实际上是褐煤。

资料来源：IHS McCloskey, 2018; IEA (2018), Coal Information (Database), www.iea.org/statistics。

目前中国公司并未积极参与煤矿的并购，但有时也会以承包商身份参与煤炭项目的现代化改造或坑口电站建设。2017年，中国投资公司（CIC）和国家开发银行（CDB）分别以10.6亿美元和5.5亿美元共同收购了印度尼西亚最大的热电煤公司Bumi Resources 22.6%的股份。作为乌兹别克斯坦当局提高煤炭产量计划的一部分，中国煤炭科技工程集团公司（CCTEG）和中国中铁集团正在对Surkhandarya煤矿综合体进行现代化改造。在巴基斯坦，由中国机械工业集团有限公司开发的塔尔煤矿产量预计达到 380 万吨，该项目还有配套的燃煤电厂项目。

四　中国与东盟国家的能源合作

（一）一次能源消费逐步被电力消费取代

据东盟能源中心的数据预测，2035 年前，该地区的一次能源供给总量的年均增速为 4.2%，年均经济增长率为 5.1%（见图 3-10-4）。其中，能源供应的增长主要依赖煤炭、石油和天然气等化石能源。近年来，东盟区域发电量增速超过了一次能源消耗的增速，1990—2016 年，东盟发电量年均增速为 7.5%，从 1990 年的 155.3 太瓦时增长到 2016 年的 821.1 太瓦时，化石能源的发电量占总量的 79.4%。

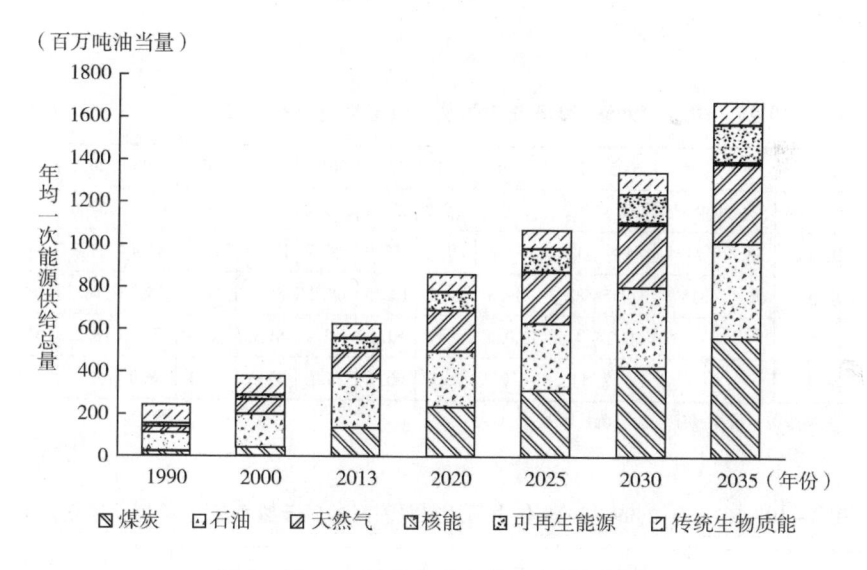

图 3-10-4　2035 年前东盟一次能源需求

（二）合作机制不断建立健全，油气合作项目不断增多

中国企业在与东盟新兴经济体国家的能源合作中一直起着积极作用，1990 年以来，中国与东盟国家在这一地区的能源投资迅速增长，对东盟油气资源的投资合作力度明显加大，合作机制不断建立健全，油气合作项目

不断增多。中国向东盟国家出口石油量、从东盟国家进口石油量与从东盟国家进口天然气量的数据具体如表3-10-6至表3-10-8和图3-10-5至图3-10-7所示。

表3-10-6　　2000—2015年中国向东盟国家出口石油量　　单位：万吨

年份	2000	2001	2002	2003	2004	2005	2006	2007	2008	2009	2010	2011	2012	2013	2014	2015
印度尼西亚	98.1	126.8	104.4	134	138.3	162.3	104.1	34.7	26.1	8.8	8.3	0	0	—	—	—
马来西亚	0	6.8	44.6	13.7	49.8	58.9	14.8	0	16.3	4.0	11.8	3.8	18.4	19.7		5.9
新加坡	35.3	16.4	23.4	16.3	5.9	70.4	54.1	51.9	35	78.3	7.6	6.7	1.6			2.3
泰国	66.2	6.9				5.9	0.8	13.6	4.5	23.7	24.4	8.1	3.6			

注："—"表示没有出口或出口量非常低。
资料来源：历年《中国海关统计年鉴》。

表3-10-7　　1995—2015年中国从东盟国家进口石油量　　单位：万吨

年份	1995	2000	2005	2006	2007	2008	2009	2010	2011	2012	2013	2014	2015
印度尼西亚	527.9	457.5	408.8	212.2	228.3	139.2	323.4	139.2	66.1	54.9	68.5	37.6	161.6
马来西亚	78.8	74.4	34.8	11.3	49.8	89.3	222.9	207.9	177.2	111.5	60.4	21.7	27.1
越南	76.1	315.8	319.5	87.3	49.6	84.2	102.5	68.2	85.4	74.5	64.7	148.3	211.7
文莱			50.2	41.8	40.3	7.9	52.6	102.4	61.2	40.5	7.9	8.2	41.7
泰国			119.2	114.8	110.2	76.5	60.7	23.1	33.3	72.3	58.9		

资料来源：历年《中国海关统计年鉴》。

表3-10-8　　2009—2015年中国从东盟国家进口天然气量　　单位：亿立方米

年份	2009	2010	2011	2012	2013	2014	2015
印度尼西亚	7	25	27	33	33	35	39
马来西亚	9	17	21	25	36	41	44
文莱	0	0	0	0	0	2	0
缅甸	0	0	0	0	0	30	39

资料来源：历年《中国海关统计年鉴》。

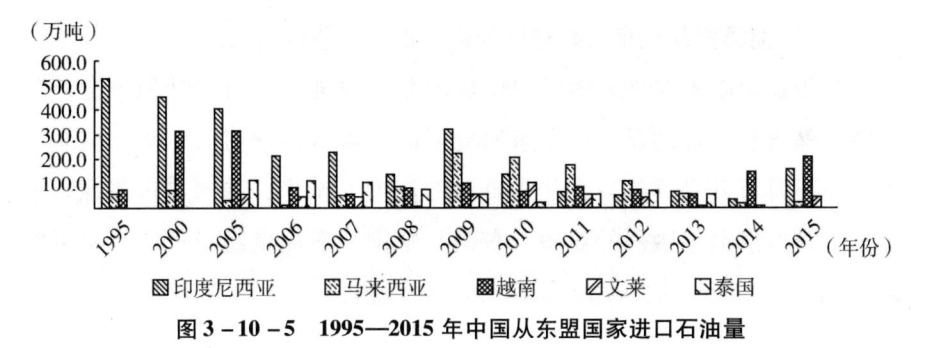

图 3–10–5　1995—2015 年中国从东盟国家进口石油量

资料来源：朱雄关、谭立力、姜铖镭：《"一带一路"背景下中国与东盟国家能源合作的思考》，《楚雄师范学院学报》2018 年第 4 期。

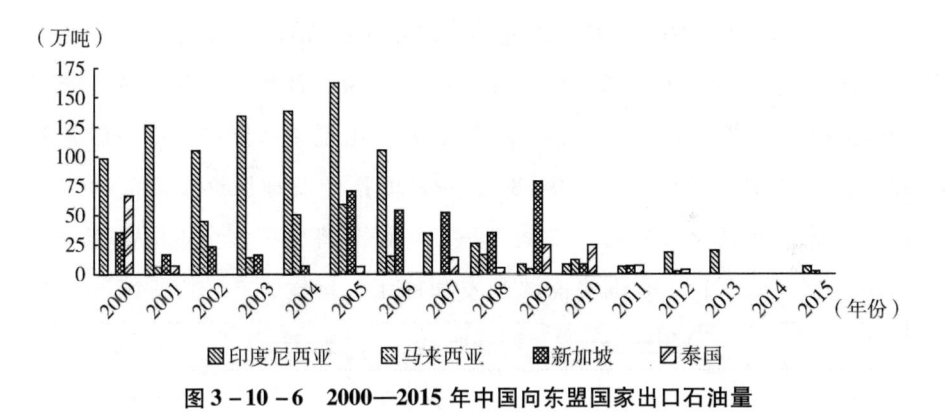

图 3–10–6　2000—2015 年中国向东盟国家出口石油量

资料来源：朱雄关、谭立力、姜铖镭：《"一带一路"背景下中国与东盟国家能源合作的思考》，《楚雄师范学院学报》2018 年第 4 期。

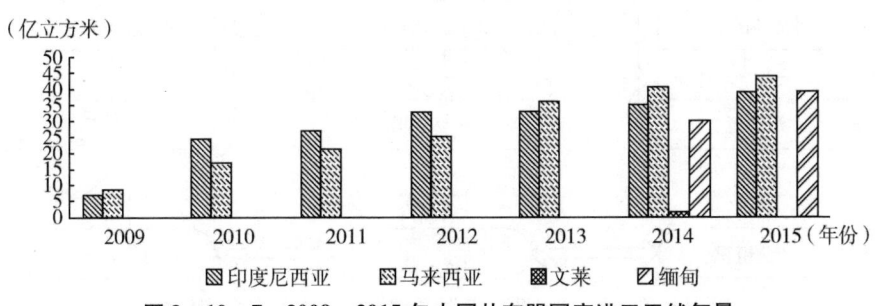

图 3–10–7　2009—2015 年中国从东盟国家进口天然气量

资料来源：朱雄关、谭立力、姜铖镭：《"一带一路"背景下中国与东盟国家能源合作的思考》，《楚雄师范学院学报》2018 年第 4 期。

（三）能源贸易往来日趋频繁紧密，市场竞争日趋激烈

东盟长期以来都是天然气和煤炭的净出口地，东盟石油理事会的跨东盟天然气管道计划显示，在东南亚近海的深水区储有天然气，但东盟国家尚不具有开采这部分天然气资源的能力。未来，中国与东盟在石油需求上将可能面临激烈的竞争，东盟与中国的石油贸易量可能将呈下降趋势。

五 "一带一路"倡议背景下中国与亚洲国家能源合作新格局

共建"一带一路"的优先方向是构建互联互通的伙伴关系。未来在欧亚空间，随着"一带一路"能源开发和形成油气管线网络基本依托的多条经济走廊的形成，在"一带一路"沿线将出现涵盖能源上中下游领域的不同产业中心（见图3-10-8）。一是助推中亚地区逐步崛起为"第二个中东"能源开发中心；二是"一带一路"将出现多个短距离能源生产与消费关联区；三是围绕能源开发和加工、运输，"一带一路"沿线

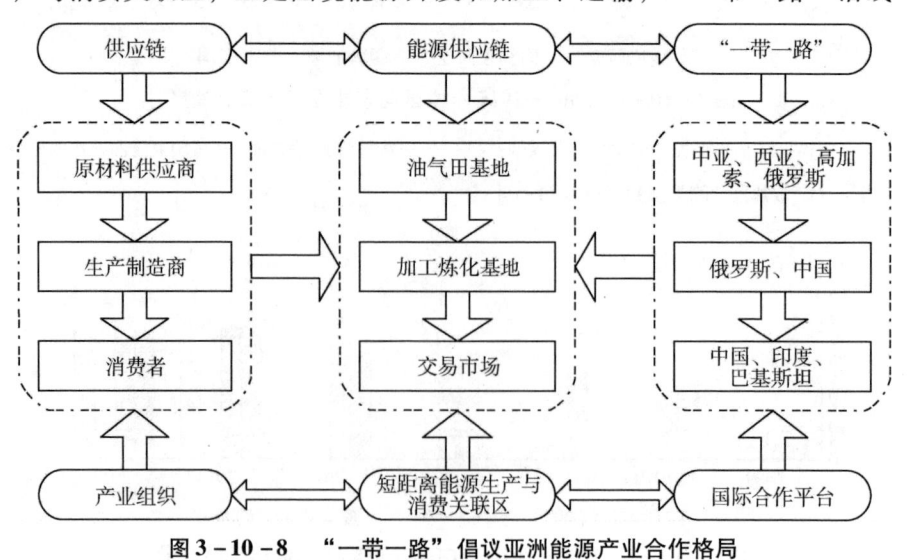

图3-10-8 "一带一路"倡议亚洲能源产业合作格局

资料来源：刘佳骏：《"一带一路"战略背景下中国能源合作新格局》，《国际经济合作》2015年第10期。

地区将形成一系列服务中心；四是形成"去美元化"的国际能源合作新平台。

参考文献

陈文玲：《在建设亚洲能源大市场框架下推动全球能源资源合作的战略思路》，《南京社会科学》2017年第1期。

管清友、何帆：《中国的能源安全与国际能源合作》，《世界经济与政治》2007年第11期。

郭菊娥、王树斌、夏兵：《"丝绸之路经济带"能源合作现状及路径研究》，《经济纵横》2015年第3期。

郝宇彪、田春生：《中俄能源合作：进展、动因及影响》，《东北亚论坛》2014年第5期。

黄佳音：《推进亚洲合作 迎接能源革命——记首届亚洲能源论坛》，《国际石油经济》2009年第8期。

贾科华：《从共识到行动 亚洲能源安全合作框架成形》，《能源研究与利用》2015年第4期。

郎一环、王礼茂：《俄罗斯能源地缘政治战略及中俄能源合作前景》，《资源科学》2007年第5期。

李冰：《亚洲能源安全合作机制的路径探讨——当前亚洲能源安全合作问题研究综述》，《东北亚学刊》2016年第4期。

李琪：《"丝绸之路"的新使命：能源战略通道——我国西北与中亚国家的能源合作与安全》，《西安交通大学学报》（社会科学版）2007年第2期。

李文：《促进亚洲能源合作与发展——访伊朗驻华大使韦尔迪内贾德先生》，《国际石油经济》2004年第7期。

李文：《加强合作 迎接挑战 寻求共赢——博鳌亚洲能源论坛综述》，《国际石油经济》2004年第8期。

李鑫：《各方谋求亚洲能源互利合作》，《中国电力报》2016年7月5日第3版。

刘赐贵：《发展海洋合作伙伴关系推进21世纪海上丝绸之路建设的若干思考》，《国际问题研究》2014年第4期。

刘佳骏、汪川：《建设21世纪海上丝绸之路经济带的战略思考》，《改革与战略》2015年第6期。

刘佳骏、汪川：《"一带一路"沿线中国海外合作园区建设与发展趋势》，《清华金融评论》2019年第9期。

刘佳骏:《"一带一路"沿线中国海外园区开放发展趋势与政策建议》,《发展研究》2019年第8期。

刘佳骏:《"一带一路"战略背景下中国能源合作新格局》,《国际经济合作》2015年第10期。

卢昌彩:《建设21世纪海上丝绸之路的若干思考》,《决策咨询》2014年第4期。

毛汉英:《中国与俄罗斯及中亚五国能源合作前景展望》,《地理科学进展》2013年第10期。

孟凡君:《维护能源安全 亚洲需建立合作长效机制》,《中国工业报》2016年7月26日第A02版。

牟书令:《充分发挥互补优势 积极推动亚洲能源区域合作》,《当代石油石化》2004年第10期。

庞昌伟:《能源合作:"丝绸之路经济带"战略的突破口》,《新疆师范大学学报》(哲学社会科学版)2014年第2期。

潜旭明:《"一带一路"战略的支点:中国与中东能源合作》,《阿拉伯世界研究》2014年第3期。

任佳、李丽:《突围"亚洲溢价"——中印能源合作新基点》,《经济前沿》2007年第Z1期。

石泽:《积极探索亚洲能源合作新机制》,《中国能源报》2016年8月1日第9版。

石泽:《能源资源合作:共建"一带一路"的着力点》,《新疆师范大学学报》(哲学社会科学版)2015年第1期。

石泽:《探讨亚洲能源合作机制的有益尝试——亚洲能源合作论坛综述》,《国际问题研究》2016年第5期。

石泽:《探讨亚洲能源合作机制的有益尝试——亚洲能源合作论坛综述》(英文),*China International Studies* 2016年第6期。

石泽:《亚洲能源合作亟待构建和创新机制化议程》,《国际石油经济》2018年第4期。

孙霞:《中亚能源地缘战略格局与多边能源合作》,《世界经济研究》2008年第5期。

王晓梅:《中亚石油合作与中国能源安全战略》,《国际经济合作》2008年第6期。

伍亚飞:《美"能源独立"促亚洲加强合作》,《光明日报》2013年5月7日第8版。

习近平:《中国愿同东盟国家共建21世纪"海上丝绸之路"》,新华网,2013年10月3日。

夏启明：《亚洲能源合作：风险及障碍——俄罗斯伊尔库茨克第八届亚洲能源合作国际会议综述》，《国际石油经济》2012 年第 10 期。

徐晖：《中国新能源抱团"走出去"——中国新能源海外发展联盟创立大会暨亚洲太阳能产业合作论坛成功召开》，《电器工业》2016 年第 4 期。

许勤华：《从中哈石油管道看中国与中亚的能源合作》，《俄罗斯中亚东欧市场》2005 年第 4 期。

杨晨曦：《"一带一路"区域能源合作中的大国因素及应对策略》，《新视野》2014 年第 4 期。

杨宇、刘毅、金凤君：《能源地缘政治视角下中国与中亚—俄罗斯国际能源合作模式》，《地理研究》2015 年第 2 期。

杨中强：《亚洲油气合作与中国的国际能源地缘战略构建》，《阴山学刊》（社会科学版）2007 年第 1 期。

尤权：《打造 21 世纪海上丝绸之路重要枢纽》，《求是》2014 年第 17 期。

余国庆：《中国—荷兰亚洲能源合作项目研讨会在西亚非洲研究所举行》，《西亚非洲》2010 年第 9 期。

袁培：《"丝绸之路经济带"框架下中亚国家能源合作深化发展问题研究》，《开发研究》2014 年第 1 期。

曾兴球：《加强亚洲能源合作 释放区域发展潜力》，《国际石油经济》2016 年第 8 期。

张坤：《多举措推动亚洲多边能源合作机制建设》，《中国石油报》2016 年 9 月 27 日第 2 版。

张生玲、魏晓博、张晶杰：《"一带一路"战略下中国能源贸易与合作展望》，《国际贸易》2015 年第 8 期。

张辛雨：《中国与中亚能源开发合作研究》，硕士学位论文，吉林大学，2012 年。

张永胜、赵早：《推动亚洲能源合作 维护中国能源安全》，《理论界》2005 年第 10 期。

张勇：《略论 21 世纪海上丝绸之路的国家发展战略意义》，《中国海洋大学学报》（社会科学版）2014 年第 5 期。

朱显平：《中俄能源合作及对东北亚区域经济的影响》，《东北亚论坛》2004 年第 2 期。

《探讨中美能源与气候变化合作的未来——访亚洲协会美中关系中心主任夏伟（Orville Schell）》，《世界环境》2009 年第 2 期。

第四篇

促进中国与亚洲国家产能合作的对策建议

第十一章 中国在亚洲开展产能合作的优劣势分析

刘佳骏

在全球产业结构加速调整以及中国经济结构和产业发展向全球价值链的中高端转移的大背景下，国际产能合作迎来前所未有的机遇。推进亚洲地区国家参与"一带一路"倡议建设，将是中国优质产能"走出去"的最好节点。未来，中国与亚洲国家在交通基础设施、资源能源、电子与制造业信息等优势领域的合作前景广阔。通过中国资本、产业技术与供应链以及园区运营与基础设施建设优势重点城市布局中外合作产业园区建设，实现高端项目集聚，推进中国在亚洲开展产能合作。

一 中国在亚洲开展产能的重点优势领域

亚洲大部分国家正处于工业化与城市化建设推进阶段，但受资源开发、加工技术等因素约束，已有资源难以顺利转化为资源性产品，这些国家既是资源储量和供给大国，又是资源产品需求大国。通过产能合作，可以帮助亚洲国家转化可用的资源性产品，解决本国资源短缺的问题，与亚洲国家共同推进工业化、城市化建设。目前，中国在交通基础设施产业、资源能源产业、电子信息与制造业以及产业园区共建运营四个重点领域优势明显。

(一) 交通基础设施产业合作

主要包括公路铁路运输、港口运输、航空运输和物流业的合作与服务以及与通路通航相关的设备、整机生产等产业合作。交通运输业应是优先考虑合作的产业，以加快提升我国与亚洲毗邻国家交通基础设施的"互联互通"水平，并形成沿线区域交通运输一体化，同时积极吸引沿线各国实力雄厚的企业参与交通运输业的合作建设。通过加快推进公路、铁路、航空、海运等多种运输方式的互联互通，全面提升运输吞吐量，为带动区域产业发展创造更为有利的条件。港口在建设"21世纪海上丝绸之路"进程中起着至关重要的作用，重点把我国沿海地区的港口与"海上丝绸之路"沿岸各国特别是东南亚、南亚、西亚各国的临海港口连接起来，形成临港大产业合作新格局；公路、铁路方面以南宁、昆明等主要城市为起点，全面建设泛东南亚、南亚公路、铁路纵横交错的陆海大通道，形成交通运输大产业；航空方面，通过与太平洋、印度洋沿岸各国合作，全面开通民航直通航线，形成更大的贸易合作伙伴。交通基础设施合作建设与运营将有效带动我国铁路建设与相关设备，航空服务、设备及整机生产等产业的增长。

(二) 资源能源产业合作

主要包括资源能源贸易、能源投资、电力产业合作三个方面。在资源能源贸易方面，推动中国与亚洲国家的石油天然气、金属矿产等能源资源贸易，重点加强与中东、西亚等油气富集区的贸易；在资源能源投资方面，按照油气资源开发的产业链，采取产量分成、联合经营、技术服务等合作模式，在资源勘探、开发、加工、运输等环节加强对资源能源富集区的投资，积极拓展与西亚等地区的矿业与能源产业合作，加强与东南亚等地区在矿产资源开发及深加工领域的合作；在电力产业合作方面，利用我国在电气设备技术、光伏产业等诸多领域领先世界先进水平的优势，加大与沿线各国水电项目及设备的合作，让各国企业从中受益，支持企业开展与东南亚、西亚国家和地区在新能源领域的合作。

（三）电子信息与制造业产业合作

包括通信基础设施产业合作，信息技术及网络安全领域合作，电子信息产品制造业、软件和信息服务业的合作等。在通信基础设施方面，"一路"沿线各国之间的深度互通，对通信基础设施建设提出了更高的要求，对于通信基础设施企业的合作共赢提供了更为广阔的市场。要抓好互联网、通信网、物联网等通信基础设施产业方面的合作，同时组织有实力企业走出去寻找更大的合作商机。在信息技术及网络安全领域合作方面，通过每年共同举办信息技术产业发展方面的磋商会、对话会及论坛，促进芯片、软件、信息系统和应用程序的开发和生产，包括集成电路、电子元器件、新型电子材料等电子信息类产品。在信息产品和信息服务合作创新方面，全方位探索我国与沿线各国信息产品和服务合作新模式，通过"一带一路"建设扩大在区域经济发展中的市场份额和影响力。随着沿线各国在信息产业方面的深入合作，信息产品创新和服务提升方面的合作空间广阔，特别是在各国建立的服务器、存储系统以及信息服务企业等层面。要围绕物联网、云计算、移动互联网等新一代信息技术和软件产业链各环节，加强相关技术的研发转移，加强标准研究、制定的交流与合作。

（四）产业园区共建运营合作

中国海外合作园区运营已成为"中国模式"发展的成功示范。伴随着"一带一路"倡议的推进，中国各类企业遵循市场化与法治化原则自主赴沿线国家共建合作园区，2013—2018年，中国和24个国家建立了82个经贸合作区和工业园区，总投资超过280亿美元，呈现数量和质量全方位提升的态势。中国海外合作园区已成为"中国模式"发展的成功示范，推动参与合作国家借鉴中国改革开放以来通过各类开发区、产业园区实现经济快速增长的经验和做法，促进当地经济发展，为沿线国家创造了新的税收源和就业渠道（见表4-11-1）。

表 4-11-1　"一带一路"沿线主要海外园区情况梳理

园区名称	成立年份	所在国	主要产业	备注
中埃泰达苏伊士经济合作区	1990	埃及	新型建材、纺织服装、高低压电器	商务部认定
华夏幸福印尼卡拉旺产业园	1998	印度尼西亚	汽配、建材、五金、机械装备	
中俄海滨边疆区农业产业合作区	2004	俄罗斯	种植养殖、农产品加工	商务部认定
中俄现代农业产业合作园区	2004	俄罗斯	仓储、养殖	商务部认定
泰国泰中罗勇工业园	2005	泰国	汽配、机械、家电	商务部认定
俄罗斯阿拉布加经济特区	2005	俄罗斯	汽车制造、汽配、石油化学	
柬埔寨西哈努克港经济特区	2006	柬埔寨	纺织服装、五金机械、轻工、家电	商务部认定
俄罗斯乌苏里克经贸合作区	2006	俄罗斯	轻工、机电、木业	商务部认定
巴基斯坦海尔鲁巴经济区	2006	巴基斯坦	家电、汽车、纺织、建材、化工	商务部认定
莱基自由贸易区	2006	尼日利亚	制造业、仓储物流、城市基础设施服务、房地开发	商务部认定
中国印尼聚龙农业产业合作区	2006	印度尼西亚	油棕种植开发、精深加工、仓储物流	商务部认定
赞比亚中国经济贸易合作区	2007	赞比亚	有色金属矿冶、现代物流、商贸服务、加工制造	商务部认定
越南龙江工业园	2007	越南	电子信息、纺织、轻工机械、建材、化工	商务部认定
中国印尼经贸合作区	2007	印度尼西亚	汽配、机械制造、家用电器	商务部认定
越美尼日利亚纺织工业园	2008	尼日利亚	纺织服装	
中俄托木斯克木材工贸合作区	2008	俄罗斯	森林抚育采伐、木材深加工、商贸物流	商务部认定
埃塞俄比亚东方工业园	2008	埃塞俄比亚	纺织、皮革、农产品加工、冶金、建材、机电	商务部认定
乌兹别克斯坦鹏盛工业园	2009	乌兹别克斯坦	建材、真皮制品、灯具、五金、电机电器、农业机械	商务部认定
印度浦那中国三一重工产业园	2010	印度	工程机械研发	
万象赛色塔综合开发区	2010	老挝	能源、化工、农畜产品加工	商务部认定

续表

园区名称	成立年份	所在国	主要产业	备注
匈牙利中欧商贸园	2011	匈牙利	商品展示、运输仓储集散配送	商务部认定
吉尔吉斯斯坦亚洲之星农业产业合作区	2011	吉尔吉斯斯坦	种植、养殖、屠宰加工	商务部认定
中匈宝思德经贸合作区	2011	匈牙利	化工、生物化工	商务部认定
白俄罗斯中白工业园	2012	白俄罗斯	机械制造、电子信息、精细化工、生物医药、新材料、仓储物流	
马来西亚马中关丹产业园	2013	马来西亚	钢铁、建材	
巴基斯坦旁遮普中国成衣工业区	2013	巴基斯坦	纺织、成衣	
俄罗斯龙跃林经贸合作区	2013	俄罗斯	林木采伐、粗加工和深加工、森林培育	商务部认定
中国印尼综合产业园区青山园区	2013	印度尼西亚	不锈钢	商务部认定
巴基斯坦瓜达尔能源化工园	2013	巴基斯坦	能源、化工	
圣彼得堡信息技术园区	2014	俄罗斯	信息技术	
中国比利时科技园	2014	比利时	生命科学、信息通信	
塞尔维亚商贸物流园	2015	塞尔维亚	保税仓储、物流配送、线下体验、商品展示	
中哈阿克套能源资源深加工园区	2015	哈萨克斯坦	能源深加工	
孟加拉达卡服饰和家电产业园区	2016	孟加拉国	服装、家电	
特变电工印度绿色能源产业园	2016	印度	能源装备产业、可再生能源、现代物流、商贸、电子、电力	
中国越南深圳海防经贸合作区	2016	越南	轻工制造	
中国阿曼杜库姆产业园	2017	阿曼	海水淡化、发电、石化、光伏组件	
中哈霍尔果斯边境合作中心	2017	哈萨克斯坦	物流展会	
吉布提国际自贸区	2017	吉布提	物流商贸、加工制造	
塞尔维亚中国工业园	2017	塞尔维亚	来料加工	
巴基斯坦开普省拉沙卡伊特别经济区	2017	巴基斯坦	人才培训、技术转让、金融中心	

续表

园区名称	成立年份	所在国	主要产业	备注
埃塞俄比亚湖南工业园	2018	埃塞俄比亚	装备制造、轻工纺织、家具家电	

资料来源：笔者根据相关信息整理。

中国海外合作园区的成功落地在实现我国和东道国产能合作的同时，对提升当地经济发展水平、维护社会稳定也发挥了积极作用。据商务部统计数据，五年来，有来自世界各地近 4000 家企业进驻，为当地创造了 244000 个就业岗位。仅 2017 年，中国在泰国、柬埔寨、马来西亚、赞比亚、哈萨克斯坦、老挝、俄罗斯等"一带一路"倡议沿线地区国家新增合作建设境外经贸合作园区 19 个，新增入园企业比 2016 年年底增加 2 倍多，达 2330 家，上缴东道国税费比 2016 年翻了一番，达 11.4 亿美元。合作共建跨境经济合作区建设稳步推进，截至 2017 年年底，经国家商务部认定的 20 个国家级境外经贸合作区入区企业 1522 家，总产值 702.8 亿美元，累计投资 241.9 亿美元，上缴东道国税费 26.70 亿美元，对促进东道国工业化和双边经贸关系发挥了积极作用。中国海外合作园区建设为加快当地产业发展、扩大就业机会、改善民生福祉做出了坚实的贡献。

二 中国开展国际产能合作面临的风险

尽管目前中国开展国际产能合作进展迅速，也得到全球许多国家的积极响应，但仍面临诸多风险，主要来自国际和国内两个层面。

（一）国际政治格局不确定性强，制度环境质量不高，法律风险大

就东盟国家而言，经济发展水平差别比较大，同时各国的政治制度环境指标值普遍不高。泰国、缅甸、越南、柬埔寨等国家的区位优势明显，资源丰富，人力资源成本较低，市场空间较大，但是国内政治因素复杂，

要想顺利开展钢铁产能合作仅凭与对方政府接洽是行不通的，这些国家的对外经济合作决策极易受到政治环境的干扰。

如表4-11-2所示，东盟国家的投资风险普遍较高，其中政治风险是最大的潜在风险。从中国社科院发布的评级结果看，只有新加坡是低风险级别（AAA）的国家，马来西亚属于中等风险级别（A）的国家，其余的东盟国家都属于高风险级别的国家。而东盟地区是中国在"一带一路"沿线国家中对外直接投资最多的地区，投资的方向也大多是钢铁行业的下游行业，比如制造业以及基础设施建设等。

表4-11-2　　　　　　　　"一带一路"国家评级结果

2017年排名	国家	是否发达国家	排名变化	2017年评级结果	2016年评级结果
1	新加坡	1	—	AA	AA
2	阿联酋	0	↑	A	A
3	以色列	1	↓	A	A
4	匈牙利	1	↑	A	A
5	捷克	1	↓	A	A
6	罗马尼亚	0	↑	A	BBB
7	波兰	0	—	A	A
8	马来西亚	0	↑	A	BBB
9	沙特阿拉伯	0	↓	BBB	A
10	哈萨克斯坦	0	↓	BBB	A
11	俄罗斯	0	↑	BBB	BBB
12	柬埔寨	0	↑	BBB	BBB
13	印度尼西亚	0	↓	BBB	BBB
14	保加利亚	0	↑	BBB	BBB
15	老挝	0	↑	BBB	BBB
16	菲律宾	0	↓	BBB	BBB
17	希腊	1	↓	BBB	BBB
18	土耳其	0	↑	BBB	BBB
19	土库曼斯坦	0	↑	BBB	BBB

续表

2017年排名	国家	是否发达国家	排名变化	2017年评级结果	2016年评级结果
20	巴基斯坦	0	↑	BBB	BBB
21	印度	0	↑	BBB	BBB
22	伊朗	0	↓	BBB	BBB
23	蒙古国	0	↑	BBB	BBB
24	泰国	0	↓	BBB	BBB
25	斯里兰卡	0	↓	BBB	BBB
26	越南	0	↑	BBB	BBB
27	缅甸	0	↓	BBB	BBB
28	塔吉克斯坦	0	↑	BB	BBB
29	乌兹别克斯坦	0	↓	BB	BBB
30	孟加拉国	0	—	BB	BB
31	白俄罗斯	0	↓	BB	BB
32	吉尔吉斯斯坦	0	↑	BB	BB
33	埃及	0	↓	BB	BB
34	乌克兰	0	—	BB	BB
35	伊拉克	0	—	B	B

资料来源：中国社会科学院世界经济与政治研究所发布的"2017年度中国海外投资国家风险评级"，http://iwep.cssn.cn/xscg/xscg_lwybg/201701/t20170119_3390682.shtml。

实际上，中国与东盟国家的基础设施建设项目的进展就经历了一些波折。例如，2014年中泰两国的"大米换高铁"项目因泰国政局生变而被搁置。再如，中国与柬埔寨政府达成的大型工程项目因不符合当地的公共利益而遭到当地反对派别的抨击。中国与东盟国家开展钢铁产能合作的重要内容就是基础设施建设，而基础设施建设的周期一般较长，投入资金较大，一旦出现非经济因素的干扰，很有可能会损害中方企业的经济利益，导致合作项目的延迟或者搁置。

（二）市场运行机制不规范，存在产业同质化现象

近几年经济开放程度不断提高，很容易受到世界经济动荡的冲击。2008年国际金融危机就曾使东盟国家的经济受到严重的打击，马来西亚、菲律

宾、新加坡、泰国的经济均受到了不同程度的影响,东盟国家整体上的增长速度从7%左右下降到了1%左右。与中国相接壤的缅甸和柬埔寨这两个贸易伙伴国的经济发展水平相对较低,市场规范程度也不高,如中国企业在进入两国市场时难以从相关部门获得商品的原产地证明。这提高了开展跨境大额贸易的难度,不利于实现贸易自由化。东盟各成员国之间政策不一致,而且变化较快,各国征税体制也不够完善,政府普遍缺乏领导力,不能对经济进行及时高效调控。就贸易投资环境来说,存在一定的不稳定性因素,特别是老挝、缅甸等几个和中国接壤的周边国家,支付能力比较弱,中国钢铁企业与东盟国家进行产能合作存在一定的风险和挑战。另外,东盟成员国中除了新加坡是发达国家、柬埔寨是最不发达国家外,其他都是发展中国家,其经济结构、资源丰富度以及整体经济发展水平同中国大体上接近,这在一定程度上制约了双边的合作。从产业结构来看,劳动密集型产业在中国与东盟国家中均占较大比重,产业结构都面临转型升级,存在一定的产业同质化现象;双方的人口密度均比较大,都有大量劳动力需要解决就业问题。

(三) 国内各省市资源整合不足,企业缺乏长效激励机制,战略契合度低

中国与亚洲国家之间进行产能合作的落实主体是双方的企业。目前,主要有两类参与其中:一类是具有产能优势的大型国有企业,另一类则是以市场为导向的民营企业。大型国企肩负着服务国家战略意志的使命,是中国进行产能合作的强大支柱。但是,很多国有企业带有传统国有企业管理效率不高的通病,没有形成长效的对外投资激励机制,盈利能力表现较差,不能达到预期的经济效益目标;而具有较强盈利能力的民企,常常因为缺乏法律制度的保护,不能完全适应当地政治环境,有单打独斗的特点。

产能输出的行业是中国经济发展的支柱和成熟产业,自国际产能合作倡议推行以来,得到全国各省市的积极响应,但是各省市都聚焦于本地区的经济发展,孤立地寻求与东盟国家之间的对接,导致盲目地竞争,缺少共同协作、协同发力的精神。各省市的经济发展水平、生产要素禀

赋以及出口竞争力都有所差异，如在与东盟国家对接时不能发挥各省市的竞争优势，会降低与东盟国家产能合作的水平。若国内竞相角逐国际产能合作项目，就容易造成内耗，导致中国开展国际产能合作的整体出现损失。

另外，中国企业与"一带一路"倡议背景融合不深入，缺乏契合度。中国与亚洲国家进行产能合作的企业几乎都是国有企业。中国国有企业的政企合作模式与东盟国家的政商环境存在矛盾。此外，中国企业也并不了解国外政府的权力清单，缺少对当地政商环境和制度规则的评估与风险监控。与当地政府的合作关系容易受到反对派别的敌视和攻击。

（四）部分产能输出产品附加值不够高，缺乏竞争

以钢铁产业在东盟钢材市场中表现为例，中国钢铁企业不仅要同东盟各国本地企业相互竞争，也要面临其他国家同类企业的竞争。某些发达国家的钢铁产业，产品附加值高，具有很强的国际竞争力。

如表4-11-3和表4-11-4所示，在美国世界钢铁动态公司（WSD）发布的世界级钢铁企业排名中，中国钢铁企业均无缘前十名。名列前茅的是韩国、日本和美国的钢铁企业。该排名是由WSD公司根据全球钢铁企业的生产规模、技术创新能力、盈利能力、市场结盟及下游业务开拓等23个方面进行评价得出的。中国钢铁企业规模和产量都处于世界级钢铁企业的行业，但是国际竞争力却远不及韩国、日本和美国等国家，原因在于韩国、日本出口的较多为高端钢材产品，价值较高，而中国出口的多为低端钢材产品，附加值低。

表4-11-3　　　　2016年前十大钢铁企业竞争力排行榜

排名	企业	竞争力指数
1	浦项制铁（韩国）	8.02
2	新日铁住金（日本）	7.77
3	纽柯（美国）	7.74
4	钢动力（美国）	7.57

续表

排名	企业	竞争力指数
5	新利佩茨克钢铁（俄罗斯）	7.42
6	谢维尔（俄罗斯）	7.41
7	奥钢联（奥地利）	7.36
8	盖尔道（巴西）	7.34
9	日本JFE（日本）	7.24
10	日本制钢所（日本）	7.22

资料来源：WSD：2016年全球钢铁企业排名。

表4-11-4　　2015年前十大钢铁企业竞争力排行榜

排名	企业	竞争力指数
1	浦项制铁（韩国）	7.91
2	纽柯（美国）	7.55
3	新日铁住金（日本）	7.49
4	盖尔道（巴西）	7.34
5	谢维尔（俄罗斯）	7.31
6	京德勒西南钢铁（印度）	7.20
7	新利佩茨克钢铁（俄罗斯）	7.14
8	日本JFE（日本）	7.10
9	现代钢铁（韩国）	7.05
10	埃雷利（土耳其）	7.03

资料来源：WSD：2015年全球钢铁企业排名。

（五）产能合作网络信息平台建设相对滞后，信保与支付结算体系有待完善

目前，中国与亚洲国家产能合作所依赖的公共服务体系还无法满足中国企业"走出去"的需求。中国企业必须深入了解亚洲地区产能的投资规则，掌握当地相关产业配套基础设施的建设情况以及政治制度环境的质量信息。中国商务部虽推出了国际产能合作平台，但是信息统计量较少，信息分类不够细致，产业合作信息不够详尽，尤其对于部分产能合作的信息只是聚焦于较大工程项目，统计存在盲区，更新不够及时，不能及时反映中国企业在东盟地区的投资经营情况，从而不能精准掌握东盟各国内部各个地区的投资经营环境，不利于中国政府对于双方产能合作战略部署的及时调整，也难以有效加强对风险的防控。

为了保证产能合作的高效运行，必须有完善的银行结算体系作为支撑。而目前的银行结算体系只能在跨境大额贸易投资支付中发挥有限的作用，且手续繁杂、效率较低。据统计，2017年广西边境小额贸易额达1059.7亿元，同比增长了17.1%，占同期广西贸易总值的33.3%。自人民币加入"一揽子"货币成为重要的国际结算货币之后，中国与东盟国家产能合作更是需要完善、高效的银行结算体系作为不可或缺的支付工具。

三 通过与亚洲国家共建产业园区推进国际产能合作

国际产业合作园区既是全球经济一体化的重要产物，也是国家间相互主动对接发展战略和加强国际交流与合作的重要平台。笔者2018—2019年调研了东南亚五国（越南、老挝、泰国、柬埔寨、日本）和捷克、以色列和澳大利亚、新西兰等国家，对这些国家的中国海外合作园区、企业和商会进行了走访和深入调研。"一带一路"倡议提出五年来，中国海外园区的数量和质量不断提升，取得了阶段性成就。"一带一路"沿线海外合作园区建设为中国企业海外投资提供了坚实的载体。中国企业应抓住海外合作园区的发展机遇，依托海外园区平台，实现中国制造全球价值链的拓展和升级。

中国海外产业合作园区已成为中国制造国际产能合作的重要载体，并形成多元化方向发展态势，同时，中国海外产业合作园区建设带动沿线国家经济社会发展，并用中国经验助推东道国区域振兴。要充分发挥中国海外园区建设的运营优势，推动中国与亚洲国家的产能合作。

作为中国"一带一路"倡议的重要内容，境外产业园区正成为中国企业参与"一带一路"建设不可或缺的平台。海外园区建设在重塑国家间产业发展合作模式的同时，也带动国内外企业向合作园区集中，带动全方位的合作，成为促进当地经济社会发展的强大动力。未来，中国企业在进一步推进境外产业园区发展时，应主动结合国家发展战略，促进产业园区发展与"一带一路"倡议相融合。

（一）充分考虑地缘政治环境和东道国的生产要素及发展环境，科学规划选址，合理布局沿线合作园区

在园区的选址布局上，要在充分分析东道国政体、政党、政治稳定性和地缘政治关系的基础上，全面考察其劳动力资源、环保要求、土地供给、资本流动等方面的法律法规，科学研判国内外及周边的生产组织和园区开发模式能否适应当地的法律环境，尽可能降低政治、社会、文化、法律、金融、营商等风险。优先选择在政治经济稳定、政府信誉度高、社会安定和谐、双边关系融洽、周边地缘环境安全的国家或地区推进合作园区开发和建设。同时，国家发改委、外交部和商务部会同各有关部门做好统筹协调和规划布局，按照战略对接、规划对接、平台对接、项目对接的工作思路，充分考察园区所在东道国和周边地区的自身条件和各类要素市场信息，从参与国家顶层设计的角度设计好跨国产业园区合作开发的框架，为园区的建设开发营造稳定环境。

（二）明确产业园区发展定位和主导产业，建设集群式产业园区，逐步形成优势互补的海外产业链体系

在园区重点合作产业领域的选择上，要充分考虑东道国的要素禀赋和产业发展基础，选择东道国具有比较优势、区位优势和市场优势的行业进行切入。要认真分析相关国家的基本国情、发展规划与战略目标、产业发展与区域布局，并基于此确定产业园区的主导产业类型和空间功能结构布局，使产业园区发展充分依托东道国和周边国家各类要素集聚和产业集聚优势，并顺利服务于东道国和周边国家的工业化与城市化进程。中国海外合作园区开发建设应立足于集群式产业园区开发，逐步形成海外产业链发展优势，逐步完善功能配套，将海外合作园区发展成为中国与东道国经济文化充分融合的新城。

（三）拓宽园区建设运营融资渠道，完善双边和多边投资保护机制，降低海外合作园区投资运营的风险

完善海外合作园区金融扶持体系，推动园区投资主体多元化；完善股权投资链，在丝路基金、亚投行和商业银行内搭建企业海外园区建设投资基金，鼓励民间资本参与园区海外拓展，拓宽民企海外园区建设运营融资渠道，推进民营企业依托海外合作园区建设更好地"走出去、走进去、走上去"，形成国有企业和民营企业相互补充、共同发展的格局。同时，强化风险评估、预警和管控，建立风险预警机制，成立投资保险公司，完善双边和多边投资保护机制，帮助企业分担园区投资运营的国际化风险。

参考文献

《2017 年"一带一路"建设成果丰硕：贸易投资稳步提升 重大项目陆续落地》，http://www.sohu.com/a/214279449_100018774。

安晓明、王海龙：《当前我国国际产能合作的几个认识误区》，《工业经济论坛》2016 年第 3 期。

安宇宏：《国际产能合作》，《宏观经济管理》2015 年第 10 期。

白永秀、王泽润、王颂吉：《丝绸之路经济带工业产能合作研究》，《经济纵横》2015 年第 11 期。

博鳌亚洲论坛研究院：《亚洲经济周报》2018 年第 37 期，http://www.boaoforum.org/u/cms/www/201809/25103233ma9i.pdf。

陈慧：《"一带一路"背景下中国—东盟产能合作重点及推进策略》，《经济纵横》2017 年第 4 期。

陈继勇、蒋艳萍、王保双：《"一带一路"战略与中国参与国际产能合作》，《学习与实践》2017 年第 1 期。

陈利君、刘曼：《中巴经济走廊建设背景下的产能合作》，《云南社会科学》2017 年第 2 期。

陈万钦、霍小龙：《推进国际钢铁产能合作若干问题的思考——以河北钢铁产能"走出去"为例》，《国际经济合作》2015 年第 9 期。

陈衍泰、范彦成、李欠强：《"一带一路"国家国际产能合作中东道国选址研究——基于国家距离的视角》，《浙江工业大学学报》（社会科学版）2016 年第 3 期。

郭朝先、邓雪莹、皮思明：《"一带一路"产能合作现状、问题与对策》，《中国发展观察》2016年第6期。

郭朝先、刘芳、皮思明：《"一带一路"倡议与中国国际产能合作》，《国际展望》2016年第3期。

郭朝先、皮思明、邓雪莹：《"一带一路"产能合作进展与建议》，《中国国情国力》2016年第4期。

郭建鸾、闫冬：《"一带一路"倡议下国际产能合作风险与对策研究》，《国际贸易》2017年第4期。

赫荣亮：《以"一带一路"促进我国钢铁国际产能合作》，《国家治理》2015年第39期。

黄健柏、刘京星：《"一带一路"战略背景下金属产业国际产能合作研究》，《中国人口·资源与环境》2017年第7期。

金瑞庭：《推进国际产能合作的政策思考》，《宏观经济管理》2016年第9期。

蓝洁、唐锡海：《"一带一路"倡议下职业教育服务国际产能合作的行动与展望》，《中国职业技术教育》2018年第6期。

李金叶、随书婉：《"丝绸之路经济带"背景下中塔产能合作研究》，《经济纵横》2016年第7期。

刘佳骏：《"21世纪海上丝绸之路"沿线产能合作路径探析》，《国际经济合作》2016年第8期。

刘佳骏、汪川：《"一带一路"沿线中国海外合作园区建设与发展趋势》，《清华金融评论》2019年第9期。

刘佳骏：《"一带一路"沿线中国海外园区开放发展趋势与政策建议》，《发展研究》2019年第8期。

刘敏、赵璟、薛伟贤：《"一带一路"产能合作与发展中国家全球价值链地位提升》，《国际经贸探索》2018年第8期。

刘青建：《中非合作发展的先导作用与"一带一路"倡议》，http://world.people.com.cn/n1/2018/0620/c1002-30068691.html。

刘晓玲、熊曦：《对外产能合作、制造业出口贸易与区域经济增长——以湖南省为例》，《经济问题探索》2015年第10期。

刘勇、黄子恒、杜帅等：《国际产能合作：规律、趋势与政策》，《上海经济研究》2018年第2期。

罗雨泽：《"一带一路"经济走廊：畅通与繁荣》，《中国经济时报》2019年2月18日第5版。

慕怀琴、王俊：《"一带一路"战略框架下国际产能合作路径探析》，《人民论坛》2016年第8期。

宁吉喆：《群策群力 善作善成 推进国际产能合作》，《中国经贸导刊》2016年第3期。

邱斌、周勤、刘修岩等：《"'一带一路'背景下的国际产能合作：理论创新与政策研究"学术研讨会综述》，《经济研究》2016年第5期。

曲凤杰、李大伟、杜琼等：《国际产能合作进展状况、面临障碍及应对策略》，《经济与管理研究》2017年第4期。

沈铭辉、张中元：《"一带一路"背景下的国际产能合作——以中国—印尼合作为例》，《国际经济合作》2017年第3期。

沈铭辉、张中元：《中国境外经贸合作区："一带一路"上的产能合作平台》，《新视野》2016年第3期。

宋勇超：《"一带一路"战略下中国对外直接投资与国际产能合作》，《技术经济与管理研究》2018年第1期。

孙海泳：《中外产能合作：指导理念与支持路径》，《国际问题研究》2016年第3期。

万军：《中拉产能合作的动因、进展与挑战》，《拉丁美洲研究》2016年第4期。

王文生：《"一带一路"战略背景下中国与东盟国家钢铁产能合作研究》，硕士学位论文，吉林大学，2017年。

王志民：《"一带一路"背景下中哈产能合作及其溢出效应》，《东北亚论坛》2017年第1期。

魏敏：《中国与中东国际产能合作的理论与政策分析》，《阿拉伯世界研究》2016年第6期。

吴崇伯：《"一带一路"框架下中国与东盟产能合作研究》，《南洋问题研究》2016年第3期。

吴福象、段巍：《国际产能合作与重塑中国经济地理》，《中国社会科学》2017年第2期。

吴频：《中国企业"走出去"与开展国际产能合作》，《对外经贸实务》2015年第5期。

夏先良：《构筑"一带一路"国际产能合作体制机制与政策体系》，《国际贸易》2015年第11期。

熊勇清、李鑫：《"国际产能合作"：制造业海外市场战略转换方向？——"战略价值"

与"微观绩效"的评估分析》,《科学学与科学技术管理》2016 年第 11 期。

"一带一路"国际合作高峰论坛咨询委员会:《共建"一带一路":建设更美好的世界——"一带一路"国际合作高峰论坛咨询委员会研究成果和建议报告》, https://www.yidaiyilu.gov.cn/xwzx/bwdt/87023.htm。

袁丽梅、朱谷生:《我国开展国际产能合作的动力因素及策略》,《企业经济》2016 年第 5 期。

张洪、梁松:《共生理论视角下国际产能合作的模式探析与机制构建——以中哈产能合作为例》,《宏观经济研究》2015 年第 12 期。

张梅:《对外产能合作:进展与挑战》,《国际问题研究》2016 年第 1 期。

张述存:《境外资源开发与国际产能合作转型升级研究——基于全球产业链的视角》,《山东社会科学》2016 年第 7 期。

张中元:《中国与印尼的农业产能合作研究》,《国际经济合作》2017 年第 4 期。

赵德宇、刘苏文:《国际产能合作风险防控问题研究》,《国际经济合作》2016 年第 3 期。

赵东麒、桑百川:《"一带一路"倡议下的国际产能合作——基于产业国际竞争力的实证分析》,《国际贸易问题》2016 年第 10 期。

赵静:《中国—东盟国际产能合作战略研究》,《宏观经济管理》2017 年第 5 期。

钟飞腾:《"一带一路"产能合作的国际政治经济学分析》,《山东社会科学》2015 年第 8 期。

卓丽洪、贺俊、黄阳华:《"一带一路"战略下中外产能合作新格局研究》,《东岳论丛》2015 年第 10 期。

邹春萌:《"一带一路"背景下中国与湄公河国家产能合作:制约因素与发展途径》,《云南大学学报》(社会科学版)2017 年第 4 期。

第十二章 能力建设导向的包容性产能合作

李晓华

随着经济实力的增强，一个国家逐渐在技术、管理、品牌等方面具有了全球性优势，因此具备了对外直接投资的能力；同时，对市场的开拓和对投入品、供应链的掌控也要求企业进行对外直接投资。2000年以来，中国对外直接投资总体呈现快速增长的势头。2000年，中国FDI流出量仅9.16亿美元，2005年跨越到122.61亿美元，2008年达到559.10亿美元，2013年达到1078.4亿美元，2016年高达1961.5亿美元。中国在2015年成为FDI净流出国，2015年和2016年净流出量分别为100.6亿美元和624.4亿美元。无论从理论上看还是从时间上看，对外直接投资随着经济发展逐步增长是经济发展的一般规律，但是作为一个后发的经济大国，中国的对外直接投资特别是中国发起的"一带一路"倡议以及作为其重要内容的国际产能合作表现出与早期发达国家对外直接投资显著不同的特征。在习近平总书记2013年提出"一带一路"倡议后，国内外学者对"一带一路"进行了大量的研究，既有的研究多集中在"一带一路"的内涵（刘卫东，2015；于津平、顾威，2016）、战略意义（卢锋等，2015；杜德斌、马亚华，2015）、中国与"一带一路"沿线国家的商品贸易格局（公丕萍等，2015）、"一带一路"对中国与沿线国家经贸格局的影响（邹嘉龄等，2015；孙楚仁等，2017）、产能合作的体制机制与促进政策构建（夏先良，2015）等方面，但是对"一带一路"倡议下国际产能合作的特点及其与发达国家对外直接投资的差异却鲜有涉及。"一带一路"倡议下中国国际产能合作的新特点是本章研究的重点,我们称为"能力建设导向的包容性产能合作"。

一 国际产业转移阶段和条件的变化

作为世界第二大经济体和工业、制造业规模最大的发展中大国,中国当前正在进行的国际产能合作与历史上发达国家进行的国际产业转移在参与国的经济发展阶段、国际分工格局、母国产业体系和产业地位、制造业规模等方面都存在巨大差异,这些差异使中国成为与发展中国家产能合作的主要推动者,对国际直接投资和国际产能合作的特征也产生了重要影响。

(一) 参与国经济发展阶段存在差异

1. 过去:国际产能合作以发达国家为主体

最早在微观层次上解释国际直接投资的是斯蒂芬·海默。在1960年开创性的研究中,他从产业组织理论的视角给出了解释,认为相比外国企业,国内企业更熟悉本国的市场特征、商业文化和地方法规等,因此外国企业要进入该国市场,必须具有特殊的优势和资产来抵消本地企业的优势,如企业规模、范围经济、市场能力、专有技术等。更为著名的国际投资理论是约翰·邓宁的生产折中理论(OLI),该理论明显受海默影响。国际生产折中理论认为,有三个基本要素决定企业的国际直接投资行为,即所有权优势(Ownership)、区位优势(Location)和内部化优势(Internalization)。所有权优势是指一国企业拥有的相对于他国企业的技术、资金、成本、企业规模、组织管理能力等方面的优势,是国际投资发生的必要条件。区位优势是指东道国能吸引外国企业前来进行直接投资的要素禀赋优势,邓宁列举的区位优势包括自然资源和人造资源以及市场的空间分布,投入品的价值、质量以及生产率,国际运输和通信成本,投资优惠或歧视,产品和劳务贸易的人为障碍,基础设施保障,国家间意识形态、语言、文化、商业惯例和政治的差异,研究与开发、生产与营销的集中化带来的经济性,经济体制和政府战略以及资源分配的制度框架。区位优势决定了企业投资地的选择,也决定着对外直接投资的类型。内部化优势是为避免市场不完善给企业带来不利的影响,用企业内部的组织替代外部的市场以降低成本(王国顺等,2009)。

从国际直接投资的发展历史来看,发达国家及其跨国公司是推动国际产能合作的主体。从图4-12-1可以看出,在世界FDI流出量中,发达经济体占绝对优势地位。1970年发达经济体FDI流出量占世界的比重高达99.7%,发展中国家仅占0.3%;到2003年发达经济体所占比重仍有90.6%,发展中国家仅占7.5%,如果不包括中国,发展中国家所占比重仅为6.9%[①]。发达国家不仅是FDI的主要流出国,也是FDI的主要流入国。从图4-12-2可以看出,1970年发达经济体FDI流入量占世界的比重为71.6%,发展中经济体占28.4%;到2000年,发达经济体占比仍有82.5%(之前个别年份下降到50%、60%水平),发展中经济体占17.0%,如果不包括中国,发展中经济体所占比重仅为14.0%。FDI流入量和流出量在发达经济体和发展中经济体之间的分布表明,发达国家不仅是对外直接投资的主要力量,在吸引对外直接投资方面也发挥着主要的作用,也就是说,国际产能合作更主要地发生在发达国家与发达国家之间,而不是像经典的OLI理论所推论的发生在发达国家与发展中国家之间。

日本和韩国是第二次世界大战后成功实现工业化并步入高收入国家行列的国家。早在1970年,日本的FDI流出量就超过流入量,成为FDI净流出的国家,净流出额2.6亿美元(同期美国为63.3亿美元),相当于日本GDP的0.17%。此时,日本的人均GDP为1.8万美元(2010年不变价)。韩国在1990年实现连续8年的FDI净流出,流出量占GDP的0.41%,此时人均GDP8454美元(2010年不变价);2006年以后实现稳定的FDI净流

---

① UNCTAD数据库中将国家划分为发展中经济体、转型经济体、发达经济体,发展中经济体与发达经济体占世界的比重之和不为100%。

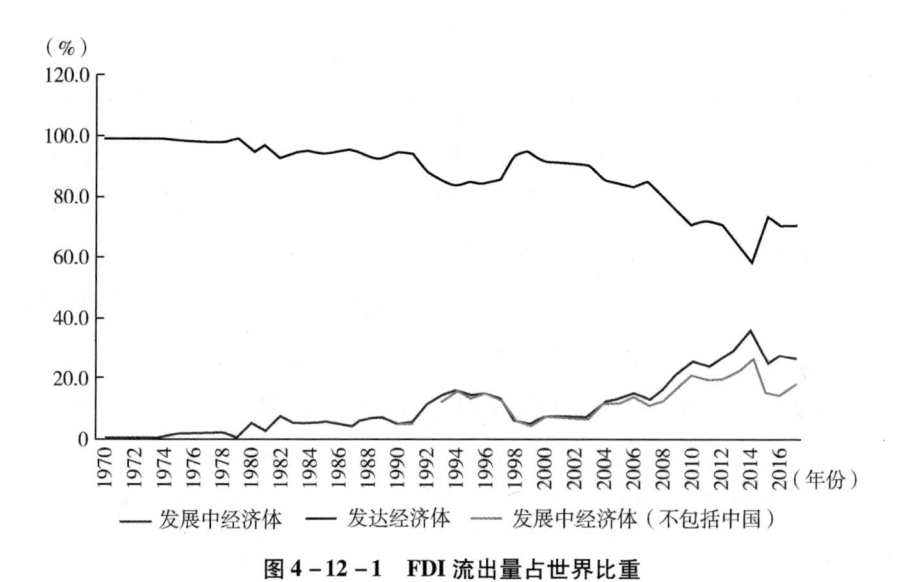

第十二章 能力建设导向的包容性产能合作 / 311

图 4-12-1 FDI 流出量占世界比重

资料来源：根据 UNCTADSTAT 数据库（http://unctadstat.unctad.org）数据计算。

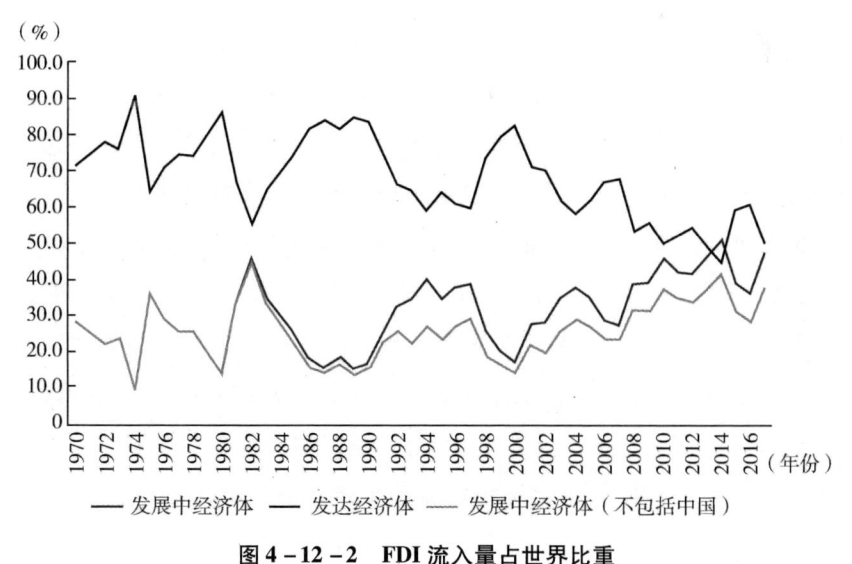

图 4-12-2 FDI 流入量占世界比重

资料来源：根据 UNCTADSTAT 数据库（http://unctadstat.unctad.org）数据计算。

出，此时人均 GDP 19245 美元（2010 年不变价）。可以看到，日本和韩国基本上是在实现工业化和进入高收入国家之后才实现 FDI 净流出。

2. 现在：发展中国家在国际产能合作中的作用显著加强

随着经济的逐步起飞，发展中国家作为一个整体在世界经济中的地位不断提高。从经济总量来看，1970年，发达经济体占世界经济总量的比重为69.7%，发展中经济体占17.1%，不包括中国的发展中经济体占14.4%；2000年，上述比重分别为77.2%、21.7%和18.0%；到2017年，发达经济体所占比重下降到57.7%，发展中国经济体所占比重提高到39.7%，其中不包括中国的发展中经济体所占比重为24.7%。从商品进出口情况看，1948年，发展中国家商品进口占世界的31.6%，出口占世界的31.8%，发达国家商品进口占66.0%，出口占65.5%；1970年，发展中国家商品进口占18.5%，出口占19.1%，发达国家商品进口占77.0%，出口占76.3%；2000年，发展中国家商品进口占28.8%（不包括中国为25.4%），出口占31.9%（不包括中国为28.1%），发达国家商品进口占69.8%，出口占65.8%；2017年，发展中国家商品进口占比提高到41.7%（不包括中国为31.5%），出口占比提高到44.3%（不包括中国为31.6%），发达国家商品进口占比下降为55.8%，出口占比下降为52.6%。

随着发展中国家在世界经济中重要性的提高，为了占领市场、在全球内最优化配置价值链，跨国公司对发展中国家的直接投资快速增长，发展中国家在对外投资中的作用也在不断增强。从图4-12-1和图4-12-2可以看到，2017年发达国家FDI流入量占全世界的比重下降到49.8%，发展中国家FDI流入量占世界的比重提高到46.9%（不包括中国为37.4%）；在FDI流出方面，发达国家所占比重下降到70.6%，发展中国家所占比重提高到26.6%（不包括中国为17.9%）。发展中国家在利用FDI方面与发达国家旗鼓相当，在对外直接投资方面虽然还有较大差距，但比重提高很快。

2016年，中国FDI流出额达到历史峰值的1961.5亿美元，相当于中国GDP的1.75%。2015年和2016年，中国连续两年FDI净流出，净流出额分别为100.6亿美元和624.4亿美元，2017年又恢复到116.9亿美元的净流入。2015年中国的人均GDP为8035.8美元（2010年不变价格）。尽管这一人均GDP水平与韩国1990年连续出现FDI净流出时的经济发展水平相当，但中国FDI流出量与GDP的比重为1.75%，明显高于韩国的0.41%；同时，中国FDI流出量无论是规模（1456.7亿美元）还是占世界的比重（8.98%）都比韩国要高得多（分别为11.3亿美元和0.46%）。

（二）国际分工格局不同

1. 过去：产业间分工

在经济发展的早期，社会分工程度低、产业链短，而且企业也多是高度垂直一体化的，即一家企业承担从原材料生产、产品组装或制造以及品牌管理与销售的全价值链过程。这种高度垂直一体化企业的兴起被著名经济史学家小艾尔弗雷德·钱德勒认为是美国经济崛起的重要原因。马歇尔曾这样形容福特汽车公司：一边吃进矿石，另一边吐出汽车。在这种高度垂直一体化的生产方式下，早期的国际分工格局也以产业间分工为主，这种产业间分工主要体现在发达国家与发展中国家之间，发展中国家生产和出口初级产品、进口制成品，发达国家生产和出口制成品、进口原材料。由于产业链与企业生产过程的一体化，当一个国家向另一个国家进行直接投资时，往往是将产业在他国整体复制。由于发达国家具有资金、技术等方面的优势，当它们的这些产业丧失比较优势时，就会向发展水平更低的国家进行转移，呈现出产业在不同发展水平国家间梯度转移的格局。这种梯度产业转移可以在更长的时间里持续，即接受转移的国家在比较优势丧失时，它们会进一步将产业向更低发展水平的国家转移。有些学者将这种国际上持续的产业转移称为"雁行模式"（雁阵模式）。具体来说，雁阵模式在东亚地区的纺织服装行业中已经发生。日本靠纺织服装行业实现经济的起飞和资本积累，当国内的产业向资本密集型升级时，日本将纺织服装行业转移到韩国和中国台湾；当韩国、中国台湾由于经济发展和工资水平上升到不具备发展纺织服装行业的比较优势时，纺织服装行业又进一步转移到中国大陆等发展中国家和地区。

2. 现在：产业内、产品内分工

尽管在很长一个时期，产业链是高度空间聚集的，但实际上，价值链的各个环节所需主要要素投入存在巨大差异,例如研发环节是高度知识和技术密集的,需要大量的科研机构、科研工作者和研发资源;加工组装环节多是劳动密集的,需要低成本的劳动力,但是同一个地区很难同时具备这些不同的要素——一些要素之间的特性是冲突的。但是,由于价值链可分性差、运输成本高,适应不同要素禀赋的价值链的不同环节也只能聚集在同一个地区。自20世纪80年代以来,生产过程的可分割性加强,不同环节可以剥离为一个相对独立的过程;同时,航运技术、信息技术的发展极大地降低了运输、通信成本,因此跨国公司开始按照价值链各环节的要素需求在全球范围内优化产业布局,把劳动密集型环节转移到劳动力成本更低的发展中国家,国际分工格局从产业间水平分工转变为产业内、产品内的垂直分工格局,也有人称之为"垂直专业化"。

随着国际产业分工向产业内和产品内分工转变,制造业的所有权格局也在发生变化。根据科斯的交易成本理论,企业是购买还是自制即企业的边界在哪里取决于对内部成本和外部成本的权衡。内部成本包括内部生产成本和组织管理成本,外部成本包括市场购买成本和市场协调成本(交易成本)。一般来说,"内部生产成本">"市场购买成本","组织管理成本"<"交易成本"。如果"内部生产成本+组织管理成本"<"市场购买成本+交易成本",企业就会选择自制;反之若"生产成本+组织管理成本">"市场购买成本+交易成本",企业就会从市场购买(Jarillo,1988)。科斯就指出,"企业将倾向于扩张到在企业内部组织一笔额外交易的成本等于通过公开市场上完成同一笔交易的成本或在另一个企业中组织同样的交易的成本为止"。[①] 信息技术发展带来的交易成本的下降,推动企业越来越多地将原来在企业内部的生产活动剥离出去,改由从市场购买,这就是外包的趋势。产业内和产品内分工与外包趋势相结合,其结果是离岸外包的出现,发达国家的跨国公司不仅推动不符

[①] [美]R.科斯:《企业的性质》,载《论生产的制度结构》,盛洪、陈郁译,上海三联书店1994年版,第1—19页。

合本国要素禀赋的价值链环节向发展中国家转移，而且不是自己管理这些环节的海外生产，而是外包给发展中国家的非关联企业，发达国家及其跨国公司聚焦于技术、知识和资本密集的产业链环节，从全球价值链中攫取更多的利润。

（三） 母国的产业体系与产业地位不同

国际分工从产业间分工向产业内、产品内分工的转化和离岸外包的大规模发展，导致对外直接投资国家（主要是发达国家）的产业体系发生了显著的变化。

在产业内分工格局下，产业链各环节在空间上是高度聚集的，在所有权方面也是高度一体化的，因此发达国家拥有相对齐全的工业门类、完善的产业体系和产业链，当一个产业丧失比较优势后，就会整体向外转移。但是，由于离岸外包的持续多年的发展，发达国家不仅在产业间梯度转移的过程中将劳动密集型产业整体转移到发展水平更低的发展中国家，还在离岸外包的过程中将劳动密集环节转移出去。这就意味着发达国家产业出现了空心化，即只剩下高端产业以及研发设计、品牌管理等全球价值链高端环节，缺少劳动密集型产业和加工制造环节。不仅发达国家作为一个整体出现产业空心化，而且以它们为母国的跨国公司也不再直接经营劳动密集环节。以中国为例，根据联合国工业发展组织的数据，2014 年中国纺织业增加值占全世界的 41.5%，服装业增加值占世界的 36.6%，均居世界第一位。根据 WTO 的数据，2015 年中国纺织品出口占世界的 37.18%（2014 年为 35.55%），服装出口占世界的 36.36%（2014 年为 38.61%）。中国纺织、服装行业尽管是承接国际产业转移的主要部门，但仍以本国企业为主，外资企业仅占较小的份额。从表 4-12-1 可以看到，2016 年，三资企业占纺织业，纺织服装、服饰业，皮革、毛皮、羽毛及其制品和制鞋业企业数量的比重分别为 11.95%、21.00% 和 19.71%，资产所占比重分别为 18.10%、28.17% 和 34.95%，主营业务收入所占比重分别为 13.83%、26.34% 和 31.80%。

表 4-12-1　　规模以上企业中三资企业占比（2016 年）　　单位：%

	企业单位数	资产总计	主营业务收入
纺织业	11.95	18.10	13.83
纺织服装、服饰业	21.00	28.17	26.34
皮革、毛皮、羽毛及其制品和制鞋业	19.71	34.95	31.80

资料来源：国家统计局。

在这种情况下，发达国家已经不具备跨梯度向低发展水平的发展中国家进行产业转移的能力。经济发展水平与中低收入发展中国家相当的较高收入水平的发展中国家、较低收入水平的发达国家及其企业才是产能合作的主体。经过改革开放以来四十多年的发展，特别是加入 WTO 之后，中国充分发挥劳动力丰富、工资水平低的比较优势，加快完善产业配套、提高创新能力，成为世界最主要的劳动密集型产品加工制造中心。因此，在未来与广大低收入发展中国家的劳动密集型产业进行产能合作中，中国及中国企业将发挥重要且不可替代的作用。

（四）制造业规模不同

制造业是国际产能合作特别是发展中国家之间产能合作的主要领域。根据联合国贸发会议发布的《世界投资报告 2018》，制造业占 FDI 绿地投资额的比重在非洲为 30% 左右，在亚洲为 40% 左右，在拉丁美洲及加勒比海地区也在 40% 左右波动，但比亚洲所占比重略低（见图 4-12-3）。2016 年和 2017 年，世界制造业跨境并购额分别为 4060 亿美元和 3270 亿美元，占所有产业的 45.8% 和 47.1%（服务业占 44.8% 和 49.4%）；世界制造业绿地投资额分别为 2950 亿美元和 3380 亿美元，占所有产业的 35.4% 和 46.9%（服务业占 59.8% 和 50.3%）。因此，FDI 流出国制造业的规模成为影响国际产能合作的重要因素。

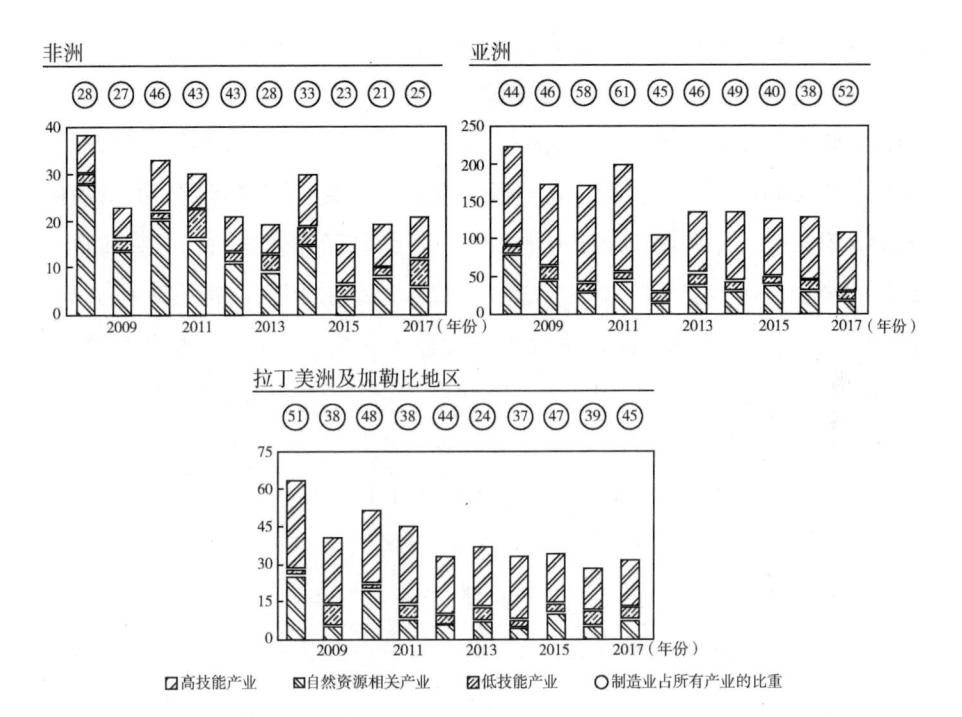

图 4-12-3 2008—2017 年制造业 FDI 绿地投资项目金额及其占全部产业比重①

资料来源：UNCTAD, *World Investment Report 2018：Investment and New Industrial Policies*, p.9。

根据可以获得的数据，1997 年日本制造业增加值占世界的比重为 17.40%，2016 年下降到 8.46%；2001 年美国制造业增加值占世界的比重为 25.71%，2016 年下降到 17.55%；2015 年、2016 年，中国制造业增加值占世界的比重分别为 26.65%、26.20%。中国制造业规模占世界的比重可能是历史上最高的。在一些细分行业特别是基础性行业，中国制造业的国际地位更加突出。在联合国工业发展组织（UNIDO）22 个制造业分类中，中国制造业增加值居第一位的行业有 8 个，分别为纺织，服装，皮革和相关产品，其他非金属矿物制品，基本金属，计算机、电子和光学产

---

① 自然资源相关产业包括：（1）炼焦、石油产品和核燃料；（2）金属和金属制品；（3）非金属矿制品；（4）木材和木制品。低技能产业（Lower-Skill Industries）包括：（1）食品、饮料和烟草；（2）纺织、服装和皮革。高技能产业（Higher-Skill Industries）包括所有其他的制造业部门。

品，电气设备，未列入其他类的机械和设备，其中纺织业增加值占全世界的比重超过40%，服装、皮革和相关产品、基本金属占世界的比重超过30%，此外，食品、饮料、木制品、造纸和纸制品、焦炭和精炼石油产品、化学和化学制品、金属制品、其他运输设备、家具、其他制造业的增加值居世界第二位，印刷和记录媒介的复制、药物和药物化学品、橡胶和塑料制品的增加值居世界第三位（见表4-12-2）。按照国际标准工业分类，在22个大类中，中国产品产量有8个大类名列第一，3个大类名列第二。在500多种主要工业产品中，有220多种产品产量居全球第一位。例如，2016年中国粗钢生产能力10.73亿吨，钢材生产能力15.17亿吨，粗钢产量8.08亿吨，钢材产量11.35亿吨，而历史上日本钢产量峰值只有1.19亿吨（1973年），美国钢产量峰值只有1.37亿吨（1973年）。从表4-12-3可以看到，在中国占比很高的重工业部门中，中国本土企业的优势更为明显。除化学原料和化学制品制造业三资企业资产和主营业务收入占全部规模以上工业企业比重超过20%外，其他几个行业均在20%以下。

表4-12-2　　　　2014年各制造业行业增加值前三位的国家　　　　单位：%

行业	第一名 国家	比重	第二名 国家	比重	第三名 国家	比重
食品	美国	18.5	中国	12.5	日本	9.4
饮料	美国	16.3	中国	14.1	日本	9.8
纺织	中国	41.5	美国	7.4	印度	7.0
服装	中国	36.7	孟加拉国	6.1	印度尼西亚	5.1
皮革和相关产品	中国	38.4	意大利	12.2	巴西	6.6
木制品（不包括家具）	美国	17.2	中国	16.3	日本	6.7
造纸和纸制品	美国	22.4	中国	18.7	日本	9.6
印刷和记录媒介的复制	美国	23.0	日本	17.9	中国	8.5
焦炭和精炼石油产品	美国	19.5	中国	11.8	俄罗斯	10.2
化学和化学制品	美国	20.6	中国	20.2	日本	8.5
药物和药物化学品	美国	22.5	日本	11.2	中国	11.2
橡胶和塑料制品	美国	18.7	日本	13.8	中国	13.0

续表

行业	第一名 国家	第一名 比重	第二名 国家	第二名 比重	第三名 国家	第三名 比重
其他非金属矿物制品	中国	23.9	美国	10.0	日本	8.8
基本金属	中国	38.1	美国	9.9	日本	8.0
金属制品	美国	20.7	中国	14.3	德国	9.8
计算机、电子和光学产品	中国	25.4	美国	22.5	日本	12.8
电气设备	中国	22.3	日本	14.6	德国	12.8
未列入其他类的机械和设备	中国	19.1	美国	17.0	日本	15.7
汽车、拖车和半拖车	日本	17.5	美国	16.7	德国	13.8
其他运输设备	美国	40.3	中国	10.1	德国	5.1
家具	美国	23.4	中国	10.7	德国	7.5
其他制造业	美国	36.5	中国	12.6	德国	9.2

注：增加值占世界比重按照 2010 年不变价格计算。
资料来源：UNIDO 数据库。

表4-12-3　　规模以上企业中三资企业占比（2016年）　　单位：%

	企业单位数	资产总计	主营业务收入
石油加工、炼焦和核燃料加工业	8.53	10.43	10.17
化学原料和化学制品制造业	13.12	21.70	21.01
非金属矿物制品业	5.68	12.46	8.55
黑色金属冶炼和压延加工业	6.83	8.77	10.55
有色金属冶炼和压延加工业	8.73	14.30	11.30
金属制品业	12.66	18.57	15.54
电力、热力生产和供应业	7.77	5.45	4.81

资料来源：国家统计局。

中国在一些细分行业的规模优势使中国在对发展中国家的直接投资中扮演举足轻重的角色。发达国家在这些行业的产能有限，产能利用率也相对比较均衡。而中国存在较为富余的产能，同时随着中国国内基建增速的下降，对一些重化工业产品的需求也出现萎缩。在具体的产品结构上中国与发达国家也存在很大不同。例如，发达国家的钢铁结构以高附加值的板材为主，中国的钢铁产品结构中棒材占有相当高的比重，这是与基建投资需求相适应的产品结构，而广大发展中国家经济发展急需的就是这些所谓低附加值的棒材。因此，中国将是这些领域与发展中国家之间国际产能合作的主要推动者。

二 能力建设导向的包容性产能合作的内涵与特征

国际分工格局与发达国家产业结构的变化以及中国制造业的崛起使得中国成为与发展中国家开展产能合作的主要参与者和推动者。2013年9月和10月中国国家主席习近平分别提出了建设"新丝绸之路经济带"和"21世纪海上丝绸之路"的合作倡议，合称"一带一路"（The Belt and Road，B&R）。2015年3月28日，国家发展改革委、外交部、商务部联合发布了《推动共建丝绸之路经济带和21世纪海上丝绸之路的愿景与行动》，并提出了具体的目标、原则和构想。与早期发达国家及其跨国公司所推动的产能合作不同，"一带一路"倡议下中国政府推动和中国企业参与的国际产能合作是能力建设导向的包容性产能合作。

专栏："一带一路"倡议的目标、原则和构想

共建"一带一路"旨在促进经济要素有序自由流动、资源高效配置和市场深度融合，推动沿线各国实现经济政策协调，开展更大范围、更高水平、更深层次的区域合作，共同打造开放、包容、均衡、普惠的区域经济合作架构。

共建"一带一路"致力于亚欧非大陆及附近海洋的互联互通，建立和加强沿线各国互联互通伙伴关系，构建全方位、多层次、复合型的互联互通网络，实现沿线各国多元、自主、平衡、可持续的发展。"一带一路"的互联互通项目将推动沿线各国发展战略的对接与耦合，发掘区域内市场的潜力，促进投资和消费，创造需求和就业，增进沿线各国人民的人文交流与文明互鉴，让各国人民相逢相知、互信互敬，共享和谐、安宁、富裕的生活。

以政策沟通、设施联通、贸易畅通、资金融通、民心相通为主要内容。

中国愿意在力所能及的范围内承担更多责任义务，为人类和平发展做出更大的贡献。

（一）能力建设导向的包容性产能合作的内涵

能力建设导向的包容性产能合作与传统的国际直接投资存在显著差异，其主要特点体现在"能力建设导向"与"包容性"两个方面。

1. 能力建设导向

对于一个国家来说，获得经济增长的能力比暂时的投资拉动的经济增长重要很多。来自发达国家的直接投资虽然在短期有带动经济增长的作用，但是有可能使发展中国家陷入"中等收入陷阱"和"低收入陷阱"。对自然资源的开发固然能够带动经济的增长，但对经济增长作用更大、效果更持久的则是技术创新。可以看出，除个别石油输出国之外，大部分高收入国家反而是自然资源比较贫瘠的国家。

迈克尔·波特在《国家竞争优势》一书中将生产要素分为初级生产要素和高级生产要素。初级生产要素是先天得来的或只需要少量的投资就能拥有的，如天然资源、气候、地理位置、非技术人工与半技术人工、融资等。建立在初级生产要素基础之上的相对优势常常被作为国际贸易理论中比较优势的案例，如葡萄牙生产葡萄酒、英国生产毛呢。但初级生产要素优势相对比较容易替代，比如人口结构的变化使就业人口不再供不应求、更低成本国家的出现、资源的枯竭等都会使一个国家丧失基于初级生产要素的优势。初级生产要素主要是先天的资源，因此我们把这种建立在初级生产要素基础上的比较优势称为基于资源的比较优势。高级生产要素则需要通过大量的投资和长期的技术开发而获得，如现代化基础设施、高等教育人力、各大学研究所等。高级生产要素是蕴藏在制度、组织机构（企业、大学）和高素质人才之中的，难以替代，对于国家的产业和经济发展也更为重要。高级生产要素是后天习得的能力，因此我们把这种建立在高级生产要素之上的比较优势称为基于能力的比较优势。

发展经济学认为，贫困国家面临的最关键问题在于贫困受制于贫困本身，因为穷国需要用其全部收入乃至更多的收入来维持生存，根本没有多余的收入用于未来的投资。即使国家动员起来的适度投资增长能够带来人均收入的增长，也会被增加的人口吃掉而退回到仅仅维持生存的水平。这种低收入水平和经济停滞之间的恶性循环叫作"低均衡陷阱"。哈维·莱宾斯坦（1957）提出的临界最小努力命题认为，一国需要凭借重大的技术进步或投资的增长来克服使经济稳定的力量，在动员储蓄和投资方面的超常规的飞跃,是低收入经济要完成的"临界最小努力"。保罗·N. 罗森斯坦－罗丹(1943)则认为,工业化成功需要付出巨大的努力,即需要大推动(Big Push),他认为投资需要一个最小的量——即使不是绰绰有余,这是成功的必要条件。对于政府在工业化中的作用学界一直存在很大的争议。从许多富裕国家(包括美国、日本以及亚洲"四小龙")的经济发展经验看,支持者认为大量的政府干预是工业化起步阶段的关键,而反对者则认为由于政府失灵(无法选择合适的政策目标和政策工具以及有效地实施政策),挑选胜者(Picking-Winner)的战略很可能会失败,在发展中国家中更是如此。但是,政府失灵的潜在危害并不意味着较少的干预总是最优的选择,在政府失灵和市场失灵之间存在权衡,特别是对于那些无效市场主导的最贫困的发展中国家,其经济发展需要大推动从而助其脱离低收入陷阱。Bjorvatn 和 Coniglio(2012)在 20 世纪八九十年代 81 个发展中国家政府干预和人均 GDP 增长的描述分析中指出,减少产业政策的发展中国家并不一定经历更快的竞争增长。该文表明,雄心勃勃的政府支持投资的政策对于刺激工业化是需要的,这些政策在最不发达的国家可能更为成功。政府对基础医疗、公路、电站、港口等公共物品和服务的投资是至关重要的。然而,即使当一国的私有经济部门不那么贫困时,政府也可能缺乏财政资源来提供经济发展所需的公共物品(萨克斯,2007)。

"授人以鱼不如授人以渔。"对基础医疗、公路、电站、港口等公共物品和服务的投资对发展中国家的经济起飞至关重要,但许多发展中国家缺乏经济起飞所需的技术和资金。"一带一路"倡议不同于传统的国际直接投资,它通过国家间的合作,帮助发展中国家完善基础设施、发展产业,增强经济发展的自生能力。例如,《推动共建丝绸之路经济带和 21 世纪海上丝绸之路的愿景与行动》提出的"设施联通"包括加强交通基础设施建设、能源基础设施互联互通、跨境光缆等通信干线网络建设;"贸易畅通"包括加强海关、检验检疫、认证认可、标准计量、统计信息等方面的双多边合作,拓宽贸易领域,消除投资壁垒,拓展相互投资领域,推动新兴产业合作，优化产业链分工布局。"一带一路"倡议自提出以来已经取得重大进展，推动了沿线国家经济发展自生能力的提升。例如，根据推进"一带一路"建设工作领导小组办公室发布的《共建"一带一路"：理念、实践与中国的贡献》报告，多项原油、天然气管道和能源项目、电力项目、通信项目启动建设；截至2016年年底，中国在沿边省区设立了7个重点开发开放试验区、17个边境经济合作区和2个双边边境经济合作区，中国企业在"一带一路"沿线的20个国家正在建设56个经贸合作区，累计投资超过185亿美元，中白工业园、泰中罗勇工业园、埃及苏伊士经贸合作区等境外园区建设成效显著。

2. 包容性

2007年，"包容性增长"的完整概念由亚洲开发银行首次提出。在其工作论文中，提出包容性增长意指具有同等机会的增长，因此包容性增长既聚焦于创造平等的机会，又聚焦于使该机会能为所有人获得（Ali and Zhuang, 2007）。此后，越来越多的发展中国家接受包容性增长并将之作为发展政策，包括双边和多边的援助机构、国际组织、非政府组织和民间社会在内的发展中国家的合作方也接受了包容性增长这一发展理念（Zhuang, 2008）。包容性发展也成为我国经济发展所遵循的原则。2009年，时任中国国家主席胡锦涛在亚太经合组织发表的重要讲话中强调"统筹兼顾，倡导包容性增长"；在2014年7月29日召开的中共中央政治局会议上，习近平总书记强调中国的发展"必须是遵循社会规律的包容性发展"，并在此基础上提出了构建人类社会利益、命运和责任三个共同体的发展目标。2017年1月18日，习近平在日内瓦万国宫出席"共商共筑人类命运共同体"高级别会议，并发表题为《共同构建人类命运共同体》的主旨演讲，主张共同推进构建人类命运共同体伟大进程，坚持对话协商、共建共享、合作共赢、交流互鉴、绿色低碳，建设一个持久和平、普遍安全、共同繁荣、开放包容、清洁美丽的世界。

应用于国际直接投资和国际产能合作领域，本书将"包容性"定义为在国际经济交往中，各国获得平等的增长机会，能够实现可持续发展、共同分享经济发展的成果。包容性国际产能合作的重要目标就是将经济增长惠及更多的国家、更多的民众，更多国家的经济发展和更多民众收入的提高又会反过来促进增长，进而带动世界的经济增长，形成一种正向的反馈机制。在这个过程中，参与"一带一路"合作的各个国家（包括中国）乃至世界其他国家和地区都能从中获益。

与发达国家主导的国际直接投资不同，中国所倡导的"一带一路"倡议下的国际产能合作强调"包容性"的理念。在2017年5月中国政府举办的"一带一路"国际合作高峰论坛上，与会的30位国家首脑和联合国、世界银行、国际货币基金组织负责人共同签署了《"一带一路"国际合作高峰论坛圆桌峰会联合公报》。此联合公报指出，"各国特别是发展中国家仍然面临消除贫困、促进包容持续经济增长、实现可持续发展等共同挑战"，提出"在'一带一路'倡议等框架下，共同致力于建设开放型经济、确保自由包容性贸易、反对一切形式的保护主义"，强调"和谐包容"的原则，即"尊重自然和文化的多样性，相信所有文化和文明都能够为可持续发展作贡献"，将"实现开放、包容和普惠的全球化""实现包容和可持续增长与发展、提高人民生活水平"作为共同的愿景。可见，包容性已经成为"一带一路"沿线国家产能合作的共识，"一带一路"是包容性全球化的表现（刘卫东，2015）。包容性全球化主要体现为发挥好国家"调节者"的作用，解决资本市场"期限错配"的问题，选择适合国情的发展道路，保障各方平等地参与全球化，在经济全球化过程中保护文化多元化（刘卫东等，2017）。

此外，包容性还关注短期与长期的平衡和经济的可持续发展。中国在经济发展过程中在可持续发展方面也走过一些弯路，由于技术水平低，生产能力的扩张超过了环境的负荷，造成较为严重的环境污染。进入21世纪以来，中国政府高度重视可持续发展问题。例如，党的十六大报告提出的"新型工业化"就包含着"资源消耗低、环境污染少"，习近平总书记提出的"绿水青山就是金山银山"的思想更是将可持续发展理论上升到一个新的高度。中国政府出台了一系列政策推动经济的绿色转型，大力发展循环经济、发展低碳绿色产业、加强污染的治理，企业也进行了巨大的投入。在这些努力下，中国具有优势的石化、化工、钢铁、有色、建材等重工业部门的技术工艺和污染物排放已经达到世界先进水平。中国企业向"一带一路"沿线国家投资不是中国国内淘汰的落后产能的转移，而是经过中国技术改造升级之后的、具有世界一流水平的先进产能的转移，可以在很大程度上帮助发展中国家实现经济发展的可持续性。

（二）能力建设导向的包容性产能合作的新特征

"一带一路"倡议下由中国主导能力建设导向的包容性产能合作在参与主体、投资领域、目的、后果等方面都呈现出与以往国际直接投资显著不同的新特征。

1. 参与主体不同

传统的国际产能合作主要发生在发达国家与发展中国家之间，就发达国家而言，跨国公司是与发展中国家进行国际产能合作的主体，在大多数时候国家不直接参与国际产能合作或者国际产能合作的力度很小。第二次世界大战后，美国实施"马歇尔计划"，对被战争破坏的西欧各国提供经济援助、协助重建，是典型的国家参与产能合作的实践。"马歇尔计划"1947年提出，1961年如期终止。此后，虽然发达国家也对发展中国家提供了一些政府援助项目，但规模很小、领域有限，甚至带有附带附加条件。大多数情况下，产业转移是发达国家的跨国公司推动的。

"一带一路"倡议提出后，"中国主动推动共建'一带一路'倡议与'一带一路'沿线国家的国家战略、发展愿景、总体规划等有效对接，寻求共建'一带一路'的合适切入点。截至2016年年底，已有100多个国家表达了对共建'一带一路'倡议的支持和参与意愿，中国与39个国家和国际组织签署了46份共建'一带一路'合作协议，涵盖互联互通、产能、投资、经贸、金融、科技、社会、人文、民生、海洋等合作领域。""按照共建'一带一路'的合作重点和空间布局，中国提出了'六廊六路多国多港'的合作框架。"此外，中国与"一带一路"沿线国家之间还建立了双多边机制、"二轨"对话及交流合作（"一带一路"建设工作领导小组办公室，2017）。当然，最终产能合作的落实还是靠企业，政府搭平台、建框架，企业投项目、搞落实。

2. 投资的重点领域不同

以前的国际直接投资和国际产能合作大多是由跨国公司推动的，相关国家的政府及国际机构参与少，因此国际产能合作的主要目的就是获得尽可能多的经济利益，实现跨国公司利润的最大化，发达国家的跨国公司主要投资于可以直接获利的项目和产业领域。特别是，对发展中国家的国际直接投资主要体现为三个领域：一是为了获得发展中国家的自然资源如对采掘业进行直接投资；二是由于本国比较优势丧失或为了在全球优化价值链布局，对发展中国家具有比较优势的产业领域或价值链环节进行投资；三是为了占领发展中国家的市场，对一些需要就近生产和提供的产品（如食品、饮料、建材等）和服务行业进行投资。

与国际直接投资的领域主要聚焦于能够直接获利的行业不同，中国提出的"一带一路"倡议涵盖了从经济到文化的广泛合作，经济领域仅是其中的一个方面：①既开展互联互通、产能合作、贸易投资等重点领域的务实合作，也重视推动沿线国家之间多种形式的人文交流，实现经济和文化的共同繁荣发展。②既包括原材料、装备制造、轻工业、清洁能源、绿色环保和高技术产业等能够直接获利的产业领域，也包括不能够直接获利或投资回收周期长但能够提高东道国生产能力的经贸园区合作——例如中国企业在"一带一路"沿线20个国家正在建设56个经贸合作区，累计投资超过185亿美元。③互联互通还包括铁路、公路、港口、电力、信息通信等基础设施建设。一般来说，基础设施具有投资额大、回收周期长的特征，具有很大的正外部性，特别是在经济发展水平很低的发展中国家，具有很大的网络效应，即只有当形成基础设施的网络之后其价值才能最大化地发挥出来，因此对基础设施的投资很难在短时间内收回。而中国对"一带一路"沿线国家的投资涵盖了包括基础设施建设在内的许多低收益率、长回报期的领域，对于发展中国家的能力建设与经济起飞具有非常重要的意义。

3. 国际产业转移的结果不同

由于参与主体不同、投资领域不同、产能合作目的不同，承接国际直接投资的发展中国家的经济发展结果也不同。在发达国家跨国公司主导、以短期获利为目标、主要投资于能够快速收回投资的产业部门的模式下，发展中国家主要产业被发达国家的跨国公司控制，而且跨国公司为了长期利益，倾向于抑制发展中国家的经济增长，使其保持发达国家的原料输出地、廉价工业品加工组装地和制成品倾销市场的地位。由于处于全球分工体系的低端，发展中国家产业的利润率非常微薄，同时有限的利润又被跨国公司所攫取，发展中国家由此缺乏产业升级的资本积累，无法培育壮大基于资本、知识和技术的能力，从而无法摆脱对自然资源、低工资劳动力的依赖和粗放型发展模式，陷入"中等收入陷阱"甚至"低收入陷阱"而无法自拔。从表4-12-4可以看到，按照联合国分类标准，1980年高收入国家与最不发达国家人均GDP的差距为9053.9美元，此后一路拉大，到2017年达到40151.1美元，即使按照2010年不变价格，这一差距也从1980年的22184.1美元扩大到40620.8美元。

表4-12-4　　　高收入国家与最不发达国家人均GDP对比　　　单位：美元

年份	高收入国家 当前价格	高收入国家 2010年不变价格	最不发达国家（联合国分类） 当前价格	最不发达国家（联合国分类） 2010年不变价格	差值 当前价格	差值 2010年不变价格
1980	9347.2	22695.1	293.2	511.1	9053.9	22184.1
1990	18368.8	28540.8	307.1	493.7	18061.7	28047.1
2000	25021.3	34786.1	306.8	517.5	24714.5	34268.5
2010	38137.9	38137.9	779.4	779.4	37358.6	37358.6
2017	41211.1	41538.7	1060.0	917.9	40151.1	40620.8

资料来源：世界银行数据库。

相比之下，"一带一路"倡议下的国际产能合作，国家推动、企业参与、合作领域广泛、合作目标多元，中国和中国企业在发展中国家的国际直接投资更加着眼于长期利益，在带动中国经济增长和中国企业成长的同时，也会帮助发展中国家进行自生能力建设，使广大发展中国家分享世界经济发展的成果，实现能力建设导向的包容性产业合作。

三 能力建设导向的包容性产能合作机制

"一带一路"倡议下能力建设导向的包容性产能合作主要包括增强自生能力、促进经济发展、推动产业生态建设和扩大出口等合作机制，在这个过程中实现中国与"一带一路"沿线国家的多赢。

（一）通过基础设施建设增强发展中国家自生能力

基础设施具有投资规模大、回报周期长的特点，处于较低发展水平的发展中国家通常缺少进行基础设施投资的资金。在基础设施领域的投资能够在多大程度上带动经济增长不仅取决于基础设施本身，还受制度、政策等多方面因素的影响，具有很高的不确定性和风险。因此，商业资本往往不愿涉足。由此，一些发展中国家被锁定到"低水平陷阱"。发展中国家的基础设施建设需要"耐心资本"或"长期愿景资本"的支持（林毅夫和王燕，2017），借助于国家信用的担保则可以使商业资本更具有"耐心"。基础设施互联互通是"一带一路"建设的优先领域，资金融通是"一带一路"建设的重要支撑。自"一带一路"倡议提出以来，中国提出了"六廊六路多国多港"的合作框架，"六路"指铁路、公路、航运、航空、管道和空间综合信息网络，"多港"是指若干保障海上运输大通道安全畅通的合作港口。

高增长低成本国家基础设施薄弱，对钢铁、建材、有色等基础原材料以及铁路、发电设备、生产装备都具有巨大的市场需求。中国拥有世界最大的钢铁、有色、水泥、玻璃等与基础设施投入相关的生产能力，建筑机械、工程机械和交通相关装备具有国际竞争力，国内大规模的基础设施建设培养了高水平的基础设施勘探、设计、建设能力。对于发展中国家来说，在中国政府和企业的参与下，改善国内基础设施，增强通达能力，意味着自生能力的提高。对于中国来说，参与"一带一路"沿线发展中国家基础设施建设，有利于带动建材、工程机械、交通设备和建筑服务的出口。

（二）通过自生能力增强促进发展中国家经济发展

公路、铁路和港口等基础设施是发展中国家内部及其与世界进行连通的前提，只有现代化的基础设施延伸到发展中国家及其内部更广泛的地区，才能使发展中国家的比较优势真正转变为现实的国际竞争优势，发展中国家的地区之间也才能够发挥各自的比较优势，实现国内商品的交换和贸易。例如，发展中国家初加工的矿产资源能够从资源产地运输到港口，进行出口，能够利用劳动力丰富且工资水平低的优势发展资本投入量较少的服装加工产业并进行出口。发展中国家根据比较优势发展优势产业会变得具有竞争力，从而实现产业规模的扩大和经济的较快发展，进入一个良性循环，基础设施也因此能够获得更多的财政支持（林毅夫和王燕，2017）。

目前，一些"一带一路"沿线的发展中国家的经济增长已经开始加速。从表4-12-5可以看到，在人口超过500万、GDP规模超过100亿美元的国家中，埃塞俄比亚、加纳、几内亚、科特迪瓦、尼泊尔、土耳其、孟加拉国、坦桑尼亚、罗马尼亚2017年GDP增速已超过中国，老挝、柬埔寨、越南、塞内加尔、布基纳法索、菲律宾、印度、土库曼斯坦、缅甸、马来西亚、巴基斯坦、马里、乌兹别克斯坦、印度尼西亚等国的GDP增速超过5%，接近中国的水平。这些国家大都属于"一带一路"沿线国家。"一带一路"建设是一个开放、包容的平台，对所有有兴趣的国家开放。从该表还可以看到，这些高增长国家除土耳其、土库曼斯坦、马来西亚经济发展水平较高外，人均GDP大多处于一两千美元，属于低收入国家之列。

对于中国来说，"一带一路"沿线发展中国家的经济起飞、经济增长会带来投资的增长、产业的升级、消费规模的扩大和升级，以及投资品和零部件的需求扩大。消费升级会带来居民对电视、空调、洗衣机、电脑、手机、摩托车、汽车等改善性产品需求的增长，劳动密集型产业的发展会带来对生产设备、仪器仪表、元器件、原材料等投入品的需求，而这些领域恰恰是中国最具国际竞争力且发达国家已经转移出去、低成本发展中国家尚未发展起来的产业，这就带给中国消费品和投资品扩大出口的契机。

表4-12-5　　　　　　2011—2017年经济高速增长国家

	GDP 增速（%）							总人口（百万）	GDP（亿美元）	人均 GDP（美元）
	2011	2012	2013	2014	2015	2016	2017			
埃塞俄比亚	11.2	8.6	10.6	10.3	10.4	7.6	10.2	10496	806	768
加纳	14.0	9.3	7.3	4.0	3.8	3.7	8.5	2883	473	1641
几内亚	5.6	5.9	3.9	3.7	3.8	10.5	8.2	1272	105	825
科特迪瓦	-4.4	10.7	8.9	8.8	8.8	8.3	7.8	2429	404	1662
尼泊尔	3.4	4.8	4.1	6.0	3.3	0.4	7.5	2930	245	835
土耳其	11.1	4.8	8.5	5.2	6.1	3.2	7.4	8075	8511	10541
孟加拉国	6.5	6.5	6.0	6.1	6.6	7.1	7.3	16467	2497	1517
坦桑尼亚	7.9	5.1	7.3	7.0	7.0	7.0	7.1	5731	521	936
罗马尼亚	2.0	1.2	3.5	3.1	4.0	4.8	6.9	1959	2118	10814
中国	9.5	7.9	7.8	7.3	6.9	6.7	6.9	138640	122377	8827
老挝	8.0	8.0	8.0	7.6	7.3	7.0	6.9	686	169	2457
柬埔寨	7.1	7.3	7.4	7.1	7.0	7.0	6.8	1601	222	1384
越南	6.2	5.2	5.4	6.0	6.7	6.2	6.8	9554	2239	2343
塞内加尔	1.8	4.4	3.5	4.1	6.5	6.7	6.8	1585	164	1033
布基纳法索	6.6	6.5	5.8	4.3	3.9	5.9	6.7	1919	129	671
菲律宾	3.7	6.7	7.1	6.1	6.1	6.9	6.7	10492	3136	2989
印度	6.6	5.5	6.4	7.4	8.2	7.1	6.6	133918	25975	1940
土库曼斯坦	14.7	11.1	10.2	10.3	6.5	6.2	6.5	576	424	7356
缅甸	5.6	7.3	8.4	8.0	7.0	5.9	6.4	5337	693	1299
马来西亚	5.3	5.5	4.7	6.0	5.0	4.2	5.9	3162	3145	9945
巴基斯坦	2.7	3.5	4.4	4.7	4.7	5.5	5.7	19702	3050	1548
马里	3.2	-0.8	2.3	7.0	6.0	5.8	5.3	1854	153	825
乌兹别克斯坦	8.3	8.2	8.0	7.8	8.0	7.8	5.3	3239	487	1504

续表

	GDP 增速（%）							总人口（百万）	GDP（亿美元）	人均 GDP（美元）
	2011	2012	2013	2014	2015	2016	2017			
印度尼西亚	6.2	6.0	5.6	5.0	4.9	5.0	5.1	26399	10155	3847

注：总人口、GDP、人均 GDP 均为 2017 年数据，现价美元。
资料来源：世界银行数据库。

（三）通过发挥比较优势扩大出口

随着发展中国家交通的连通和自生的能力形成，它的资源型产品（矿产、农产品）就能够更便利地出口，同时会有大量投资涌入劳动密集型产业部门，利用当地工资水平低的比较优势，开展劳动密集型产品的加工组装，并将制成品出口到全球市场。通过全球市场，"一带一路"沿线发展中国家将会进入一个充分就业、经济中高速增长的良好状态。

对于中国来说，"一带一路"沿线国家出口的扩大可以产生两方面的积极作用。一是更多物美价廉的消费品以及各国的特色产品进入中国，为中国消费者提供了更多的选择，而且低成本消费品的进入有利于降低生活成本，将 CPI 保持在较低水平。二是如果中国企业能够实现向价值链龙头企业的转变，那么通过从"一带一路"沿线国家进口低成本的原材料、零部件，可以使中国制造的最终产品的价格更具有国际竞争力。

（四）通过基础设施和产业发展完善发展中国家产业生态

亚当·斯密以来的主流经济学认为，分工决定于市场的范围，也可以理解为产业规模决定分工细化的程度。"一带一路"沿线国家通过发挥比较优势、进入全球市场，其劳动密集型产业得以扩大规模，而规模的扩大又会进一步促进上游产业的发展（如纺织业对应着上游的面料、印染、纺织、塑料制品、金属制品等产业），上游产业规模的扩大又进一步使得钢铁、石化等资本密集型产业形成经济规模、有利可图，进入"基础设施联通→劳动密集型产业发展→资本密集型产业发展→产业配套完善"的良性循环，从而使其产业生态逐步优化完善。一个国家的产业竞争力不仅取决于劳动力等要素成本，要素优势真正转化为国际竞争力还受到产业生态完善与否的重要影响。显而易见的是，如果本国缺乏上游原材料供应，就需要从国外进口，不但提高了成本，削弱了要素成本优势，而且供货周期长，造成供应链对下游市场变化反应迟缓。

对于中国来说，当前正面临着劳动力等要素成本的快速上涨，劳动密集型产业正在丧失价格优势。而"一带一路"沿线国家由于经济发展水平低，具有比中国低得多的工资水平。通过将丧失优势的劳动密集型产业价值链的劳动密集型环节向这些低成本发展中国家转移，同时中国国内企业向研发设计、品牌管理转型以及产品高端升级，可以在全球市场上继续保持本企业产品的价格优势，还可以加强对全球价值链的掌控，形成以我为主的全球价值链。

四 能力建设导向的包容性产能合作存在的风险与建议

尽管"一带一路"倡议背景下的国际产能合作以包容性发展为目标，长期来看能够实现中国与"一带一路"沿线国家的共赢和可持续发展，但是对于其中蕴含的风险也要引起高度重视，未雨绸缪。

（一）国际产能合作的风险

1. 东道国政治、经济等方面的问题造成的投资损失风险

推进我国优势产能"走出去"，根本上要获得经济利益，带动我国产业发展和升级，因此必须对东道国的风险进行评估。一个国家市场潜力再大，但如果风险过高，对该国的出口和投资活动可能在经济上也是不可取的。《国务院关于推进国际产能和装备制造合作的指导意见》（国发〔2015〕30号）提出了一条重要的原则就是"坚持积极稳妥、防控风险"，要求国际产能合作要"在充分掌握和论证相关国家政治、经济和社会情况基础上，积极谋划、合理布局，有力有序有效地向前推进，防止一哄而起、盲目而上、恶性竞争，切实防控风险，提高国际产能和装备制造合作的效用和水平"。目前，一些国际机构与学术机构从不同视角编制了国际风险指标体系，如"透明国际"的"腐败感知指数"（Corruption Perception Index，CPI)、美国"商业环境风险情报公司"的衡量政治风险的《商业风险服务》(Business Risk Service，BRS)、美国PRS集团提供的《国家风险国际指南》(International Country Risk Guide，ICRG)。"一带一路"沿线部分国家存在政治不稳定、法律不健全、整体经济状况恶化等问题，如果不对这些方面进行科学审慎的评估就贸然进行投资，存在很大的投资"打水漂"隐患。此外，投资的规模需要结合该国的经济发展水平，投资要选择合理的区位。例如，如果对一个国家的交通基础设施投资规模过大，或建设远超该国承受能力的交通设施（如高铁），就会导致投资的收回遥遥无期。

2. 东道国产业能力提升对中国制造业形成挑战

尽管中国的人均GDP水平超过8000美元而大多数"一带一路"国家的人均GDP在两三千美元水平，但中国与它们一样仍然还是发展中国家，劳动密集型产业仍然是经济的主体，与沿线低成本发展中国家存在竞争关系。迈克尔·波特将竞争优势主要划分为低成本和差异化两种，从国家或地区的层面看，前者主要取决于要素价格和生产效率，后者决定于创新能力特别是技术创新能力。传统上中国制造业的优势是建立在低要素价格基础上的成本优势。目前，中国的工资水平已远超过周边许多发展中国家，即使考虑进生产效率因素，中国的单位劳动成本也已不具备优势。从表4-12-6可以看到，在2010年时，中国综合考虑工资水平和劳动生产率的单位劳动成本指标就已经超过了印度、印度尼西亚等国家；而且，这种现象在制造业细分部门也已体现（见表4-12-7）。良好的交通条件和完善的产业配套体系，是中国在劳动密集型产业优势得以保持的重要因素，不断增强的创新能力又赋予了中国制造企业"创新型制造"的优势，即能够快速将新技术产业化并持续降低成本的能力。发展中国家交通等基础设施条件和产业配套完善，必然对中国国内的劳动密集型产业形成更大挑战，目前已经有一些国内制造企业向东南亚等周边国家转移，一些跨国公司也重新调整它的战略布局。如果中国国内产业转型升级的速度赶不上产业向外转移的速度，就会造成产业空心化、拉低经济增速。

表4-12-6　中国与主要竞争国家制造业单位劳动成本对比（×10^{-2}）

年份	美国	日本	德国	中国	印度	韩国	巴西	墨西哥	印度尼西亚	菲律宾
2000	14.67	10.06	19.45	—	5.25	8.18	—	—	5.41	—
2001	16.16	9.98	19.10	—	5.09	8.48	9.65	—	7.78	5.85
2002	14.70	9.63	19.46	—	4.68	8.65	9.90	—	5.26	—
2003	—	9.16	19.09	4.86	4.36	8.74	8.76	—	7.22	5.90
2004	13.36	8.85	18.12	4.76	3.69	8.16	8.37	—	5.38	—
2005	12.25	8.58	17.68	4.27	3.74	8.23	8.83	—	5.34	5.41
2006	11.80	8.14	16.71	4.19	3.55	8.11	9.26	—	5.73	5.34
2007	—	8.28	15.97	4.28	3.66	7.60	9.34	16.89	4.55	—
2008	11.06	8.32	15.90	5.05	3.79	6.68	9.03	14.72	—	—
2009	—	9.58	18.13	5.50	3.78	6.73	10.42	16.88	—	—
2010	—	8.86	16.85	5.21	3.83	6.70	10.25	15.06	4.09	—

资料来源：根据UNIDO数据库计算。

表4-12-7　制造业主要行业单位劳动成本的国际比较（×10^{-2}）

	纺织品制造业	服装制造业	基本金属制造业	金属制品制造业（机械和设备除外）	机械和设备制造业	电子机械及设备的制造	医疗、精密仪器及光学产品制造业	汽车、挂车和半挂车制造业
中国	6.87	10.46	3.48	5.74	10.07	5.26	4.07	4.42
日本	11.08	14.22	5.52	10.87	12.32	11.34	10.90	9.26
韩国	6.45	15.89	3.81	11.99	9.86	9.53	6.77	8.43
印度	4.90	10.03	3.05	2.60	6.49	4.72	5.08	4.68
印度尼西亚	7.80	10.71	2.97	5.24	4.96	6.15	5.80	2.44
巴西	13.95	21.21	7.16	16.01	13.34	13.34	8.89	9.01
墨西哥	7.93	14.49	6.23	2.26	9.87	7.56	21.00	3.90
德国	33.16	33.16	11.68	23.29	22.97	24.07	21.65	1.41

资料来源：根据UNIDO数据库计算。

（二）对策建议

1. 坚持合作共赢的原则

中国参与"一带一路"产能合作，是帮助广大发展中国家加强基础设施建设、实现国家内部与世界市场的联通，从而发挥比较优势，形成自生能力，实现经济的良性发展；同时，"一带一路"产能合作也是中国的利益之所在，这其中有政治、外交价值，更重要的是经济利益。因此，"一带一路"不是中国单方面的施舍，而是参与方的合作共赢，无论是中国，还是参与"一带一路"的国家都需要明确和认同这一原则。

2. 坚持以企业为主体

正如《推动共建丝绸之路经济带和21世纪海上丝绸之路的愿景与行动》所指出的，"一带一路"是一个开放、包容、均衡、普惠的区域经济合作架构，其落脚点在经济。因此，在推动"一带一路"产能合作的过程中，中国政府与沿线国家政府可以建立合作框架，但具体的交通基础设施建设、园区建设以及产业项目建设的规模、速度等投资决策权需要交给企业，由企业根据对东道国的投资条件的分析，判断项目的投资价值，决定该项目的投资规模与推进速度。

3. 控制国际产能合作的节奏

尽管作为一个已经进入中高收入水平、接近基本实现工业化的世界第二经济体应当承担帮助更低水平的发展中国家的责任和义务，但应该限定在力所能及的范围。需要对在"一带一路"沿线国家基础设施投资对我国商品和服务的需求、对当地劳动密集型产业的带动效果、我国产业升级的速度等方面做出科学的研究和判断，尽可能平衡好帮助"一带一路"沿线发展中国家发展和我国国内产业发展的关系，使国内产业升级的速度跟得上产业向外转移（发展中国家能力建设和产业发展）的速度。

4. 规范中国企业海外投资行为

中国企业在海外的投资活动既要有利于企业和东道国发展，又不能损害中国的利益，因此需要制定《中国海外投资法》，规范企业在东道国的投资活动，使投资活动遵守当地的法律规范和社会传统，同时对中国企的税收缴纳等方面做出规定，确保中国应得的利益回到中国国内。随着中国研发投入的加大和创新能力的增强，特别是在"新经济"领域的换道超车，一些技术已居于世界前列。中国需要建立技术出口审查制度，制定敏感技术限制出口清单，对有可能危害中国国家安全、经济发展以及可能为恐怖组织恶意使用的技术及相关产品出口进行限制。

参考文献

杜德斌、马亚华：《"一带一路"：中华民族复兴的地缘大战略》，《地理研究》2015 年第 6 期。

公丕萍、宋周莺、刘卫东：《中国与"一带一路"沿线国家贸易的商品格局》，《地理科学进展》2015 年第 5 期。

国家发展改革委、外交部、商务部：《推动共建丝绸之路经济带和 21 世纪海上丝绸之路的愿景与行动》，北京，2015 年。

李向阳：《构建"一带一路"需要优先处理的关系》，《国际经济评论》2015 年第 1 期。

林毅夫、王燕：《新结构经济学：将"耐心资本"作为一种比较优势》，《开发性金融研究》2017 年第 1 期。

刘卫东、Michael Dunford、高菠阳：《"一带一路"倡议的理论建构——从新自由主义全球化到包容性全球化》，《地理科学进展》2017 年第 11 期。

刘卫东：《"一带一路"：引领包容性全球化》，《中国科学院院刊》2017 年第 4 期。

刘卫东：《"一带一路"战略的科学内涵与科学问题》，《地理科学进展》2015 年第 5 期。

卢锋、李昕、李双双等：《为什么是中国？——"一带一路"的经济逻辑》，《国际经济评论》2015 年第 3 期。

［美］罗纳德·哈里·科斯：《论生产的制度结构》，盛洪、陈郁译校，上海三联书店1994 年版。

［美］萨克斯：《贫穷的终结——我们时代的经济可能》，邹光译，上海人民出版社2007 年版。

［美］斯图亚特·R. 林恩：《发展经济学》，王乃辉等译，格致出版社、上海人民出版社 2009 年版。

［日］速水佑次郎：《发展经济学——从贫困到富裕》，李周译，社会科学文献出版社2003 年版。

孙楚仁、张楠、刘雅莹:《"一带一路"倡议与中国对沿线国家的贸易增长》,《国际贸易问题》2017 年第 2 期。

推进"一带一路"建设工作领导小组办公室:《共建"一带一路":理念、实践与中国的贡献》,《有色冶金节能》2017 年第 4 期。

王国顺、郑准、杨昆:《企业国际化理论的演进》,人民出版社 2009 年版。

夏先良:《构筑"一带一路"国际产能合作体制机制与政策体系》,《国际贸易》2015 年第 11 期。

于津平、顾威:《"一带一路"建设的利益、风险与策略》,《南开学报》(哲学社会科学版) 2016 年第 1 期。

邹嘉龄、刘春腊、尹国庆、唐志鹏:《中国与"一带一路"沿线国家贸易格局及其经济贡献》,《地理科学进展》2015 年第 5 期。

Ali, I., Zhuang, J., "Inclusive Growth toward a Prosperous Asia: Policy Implications", ERD Working Paper Series, No. 97, 2007.

Bjorvatn, K., Coniglio, N. D., "Big Push or Big Failure? On the Effectiveness of Industrialization Policies for Economic Development", *Journal of the Japanese & International Economies*, 2012, 26 (1): 0 – 141.

Jarillo, J. C., "On Strategic Networks", *Strategic Management Journal*, 1988, 9 (1): 31 – 41.

Zhuang, J., "Inclusive Growth toward a Harmonious Society in the People's Republic of China: Policy Implications", *Asian Development Review*, 2008, 25 (1/2): 22 – 33.